长沙市
社情民意调查中心

★经长沙市人民政府批准设立的权威性调查机构，专项收集涉及政府公共决策，部门工作评估、经济运行监测、社会和谐发展等方面的社情民意。

计算机辅助电话调查系统(CATI机房)

★该中心以“公信、公益、公正”为宗旨，主要任务是通过全面、及时、科学的民意调查，客观反映主流民意，建立民众与政府之间相互了解、相互沟通的桥梁和纽带，为各级部门提供决策参考，从而成为长沙市“社会生活晴雨表，国计民生风向标，大众思想心电图，政府民众连心桥”。

★该中心拥有当今世界民意调查广泛采用的计算机辅助电话调查系统（CATI），可容纳36位调查员同时进行电话访问。（访问电话8799311）

地址：长沙市岳麓大道218号 市政府大楼12楼
邮编：410013 电话：0731-8668032 8666150

中和能源

●湖南中和能源公司董事长刘晓武

生物柴油--永不枯竭的再生资源

生物柴油简介：

生物柴油是将植物油脂、动物油脂进行脱脂、脱胶处理转化成长链的单烷酯，亦称为脂肪酸甲酯（FAME）。生物柴油在使用上等同于矿物柴油，是石化柴油的替代品。生物柴油，以植物油脂为原料是取之不尽的再生资源。每生产、使用一吨生物柴油，就可以节约一吨柴油。由于生物柴油来源于通过光合作用吸收二氧化碳的植物，所以燃烧生物柴油对全球二氧化碳的排放是零增长，每生产一吨生物柴油可以减少二吨二氧化碳对大气的排放。

湖南中和能源有限公司规划总投资5.3亿人民币，规划用地500亩，新建年产53万吨生物柴油基地。第一期3万吨生产线已于2008年5月进入试生产，10万吨生物柴油生产线已经开工。该项目2007年6月由市政府授于长沙市农业产业化龙头企业；2008年列入湖南省节能环保重点工程。

●厂房全貌

开福区新港镇

●长沙航运枢纽——长沙新港

●团结务实开拓创新的领导班子

新港镇位于长沙市开福区北端，地处金霞经济开发区的核心部位，是长沙市“拓城兴北”战略实施的主阵地之一。全镇总面积29.5平方公里，下辖6个行政村、7个社区，总人口2.1万人。2007年，全镇经济总收入241455万元，一般预算收入9500万元，实现固定资产投资35亿元，规模工业生产总值18011万元，社会消费品零售总额33235万元，农民人均纯收入达13112元，新港镇连续三年跻身开福区年度目标管理考核先进单位。

近年来，镇党委、政府牢牢把握建设长沙大城北的历史机遇，紧紧围绕“服务金开区，争创十强镇”的发展目标，全力实施“开发强镇、产业立镇、文明兴镇、依法治镇”的发展举措，走上了科学发展的快车道。

一是极具特色的交通优势。长沙新港、火车新北站、二三环线、芙蓉北路点线相连，构成镇域内特有的水、陆、铁便捷交通网络。

二是极具竞争力的支柱产业。金霞保税物流中心、省粮批等现代物流业相继建成投入运营，大联·山语城、创远·湘江壹号等精品房地产业已开盘销售，两大支柱产业发展形势喜人。

三是极具开拓意识的创新特色。2004年，湘粤村作为全国农村支村两委海选试点村，首开“村官”海选先河，民主示范意义深远。随着城市化进程提速，镇内宿龙桥、周南等农民安置小区拔地而起，环境优美，失地农民正嬗变为市民。

今天的新港，蓬勃发展；明天的新港，充满希望。新港人正以崭新的面貌和姿态，热诚欢迎社会各界有识之士来镇投资兴业，互利双赢，共创美好明天。

●金霞保税物流园

友谊商城

家润多商业股份有限公司（以下简称“公司”）成立于2004年6月，是由湖南省商业龙头企业湖南友谊阿波罗股份有限公司联合凤凰古城旅游有限责任公司等发起设立。公司现股东为湖南友谊阿波罗股份有限公司、深圳盛桥投资管理有限公司等6名法人股东及23名自然人股东，是以商业零售业为主业的股份制公司，公司法定代表人：胡子敬先生。公司注册资本1.44亿元。

公司秉承湖南友谊阿波罗股份有限公司的零售业，采用董事长胡子敬先生亲自设计的、曾经获得全国第十届管理创新成果一等奖的“经营管理一体化”的先进管理经验，旗下已拥有友谊商店、友谊商城、春天百货、阿波罗商业广场、家润多百货和家润多家电超市等以百货业态为主的大卖场。在湖南省会长沙已完整地构建星城最完善的服务网络，为顾客提供丰富、高品质的商品，明亮舒适的购物空间和真心诚意的服务。公司以科技兴商、管理兴商、服务兴商三大指导思想作为发展的源动力，倡导健康时尚的生活理念，同时，致力于提升顾客的生活品质及消费理念。

公司的发展目标是，全面改进和提升传统零售业的经营模式，建立遍布全国的连锁网点，以股份公司为整体，发展龙头优势，形成一个全方位、高起点、多领域、相互支撑、发展稳定的上市公司。

长沙县星沙镇

星沙镇地处湖南省省会--长沙市东北郊，是长沙县县城和国家级开发区--长沙经济技术开发区所在地。总面积68平方公里，全镇总人口15万余人，其中流动人口10万人，辖9个行政村，11个社区居委会。

在长沙县委、县政府提出的“领跑中西部，进军五十强”的战略目标指引下，镇党委政府以“服务县区发展、服务人民群众、维护社会稳定”为工作思路，各项工作大步迈进，星沙镇继续领跑三湘，已经成为了楼宇鳞次栉比、道路纵横通畅、夜晚霓虹闪烁、四季绿树成荫的现代化中等卫星城市。2001年被授予全国文明小城镇称号，2002年9月被评为全国卫生城镇，2004年5月被评为全国环境优美镇，2005年被评为创建全国文明村镇工作先进镇，2006年被评为长沙市经济社会发展综合实力十强乡镇。2007年实现财政总收入1.03亿元，地方财政收入6498万元，完成乡镇企业总产值80亿元，实现工业总产值11亿元，规模工业产值4.3亿元；人均国民生产总值达到5万元，人均地方财政收入达到1258元，人均可支配收入达到7800元。

星沙区位优越，湘江从西境流过，107国道、319国道、京珠高速公路、长永高速公路交汇而过，星沙大道、开元路、黄兴大道、东一至东八线和十几条城市主干道相继拉通，距长沙火车站、黄花国际机场、霞凝新港均约8公里。星沙城区的长永高速以南为工业区，开元路以北为行政区，潇湘路以北为高校区，一至六区为商业区，各类住宅小区、高级别墅和星级酒店宾馆发展迅速，泉塘、松雅等安置区市场和中南汽车世界等专业市场蓬勃发展，星沙已经成为兴业、住家、消费的极佳场所。

开拓进取，是星沙人的精神；敢为人先，是星沙人的气概。星沙人正朝着全面建设社会主义和谐社会大步前进。今天的星沙环境优美，富有魅力；明天的星沙更加美好，充满希望。

长沙市统计局・编
Compiled by Changsha Municipal Bureau of Statistics

长沙统计年鉴
CHANGSHA STATISTICAL YEARBOOK
2008

中国统计出版社
China Statistics Press

(京) 新登字 041 号

图书在版编目 (CIP) 数据
长沙统计年鉴.2008/长沙市统计局编.—北京:中国统计出版社,2008.7
ISBN 978-7-5037-5460-9

Ⅰ.长… Ⅱ.长… Ⅲ.统计资料—长沙市—2008—年鉴 Ⅳ.C832.641-54

中国版本图书馆 CIP 数据核字 (2008) 第 067413 号

长沙统计年鉴—2008

作　　者 / 长沙市统计局
责任编辑 / 郑淼淼　胡建中
E - mail / yearbook@stats.gov.cn
责任校对 / 万　能
封面设计 / 孔江陵
出版发行 / 中国统计出版社
通信地址 / 北京市西城区三里河月坛南街57号　中国统计出版社
邮　　编 / 100826
电　　话 / (010) 63376907
印　　刷 / 长沙银都印务有限公司
经　　销 / 新华书店
开　　本 / 890 × 1240 毫米 1/16
字　　数 / 93.6 万字
印　　张 / 29.25
印　　数 / 1500 册
版　　别 / 2008 年 7 月第 1 版
版　　次 / 2008 年 7 月第 1 次印刷
书　　号 / ISBN 978-7-5037-5460-9/F · 2701
定　　价 / 260 元

《长沙统计年鉴—2008》编辑委员会

《长沙统计年鉴—2008》资料整理人员

编者说明

一、《长沙统计年鉴—2008》是一部全面反映长沙市国民经济和社会发展情况的资料性年刊。收录了全市及各区县（市）2007年经济和社会发展方面的大量统计数据，以及重要历史年份的主要统计数据，还包括全国三十五个直辖市、省会和副省级城市主要经济社会指标对比资料，是一本社会各界全面、深入了解研究长沙的重要工具书。

二、《长沙统计年鉴—2008》首卷为特载一《长沙市2007年国民经济和社会发展统计公报》及特载二《主要经济社会指标统计图》。本年鉴正文内容分为18个篇章，即：1. 综合；2. 国民经济核算；3. 人口、就业和职工工资；4. 固定资产投资、建筑业；5. 财政、金融、保险；6. 物价指数；7. 人民生活；8. 城市建设、环境保护；9. 农业；10. 工业；11. 运输和邮电；12. 国内外贸易、对外经济和旅游；13. 服务业；14. 教育和科技；15. 文化、体育、卫生；16. 企业调查；17. 区县（市）主要经济和社会统计指标；18. 全国三十五个直辖市、省会和副省级城市主要经济社会指标；19. 国民经济主要统计指标解释及计算方法。附录为相关企业及乡镇、街道排名榜。

三、本年鉴资料大部分来自年度统计报表，一部分来自抽样调查。年鉴部分指标取自部门统计年报资料；各区县（市）主要经济和社会统计指标取自当年各地统计年报资料；全国其他城市数据取自相关交换资料。

四、本年鉴部分数据合计数或相对数由于单位取舍不同及四舍五入处理所产生的计算误差均未作机械调整。

五、本年鉴按照《中国统计年鉴》的大体框架和规范要求编辑。统一使用《中国统计年鉴》指标解释，统一采用国际度量标准计量单位。

六、本年度年鉴新增服务业章节。

目　　录
Contents

二、国民经济核算

National Accounts

三、人口、就业和职工工资

Population, Employment and Wages

四、固定资产投资、建筑业

Investment in Fixed Assets and Construction

五、财政、金融、保险

Finance, Banking and Insurance

六、物价指数

Price Indices

七、人民生活

People's Livelihood

八、城市建设、环境保护

Construction of Cities and Environmental Protection

九、农　业

Agriculture

十、工　业

Industry

十一、运输和邮电

Transportation, Postal and Telecommunication Services

十二、国内外贸易、对外经济和旅游

Domestic and Foreign Trade, Foreign Economy and Tourism

十三、服务业

Service Trades

十四、教育和科技

Education, Science and Technology

十五、文化、体育、卫生

Culture, Sports and Public Health

十六、企业调查

Enterprise Survey

十七、区县(市)主要经济和社会指标

Main Economic and Social Statistical Indicators of District, County and City

十八、全国三十五个直辖市、省会和副省级城市主要经济社会指标

Main Economic and Social Statistics Indicators of National Thirty-five Municipalities, Provincial Capitals and Cities of Sub-provincial Rank

十九、国民经济主要指标解释及计算方法

Explanatory Notes and Calculation Methods on Main Statistical Indicators of National Economy

附录:排名榜(2007)

APPENDIX:List of Top Strengths

特载一 2007年长沙市国民经济和社会发展统计公报

长沙统计年鉴

2007年长沙市国民经济和社会发展统计公报

2007年，全市人民在市委、市政府的正确领导下，坚持用科学发展观统领经济社会发展全局，抓住国家实施中部崛起战略机遇，团结奋进，开拓创新，经济社会各项事业蓬勃发展，呈现出质量提高、增长提速、结构优化、民生改善的协调发展态势。

一、综　　合

经济总量迈上新台阶。初步核算，长沙市全年实现地区生产总值（GDP）2190.25亿元，比上年增长16.0%，增幅提高1.2个百分点，增速为1994年以来的最高水平。在GDP总量中，第一产业实现增加值138.80亿元，增长6.5%；第二产业实现增加值984.83亿元，增长17.0%，其中工业实现增加值771.56亿元，增长21.1%；第三产业实现增加值1066.62亿元，增长16.5%。第一、二、三次产业分别拉动GDP增长0.4、7.4、8.2个百分点，三次产业对GDP增长的贡献率分别为2.8%、45.9%、51.3%。按常住人口计算，人均GDP达33711元，增加5729元，增长14.8%。全年经济运行平稳，四个季度的GDP累计增幅分别为16.2%、16.1%、16.1%和16.0%。

经济结构不断优化。第一产业增加值占国内生产总值的比重为6.3%，比上年下降0.5个百分点；第二产业增加值比重为45.0%，上升1.0个百分点；第三产业增加值比重为48.7%，下降0.5个百分点。非公有制经济增加值1285.38亿元，占全市生产总值的比重达58.7%，上升1.7个百分点。高新技术产品增加值增长20.9%，比GDP增速快4.9个百分点。

财政收入快速增长。全年地方财政收入262.52亿元，比上年增长48.3%，其中财政一般预算收入174.58亿元，增长31.4%。财政一般预算支出218.17亿元，增长30.5%。

在全省引领地位进一步突出。长沙经济总量在全省的占比为24.0%，比上年提高0.2个百分点，人均GDP为全省的2.3倍，经济总量在长株潭三市中的占比达63.3%。与其他市州相比较，长沙16.0%的GDP增速遥遥领先。

和谐社会建设稳步推进。关系民生的省、市8件实事41项指标全面完成目标任务，其中20项指标超额完成目标任务。

市场价格出现结构性较快上涨。全年居民消费价格比上年上涨5.9%，上涨幅度提高4.7个百分点；商品零售价格上涨4.5%，上涨幅度提高3.3个百分点。城市居民消费价格上涨4.9%，上涨幅度提高3.8个百分点；城市商品零售价格上涨2.3%，上涨幅度提高1.2个百分点。

居民消费价格比上年涨跌幅度

单位：%

指　　标	2007年全市	#城市
居民消费价格总指数	5.9	4.9
服务项目价格指数	2.0	1.9
1. 食品	13.7	11.3
粮食	9.1	8.6
油脂	29.9	29.1
肉禽及其制品	32.1	28.2
蛋	17.6	13.6
水产品	8.6	7.8
菜	10.2	2.2
2. 烟酒及用品	3.3	2.0
3. 衣着	-0.1	1.9
4. 家庭设备用品及维修服务	2.8	1.7
5. 医疗保健和个人用品	2.9	2.8
6. 交通和通讯	0.6	持平
7. 娱乐教育文化用品及服务	0.7	1.2
8. 居住	4.8	4.3

原材料、燃料、动力购进价格比上年上涨6.1%。工业品出厂价格上涨6.1%。固定资产投资价格上涨5.8%。房屋销售价格上涨8.4%。土地交易价格上涨22.1%。房屋租赁价格上涨2.5%。物业管理价格上涨0.1%。

劳动就业健康发展。年末全市从业人员383.97万人（根据第二次农业普查数据结果，2006年从业人员为378.39万人），其中城镇就业人员136.73万人。全年就业培训1.30万人，城镇新增就业9.47万人，农村富余劳动力转移增加就业人员6.64万人。年末城镇登记失业率为3.12%。

二、农　　业

农业生产继续稳定发展。全年完成农林牧渔业总产值231.07亿元，比上年增长6.6%，其中农业总产值114.27亿元，增长6.2%；林业总产值9.26

亿元，增长8.8%；牧业总产值95.91亿元，增长6.8%；渔业总产值9.22亿元，增长7.4%。

主要农产品产量

指　标	计量单位	2007年	比上年增长%
粮　食	万吨	268.38	-0.2
棉　花	万吨	0.13	3.2
油　料	万吨	3.37	2.3
茶　叶	万吨	2.18	25.4
蔬　菜	万吨	392.38	6.6
禽　蛋	万吨	5.21	3.1
水产品	万吨	10.99	1.0
出栏肉猪	万头	832.20	3.1
肉类总产量	万吨	68.63	2.3
牛　奶	万吨	0.60	-7.9

主要农作物种植面积保持基本稳定。全年粮食种植面积39.49万公顷，比上年减少1.6%，其中稻谷播种面积33.97万公顷，减少2.6%，优质稻种植面积所占比重为74.9%；蔬菜种植面积12.69万公顷，增长5.9%；油料种植面积1.84万公顷，增长0.1%。

农业产业化步伐加快。全市农产品加工企业7236家，比上年增长30.0%，实现销售收入290.37亿元，增长32.0%，实现利税27.59亿元。29家国家级、省级龙头企业销售收入99.54亿元，实现利税8.87亿元。农民专业合作组织214个，增长57.4%；合作组织成员13.89万户，增长72.3%。

农村生产能力继续增强。农业机械总动力达390.98万千瓦，比上年增长8.6%，农业机械总值19.97亿元，增长7.6%。

新农村建设稳步推进。规划编制工作有序推进，全市已完成76个建制镇和425个村庄的规划编制工作，全市共有100个新农村建设示范村。农村基础设施建设投入力度加大，全年改扩建干线、乡村公路1110公里。完成水利建设工程3.20万处，投入各类水利资金11.80亿元，创历史之最。治理病险水库81座。新建农村沼气池1.10万口。

三、工业和建筑业

工业经济增势强劲。全年完成全部工业总产值2154.64亿元，比上年增长30.5%，其中规模以上工业企业完成工业总产值1727.82亿元，增长35.5%；规模以下工业企业及个体户完成工业总产值426.82亿元，增长13.6%。

全年规模以上企业完成工业增加值553.25亿元，比上年增长26.4%，增速比上年提高2.3个百分点。

规模以上工业企业增加值

指　标	计量单位	2007年	比上年增长%
规模以上工业增加值	亿元	553.25	26.4
按轻、重工业分组：			
轻工业	亿元	231.88	16.9
重工业	亿元	321.37	34.5
按经济类型分组：			
国有企业	亿元	120.19	10.8
集体企业	亿元	10.29	35.1
股份合作制企业	亿元	6.82	25.9
股份制企业	亿元	311.03	33.7
外商及港澳台投资企业	亿元	63.37	21.3
其他企业	亿元	41.55	36.4
总计中：			
非公有制企业	亿元	344.70	32.6
国有及国有控股工业	亿元	198.26	18.7
大中型工业	亿元	303.00	18.6

全年规模以上工业企业主要产品产量增长较快。

主要工业产品产量

指　标	计量单位	2007年	比上年增长%
原煤	吨	3547264	11.0
卷烟	万支	6626378	3.2
烟花爆竹	万元	595950	37.5
制冷空调设备	台/套	3716	-8.2
化学农药	吨	10222	2.6
涂料（油漆）	吨	74516	14.7
合成洗涤剂	吨	157979	18.2
中成药	吨	7229	23.1
水　泥	吨	10145430	24.6
铝　材	吨	157263	26.4
起重设备	吨	198635	68.1
混凝土机械	台	8040	73.1
汽　车	辆	89567	24.1
电力电缆	千米	28055	54.7
家用电冰箱	台	363900	-0.6
彩色显像管	只	6781610	-7.2

规模以上工业生产科技含量不断提高。全年规模以上工业企业提取技术开发费13.01亿元，比上年增长32.4%；完成新产品产值281.64亿元，增长51.3%，新产品产值率达16.3%；完成高新技术工业总产值756.15亿元，增长35.9%，高新技术工业总产值占规模以上工业总产值的比重达43.8%。

企业效益大幅提高。全年规模以上独立核算工业企业实现利润162.96亿元，比上年增长85.7%，其中国有及国有控股企业完成利润52.62亿元，增长78.5%。实现利税总额326.72亿元，增长57.0%。

规模工业主要经济效益指标

指　标	计量单位	2007 年	比上年增长
工业经济效益综合指数	%	252.99	48.4(百分点)
全员劳动生产率	元/人	155938	27.8%
总资产贡献率	%	25.80	5.5(百分点)
工业产品销售率	%	99.89	0.2(百分点)
流动资产周转率	次	2.33	0.4 次
成本费用利润率	%	12.00	3.4(百分点)
资产负债率	%	52.63	1.0(百分点)
资产保值增值率	%	123.68	10.4(百分点)

全年共有规模以下工业企业和个体户 55581 个,从业人员 51.02 万人,其中企业 5748 个,从业人员 16.85 万人;工业个体户 49833 户,从业人员 34.17 万人。

新型工业化引擎突出。工业增加值在 GDP 中的占比提高 1.8 个百分点,园区规模以上工业增加值增长速度比全市规模以上工业快 7.5 个百分点,所占比重达 53.2%,提高 3.1 个百分点;规模以上高新技术产品增加值占比为 34.3%,提高 0.4 个百分点;工业六大产业集群增加值占比为 38.1%,提高 2.4 个百分点。

建筑业稳定发展。全年具有建筑业资质等级的独立核算企业完成建筑业总产值 959.38 亿元,比上年增长 30.2%;实现利税总额 57.60 亿元,增长 33.0%;房屋竣工面积 3045.71 万平方米,增长 8.3%。

四、固定资产投资

投资规模进一步扩大。全年完成全社会固定资产投资 1445.18 亿元,比上年增长 32.6%。分城乡看,城镇固定资产投资 1326.44 亿元,增长 36.4%;农村投资 118.74 亿元,增长 1.5%。

房地产开发快速发展。全年房地产开发投资 412.99 亿元,比上年增长 35.9%,所占比重为 31.1%。商品房销售面积 985.09 万平方米,增长 32.8%,住宅销售额 298.30 亿元,增长 76.9%。

投资结构逐步优化。在全社会固定资产投资中,第一产业完成投资(不含水利建设投资)9.67 亿元,比上年增长 5.9%;第二产业完成投资 342.15 亿元,增长 39.0%,其中工业投资 329.63,增长 41.5%;第三产业完成投资 1093.36 亿元,增长 31.0%。高新技术产业投资 39.27 亿元,增长 39.7%。非国有单位完成投资 1073.89 亿元,增长 37.2%,占全社会固定资产投资的比重达到 74.3%,提高 2.5 个百分点。

基础设施建设力度继续加大。全年基础设施建设完成投资 227.11 亿元,占全社会固定资产投资总额的比重为 15.6%。

五、国内贸易

消费品市场持续红火。全年实现社会消费品零售总额 1037.03 亿元,比上年增长 19.8%,增速提高 3.4 个百分点,剔除物价因素实际增长 14.6%。

社会消费品零售总额

指　标	计量单位	2007 年	比上年增长%
社会消费品零售总额	亿元	1037.03	19.8
按销售单位所在地分:			
市	亿元	848.20	20.7
县	亿元	81.71	16.8
县以下	亿元	107.11	15.4
按行业分:			
批发业	亿元	156.13	15.1
零售业	亿元	717.83	20.8
住宿和餐饮业	亿元	154.36	20.7
其他	亿元	8.71	12.1

消费品零售结构升级加快。全年限额以上贸易企业通讯器材类零售额比上年增长 52.0%;金银珠宝类零售额增长 81.4%;体育、娱乐类零售额增长 33.6%;汽车类零售额增长 34.2%,汽车类零售额拉动全市社会消费品零售额增长 3.2 个百分点。

六、交通和邮电

交通运输业稳步发展。全年全社会运输周转量 177.60 亿吨公里,比上年增长 15.3%。旅客周转量 119.03 亿人公里,增长 10.9%;货物周转量 129.63 亿吨公里,增长 18.4%。

交通运输情况

指　标	计量单位	2007 年	比上年增长%
货物周转量	亿吨公里	129.63	18.4
铁　路	亿吨公里	49.84	6.2
公　路	亿吨公里	51.74	7.7
水　运	亿吨公里	27.76	94.7
航　空	亿吨公里	0.30	22.6
旅客周转量	亿人公里	119.03	10.9
铁　路	亿人公里	40.83	7.2
公　路	亿人公里	54.03	6.7
航　空	亿人公里	24.17	29.9

邮电通信事业发展提速。全年完成邮电业务总量 58.82 亿元,比上年增长 27.0%,其中电信完成业务总量 55.28 亿元,增长 27.7%。全市年末局用电话交换机总容量 320.13 万门,增长 39.8%,本地固定电话用户 248.1 万户,减少 2.4%;移动电话用

户 460.79 万户，增长 21.9%。固定电话普及率为 38.00 户/百人，下降 2.30 户/百人，移动电话普及率为 70.58 户/百人，提高 10.68 户/百人。年末互联网宽带上网用户达 71.97 万户。

七、对外经济与旅游

外经外贸快速增长。全年进出口总额(海关口径)40.71 亿美元，比上年增长 38.9%，其中出口总额 26.06 亿美元，增长 35.0%，进口总额 14.65 亿美元，增长 46.5%。在出口总额中，机电产品 10.44 亿美元、高新技术产品 6.59 亿美元，分别占出口总额的 40.1% 和 25.3%；在进口总额中，机电产品 9.96 亿美元、高新技术产品 2.76 亿美元，分别占进口总额的 68.0% 和 18.8%。

招商引资成效喜人。全年利用外资项目(企业)227 个，比上年增加 21 个；实际使用外商直接投资 15.04 亿美元，增长 25.1%。全年新增实际到位省外境内资金项目 423 个，实际到位省外境内资金达 240.99 亿元，增长 18.7%。

旅游业稳步发展。全年接待国内旅游者 2861.40 万人次，比上年增长 9.2%；国内旅游收入 229.97 亿元，增长 16.2%；接待入境旅游者 50.10 万人次，增长 23.4%；国际旅游外汇收入 3.86 亿美元，增长 25.4%；国际国内旅游总收入 258.90 亿元，增长 16.5%。

八、金融和保险

金融业运行平稳。全年金融机构现金收入 6733.67 亿元，比上年增长 19.3%；金融机构现金支出 6624.72 亿元，增长 19.5%；货币回笼 108.95 亿元。存贷款余额稳定增加。

年末金融机构各项存贷款余额(本外币合计)

单位:亿元

	2007 年年末	比年初增加
金融机构存款余额	3267.46	509.60
#城乡居民储蓄余额	1177.17	84.62
金融机构贷款余额	2982.40	469.96
#短期贷款	967.88	95.17

年末金融机构各项存贷款余额(人民币)

单位:亿元

	2007 年年末	比年初增加
金融机构存款余额	3221.20	511.04
#城乡居民储蓄余额	1153.81	92.31
金融机构贷款余额	2905.35	431.13
#短期贷款	956.49	90.86

保险事业快速发展。全年保险机构原保险保费收入 57.78 亿元，比上年增长 62.7%，其中财产险原保险保费收入 13.64 亿元，增长 39.5%；人身险原保险保费收入 44.15 亿元，增长 71.5%。赔付支出 17.98 亿元，增长 88.7%。

九、教育和科学技术

科学技术事业不断取得新成就。年末全市拥有科学研究开发机构 88 个。全年共取得省部级以上科技成果 251 项。专利申请 4735 件，比上年增长 0.4%；授权专利 2410 件，减少 23.0%；签订技术合同 2544 项，成交金额 28.19 亿元，增长 42.3%。

教育事业健康发展。年末全市共有普通高校 48 所；普通高中 93 所；初中学校 217 所；普通小学 1162 所。普通高校在校学生 45.43 万人，比上年增长 8.7%；在读研究生 3.69 万人，增长 11.2%；普通高中在校学生 14.12 万人，减少 4.6%；普通初中在校学生 15.18 万人，减少 4.6%；普通小学在校学生 38.30 万人，增长 4.6%；幼儿园在园幼儿 10.43 万人，增长 16.9%。小学适龄儿童入学率 100%，初中适龄人口入学率 100%。城乡义务教育阶段学生秋季实行“一费制”全免的人数达 43.93 万人，做到了应免尽免。

十、文化、卫生和体育

文化事业稳步推进。年末全市拥有艺术表演团体 12 个，文化馆 10 个，公共图书馆 12 个，博物馆 14 个，档案馆 14 个，已开放各类档案 117.64 万卷(件)，比上年增长 2.9%。广播电视事业保持较高发展水平，广播综合人口覆盖率达 97.0%，电视综合人口覆盖率达 98.0%，均与上年持平；有线电视用户达 62.09 万户。

卫生医疗事业不断改善。年末全市拥有卫生机构 2220 个，比上年增加 663 个，其中医院、卫生院 262 个，增加 10 个；卫生防疫、防治机构 12 个，与上年持平；妇幼保健机构 11 个，与上年持平。卫生技术人员 3.30 万人，增加 0.18 万人，其中执业医师、执业助理医师 1.36 万人，增加 0.09 万人；注册护士 1.20 万人，增加 0.15 万人。卫生机构床位 2.95 万张，增加 0.07 万张，其中医院、卫生院 2.80 万张，增加 0.08 万张。每千人拥有卫生技术人员 5.18 人，每千人拥有卫生机构床位 4.63 张。

群众体育运动蓬勃开展。全年举办县以上运动会 214 次。年末拥有体育运动学校 80 个，公共体育场馆386个(含省体育局在长场馆),等级运动员发展人数126人,等级裁判员发展人数60人。

十一、环境和安全生产

生态环境进一步改善。年末全市城市建成区园林绿地面积达5656公顷,比上年增加475公顷,增长9.2%,其中公共绿地面积达1892公顷,增加302公顷,增长19.0%。年末全市森林覆盖率为53.6%。全市拥有生态示范区建设试点地区和单位9个,自然保护区14个,自然保护区面积1.93万公顷。城市生活垃圾无害化处理率为100%。

安全生产形势较好。全年生产安全事故死亡94人,比上年下降12.2%。亿元GDP各类事故死亡率0.24人/亿元,下降27.3%;煤炭百万吨煤生产安全事故死亡率3.95人,下降42.7%。

十二、人口、人民生活和社会保障

年末常住总人口652.92万人,比上年增长1.0%。户籍总人口637.36万人,增长1.0%。人口出生率为10.1‰,死亡率为5.9‰,自然增长率为4.2‰。全市城镇化率(按户籍人口计算)为60.2%,提高3.7个百分点。

居民收入较快增长,消费结构持续升级。抽样调查资料显示,全年城市居民人均可支配收入16153元,比上年增加2229元,增长16.0%,剔除物价因素,城市居民收入实际增长10.6%。在城市居民人均可支配收入中工薪收入10313元,增长15.7%;财产性收入483元,增长60.3%;转移性收入4452元,增长25.2%。城市居民人均消费性支出12288元,增加1608元,增长15.1%,服务性消费支出3661元,增长4.2%。城市居民恩格尔系数为34.9%,受食品价格上涨较快影响,恩格尔系数上升2.3个百分点。在城市居民消费分类中,食品消费增长23.1%;衣着消费增长18.4%;设备用品及服务消费增长9.4%;医疗保健消费增长12.3%;交通和通讯消费增长37.7%;居住消费减少1.3%;教育文化娱乐服务消费减少3.1%;杂项商品和服务消费减少5.4%。平均每百户家庭拥有家用汽车8.73辆,家用电脑62.09台,使用互联网43.89条,分别增加2.48辆、5.59台和1.89条。人均住房建筑面积28.85平方米,增加0.56平方米。

全年农村居民人均可支配收入6339元,比上年增加901元,增长16.6%,增幅提高1.7个百分点;农民人均纯收入6613元,增长17.0%,其中工资性收入3207元,增长20.7%。全年农民人均生活消费支出5414元,增长18.4%,在消费分类中增长最快的是家庭设备用品消费支出及购买首饰、化妆品等其他商品和服务的消费支出,分别增长45.0%和44.2%。农村居民恩格尔系数为39.5%,下降0.5个百分点。平均每百户家庭拥有家用汽车7.07辆,家用电脑19.99台,移动电话机167.70台,分别增加3.12辆、11.59台和6.70台。农村居民人均住房面积57.07平方米,增加3.65平方米。

社会福利、保障工作稳步发展。年末全市拥有社会福利院、敬老院、养老院、光荣院等117所。各类收养性社会福利单位收养人员0.76万人。城镇各种社区服务设施2434处,其中综合性社区服务中心348个。接受社会捐赠5035.70万元,比上年增长47.2%。全年发放居民最低生活保障金2.24亿元,居民得到政府最低生活保障人数为29.85万人(城镇加农村)。城市低保资金按规定标准拨付到位率100%,农村最低生活保障资金按规定标准发放到位100%。

全市参加基本养老保险的人数达97.16万人,增长3.1%,基本养老金社会化发放率达100%;参加基本医疗保险职工人数达106.97万人,增长17.5%;失业保险职工人数达59.07万人,增长4.1%,领取失业保险金人数达4.98万人;参加公伤保险职工人数达44.57万人,增长28.2%;参加生育保险的人数达60.84万人,增长13.5%;参加城镇居民医疗保险人数达23.28万人;参加新型农村合作医疗人数358.40万人,参合率91.7%。

注:1. 本公报部分数据为初步统计数。

2. 地区生产总值绝对数按现价计算,增长速度按可比价格计算。

3. 卫生部门数据由于正式的卫生统计年报还未报出,有关数据为预计数。

4. 体育、科技部分数据上年进行调整。

5. 按国家统计局有关规定要求,全年能耗数据待省统计局审核评估后另行发布。

特载二 主要经济社会指标统计图

长沙统计年鉴

长沙市主要经济社会指标统计图：

总人口（户籍）

单位：万人

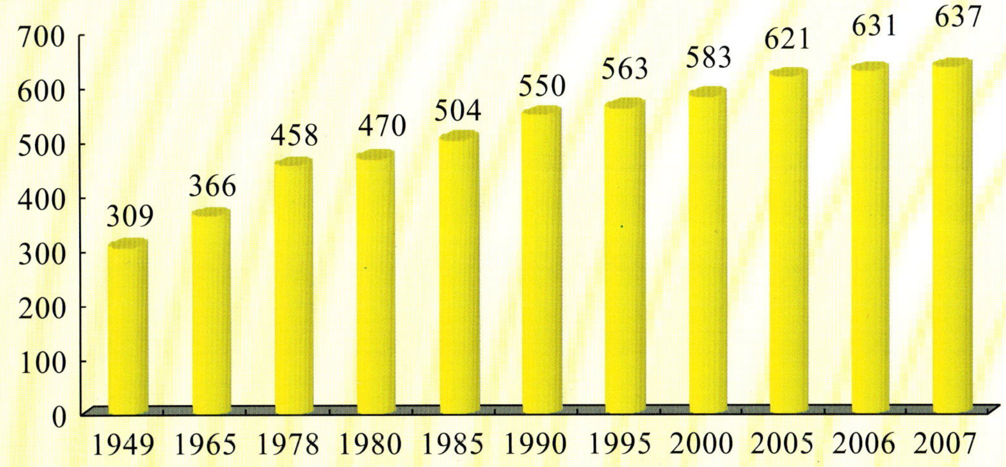

地区生产总值

单位：亿元

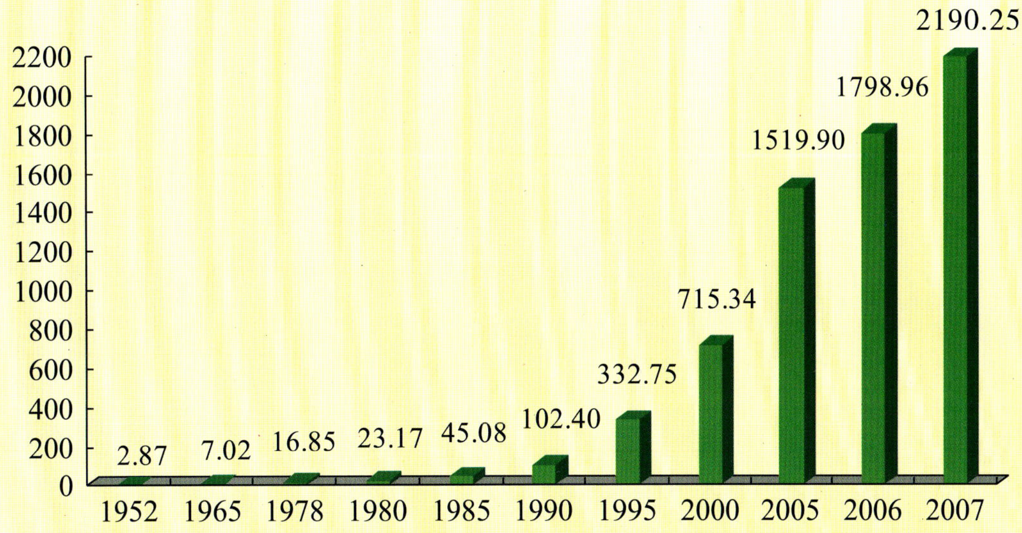

人均生产总值

单位：元/人

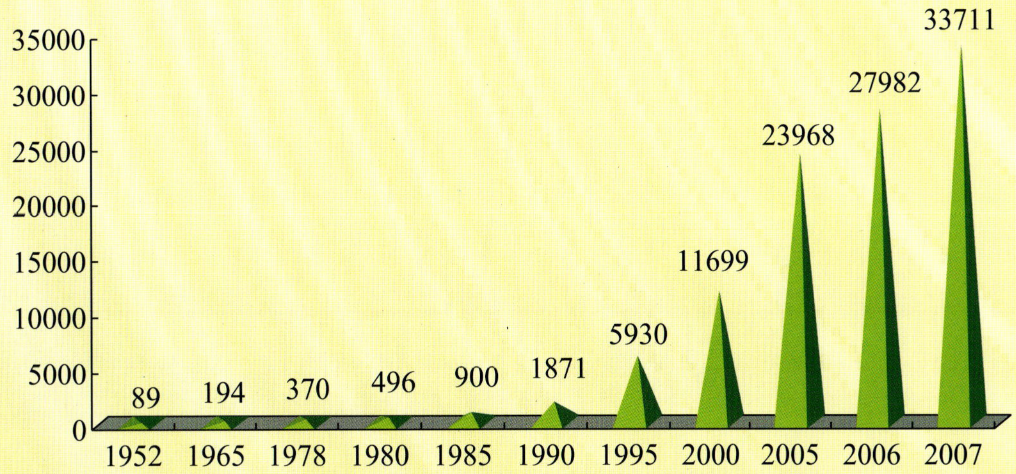

2000年以前人均生产总值按户籍人口计算，2000年以后按常住人口计算

三次产业构成

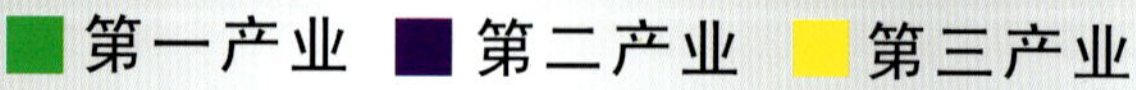

1978年

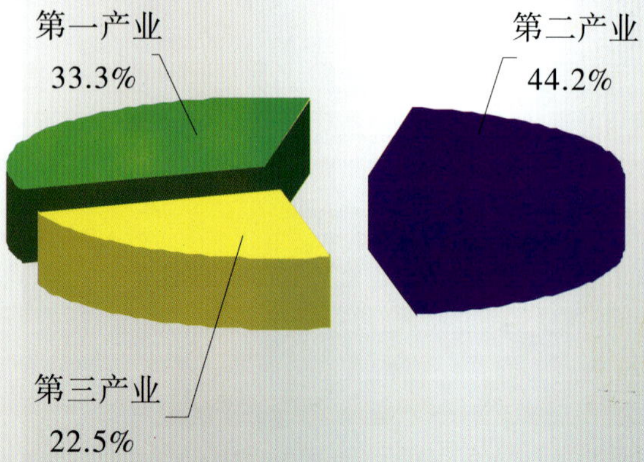

1990年

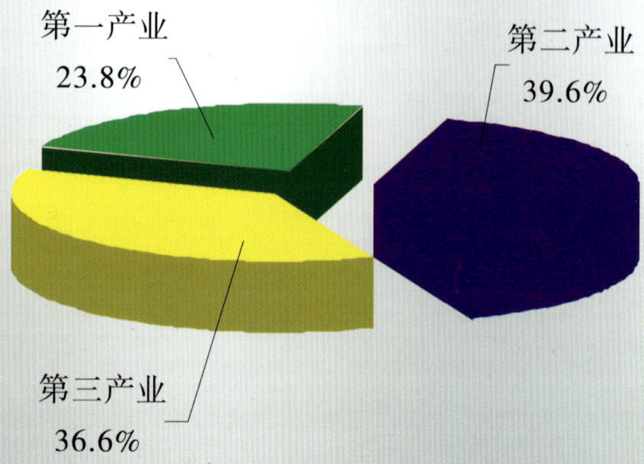

1995年

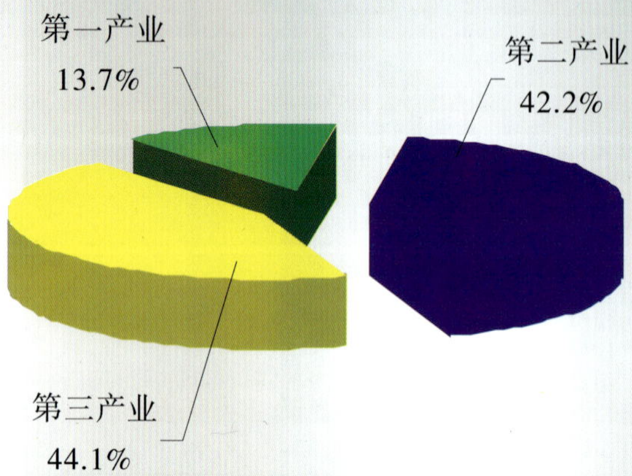

2000年

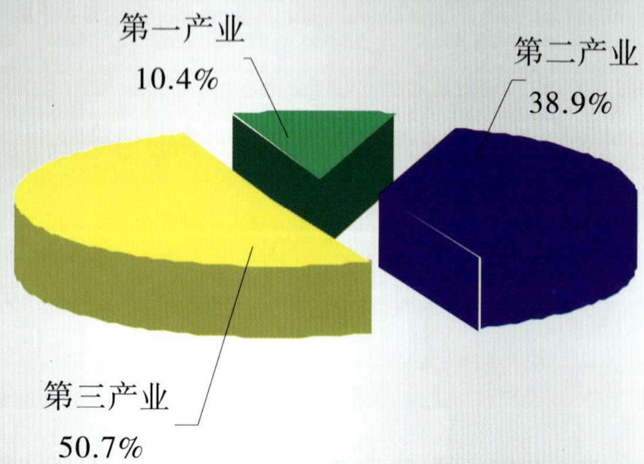

2005年

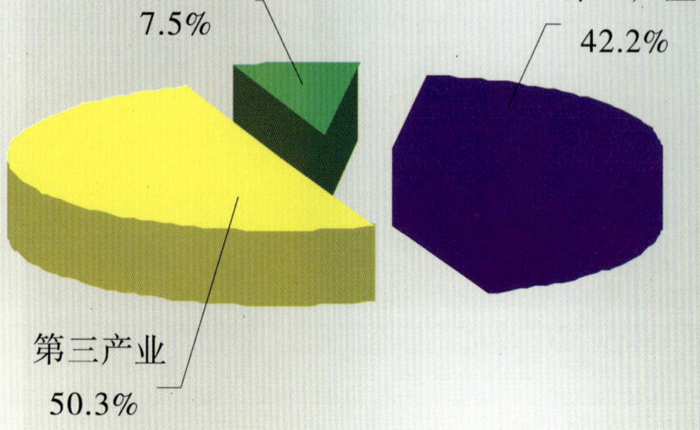

2007年

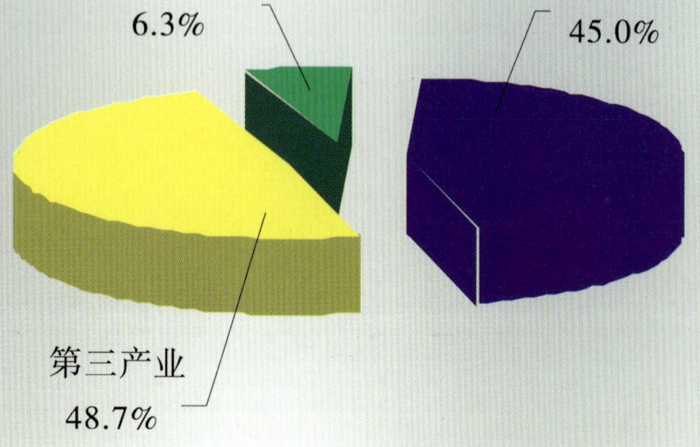

城乡居民收入

单位：元/人

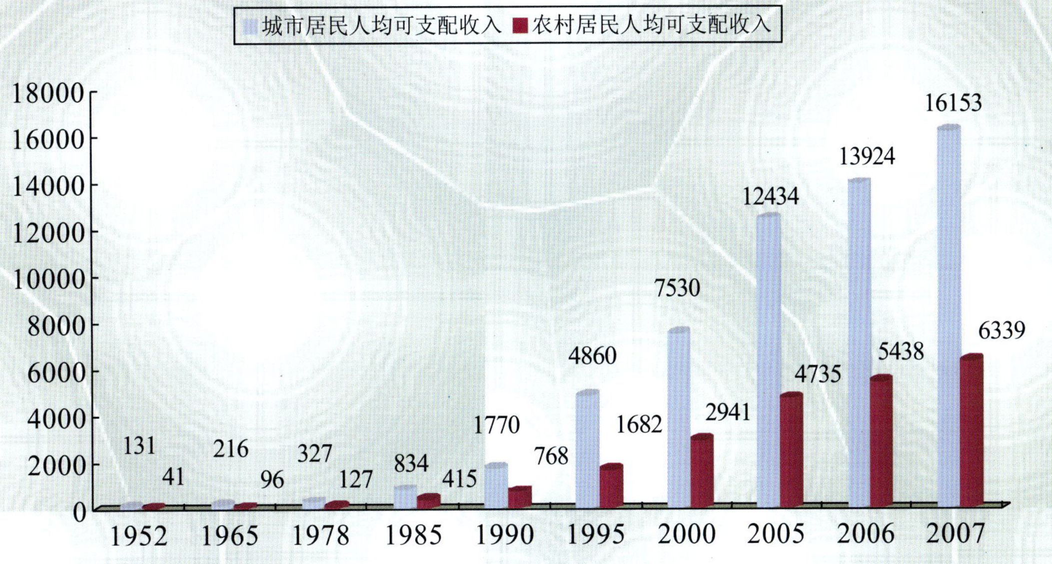

城乡居民储蓄余额

单位：亿元

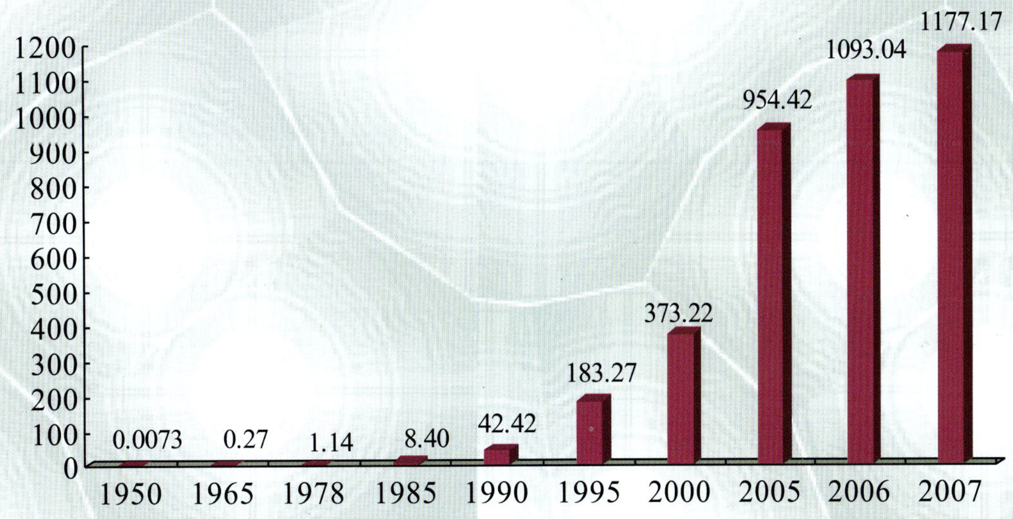

财政收入

单位：亿元

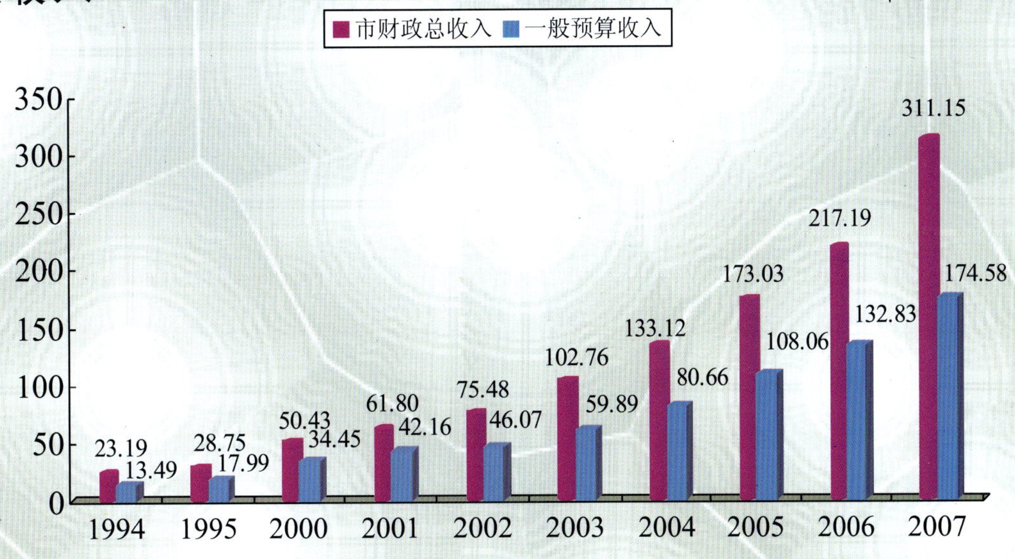

独立核算规模工业总产值

单位：亿元

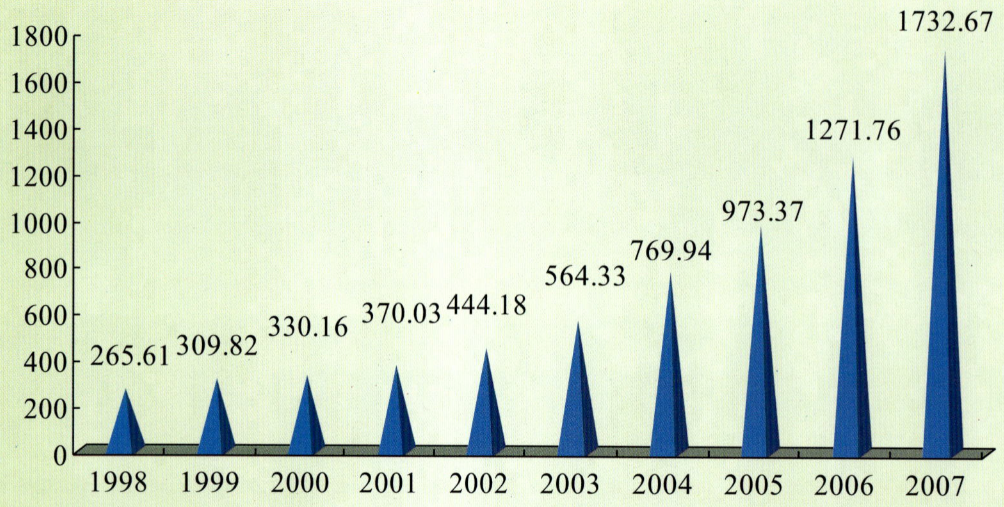

农林牧渔业总产值

单位：亿元

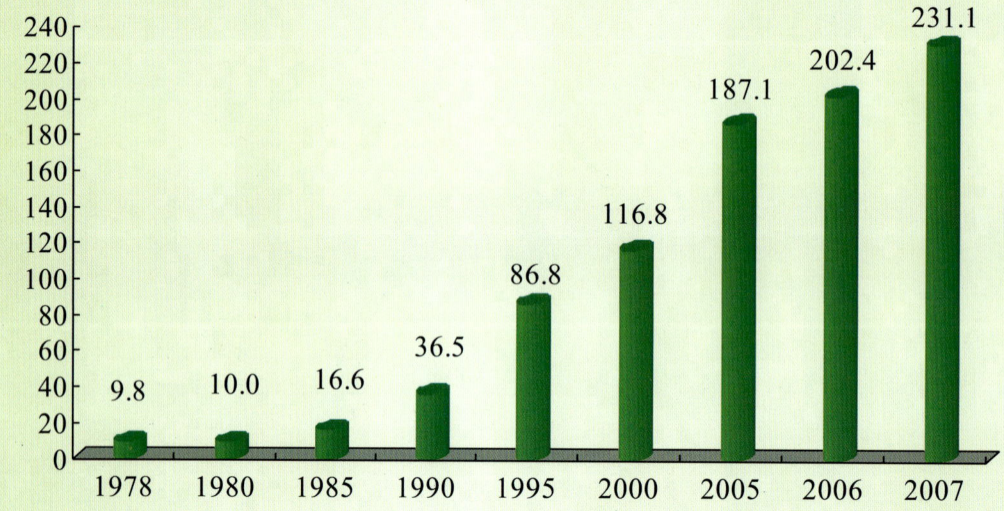

全社会固定资产投资

单位：亿元

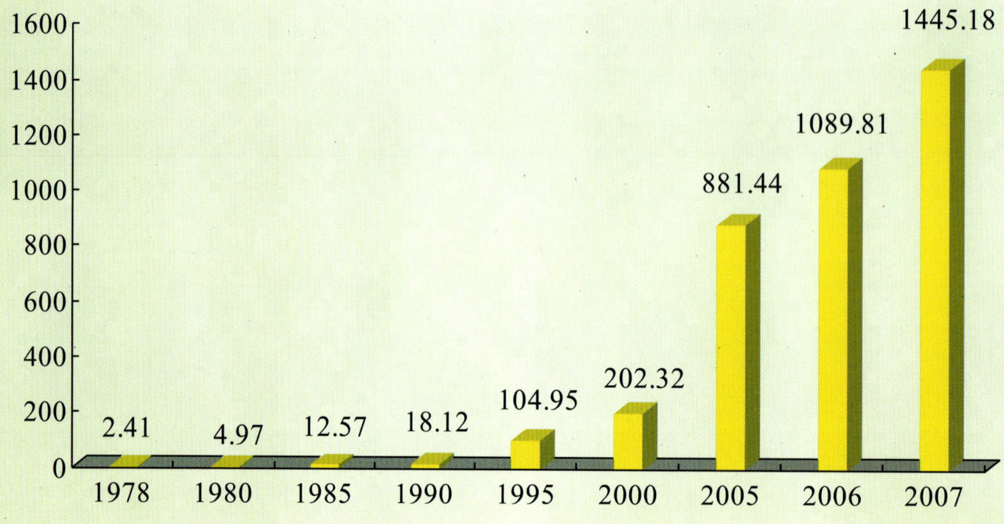

社会消费品零售总额

单位：亿元

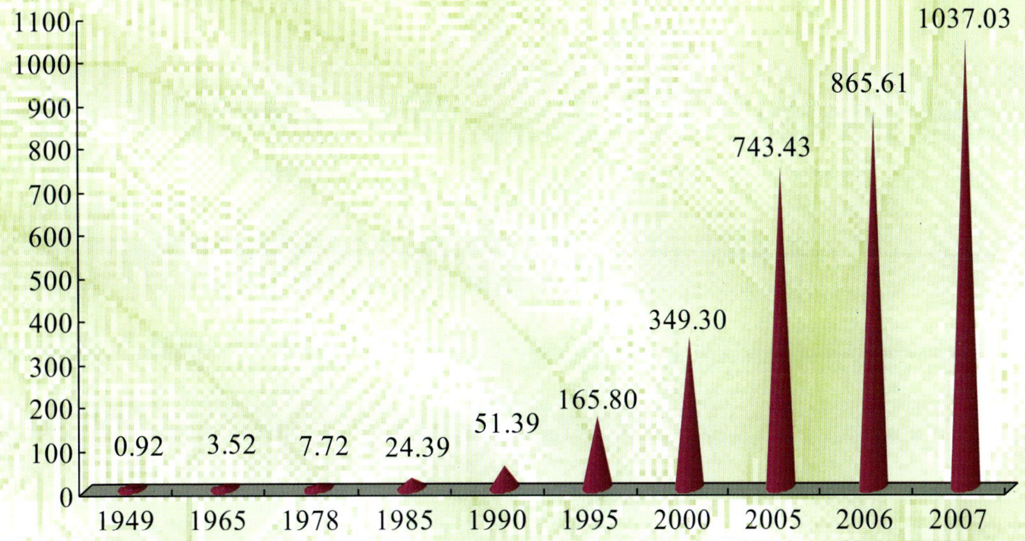

实际使用外商直接投资

单位：亿元

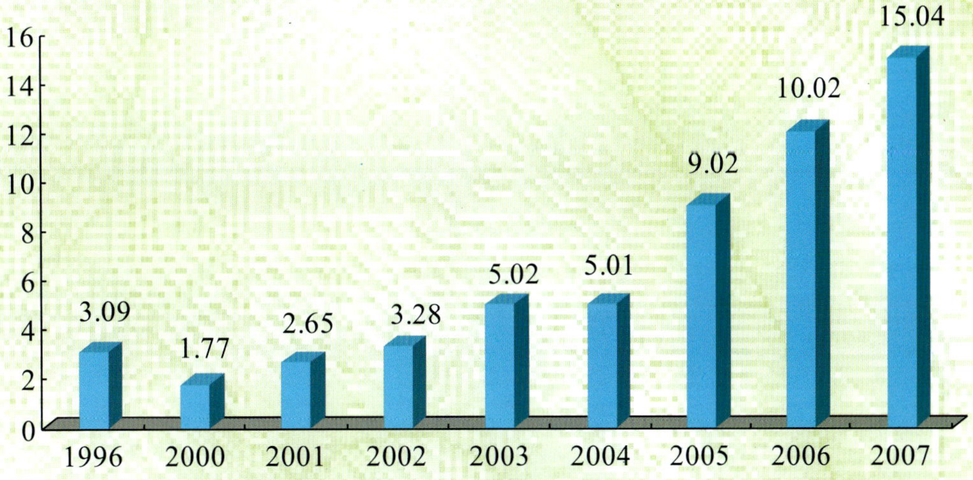

2004年实际使用外商直接投资口径调整

海关进出口总额

单位：亿元

高等学校、普通中学在校学生数

单位：万人

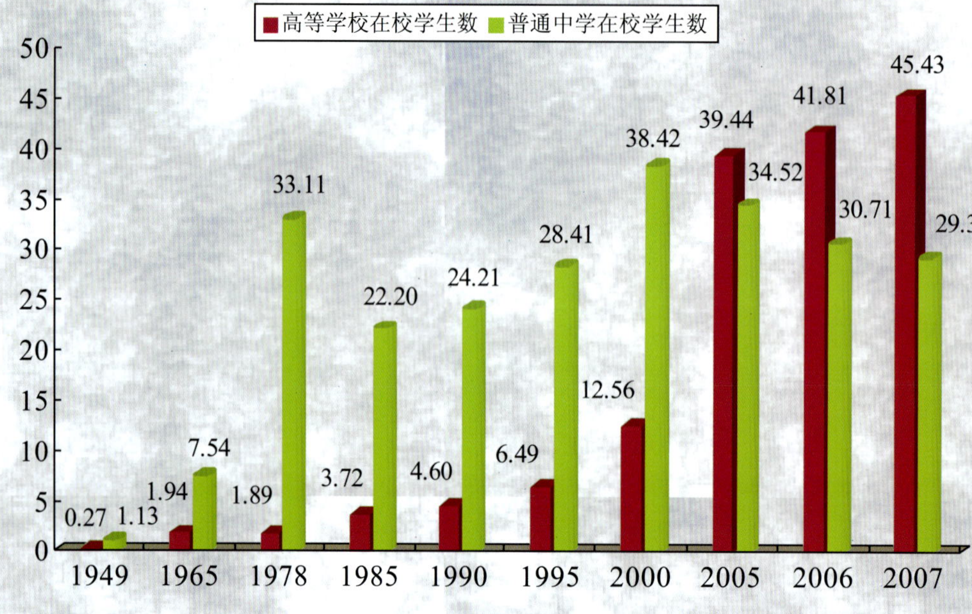

卫生技术人员

单位：万人

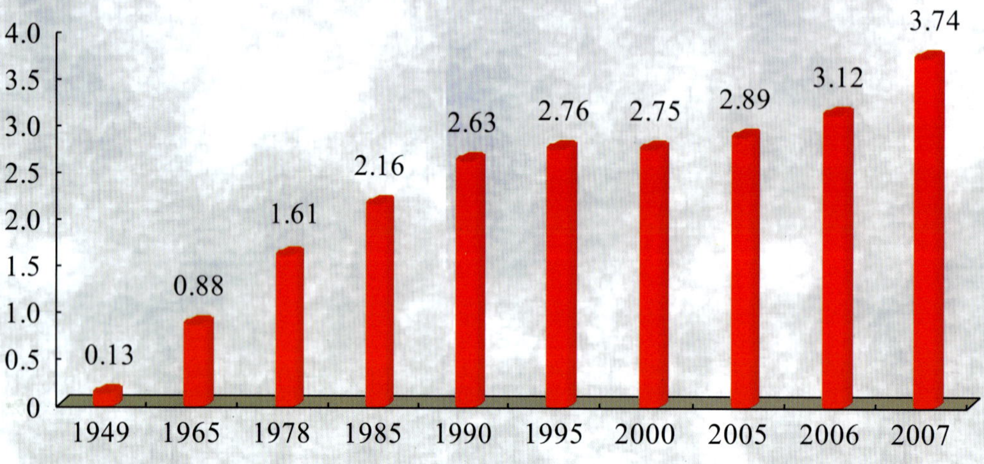

医疗病床数

单位：万张

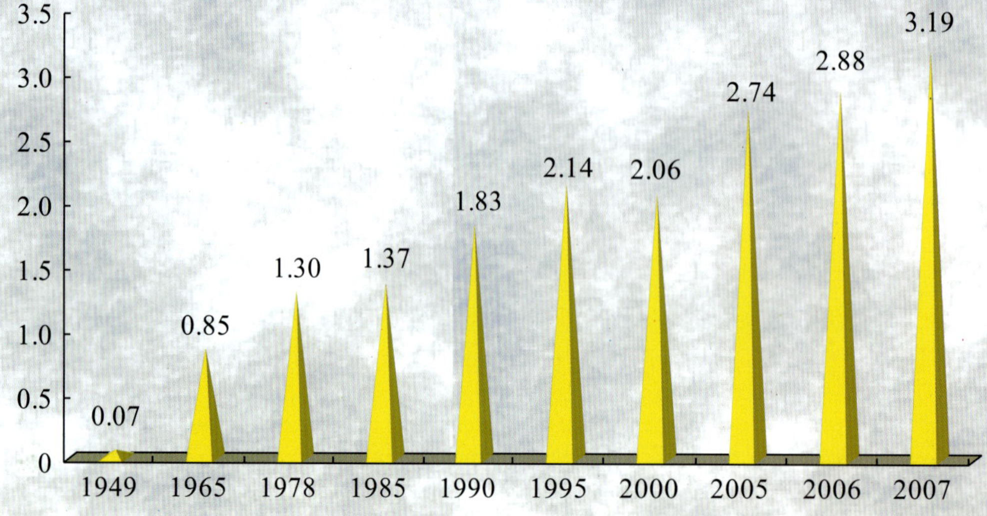

1 综　合

长沙统计年鉴

1-1 自 然 环 境

位置：

长沙位于中国东南部，湖南省东部偏北，湘江下游和长浏盆地西缘。地域范围为东经111°53′~114°15′，北纬27°51′~28°41′。东临江西省宜春地区和萍乡市，南接株洲、湘潭两市，西连娄底、益阳两市，北抵岳阳、益阳两市。

地貌：

长沙地形复杂，湘江两岸形成地势低平的冲积平原，其东西两侧及东南面为地势较高的低山、丘陵。东有属于湘赣边雁阵式山系的大围山，其主峰七星岭，海拔1607.9米，为全市最高处，望城县乔口镇西侧湛湖海拔23.5米，为全市最低处。市区地势为南高北低，南郊的金盆岭、豹子岭，海拔在100米以上。北郊的浏阳河、捞刀河和湘江的汇合处，海拔仅30米，成为市区最低点。

面积：

长沙东西长约230公里，南北宽约88公里。2007年全市土地面积11819.5平方公里，其中市区面积556.3平方公里，建成区面积181.23平方公里。

河流：

长沙市区属湘江水系。湘江自湘潭昭山流经长沙县西南边境，然后由南向北纵贯市区，经望城县乔口出境。经过市境的长度有74公里，其间流入湘江的支流有15条，其中较大的有浏阳河、捞刀河、靳江、沩水。

气候：

长沙属亚热带季风气候。由于位居盆地内部，距海较远，受冬夏季风转换，地势向北倾斜等因素的影响，气候温和，四季分明。2007年长沙市年平均气温18.5℃，极端最高温度为39.7℃，极端最低温度为-2.8℃，降雨量997.3毫米，总日照时数为1807小时。

自然资源：

长沙市地下矿藏种类多，以非金属矿具特色。已查明的有铁、锰、钒、铜、铅、锌、硫、磷、海泡石、重晶石、菊花石、煤等50余种，矿点300多处。植被以亚热带常绿阔叶林为主，有自然生长和引进栽培树102科、977种，其中常绿树462种，落叶树515种，乔木457种，灌木414种，竹藤类106种。主要林木有松、杉、栎、樟、楠、椿、茶、油茶、柑橘、毛竹等。1985年市八届人大常委会通过，市人民政府公布香樟为市树，杜鹃花为市花。

1-2 行 政 区 划

年份地区	市辖区数	市辖县（市）数	土地面积（平方公里）	镇 数
1949	5		112	
1965	4	1	3995	
1978	5	2	3995	7
1990	5	4	11818.50	21
2000	5	4	11819.46	75
2001	5	4	11819.46	76
2002	5	4	11819.46	79
2003	5	4	11819.46	81
2004	5	4	11819.46	81
2005	5	4	11819.46	79
2006	5	4	11819.46	80
2007	5	4	11819.46	83
芙蓉区	1		42.40	
天心区	1		73.64	1
岳麓区	1		139.07	1
开福区	1		187.01	3
雨花区	1		114.21	1
长沙县		1	1997.15	16
望城县		1	1361.32	16
宁乡县		1	2905.92	20
浏阳市		1	4998.74	25

单位:个

街道办事处数	居民委员会数	乡 数	村民委员会数
6	59	18	11
25	201	60	1145
39	329	84	1096
35	535	210	2987
50	763	46	3111
52	542	44	2786
54	568	39	2727
54	523	38	2677
54	560	38	1276
55	569	37	1281
55	571	34	1271
53	566	31	1258
12	59	1	14
9	65		13
10	71	1	36
10	93		30
8	85	1	36
	41	4	228
	39	3	177
	32	13	392
4	81	8	332

1-3 国民经济主要综合指标

指　标	单　位	1949 年	1965 年	1978 年	1990 年
一、土地面积	平方公里	112.0	3995.0	3995.0	11818.0
#市区	平方公里	112.00	177.07	352.00	367.00
#建成区	平方公里	6.70	20.93	53.04	101.00
二、年末户籍总人口	万人	309.24	365.73	458.23	550.05
年末常住总人口	万人	…	…	…	…
三、地区生产总值	亿元	2.87△	7.02	16.85	102.40
第一产业	亿元	…	…	5.61	24.38
第二产业	亿元	…	…	7.44	40.58
#工业	亿元	…	…	6.37	34.34
第三产业	亿元	…	…	3.79	37.44
人均生产总值	元/人	89△	194	370	1871
四、工业总产值	亿元	0.58	7.97	23.85	117.70
五、农林牧渔业总产值	亿元	1.70	2.98	7.38	36.52
#农业	亿元	1.51	2.43	…	…
六、粮食产量	万吨	74.30	101.01	189.81	264.13
七、耕地面积	千公顷	274.27	265.87	255.91	247.93
八、全社会固定资产投资	亿元	0.05△	0.54	2.41	18.12
#城镇及以上固定资产投资	亿元	…	…	…	…
新增固定资产	亿元	0.05※	0.46	1.32	8.25
竣工房屋面积	万平方米	7.02※	34.28	81.41	109.77
#住宅	万平方米	1.19※	13.09	41.17	91.95
九、货物运输量	万吨	…	…	…	6165
货物周转量	亿吨公里	…	…	…	26.26
旅客运输量	万人	…	…	…	…
旅客周转量	亿人公里	…	…	…	…
十、邮电业务总量	万元	121	451	704	13870
十一、社会消费品零售总额	亿元	0.92	3.52	7.72	51.39
十二、进出口总额	亿美元	…	…	…	…
#出口	亿美元	…	…	…	…

1995年	2000年	2005年	2006年	2007年	2007年比2006年±%
11819.5	11819.5	11819.5	11819.5	11819.5	持平
556.33	556.33	556.33	556.33	556.33	持平
115.00	118.82	167.70	173.19	181.23	4.6
562.82	583.19	620.92	631.00	637.36	1.0
…	613.87	639.30	646.50	652.92	1.0
332.75	715.34	1519.90	1798.96	2190.25	16.0
45.58	74.11	112.59	123.25	138.80	6.5
140.34	278.19	642.15	790.96	984.83	17.0
106.57	223.18	469.28	600.71	771.56	21.1
146.83	363.04	765.16	884.75	1066.62	16.5
5930	11699	23968	27982	33711	14.8
407.95	620.49	1300.62	1650.95	2154.64	30.5
86.84	116.79	187.13	202.36	231.07	6.6
42.66	62.80	92.64	103.89	114.27	6.2
244.80	262.33	262.28	268.93	267.97	-0.4
245.77	242.32	246.90	…	262.20	…
104.95	202.32	881.42	1089.81	1445.18	32.6
…	153.34	791.16	972.77	1326.44	36.4
49.37	88.34	343.72	418.54	493.93	18.0
314.55	343.54	931.57	874.75	997.47	14.0
168.87	198.51	534.03	544.88	646.41	18.6
6419	5910	10991	12478	16184	29.7
60.13	140.48	100.38	109.50	129.63	18.4
8935	9052	10895	11863	11919	0.5
34.90	34.83	99.57	107.36	119.03	10.9
89069	349844	835453	1067203	1454623	36.3
165.80	349.30	743.43	865.61	1037.03	19.8
…	16.44	26.83	29.30	40.72	39.0
…	10.51	15.95	19.30	26.06	35.0

1-3 续表

指 标	单 位	1949 年	1965 年	1978 年	1990 年
十三、实际使用外商直接投资金额	亿美元	…	…	…	…
十四、全市居民消费价格总指数	%	…	…	…	…
#城市居民消费价格总指数	%	109.63◆	97.72	99.63	101.5
全市商品零售价格指数	%	…	…	…	…
#城市商品零售价格指数	%	105.64★	97.90	99.94	100.2
十五、财政一般预算收入	亿元	…	…	…	…
财政一般预算支出	亿元	…	…	…	…
十六、高等学校数	所	2	9	8	21
高等学校在校学生数	万人	0.27	1.94	1.89	4.60
中等职业学校数	所	16	21	23	40
中等职业学校在校学生数	万人	0.23	0.78	0.98	2.56
普通中学在校学生数	万人	1.13	7.54	33.11	24.21
小学在校学生数	万人	14.71	59.37	68.01	57.07
十七、艺术表演团体	个	9	19	13	12
十八、图书出版量	万册	1626△	2549	1983	32135
杂志出版量	万份	245△	221	2680	5144
报纸出版量	万份	6786△	17000	30057	40325
十九、卫生机构数	个	34	1035	1195	1346
#医院、卫生院	个	14	138	248	297
医疗病床数	张	747	8454	12976	18349
卫生技术人员	人	1253	8779	16068	26307
#医生	人	…	…	7247	12423
二十、城市居民人均可支配收入	元	131△	216	327	1770
农村居民人均可支配收入	元	41	96	127	768
农民人均纯收入	元	48△	103	143	820
二十一、金融机构各项存款	亿元	…	…	…	…
#城乡居民储蓄余额	亿元	0.0073※	0.27	1.14	42.42
金融机构各项贷款	亿元	…	…	…	…

注:1. 土地面积按当年实际情况整理。2. ※为 1950 年数,★为 1951 年数,△为 1952 年数,◆为 1953 年数。3. 工、农业总产值 1990 年以前按不变价格计算;1990 年以后按现行价格计算。4. 邮电业务总量 1949-1978 年按 1970 年不变价格计算;1990-2001 年按 1990 年不变价格计算;2002 年以后按 2000 年不变价格计算。5. 2003 年开始因教育制度改革,现行中等职业学校包括普通中专、职业高中,2002 年以前年份的数据是中等专业学校数据。6. 人均生产总值 2000 年以前按户籍人口计算,2000 年以后按常住人口计算。

1995 年	2000 年	2005 年	2006 年	2007 年	2007 年比 2006 年 ± %
…	1.77	9.02	12.03	15.04	25.1
…	…	102.3	101.2	105.9	×
117.1	101.7	101.9	101.1	104.9	×
…	…	101.7	101.2	104.5	×
114.0	100.7	100.4	101.1	102.3	×
17.99	34.45	108.06	132.83	174.58	31.4
21.60	41.43	133.05	167.19	218.17	30.5
21	23	45	45	48	6.7
6.49	12.56	39.44	41.81	45.43	8.7
42	40	104	84	81	-3.6
5.54	8.41	11.27	12.39	11.30	-8.8
28.41	38.42	34.52	30.71	29.30	-4.6
62.37	46.65	33.87	36.61	38.30	4.6
12	13	12	12	12	持平
33677	24844	30483	27946	31332	12.1
7636	10404	10925	9622	8143	-15.4
55721	62354	75309	78381	75636	-3.5
1100	1036	1519	1557	2259	45.1
205	263	260	252	265	5.2
21378	20590	27395	28845	31891	10.6
27553	27460	28943	31180	37402	20.0
12107	12345	12088	12692	14683	15.7
4860	7530	12434	13924	16153	16.0
1704	2941	4735	5438	6339	16.6
1737	3005	4908	5653	6613	17.0
306	826	2322	2757	3267	18.5
183	373	954	1093	1177	7.7
241	632	2055	2483	2982	20.1

1-4 国民经济主要指标平均递增速度

指　　标	1949年~1965年	1965年~1978年	1949年~2007年	1978年~2007年	2000年~2007年	2005年~2007年
一、年末户籍总人口	1.1	1.7	1.3	1.1	1.3	1.3
二、地区生产总值	4.3	5.1	8.8	13.0	15.0	15.4
第一产业	…	…	…	5.4	5.4	6.1
第二产业	…	…	…	14.7	17.6	17.2
#工业	…	…	…	14.5	17.6	21.4
第三产业	…	…	…	15.2	14.5	15.2
人均生产总值	…	…	…	11.7	14.0	14.0
三、工业总产值	18.3	9.9	14.9	15.4	22.0	28.7
四、农林牧渔业总产值	3.2	3.6	4.4	5.2	5.7	6.2
#农业	2.8	4.4	3.4	3.7	3.9	6.7
五、粮食产量	1.9	5.0	2.2	1.2	0.3	1.1
六、全社会固定资产投资	…	…	…	24.0	33.2	26.8
新增固定资产	23.4※	3.4	14.9△	22.6	30.8	20.4
竣工房屋面积	19.5※	1.8	7.1△	8.6	21.4	0.3
#住宅	25.5※	1.2	7.6△	9.4	21.8	7.5
七、社会消费品零售总额	9.1	6.8	12.9	18.4	16.8	18.1
八、财政一般预算收入	…	…	…	…	28.5	27.1
财政一般预算支出	…	…	…	…	26.8	28.1

1－4 续表

单位:%

指 标	1949 年 ~1965 年	1965 年 ~1978 年	1949 年 ~2007 年	1978 年 ~2007 年	2000 年 ~2007 年	2005 年 ~2007 年
九、高等学校数	9.9	－0.9	5.6	6.4	11.1	3.3
高等学校在校学生数	13.2	－0.2	9.2	11.6	20.2	7.3
普通中学在校学生数	12.6	12.1	5.8	－0.4	－3.8	－7.9
小学在校学生数	9.1	1.1	1.7	－2.0	－2.8	6.3
十、艺术表演团体	4.8	－2.9	0.5	－0.3	－1.1	0.0
十一、图书出版量	3.5△	－1.9	5.5△	10.0	3.4	1.4
杂志出版量	－1.1△	21.6	6.6△	3.9	－3.4	－13.7
报纸出版量	7.3△	4.5	4.5△	3.2	2.8	0.2
十二、卫生机构数	23.8	1.1	7.5	2.2	11.8	21.9
#医院、卫生院	15.4	4.6	5.2	0.2	0.1	1.0
医疗病床数	16.4	3.4	6.7	3.1	6.4	7.9
卫生技术人员	12.9	4.8	6.0	3.0	4.5	13.7
#医生	…	…	…	2.5	2.5	10.2
十三、城市居民人均可支配收入	3.9△	4.1	9.1△	14.4	11.5	14.0
农民人均纯收入	6.0	2.6	9.4	14.1	11.9	16.1
城乡居民储蓄余额	27.2※	10.1	23.4※	27.0	17.8	11.1

注:※表示以 1950 年为基期,△表示以 1952 年为基期。

1-5 主要指标日均水平

指　　标	单位	1949 年	1965 年	1978 年	1990 年
一、地区生产总值	万元	78.53△	192.44	461.52	2805
二、工业总产值	万元	15.87	218.33	627.18	3196
三、一般预算收入	万元	…	…	…	…
四、农林牧渔业总产值	万元	46.63	81.64	267.56	1001
五、粮食总产量	吨	2036	2767	5200	7236
六、全社会固定资产投资	万元	5 60△	14.89	66.13	496
竣工房屋面积	平方米	192※	939	2230	3007
#住宅	平方米	33※	359	1128	1265
七、邮电:函件	万件	1.65※	5.28	5.88	17.68
八、社会消费品零售总额	万元	25	96	252	1408
九、城市生活用水	万吨	0.10	4.33	12.81	34.15
十、城市公共汽车乘客人数	万人次	1.65	11.29	45.06	72.76
十一、出　生	人	…	352	193	242
死　亡	人	…	94	83	103
结　婚	对	…	…	…	140
离　婚	对	…	…	…	14
十二、出版报纸	万份	18.59△	46.58	82.35	110.48
出版杂志	万份	0.67△	0.58	7.34	14.09
出版图书	万册	4.45△	6.98	5.43	88.04

注:1. ※为 1950 年数,△为 1952 年数。

2. 1949 年、1965 年工农业总产值按不变价格计算,其他年份按现价计算。

1995 年	2000 年	2004 年	2005 年	2006 年	2007 年 ·
9116	19598	35525	41641	49287	60007
9341	17000	27563	35633	45232	59031
493	944	2210	2960	3639	4783
2479	3200	4714	5127	5544	6331
6707	7187	6905	7186	7368	7342
2875	5543	18304	24149	29858	39594
8618	9412	25925	25522	23966	27328
4622	5439	14850	14631	14928	17710
30.52	23.01	10.09	10.74	9.85	8.18
4543	9570	17543	20368	23715	28412
47.23	58.21	82.48	86.41	88.88	67.48
64.77	92.64	208.51	214.14	229.53	251.96
113	170	154	185	172	176
101	114	102	117	87	103
110	110	130	125	156	143
20	17	28	28	31	33
150.38	170.83	215.90	206.33	214.74	207.22
20.92	28.50	51.94	29.93	26.36	22.31
92.27	68.07	85.38	83.52	76.56	85.84

1-6 主要指标人均水平

指　　标	单位	1949年	1965年	1978年	1990年	1995年	2000年
一、地区生产总值	元	89△	194	370	1855	5710	11262
二、工业总产值	元	19	221	503	2132	6811	10464
三、农林牧渔业总产值	元	55	82	215	667	1548	2004
四、粮食产量	公斤	240	280	417	480	435	450
五、全社会固定资产投资完成额	元	6.34△	15.04	53.02	331	1870	3471
竣工房屋面积	平方米	0.02※	0.09	0.18	0.20	0.56	0.59
六、社会消费品零售总额	元	30	96	201	934	2955	5993
七、职工工资	元	439△	585	601	2135	5319	10137
八、人民生活							
农民纯收入	元	48△	103	143	721	1737	3005
城市居民可支配收入	元	131△	216	327	1770	4860	7530
城市居民人均购买主要商品：							
粮食	公斤	…	…	…	134.1	106.8	95.9
油脂类	公斤	…	…	…	7.8	7.7	9.8
鲜菜	公斤	…	…	…	134.9	115.5	115.4
猪肉	公斤	…	…	…	24.2	19.2	17.9
鲜蛋	公斤	…	…	…	5.6	7.8	7.3
煤炭	公斤	…	…	…	159.2	37.4	20.3
液化气	公斤	…	…	…	22.2	29.7	35.4
管道煤气	立方米	…	…	…	…	1.3	15.3
电	度(千瓦时)	…	…	…	…	169.2	307.3
九、城市住房建筑面积	平方米	…	…	…	…	…	18.6
十、城乡居民储蓄余额	元	…	…	25	771	3266	6400
十一、年末医疗病床数	张/千人	0.24	2.34	2.85	3.34	3.8	3.53

注：1. ※为1950年数，△为1952年数。

2. 1949年、1965年工农业总产值按不变价格计算。

3. 1999年以后职工工资均为在岗职工平均工资。

4. 2003年以前的除城乡居民调查指标、职工工资、城市住房建筑面积以外的指标按户籍人口计算。

5. 因统计制度发生变化，2007年开始城市居民人均购买主要商品中的粮食和油脂计量单位由“公斤”变化为“元”，2006年此两种商品可比价值量指标分别为236.89元、124.91元。

2004年		2005年		2006年		2007年	
按户籍人口计算	按常驻人口计算	按户籍人口计算	按常驻人口计算	按户籍人口计算	按常驻人口计算	按户籍人口计算	按常驻人口计算
21395	20625	24688	23968	28739	27982	34537	33711
16600	16003	21126	20510	26375	25680	33975	33163
2839	2737	3040	2951	3233	3148	3644	3557
416	401	426	414	430	418	423	412
11023	10627	14317	13900	17410	16951	22788	22243
1.56	1.51	1.51	1.47	1.40	1.36	1.57	1.54
10565	10185	12075	11723	13829	13464	16352	15961
18944	18944	21499	21499	24615	24615	27968	27968
4315	4315	4908	4908	5653	5653	6613	6613
11021	11021	12434	12434	13924	13924	16153	16153
92.5	92.5	95.6	95.6	91.5	91.5	272.93(元)	272.93(元)
15.1	15.1	13.6	13.6	12.7	12.7	178.38(元)	178.38(元)
126.0	126.0	121.7	121.7	124.2	124.2	129.0	129.0
23.4	23.4	24.8	24.8	26.1	26.1	24.5	24.5
6.6	6.6	7.2	7.2	7.3	7.3	7.7	7.7
33.5	33.5	38.4	38.4	18.1	18.1	11.0	11.0
36.4	36.4	40.0	40.0	28.5	28.5	26.5	26.5
24.1	24.1	35.5	35.5	32.4	32.4	33.3	33.3
495.3	495.3	626.9	626.9	717.9	717.9	711.4	711.4
25.3	25.3	27.2	27.2	28.3	28.3	28.9	28.9
13121	12733	15503	15050	17462	17002	18562	18118
3.99	3.87	4.45	4.32	4.61	4.49	5.03	4.91

1-7 长沙市主要经济指标占湖南省的比重(2007 年)

	单位	2007 年 湖南省	2007 年 长沙市	长沙市占湖南省 的比重(%)
一、地区生产总值	亿元	9200.00	2190.25	23.8
第一产业	亿元	1626.52	138.80	8.5
第二产业	亿元	3916.44	984.83	25.1
第三产业	亿元	3657.04	1066.63	29.2
人均生产总值	元	14492	33711	(比全省高)19219
二、工业增加值	亿元	3375.87	771.56	22.9
#规模以上工业增加值	亿元	2853.84	584.58	20.5
三、粮食产量	亿元	2909.89	267.97	9.2
四、全社会固定资产投资总额	亿元	4294.36	1445.18	33.7
五、社会消费品零售总额	亿元	3356.49	1037.03	30.9
六、财政一般预算收入	亿元	606.55	174.58	28.8
七、进出口总额	亿美元	96.90	40.72	42.0
#出口总额	亿美元	65.23	26.06	40.0
八、实际使用外商直接投资	亿美元	32.71	15.04	46.0
九、年末金融机构存款余额	亿元	9083.27	3267.46	36.0
#城乡居民储蓄存款余额	亿元	5321.73	1177.17	22.1
年末金融机构贷款余额	亿元	6037.40	2982.40	49.4
十、城市居民人均可支配收入	元	12294	16153	(比全省高)3860
城市居民人均消费性支出	元	8991	12288	(比全省高)3297
农民人均纯收入	元	3904	6613	(比全省高)2709
农民人均生活消费支出	元	3377	5414	(比全省高)2036

2 国民经济核算

长沙统计年鉴

2-1 历年总产出

（按当年价格计算）

单位:万元

年份	总产出	第一产业	第二产业	工业	建筑业
1978	445167	94885	261262	228923	32339
1979	512800	100294	298835	263262	35573
1980	566778	99522	330929	290431	40498
1981	597597	102508	343903	301612	42291
1982	653134	115616	364941	313445	51496
1983	716729	133258	386077	328343	57734
1984	848086	140045	467896	388263	79633
1985	1070680	166053	591822	482327	109495
1986	1231664	180977	685235	556770	128465
1987	1544336	212304	861354	700625	160729
1988	2013436	274536	1132867	948752	184115
1989	2292734	307534	1284368	1121732	162636
1990	2498218	365244	1328070	1166550	161520
1991	2942165	368160	1572739	1371512	201227
1992	3807618	409372	2074753	1801621	273132
1993	5028164	480104	2860695	2444544	416151
1994	6595639	725156	3600830	3036926	563904
1995	8240569	868362	4454041	3406708	1047333
1996	10256270	1011363	5687635	4502675	1184960
1997	12039809	1114485	6648486	5344290	1304196
1998	13451981	1137967	7455518	5880203	1575315
1999	14471584	1146479	7981480	6270220	1711260
2000	15929378	1167935	8718097	6871687	1846410
2001	18281541	1239986	9891380	7318347	2573033
2002	20803475	1302245	11033144	7799745	3233399
2003	24524774	1371608	13608130	9597570	4010560

年份	总产出	第一产业	第二产业	工业	建筑业
2004	29107181	1720663	16060819	11325426	4735393
2005	34462515	1871313	19472806	13389433	6083373
2006	41178773	2023640	23948791	17253931	6694860
2007	52157816	2310742	31959298	24824356	7134942

注:因2004年开始行业分类按《国民经济行业分类》GB/T4754-2002标准执行,本章节数据相应调整。

2－1 续表 单位:万元

年份	第三产业	运输邮电业	批零餐饮业	金融保险业	房地产业	其它服务业
1978	89020	13371	44740	5811	2472	22626
1979	113671	14681	67286	7748	3508	20448
1980	136327	16532	85098	8281	3826	22590
1981	151186	17016	88469	10396	4803	30502
1982	172577	18756	97993	15478	7162	33188
1983	197394	19496	107028	15768	7284	47818
1984	240145	29057	129045	16099	8864	57080
1985	312805	33065	168113	19685	10424	81518
1986	365452	41562	186341	36243	10994	90312
1987	470678	51710	219776	49340	11618	138234
1988	606033	64103	284396	65060	13068	179406
1989	700832	74676	311346	86466	13728	214616
1990	804904	83888	370881	89610	15809	244716
1991	1001266	104325	499593	92454	19098	285796
1992	1323493	131979	670888	131440	23284	365902
1993	1687365	156154	898097	162164	33950	437000
1994	2269653	198468	1125958	252566	44842	647819
1995	2918166	268451	1479267	304331	62621	803496
1996	3557272	380222	1634927	368767	80094	1093262
1997	4276838	502581	1833517	469979	93396	1377365
1998	4858496	569160	1917848	450031	113360	1808097
1999	5343625	629051	1973462	466289	129017	2145806
2000	6043346	564692	2115542	493440	198579	2671093
2001	7150175	886577	2224348	500138	278584	3260528
2002	8468086	1012094	2436837	505376	357754	4156025
2003	9545036	1110567	2609552	528518	421431	4874968

年份	第三产业	运输仓储邮政业	批发零售业	住宿餐饮业	金融保险业	房地产业	其它服务业
2004	11325699	908212	2176196	948442	566267	640735	6085847
2005	13118396	976895	2507984	1096107	625135	725616	7186659
2006	15206342	1116719	2881201	1320902	716733	891832	8278955
2007	17887776	1308654	3448132	1635668	833690	1069989	9591643

2-2 历年总产出构成

单位:%

年份	总产出	第一产业	第二产业	工业	建筑业	第三产业	运输邮电业	批零餐饮业	金融保险业	房地产业	其它服务业
1978	100	21.3	58.7	51.4	7.3	20.0	3.0	10.1	1.3	0.6	5.0
1979	100	19.6	58.2	51.3	6.9	22.2	2.9	13.1	1.5	0.7	4.0
1980	100	17.6	58.3	51.2	7.1	24.1	2.9	15.0	1.5	0.7	4.0
1981	100	17.2	57.6	50.5	7.1	25.2	2.8	14.8	1.7	0.8	5.1
1982	100	17.7	55.9	48.0	7.9	26.4	2.9	14.9	2.4	1.1	5.1
1983	100	18.6	53.9	45.8	8.1	27.5	2.7	14.9	2.2	1.0	6.7
1984	100	16.5	55.2	45.8	9.4	28.3	3.4	15.2	1.9	1.0	6.8
1985	100	15.5	55.3	45.1	10.2	29.2	3.1	15.7	1.8	1.0	7.6
1986	100	14.7	55.6	45.2	10.4	29.7	3.4	15.1	2.9	0.9	7.4
1987	100	13.7	55.8	45.4	10.4	30.5	3.3	14.2	3.2	0.8	9.0
1988	100	13.6	56.3	47.1	9.2	30.1	3.2	14.1	3.2	0.6	9.0
1989	100	13.4	56.0	48.9	7.1	30.6	3.3	13.6	3.7	0.6	9.4
1990	100	14.6	53.2	46.7	6.5	32.2	3.4	14.8	3.6	0.6	9.8
1991	100	12.5	53.5	46.6	6.9	34.0	3.5	17.0	3.2	0.6	9.7
1992	100	10.7	54.5	47.3	7.2	34.8	3.5	17.6	3.5	0.6	9.6
1993	100	9.5	56.9	48.6	8.3	33.6	3.1	17.9	3.2	0.7	8.7
1994	100	11.0	54.6	46.0	8.6	34.4	3.0	17.1	3.8	0.7	9.8
1995	100	10.5	54.1	41.4	12.7	35.4	3.3	17.9	3.7	0.8	9.7
1996	100	9.8	55.5	43.9	11.6	34.7	3.7	15.9	3.6	0.8	10.7
1997	100	9.3	55.2	44.4	10.8	35.5	4.2	15.2	3.9	0.8	11.4
1998	100	8.5	55.4	43.7	11.7	36.1	4.2	14.3	3.3	0.8	13.5
1999	100	7.9	55.2	43.4	11.8	36.9	4.3	13.7	3.2	0.9	14.8
2000	100	7.4	54.7	43.1	11.6	37.9	3.5	13.3	3.1	1.2	16.8
2001	100	6.8	54.1	40.0	14.1	39.1	4.8	12.2	2.7	1.5	17.9
2002	100	6.3	53.0	37.5	15.5	40.7	4.9	11.7	2.4	1.7	20.0
2003	100	5.6	55.5	39.1	16.4	38.9	4.5	10.6	2.2	1.7	19.9

年份	总产出	第一产业	第二产业	工业	建筑业	第三产业	运输仓储邮政业	批发零售业	住宿餐饮业	金融保险业	房地产业	其它服务业
2004	100	5.9	55.2	38.9	16.3	38.9	3.1	7.5	3.3	1.9	2.2	20.9
2005	100	5.4	56.5	38.9	17.6	38.1	2.8	7.3	3.2	1.8	2.1	20.9
2006	100	4.9	58.2	41.9	16.3	36.9	2.7	7.0	3.2	1.7	2.2	20.1
2007	100	4.4	61.3	47.6	13.7	34.3	2.5	6.6	3.1	1.6	2.1	18.4

2-3 历年总产出环比指数

(按可比价格计算,以上年为100)

年份	总产出	第一产业	第二产业	工业	建筑业
1978					
1979	111.4	105.7	113.3	115.0	102.0
1980	106.8	99.2	109.5	110.3	103.0
1981	105.0	99.3	103.1	103.2	102.4
1982	110.0	112.4	106.1	104.2	121.2
1983	109.2	107.0	107.0	106.4	111.6
1984	114.0	104.4	118.0	114.4	142.2
1985	115.6	108.1	119.0	119.5	116.8
1986	112.8	106.0	114.2	113.1	119.9
1987	117.9	103.0	120.3	121.2	115.5
1988	113.6	104.5	117.8	118.8	112.4
1989	107.0	102.8	106.6	109.7	88.6
1990	105.3	102.3	102.7	103.2	99.1
1991	112.7	103.5	115.4	115.7	113.6
1992	113.5	102.9	112.8	111.8	120.1
1993	114.5	105.5	118.0	116.2	130.5
1994	114.8	106.3	117.8	117.6	119.4
1995	115.9	106.4	121.3	116.1	153.2
1996	115.4	108.4	115.2	116.6	108.6
1997	114.5	107.8	115.5	117.1	107.6
1998	114.0	103.5	115.5	115.0	118.5
1999	110.6	103.1	110.9	111.5	107.8
2000	111.8	104.7	112.8	112.0	116.9
2001	113.8	106.0	112.2	107.8	128.5
2002	113.4	102.4	110.6	107.4	120.5
2003	116.1	105.1	119.9	119.0	122.7
2004	117.2	111.4	120.6	121.1	119.3
2005	116.0	106.5	118.7	117.0	123.2
2006	115.8	105.8	117.6	122.0	108.1
2007	117.4	108.9	118.7	122.7	108.9

单位:%

第三产业	运输邮电业	批零餐饮业	金融保险业	房地产业	其它服务业
115.6	102.0	117.8	133.3	141.9	109.7
111.1	102.5	116.0	106.9	109.1	107.2
116.9	102.9	114.9	123.4	123.4	125.6
115.9	108.6	107.7	146.3	146.6	119.6
115.9	102.9	116.7	100.1	99.9	130.8
115.9	148.3	116.1	98.5	117.3	111.4
115.9	118.0	114.7	109.0	104.8	121.6
115.9	108.3	112.4	174.7	100.1	110.3
124.6	114.6	122.0	124.2	96.2	137.4
111.6	118.6	114.0	106.6	90.9	109.7
110.1	110.4	107.6	114.8	90.7	113.9
111.8	111.6	112.2	102.1	113.5	114.9
112.7	107.1	120.7	96.5	113.0	108.3
119.6	111.0	126.5	124.7	117.4	109.3
112.3	115.7	112.1	103.1	120.4	114.3
112.5	106.8	111.6	126.6	107.2	112.0
109.6	120.3	111.0	99.9	124.9	105.9
118.1	121.7	107.2	133.8	118.3	132.8
114.6	126.6	106.1	109.1	110.7	126.5
114.1	120.3	104.6	103.6	120.1	127.9
111.8	111.1	108.9	103.5	123.1	116.7
111.6	119.4	104.0	105.7	126.0	117.5
117.6	129.8	109.7	100.6	128.8	123.6
119.3	123.1	108.8	100.8	129.8	127.8
112.9	122.2	107.1	104.6	118.4	115.0

第三产业	运输仓储邮政业	批发零售业	住宿餐饮业	金融保险业	房地产业	其它服务业
113.3	115.9	104.0	104.3	106.5	121.4	117.4
113.4	107.6	113.3	113.6	107.1	108.9	115.3
114.6	109.0	113.5	122.2	112.2	119.0	114.3
116.6	120.1	115.8	121.0	115.9	122.2	115.2

2-4 历年总产出定基指数

（按可比价格计算，以1978年为100）

年份	总产出	第一产业	第二产业	工业	建筑业
1978	100	100	100	100	100
1979	111.4	105.7	113.3	115.0	102.0
1980	119.0	104.9	124.1	126.8	105.1
1981	125.0	104.2	127.9	130.9	107.6
1982	137.5	117.1	135.7	136.4	130.4
1983	150.2	125.3	145.2	145.1	145.5
1984	171.2	130.8	171.3	166.0	206.9
1985	197.9	141.4	203.8	198.4	241.7
1986	223.2	149.9	232.7	224.4	289.8
1987	263.2	154.4	279.9	272.0	334.7
1988	299.0	161.3	329.7	323.1	376.2
1989	319.9	165.8	351.5	354.4	333.3
1990	336.9	169.6	361.0	365.7	330.3
1991	379.7	175.5	416.6	423.1	375.2
1992	431.0	180.6	469.9	473.0	450.6
1993	493.5	190.5	554.5	549.6	588.0
1994	566.5	202.5	653.2	646.3	702.1
1995	656.6	215.5	792.3	750.4	1075.6
1996	757.7	233.6	912.7	875.0	1168.1
1997	867.6	251.8	1054.2	1024.6	1256.9
1998	989.1	260.6	1217.6	1178.3	1489.4
1999	1093.9	268.7	1350.3	1313.8	1605.6
2000	1223.0	281.3	1523.1	1471.5	1876.9
2001	1391.8	298.2	1708.9	1586.3	2411.8
2002	1578.3	305.4	1890.0	1703.7	2906.2
2003	1832.4	321.0	2266.1	2027.4	3565.9
2004	2147.6	357.6	2732.9	2455.2	4254.1
2005	2491.2	380.8	3244.0	2872.6	5241.1
2006	2884.8	402.9	3814.9	3504.6	5665.6
2007	3386.8	438.8	4528.3	4300.1	6169.8

单位:%

第三产业	运输邮电业	批零餐饮业	金融保险业	房地产业	其它服务业
100	100	100	100	100	100
115.6	102.0	117.8	133.3	141.9	109.7
128.4	104.6	136.6	142.5	154.8	117.6
150.1	107.6	157.0	175.8	191.0	147.7
174.0	116.9	169.1	257.2	280.0	176.6
201.7	120.3	197.3	257.5	279.7	231.0
233.8	178.4	229.1	253.6	328.1	257.3
271.0	210.5	262.8	276.4	343.8	312.9
314.1	228.0	295.4	482.9	344.1	345.1
391.4	261.3	360.4	599.8	331.0	474.2
436.8	309.9	410.9	639.4	300.9	520.2
480.9	342.1	442.1	734.0	272.9	592.5
537.6	381.8	496.0	749.4	309.7	680.8
605.9	408.9	598.7	723.2	350.0	737.3
724.7	453.9	757.4	901.8	410.9	805.9
813.8	525.2	849.0	929.8	494.7	921.1
915.5	560.9	947.5	1177.1	530.3	1031.6
1003.4	674.8	1051.7	1175.9	662.3	1092.5
1185.0	821.2	1127.4	1573.4	783.5	1450.8
1358.0	1039.6	1196.2	1716.6	867.3	1835.3
1549.5	1250.6	1251.2	1778.4	1041.6	2347.3
1732.3	1389.4	1362.6	1840.6	1282.2	2739.3
1933.2	1658.9	1417.1	1945.5	1615.6	3218.7
2273.4	2153.3	1554.6	1957.2	2080.9	3978.3
2712.2	2650.7	1691.4	1972.9	2701.0	5084.3
3062.1	3239.2	1811.5	2063.7	3198.0	5846.9

第三产业	运输仓储邮政业	批发零售业	住宿餐饮业	金融保险业	房地产业	其它服务业
3469.4	3638.3	1872.5	1883.1	2197.8	3872.8	6887.7
3934.3	3914.8	2121.6	2139.2	2353.9	4217.5	7941.6
4508.7	4267.2	2408.0	2614.2	2641.1	5018.8	9077.2
5257.1	5124.9	2788.4	3163.1	3061.0	6132.9	10456.9

2-5 历年生产总值

（按当年价格计算）

年份	生产总值（GDP）	第一产业	第二产业	工业	建筑业
1978	168453	56092	74436	63735	10701
1979	213830	66329	100585	87584	13001
1980	231716	65819	111424	96623	14801
1981	257289	70974	123181	106641	16540
1982	286247	77973	135101	112880	22221
1983	323103	91952	146343	120864	25479
1984	364037	100688	161664	129822	31842
1985	450774	120844	197301	155838	41463
1986	514749	131395	222520	174528	47992
1987	634135	147543	275363	214193	61170
1988	825712	194304	356294	288687	67607
1989	932540	212031	393832	330194	63638
1990	1023956	243772	405796	343378	62418
1991	1189012	241941	484759	410114	74645
1992	1498739	266151	626843	522893	103950
1993	1935420	301613	830974	687474	143500
1994	2609009	358777	1132512	937517	194995
1995	3327521	455780	1403433	1065652	337781
1996	4157722	583757	1731447	1369267	362180
1997	5037611	687320	2056865	1671931	384934
1998	5709136	707519	2336161	1877559	458602
1999	6280205	713285	2521526	2042102	479424
2000	7153383	741104	2781935	2231776	550159
2001	8112564	783636	3138755	2414568	724187
2002	9227729	791826	3597436	2705355	892081
2003	10772233	832886	4449437	3325205	1124232

年份	生产总值（GDP）	第一产业	第二产业	工业	建筑业
2004	12966593	1045950	5416800	3969036	1447764
2005	15199001	1139776	6421484	4692784	1728700
2006	17989572	1232543	7909596	6007131	1902465
2007	21902548	1387971	9848274	7715574	2132700

注：1. 历史数据按经济普查结果调整。

2. 2000 年以前人均生产总值按户籍人口计算，2000 年以后按常住人口计算。

单位:万元

第三产业	运输邮电业	批零餐饮业	金融保险业	房地产业	其它服务业	人均生产总值(元/人)
37925	8417	13427	4090	1978	10013	370
46916	9002	19072	5811	2807	10224	464
54473	9939	23967	6211	3061	11295	496
63134	10267	25976	7797	3843	15251	544
73173	11802	27438	11609	5730	16594	596
84808	12058	31188	11826	5827	23909	662
101685	16537	37443	12074	7091	28540	737
132629	19833	48934	16764	8339	38759	900
160834	24937	54039	27907	8795	45156	1012
211229	29992	64834	37992	9294	69117	1227
275114	37180	85372	50596	10035	91931	1526
326677	43006	93404	66579	10983	112705	1718
374388	48991	112377	69000	12647	131373	1871
462312	62071	153974	71596	15994	158677	2155
605745	80035	209877	93536	18534	203763	2703
802833	105875	274691	117513	27024	277730	3485
1117720	126546	366270	178916	35650	410338	4680
1468308	184223	516085	224019	49846	494135	5930
1842518	257171	617100	270892	63915	633440	7356
2293426	337992	749793	306628	74623	824390	8842
2665456	382181	852130	336268	90688	1004189	9939
3045394	417239	952207	362988	103562	1209398	10834
3630344	525950	1086770	389800	159062	1468762	11699
4190173	584865	1215367	400167	223285	1766489	13149
4838467	649131	1390327	403000	286847	2109162	14763
5489910	709677	1565903	430689	337988	2445653	17164

第三产业	运输仓储邮政业	批发零售业	住宿餐饮业	金融保险业	房地产业	其它服务业	人均生产总值(元/人)
6503843	560137	1567600	383674	469797	514253	3008382	20625
7637741	602467	1806600	451409	518636	580742	3677887	23968
8847433	688734	2075443	543986	594396	707050	4237824	27982
10666302	871181	2410273	623460	690694	898688	5172007	33711

2-6 历年生产总值构成

单位:%

年 份	生产总值(GDP)	第一产业	第二产业	工 业	建筑业	第三产业	运输邮电业	批零餐饮业	金融保险业	房地产业	其它服务业
1978	100	33.3	44.2	37.8	6.4	22.5	5.0	8.0	2.4	1.2	5.9
1979	100	31.0	47.1	41.0	6.1	21.9	4.2	8.9	2.7	1.3	4.8
1980	100	28.4	48.1	41.7	6.4	23.5	4.3	10.3	2.7	1.3	4.9
1981	100	27.6	47.9	41.4	6.5	24.5	4.0	10.1	3.0	1.5	5.9
1982	100	27.2	47.2	39.4	7.8	25.6	4.1	9.6	4.1	2.0	5.8
1983	100	28.5	45.3	37.4	7.9	26.2	3.7	9.7	3.7	1.8	7.3
1984	100	27.7	44.4	35.7	8.7	27.9	4.5	10.3	3.3	1.9	7.9
1985	100	26.8	43.8	34.6	9.2	29.4	4.4	10.9	3.7	1.8	8.6
1986	100	25.5	43.2	33.9	9.3	31.3	4.8	10.5	5.4	1.7	8.9
1987	100	23.3	43.4	33.8	9.6	33.3	4.7	10.2	6.0	1.5	10.9
1988	100	23.5	43.2	35.0	8.2	33.3	4.5	10.3	6.1	1.2	11.2
1989	100	22.8	42.2	35.4	6.8	35.0	4.6	10.0	7.1	1.2	12.1
1990	100	23.8	39.6	33.5	6.1	36.6	4.8	11.0	6.7	1.2	12.9
1991	100	20.3	40.8	34.5	6.3	38.9	5.2	13.0	6.0	1.3	13.4
1992	100	17.8	41.8	34.9	6.9	40.4	5.3	14.1	6.2	1.2	13.6
1993	100	15.6	42.9	35.5	7.4	41.5	5.5	14.2	6.1	1.4	14.3
1994	100	13.8	43.4	35.9	7.5	42.8	4.9	14.0	6.9	1.4	15.6
1995	100	13.7	42.2	32.0	10.2	44.1	5.5	15.5	6.7	1.5	14.9
1996	100	14.0	41.6	32.9	8.7	44.4	6.2	14.9	6.5	1.5	15.3
1997	100	13.6	40.8	33.2	7.6	45.6	6.7	14.9	6.1	1.5	16.4
1998	100	12.4	40.9	32.9	8.0	46.7	6.7	14.9	5.9	1.6	17.6
1999	100	11.4	40.2	32.5	7.7	48.4	6.6	15.2	5.8	1.6	19.2
2000	100	10.4	38.9	31.2	7.7	50.7	7.4	15.2	5.4	2.2	20.5
2001	100	9.7	38.7	29.8	8.9	51.6	7.2	15.0	4.9	2.8	21.7
2002	100	8.6	39.0	29.3	9.7	52.4	7.0	15.1	4.4	3.1	22.8
2003	100	7.7	41.3	30.9	10.4	51.0	6.6	14.6	4.0	3.1	22.7

年 份	生产总值(GDP)	第一产业	第二产业	工 业	建筑业	第三产业	运输仓储邮政业	批 发零售业	住 宿餐饮业	金 融保险业	房地产业	其 它服务业
2004	100	8.1	41.8	30.6	11.2	50.1	4.3	12.1	3.0	3.6	4.0	23.1
2005	100	7.5	42.2	30.9	11.3	50.3	4.0	11.9	3.0	3.4	3.8	24.2
2006	100	6.9	44.0	33.4	10.6	49.1	3.8	11.5	3.0	3.3	3.9	23.6
2007	100	6.3	45.0	35.2	9.7	48.7	4.0	11.0	2.8	3.2	4.1	23.6

2-7 历年生产总值环比指数

（按可比价格计算，以上年为100）

单位：%

年份	生产总值(GDP)	第一产业	第二产业	工业	建筑业	第三产业	运输邮电业	批零餐饮业	金融保险业	房地产业	其它服务业	人均生产总值
1978												
1979	115.4	110.0	120.0	120.0	120.0	117.2	123.2	109.4	118.1	141.9	128.9	114.3
1980	114.7	110.1	121.3	120.7	127.4	111.3	121.7	108.1	108.3	109.1	113.8	113.1
1981	111.2	109.5	110.0	110.0	110.0	115.9	121.5	109.8	127.8	123.4	116.9	109.9
1982	112.4	109.5	110.0	107.7	131.7	120.6	114.4	106.3	138.5	146.6	139.7	110.6
1983	114.2	109.5	110.0	109.7	112.3	126.9	109.7	120.5	110.7	112.1	164.9	112.3
1984	112.3	109.8	110.0	105.6	143.1	118.2	119.5	110.9	131.8	117.4	121.2	111.4
1985	112.2	109.2	109.9	109.0	115.0	118.3	112.6	115.7	137.1	104.8	117.6	110.4
1986	109.4	105.5	111.6	109.4	122.8	110.8	112.7	105.0	124.1	103.5	110.5	107.7
1987	110.4	100.5	115.4	115.6	114.9	114.1	113.6	108.7	116.3	102.8	120.5	108.7
1988	113.7	103.3	117.1	118.3	111.2	118.4	107.6	116.9	126.0	106.7	121.7	108.8
1989	104.5	102.0	108.4	112.3	88.7	102.0	100.2	105.2	97.1	94.5	103.5	104.0
1990	104.6	103.8	102.9	103.6	98.5	107.3	112.2	102.3	103.4	104.1	112.6	103.7
1991	108.7	94.1	113.9	113.9	113.9	112.9	113.0	120.0	107.5	112.0	109.6	107.8
1992	117.2	101.7	122.6	120.6	135.9	120.0	117.5	128.7	110.3	113.8	118.3	116.6
1993	118.2	105.6	120.7	120.7	120.6	121.5	120.5	119.2	115.9	126.0	126.4	118.0
1994	113.4	105.0	116.4	117.3	110.9	113.6	101.8	108.4	118.8	107.2	121.3	113.0
1995	114.0	104.9	115.4	110.6	145.5	116.0	127.9	122.4	110.6	124.9	108.4	113.3
1996	114.0	108.0	115.4	117.7	104.7	114.5	119.9	116.0	110.9	118.3	112.3	113.2
1997	115.9	108.2	116.5	119.1	102.8	117.7	124.2	114.9	107.5	110.7	123.2	115.0
1998	113.9	102.5	114.5	113.9	118.3	116.8	121.2	113.6	108.4	120.1	121.0	113.0
1999	111.5	103.4	110.7	111.2	108.2	114.7	111.0	115.6	107.7	123.1	116.9	110.5
2000	112.2	104.0	112.5	112.6	112.0	113.9	117.0	113.3	105.7	126.0	114.6	110.7
2001	113.5	104.9	113.6	109.1	131.6	115.3	110.7	113.9	104.4	128.4	119.4	112.5
2002	114.5	101.8	114.8	113.0	120.8	116.6	113.0	117.6	102.6	129.8	118.8	113.0
2003	115.3	104.8	120.9	120.3	122.9	112.8	108.2	112.6	105.8	118.4	115.0	114.8

年份	生产总值(GDP)	第一产业	第二产业	工业	建筑业	第三产业	运输仓储邮政业	批发零售业	住宿餐饮业	金融保险业	房地产业	其它服务业	人均生产总值
2004	116.0	107.0	120.8	121.4	119.0	113.6	109.2	114.5	116.9	104.6	122.1	114.0	115.8
2005	114.9	106.7	117.6	117.0	119.4	113.8	107.6	113.3	115.7	107.3	108.9	116.9	113.9
2006	114.8	105.7	117.5	121.6	106.4	114.0	109.0	113.5	122.2	112.1	117.9	113.6	113.3
2007	116.0	106.5	117.0	121.1	104.2	116.5	120.1	115.8	112.3	118.8	116.2	116.5	114.8

2-8 历年生产总值定基指数

（按可比价格计算，以1978年为100）

年份	生产总值（GDP）	第一产业	第二产业		
				工业	建筑业
1978	100	100	100	100	100
1979	115.4	110.0	120.0	120.0	120.0
1980	132.4	121.1	145.6	144.8	152.9
1981	147.2	132.6	160.2	159.3	168.2
1982	165.5	145.2	176.2	171.6	221.5
1983	189.0	159.0	193.8	188.2	248.7
1984	212.2	174.6	213.2	198.7	355.9
1985	238.1	190.7	234.3	216.6	409.3
1986	260.5	201.2	261.5	237.0	502.6
1987	287.6	202.2	301.8	274.0	577.5
1988	327.0	208.9	353.4	324.1	642.2
1989	341.7	213.1	383.1	364.0	569.6
1990	357.4	221.2	394.2	377.1	561.1
1991	388.5	208.1	449.0	429.5	639.1
1992	455.3	211.6	550.5	518.0	868.5
1993	538.2	223.4	664.5	625.2	1047.4
1994	610.3	234.6	773.5	733.4	1161.6
1995	695.7	246.1	892.6	811.1	1690.1
1996	793.1	265.8	1030.1	954.7	1769.5
1997	919.2	287.6	1200.1	1137.0	1819.0
1998	1047.0	294.8	1374.1	1295.0	2151.9
1999	1167.4	304.8	1521.1	1440.0	2328.4
2000	1309.8	317.0	1711.2	1621.4	2607.8
2001	1486.6	332.5	1943.9	1768.9	3431.9
2002	1702.2	338.5	2231.6	1998.9	4145.7
2003	1962.6	354.7	2698.0	2404.7	5095.1
2004	2276.6	379.5	3259.2	2919.3	6063.2
2005	2615.8	404.9	3832.8	3415.6	7239.5
2006	3002.9	428.0	4503.5	4153.4	7702.8
2007	3483.4	457.1	5269.1	5029.8	8026.3

单位:%

第三产业	运输邮电业	批零餐饮业	金融保险业	房地产业	其它服务业	人均生产总值
100	100	100	100	100	100	100
117.2	123.2	109.4	118.1	141.9	128.9	114.3
130.4	149.9	118.3	127.9	154.8	146.7	129.3
151.1	182.1	129.9	163.5	191.0	171.5	142.1
182.2	208.3	138.1	226.4	280.0	239.6	157.2
231.2	228.5	166.4	250.6	313.9	395.1	176.5
273.3	273.1	184.5	330.3	368.5	478.9	196.6
323.3	307.5	213.5	452.8	386.2	563.2	217.0
358.2	346.6	224.2	561.9	399.7	622.3	233.7
408.7	393.7	243.7	653.5	410.9	749.9	254.0
483.9	423.6	284.9	823.4	438.4	912.6	276.4
493.6	424.4	299.7	799.5	414.3	944.5	287.5
529.6	476.2	306.6	826.7	431.3	1063.5	298.1
597.9	538.1	367.9	888.7	483.1	1165.6	321.4
717.5	632.3	473.5	980.2	549.8	1378.9	374.8
871.8	761.9	564.4	1136.1	692.7	1742.9	442.3
990.4	775.6	611.8	1349.7	742.6	2114.1	499.8
1148.9	992.0	748.8	1492.8	927.5	2291.7	566.3
1315.5	1189.4	868.6	1655.5	1097.2	2573.6	641.1
1548.3	1477.2	998.0	1779.7	1214.6	3170.7	737.3
1808.4	1790.4	1133.7	1929.2	1458.7	3836.5	833.1
2074.2	1987.3	1310.6	2077.7	1795.7	4484.9	920.6
2362.5	2325.1	1484.9	2196.1	2262.6	5139.7	1019.1
2724.0	2573.9	1691.3	2292.7	2905.2	6136.8	1146.5
3176.2	2908.5	1989.0	2352.3	3770.9	7290.5	1295.5
3582.8	3147.0	2239.6	2488.7	4464.7	8384.1	1487.2

第三产业	运输仓储邮政业	批发零售业	住宿餐饮业	金融保险业	房地产业	其它服务业	人均生产总值
4070.1	3327.3	2530.0	2629.8	2603.2	5451.4	9569.3	1722.2
4631.7	3580.2	2866.5	3042.7	2793.2	5936.6	11186.5	1961.6
5280.2	3902.4	3253.5	3718.1	3131.2	6999.2	12707.8	2222.4
6151.4	4686.8	3767.5	4175.5	3719.9	8133.1	14804.6	2551.4

2-9 历年生产总值(支出法)

（按当年价格计算）

单位:万元

年份	生产总值(GDP)	最终消费	居民消费	农村居民	城镇居民	政府消费	资本形成总额	固定资本形成总额	存货增加	货物和服务净流出
1978	168453	172284	148449	90300	58149	23835	25139	13202	11937	-28970
1979	213830	195851	169757	99247	70510	26094	36380	23846	12534	-18401
1980	231716	206529	178792	104594	74198	27737	42262	29101	13161	-17075
1981	257289	224473	191815	112488	79327	32658	42860	29041	13819	-10044
1982	286247	242481	205422	129065	76357	37059	54528	40018	14510	-10762
1983	323103	266839	222561	139564	82997	44278	66275	43772	22503	-10011
1984	364037	310906	253169	153520	99649	57737	72934	47180	25754	-19803
1985	450774	363593	306265	186515	119750	57328	114712	65232	49480	-27531
1986	514749	404309	330827	198362	132465	73482	138607	87772	50835	-28167
1987	634135	464652	378087	227320	150767	86565	183887	110839	73048	-14404
1988	825712	574394	472492	276756	195736	101902	260415	185088	75327	-9097
1989	932540	626774	517780	284874	232906	108994	287779	206652	81127	17987
1990	1023956	671614	551512	297910	253602	120102	315923	223335	92588	36419
1991	1189012	750219	599488	316895	282593	150731	375134	278238	96896	63659
1992	1498739	887244	683049	358103	324946	204195	445048	331721	113327	166447
1993	1935420	1116510	863978	451008	412970	252532	555844	415519	140325	263066
1994	2609009	1431179	1109662	549491	560171	321517	808398	534270	274128	369432
1995	3327521	1740592	1325481	658868	666613	415111	1111454	784506	326948	475475
1996	4157722	2110832	1566483	766006	800477	544349	1453339	1072228	381111	593551
1997	5037611	2504380	1880989	895894	985095	623391	1784578	1304841	479737	748653
1998	5709136	2788818	2077880	977425	1100455	710938	2054219	1546063	508156	866099
1999	6280205	3016682	2280621	1016441	1264180	736061	2222696	1709202	513494	1040827
2000	7153383	3783604	2894838	912951	1981887	888766	2174095	1889719	284376	1195684
2001	8112564	4168323	3111904	976855	2135049	1056419	2871775	2462173	409602	1072466
2002	9227729	4599966	3423539	1028848	2394691	1176427	3491433	3198273	293160	1136330
2003	10772233	5097756	3692596	1055639	2636957	1405160	4727966	4212633	515333	946511
2004	12966593	5838538	4133537	1166155	2967382	1705001	6556619	5921855	634764	571436
2005	15199001	6630455	4669704	1266780	3402924	1960751	8186399	7691424	494975	382147
2006	17989572	7734101	5479237	1330654	4148583	2254864	9867375	9284044	583331	388096
2007	21902548	9092565	6468874	1455336	5013538	2623691	12375157	11750031	625126	434826

注:历史数据按经济普查结果调整。

2-10 历年生产总值构成(支出法)

单位:%

年份	生产总值(GDP)	最终消费	居民消费	农村居民	城镇居民	政府消费	资本形成总额	固定资本形成总额	存货增加	货物和服务净流出
1978	100	102.3	88.1	53.6	34.5	14.2	14.9	7.8	7.1	-17.2
1979	100	91.6	79.4	46.4	33.0	12.2	17.0	11.1	5.9	-8.6
1980	100	89.1	77.1	45.1	32.0	12.0	18.3	12.6	5.7	-7.4
1981	100	87.2	74.5	43.7	30.8	12.7	16.7	11.3	5.4	-3.9
1982	100	84.7	71.8	45.1	26.7	12.9	19.1	14.0	5.1	-3.8
1983	100	82.6	68.9	43.2	25.7	13.7	20.5	13.5	7.0	-3.1
1984	100	85.4	69.5	42.2	27.3	15.9	20.0	12.9	7.1	-5.4
1985	100	80.7	68.0	41.4	26.6	12.7	25.4	14.4	11.0	-6.1
1986	100	78.5	64.2	38.5	25.7	14.3	27.0	17.1	9.9	-5.5
1987	100	73.3	59.6	35.8	23.8	13.7	29.0	17.5	11.5	-2.3
1988	100	69.6	57.2	33.5	23.7	12.4	31.5	22.4	9.1	-1.1
1989	100	67.2	55.5	30.5	25.0	11.7	30.9	22.2	8.7	1.9
1990	100	65.6	53.9	29.1	24.8	11.7	30.8	21.8	9.0	3.6
1991	100	63.1	50.4	26.6	23.8	12.7	31.5	23.4	8.1	5.4
1992	100	59.2	45.6	23.9	21.7	13.6	29.7	22.1	7.6	11.1
1993	100	57.7	44.6	23.3	21.3	13.1	28.7	21.4	7.3	13.6
1994	100	54.9	42.6	21.1	21.5	12.3	31.0	20.5	10.5	14.1
1995	100	52.3	39.8	19.8	20.0	12.5	33.4	23.6	9.8	14.3
1996	100	50.8	37.7	18.4	19.3	13.1	35.0	25.8	9.2	14.2
1997	100	49.7	37.3	17.8	19.5	12.4	35.4	25.9	9.5	14.9
1998	100	48.8	36.4	17.1	19.3	12.4	36.0	27.1	8.9	15.2
1999	100	48.0	36.3	16.2	20.1	11.7	35.4	27.2	8.2	16.6
2000	100	52.9	40.5	12.8	27.7	12.4	30.4	26.4	4.0	16.7
2001	100	51.4	38.4	12.0	26.4	13.0	35.4	30.4	5.0	13.2
2002	100	49.8	37.1	11.1	26.0	12.7	37.9	34.7	3.2	12.3
2003	100	47.3	34.3	9.8	24.5	13.0	43.9	39.1	4.8	8.8
2004	100	45.0	31.9	9.0	22.9	13.1	50.6	45.7	4.9	4.4
2005	100	43.6	30.7	8.3	22.4	12.9	53.9	50.6	3.3	2.5
2006	100	43.0	30.5	7.4	23.1	12.5	54.8	51.6	3.2	2.2
2007	100	41.5	29.5	6.6	22.9	12.0	56.5	53.6	2.9	2.0

2-11 历年最终消费指数

（按可比价格计算）

单位：%

年份	最终消费		居民消费		农村居民		城镇居民		政府消费	
	环比	定基	环比	定基	环比	定基	环比	定基	环比	定基
1978		100		100		100		100		100
1979	103.9	103.9	104.7	104.7	99.9	99.9	112.1	112.1	99.5	99.5
1980	110.9	115.2	110.7	115.9	111.5	111.4	109.5	122.7	112.5	111.9
1981	108.8	125.3	107.4	124.5	107.7	120.0	107.1	131.4	117.9	131.9
1982	104.7	131.2	103.8	129.2	111.2	133.4	93.3	122.6	110.0	145.1
1983	116.0	152.2	114.3	147.7	114.0	152.1	114.6	140.5	126.0	182.8
1984	116.2	176.9	113.4	167.5	109.7	166.9	119.7	168.2	130.0	237.6
1985	106.0	187.5	109.7	183.7	110.1	183.8	108.9	183.2	90.0	213.8
1986	106.5	199.7	103.5	190.1	101.9	187.3	106.0	194.2	122.8	262.5
1987	103.0	205.7	102.4	194.7	102.7	192.4	102.0	198.1	105.6	277.2
1988	108.2	222.6	109.3	212.8	106.5	204.9	113.6	225.0	103.0	285.5
1989	100.8	224.4	101.2	215.4	95.1	194.9	109.9	247.3	98.8	282.1
1990	102.1	229.1	101.5	218.6	99.6	194.1	103.8	256.7	105.0	296.2
1991	104.6	239.6	101.8	222.5	99.6	193.3	104.3	267.7	117.5	348.0
1992	110.0	263.6	106.0	235.9	105.1	203.2	106.9	286.2	126.0	438.5
1993	115.3	303.9	115.9	273.4	115.4	234.5	116.4	333.1	113.3	496.8
1994	107.7	327.3	107.9	295.0	102.4	240.1	114.0	379.7	107.0	531.6
1995	108.1	353.8	104.2	307.4	106.8	256.4	101.6	385.8	121.5	645.9
1996	111.2	393.4	110.5	339.7	106.0	271.8	115.2	444.4	113.2	731.2
1997	113.5	446.5	114.7	389.6	112.3	305.2	116.9	519.5	110.0	804.3
1998	111.9	499.6	112.8	439.5	109.6	334.5	115.7	601.1	109.0	876.7
1999	109.8	548.6	109.6	481.7	105.4	352.6	113.3	681.0	110.3	967.0
2000	108.9	597.4	109.2	526.0	103.7	365.6	113.6	773.6	108.0	1044.4
2001	110.9	662.5	108.9	572.8	105.3	385.0	110.8	857.1	117.5	1227.2
2002	109.1	722.8	108.6	622.1	102.2	393.5	111.7	957.4	110.6	1357.3
2003	112.3	811.7	109.9	683.7	105.5	415.1	111.9	1071.3	119.5	1622.0
2004	111.9	908.3	107.9	737.7	102.0	423.4	110.5	1183.8	122.9	1993.4
2005	112.4	1020.9	111.9	825.5	107.6	455.6	113.5	1343.6	113.9	2270.5
2006	114.5	1168.9	114.9	948.5	104.0	473.8	118.9	1597.5	113.6	2579.3
2007	114.4	1337.2	115.0	1090.8	104.3	494.2	118.5	1893.0	112.7	2906.9

2-12 历年资本形成总额指数

(按可比价格计算)

单位:%

年份	资本形成总额		固定资本形成总额		存货增加	
	环比	定基	环比	定基	环比	定基
1978		100		100		100
1979	131.5	131.5	164.2	164.2	95.4	95.4
1980	122.9	161.6	129.2	212.1	111.1	106.0
1981	101.6	164.2	99.9	211.9	105.1	111.4
1982	123.3	202.5	133.6	283.1	101.8	113.4
1983	128.2	259.6	115.3	326.4	163.5	185.4
1984	109.7	284.8	107.5	350.9	114.1	211.5
1985	142.6	406.1	125.3	439.7	174.1	368.2
1986	115.8	470.3	128.9	566.8	98.4	362.3
1987	118.9	559.2	113.2	641.6	128.8	466.6
1988	123.9	692.8	146.1	937.4	90.2	420.9
1989	102.1	707.3	103.1	966.5	99.5	418.8
1990	104.6	739.8	103.0	995.5	108.8	455.7
1991	111.2	822.7	116.6	1160.8	98.0	446.6
1992	110.3	907.4	110.9	1287.3	108.8	485.9
1993	114.4	1038.1	114.8	1477.8	113.4	551.0
1994	122.2	1268.6	108.1	1597.5	164.2	904.7
1995	122.2	1550.2	130.5	2084.7	106.0	959.0
1996	119.9	1858.7	124.9	2603.8	107.8	1033.8
1997	117.4	2182.1	116.8	3041.2	119.3	1233.3
1998	115.6	2522.5	119.0	3619.0	106.4	1312.2
1999	109.8	2769.7	112.2	4060.5	102.5	1345.0
2000	113.0	3129.8	117.3	4763.0	98.8	1328.9
2001	124.5	3896.6	122.0	5810.9	142.5	1893.7
2002	120.0	4675.9	128.2	7449.6	71.1	1346.4
2003	136.3	6373.3	132.6	9878.2	175.8	2367.0
2004	130.3	8304.4	131.1	12950.3	123.8	2930.3
2005	121.5	10089.8	126.7	16408.0	76.5	2241.7
2006	116.7	11774.8	116.9	19181.0	114.0	2555.5
2007	117.4	13823.6	118.4	22710.3	102.8	2627.1

2-13 历年居民消费水平及指数

年份	按当年价格计算(元/人)			按可比价格计算					
				环比指数(以上年为100)			定基指数(以1978年为100)		
	居民消费水平	农村居民消费水平	城镇居民消费水平	居民消费水平	农村居民消费水平	城镇居民消费水平	居民消费水平	农村居民消费水平	城镇居民消费水平
1978	337	248	635				100	100	100
1979	380	273	726	99.5	99.8	104.7	99.5	99.8	104.7
1980	390	287	727	111.7	111.1	101.2	111.1	110.9	106.0
1981	414	306	751	106.3	106.9	104.0	118.1	118.6	110.2
1982	439	347	700	103.0	110.1	92.6	121.6	130.6	102.0
1983	470	371	741	112.7	112.7	112.2	137.0	147.2	114.4
1984	521	409	836	110.4	110.0	108.3	151.2	161.9	123.9
1985	429	499	942	109.5	110.5	105.1	165.6	178.9	130.2
1986	572	522	1031	102.4	100.1	105.9	169.6	179.1	137.9
1987	731	587	1162	101.3	100.6	102.2	171.8	180.2	140.9
1988	895	703	1455	108.8	105.0	113.3	186.9	189.2	159.6
1989	959	711	1678	100.8	100.2	100.9	188.4	189.6	161.0
1990	1008	734	1791	101.7	100.1	103.4	191.6	189.8	166.5
1991	1091	790	1906	102.3	100.4	103.9	196.0	190.6	173.0
1992	1235	907	2053	107.3	106.9	106.9	210.3	203.8	184.9
1993	1556	1167	2443	115.7	116.0	114.1	243.3	236.4	211.0
1994	1984	1453	3095	107.9	103.1	111.5	262.5	243.7	235.3
1995	2345	1776	3432	105.3	106.6	102.6	276.4	259.8	241.4
1996	2736	2111	3819	110.5	109.8	109.0	305.4	285.3	263.1
1997	3239	2519	4379	114.9	113.2	114.9	350.9	323.0	302.3
1998	3531	2788	4627	110.5	109.7	113.6	387.7	354.3	343.4
1999	3814	2951	4985	108.4	102.1	112.6	420.3	361.7	386.7
2000	4734	2695	7267	108.6	104.5	109.6	456.4	378.0	423.8
2001	5044	2863	7742	106.1	105.1	105.1	484.2	397.3	445.4
2002	5477	3100	8169	108.7	109.7	106.3	526.3	435.8	473.5
2003	5884	3308	8547	106.8	106.1	105.9	562.1	462.4	501.4
2004	6575	3800	9221	110.1	112.3	105.8	618.9	519.3	530.5
2005	7364	4330	9961	110.9	112.8	107.0	686.4	585.8	567.6
2006	8523	4758	11421	113.3	108.8	111.9	777.7	637.4	635.1
2007	9957	5628	12818	113.8	112.8	110.1	885.0	719.0	699.2

注:1. 历史数据按经济普查结果调整。

2. 2000年以前居民消费水平按户籍人口计算,2000年以后按常住人口计算。

2-14 生产总值构成项目(2007年)

单位:万元

指标	增加值	劳动者报酬	生产税净额	#补贴	固定资产折旧	营业盈余
地区生产总值	21902548	7764917	4024363	42238	2817625	7295643
第一产业	1387971	1191853	1664	14298	98962	95492
农业	718059	590942	-6995	10797	65578	68534
林业	51087	45123	1219	868	1899	2846
畜牧业	542760	489636	5688	1563	26265	21171
渔业	58062	51570	1569	817	3418	1505
农林牧渔服务业	18003	14582	183	253	1802	1436
第二产业	9848274	2887177	2449601	23624	853344	3658152
工业	7715574	1948966	2233171	23624	753717	2779720
采掘业	212928	78456	37201	108	19240	78031
制造业	7275851	1813637	2182060	22916	649366	2630788
电力煤气及水的生产和供应业	226795	56873	13910	600	85111	70901
建筑业	2132700	938211	216430		99627	878432
第三产业	10666303	3685887	1573098	4316	1865319	3541999
交通运输、仓储和邮政业	871181	149453	70446		381501	269781
交通运输和仓储业	844006	137120	68683		378329	259874
邮政业	27175	12333	1763		3172	9907
信息传输、计算机服务和软件业	753276	150835	31835		331674	238932
信息传输	510434	83359	25136		260223	141716
计算机服务和软件业	242842	67476	6699		71451	97216
批发和零售业	2410273	559077	858753	4316	159107	833336
住宿和餐饮业	623460	241651	112865		91597	177347
金融保险业	690694	169468	67874		20529	432823
银行业	582402	107290	57693		14571	402848
保险业	91203	53417	9406		1971	26409
其他金融活动	17089	8761	775		3987	3566
房地产业	898688	157427	222436		342025	176800
房地产开发与经营业	529973	125245	212349		57842	134537
其它房地产活动	100810	32182	10087		16278	42263
城镇居民自有住房	152310				152310	
农村居民自有住房	115595				115595	
租赁和商务服务业	709150	157337	74111		120813	356889
科学研究、技术服务和地质勘查业	395211	182935	28320		57577	126379
水利、环境和公共设施管理业	119107	46087	3361		13026	56633
居民服务和其它服务业	501162	129571	22380		20620	328591
教育	891892	584084	4825		99747	203236
卫生、社会保障和社会福利业	392362	253601	4685		35600	98476
文化、体育和娱乐业	584728	191831	59809		90312	242776
公共管理和社会组织	825119	712530	11398		101191	

3 人口、就业和职工工资

长沙统计年鉴

3-1 历　年　人　口　数

单位:人

年　份	年末总人口	#市　区	年末总人口分性别 男	女	总人口中非农业人口
1949	3092437	383480	1627510	1464927	…
1950	3145165	413635	1651036	1494129	541516
1951	3196041	457535	1689104	1506937	541220
1952	3258889	516649	1765075	1493814	594811
1953	3303293	553645	1751683	1551610	613308
1954	3387651	611273	1787749	1599902	677017
1955	3424900	616425	1797081	1627819	681060
1956	3495470	672224	1850703	1644767	735358
1957	3503470	673291	1854666	1648804	751649
1958	3483494	663049	1825598	1657896	794300
1959	3492082	722762	1838482	1653600	871173
1960	3424156	761761	1795656	1628500	898527
1961	3377929	726486	1768523	1609406	853456
1962	3389151	721271	1776645	1612506	800737
1963	3495649	748797	1822271	1673378	826516
1964	3569849	764357	1861086	1708763	835599
1965	3657335	767725	1906015	1751320	838458
1966	3738916	770835	1950918	1787998	833097
1967	3810119	786500	1986179	1823940	826945
1968	3905884	763400	2030386	1875498	812115
1969	4001407	749700	2079936	1921471	792368
1970	4056467	742284	2105841	1950626	759390
1971	4130870	759730	2147639	1983231	819740
1972	4203286	779922	2183495	2019791	830731
1973	4290576	799715	2234648	2055928	857908
1974	4366094	824109	2270621	2095473	882576
1975	4433412	827874	2308774	2124638	886884
1976	4481192	827582	2331700	2149492	894068

3－1 续表 单位:人

年　　份	年末总人口	#市　　区	年末总人口分性别 男	年末总人口分性别 女	总人口中非农业人口
1977	4521943	823848	2353927	2168016	891943
1978	4582271	948305	2387967	2194304	940265
1979	4643351	992761	2420686	2222665	1003276
1980	4700086	1019438	2449155	2250931	1039452
1981	4766041	1046890	2489027	2277014	1072702
1982	4844868	1072350	2527992	2316876	1105302
1983	4913280	1097558	2562729	2350551	1135401
1984	4969539	1123923	2593427	2376112	1247495
1985	5042168	1157176	2631652	2410516	1292901
1986	5127298	1192667	2680097	2447201	1276052
1987	5212346	1226819	2721147	2491199	1317406
1988	5346897	1263481	2790048	2556849	1373221
1989	5444511	1301171	2838683	2605828	1401767
1990	5500533	1326825	2861410	2639123	1429440
1991	5535603	1349865	2881298	2654305	1449901
1992	5553843	1372749	2888636	2665207	1480589
1993	5554172	1387087	2887752	2666600	1511184
1994	5594385	1422651	2912803	2681582	1556040
1995	5628222	1454461	2919369	2708853	1601864
1996	5675339	1603804	2950934	2724405	1673328
1997	5719062	1634412	2960697	2758365	1709754
1998	5768787	1669081	2987038	2781749	1736934
1999	5824692	1714606	3011434	2813258	1809828
2000	5831894	1754142	3015303	2816591	1864206
2001	5870933	1807670	3030648	2840285	1918942
2002	5954592	1889773	3065775	2888817	1991046
2003	6017624	1962561	3093901	2923723	2058257
2004	6103844	2024646	3137629	2966215	2125741
2005	6209248	2086476	3186039	3023209	2180688
2006	6309958	2146096	3231737	3078221	2256477
2007	6373561	2187488	3258991	3114570	2305611

注:历年人口数是公安户籍人口。

3-2 历年人口自然变动情况

年　份	年内出生人数（人）	出生率（‰）	年内死亡人数（人）	死亡率（‰）	年内自然增长人数（人）	自然增长率（‰）
1954	131963	39.45	55897	16.71	76066	22.74
1956	105956	30.62	38032	10.99	67924	19.63
1957	115144	32.90	35906	10.26	79238	22.64
1958	102730	29.41	67454	19.31	35276	10.10
1960	74321	21.49	94529	27.34	-20208	-5.84
1961	43524	12.80	71606	21.05	-28082	-8.26
1962	111205	32.87	39432	11.65	71773	21.21
1963	159097	46.22	32012	9.30	127085	36.92
1965	126297	35.50	34359	9.51	93938	26.00
1971	99124	24.21	31826	7.77	67298	16.44
1973	100011	23.55	31069	7.32	68942	16.23
1974	91174	21.06	34589	7.99	56585	13.07
1975	91494	20.80	33273	7.56	58221	13.23
1976	78301	17.57	32546	7.30	45755	10.27
1977	76402	16.97	33773	7.50	42629	9.47
1978	70593	15.51	30800	6.77	39793	8.74
1979	72294	15.67	31970	6.93	40324	8.74
1980	66900	14.32	31670	6.78	35230	7.54
1981	73936	15.62	30853	6.52	43083	9.10
1982	87006	18.11	31928	6.64	55078	11.46
1983	78950	16.18	33772	6.92	45178	9.26
1984	72092	14.59	33442	6.77	38650	7.82
1985	76747	15.33	33236	6.64	43511	8.69
1986	83611	16.44	32137	6.32	51474	10.12
1987	89952	17.40	33857	6.55	56095	10.85
1988	87708	16.61	35382	6.70	52326	9.91
1989	100791	18.70	36904	6.80	63887	11.80
1990	88309	16.10	37683	6.80	50626	9.30
1991	59771	10.83	36717	6.65	23054	4.18
1992	42654	7.69	37281	6.72	5373	0.97
1993	33420	6.02	36436	6.56	-3016	-0.54
1994	35592	6.39	35621	6.39	-29	-0.01
1995	41370	7.37	36742	6.55	4628	0.82
1996	47944	8.48	35842	6.34	12102	2.14
1997	49607	8.71	34933	6.13	14674	2.58
1998	52969	9.22	37124	6.46	15845	2.76
1999	55873	9.64	38162	6.58	17711	3.06
2000	62026	10.64	41506	7.12	20520	3.52
2001	53994	9.23	31587	5.40	22407	3.83
2002	53746	9.09	36363	6.15	17383	2.94
2003	49683	8.30	40064	6.69	9619	1.61
2004	56062	9.25	37273	6.15	18789	3.10
2005	67537	10.97	42788	6.95	24749	4.02
2006	62960	10.06	31607	5.05	31353	5.01
2007	64312	10.14	37565	5.92	26747	4.22

注:1. 本表数据为市公安局户籍人口数据。
2. 市计生委提供的2007年相关数据为:出生率11.06‰,死亡率7.12‰,自然增长率3.94‰。

3-3 历年市区人口自然变动情况

年　份	年内出生人　数（人）	出生率（‰）	年内死亡人　数（人）	死亡率（‰）	年内自然增长人数（人）	自然增长率（‰）
1950	10356	25.98	5256	13.19	5100	12.79
1952	20076	41.22	6552	13.45	13524	27.77
1954	26861	46.12	6981	11.99	19880	34.13
1956	25303	39.27	6426	9.97	18877	29.30
1957	30306	45.05	6250	9.29	24056	35.76
1958	21682	32.45	7231	10.82	14451	21.63
1960	19431	26.18	8555	11.53	10876	14.65
1961	12814	17.22	10876	14.62	1938	2.60
1962	22248	30.73	7382	10.20	14866	20.54
1963	28618	37.88	6091	8.05	22527	29.78
1965	14028	18.31	4704	6.14	9324	12.17
1971	10638	14.16	5139	6.84	5499	7.32
1972	9739	12.65	5196	6.75	4543	5.90
1973	9795	12.40	4939	6.25	4856	6.15
1974	9476	11.67	5443	6.70	4033	4.97
1975	10737	13.00	5297	6.41	5440	6.59
1976	9384	11.34	5503	6.65	3881	4.69
1977	10416	12.61	5907	7.15	4509	5.46
1978	11600	13.09	5981	6.75	5619	6.34
1979	12502	12.88	5755	5.93	6747	6.95
1980	10098	10.04	6005	5.97	4093	4.07
1981	14382	13.92	6639	6.43	7743	7.49
1982	17287	16.31	6673	6.30	10614	10.01
1983	15576	14.36	6879	6.34	8697	8.02
1984	14139	12.73	6783	6.11	7356	6.62
1985	14546	12.75	7258	6.36	7288	6.39
1986	14359	12.23	6677	5.53	7682	6.54
1987	17779	14.70	7244	5.99	10535	8.71
1988	16962	13.62	8019	6.44	8943	7.18
1989	15966	12.50	7818	6.10	8148	6.40
1990	14920	11.40	7822	6.00	7098	5.40
1991	10801	8.07	7599	5.68	3202	2.39
1992	9245	6.79	7993	5.87	1252	0.92
1993	8490	6.15	7504	5.44	986	0.71
1994	9760	6.95	7070	5.03	2690	1.91
1995	9799	6.81	7510	5.22	2289	1.59
1996	12508	8.18	7697	5.03	4811	3.15
1997	10400	6.42	7259	4.48	3141	1.94
1998	11631	7.04	8428	5.10	3203	1.94
1999	12775	7.55	10211	6.04	2564	1.52
2000	16533	9.53	10581	6.10	5952	3.43
2001	13735	7.71	5948	3.34	7787	4.37
2002	12286	6.65	7284	3.94	5002	2.71
2003	14334	7.44	5635	2.93	8699	4.52
2004	15768	7.91	7275	3.65	8493	4.26
2005	16037	7.80	7218	3.51	8819	4.29
2006	20156	9.52	11106	5.24	9050	4.28
2007	20815	9.61	9247	4.27	11568	5.34

3-4 历年县(市)人口自然变动情况

年份	年内出生人数(人)	出生率(‰)	年内死亡人数(人)	死亡率(‰)	年内自然增长人数(人)	自然增长率(‰)
1954	105102	38.04	48916	17.70	56186	20.34
1956	80653	15.28	31606	11.22	49047	17.42
1957	84838	30.01	29656	10.50	55182	19.63
1958	81048	28.69	60223	21.32	20825	7.37
1960	54890	20.21	85974	31.66	31084	-11.45
1961	30710	11.56	60730	22.86	-30020	-11.30
1962	88957	33.45	32050	12.05	56907	21.40
1963	130479	48.19	25921	9.57	104558	38.62
1965	114269	40.13	29655	10.41	84614	29.71
1971	88486	26.47	26687	6.34	61799	18.49
1972	91082	26.81	27979	8.24	63103	18.57
1973	90216	26.10	26130	7.56	64086	18.54
1974	81698	23.23	29146	8.29	52552	14.94
1975	80757	22.60	27976	7.83	52781	14.77
1976	68917	18.99	27043	7.45	41874	11.54
1977	65986	17.95	27866	7.58	38120	10.37
1978	58993	16.09	24819	6.77	34174	9.32
1979	59792	16.42	26215	7.20	33577	9.22
1980	56802	15.50	25665	7.00	31137	8.49
1981	59554	16.01	24214	6.54	35340	9.55
1982	69719	18.61	25255	6.74	44464	11.87
1983	63374	16.70	26893	7.09	36481	9.62
1984	57953	15.13	26659	6.96	31294	8.17
1985	62201	16.09	25978	6.72	36223	9.37
1986	69252	17.71	25460	6.51	43792	11.20
1987	72173	18.23	26613	6.72	45560	11.50
1988	70746	17.54	27363	6.78	43383	10.75
1989	84825	20.60	29086	7.00	55739	13.60
1990	73389	17.60	29861	7.20	43528	10.50
1991	48970	11.72	29118	6.97	19852	4.75
1992	33409	7.99	29288	7.00	4121	0.99
1993	24930	5.97	28932	6.93	-4002	-0.96
1994	25832	6.20	28551	6.85	-2719	-0.65
1995	31571	7.57	29232	7.01	2339	0.56
1996	35436	8.60	28145	6.83	7291	1.77
1997	39207	9.61	27674	6.79	11533	2.83
1998	41338	10.10	28696	7.01	12642	3.09
1999	43098	10.50	27951	6.81	15147	3.69
2000	45493	11.11	30925	7.55	14568	3.56
2001	40259	9.91	25639	6.31	14620	3.60
2002	41460	10.20	29079	7.16	12381	3.04
2003	35349	8.72	34429	8.48	920	0.24
2004	40294	9.91	29998	7.38	10296	2.53
2005	51500	12.56	35570	8.67	15930	3.89
2006	42804	10.33	20501	4.95	22303	5.38
2007	43497	10.42	28318	6.78	15179	3.64

3-5 历年计划生育情况

单位：人

年份	计划内生育率（%）	已婚育龄妇女	已落实节育措施人数	节育率（%）	有一子女育龄妇女人数	已领独生子女证（对）	领证率（%）
1980	72.62	636467	538117	84.55	104240	49446	7.77
1981	73.53	659267	556807	84.46	118706	61433	9.32
1982	69.04	710965	608098	85.53	135451	83853	11.79
1983	70.94	750229	653919	87.16	157472	104442	13.92
1984	68.71	790499	690817	87.39	177205	118010	14.93
1985	70.49	818855	722933	88.29	192701	127607	15.58
1986	70.91	858473	745234	86.81	216053	135519	15.79
1987	72.13	910133	815513	89.60	237870	145567	15.99
1988	72.41	963351	862340	89.51	262167	160844	16.70
1989	63.37	1008878	895987	88.81	…	162357	16.09
1990	68.90	1051259	948723	90.25	…	181953	17.31
1991	80.30	1083592	994278	91.76	…	187256	17.28
1992	97.27	1109091	1025914	92.50	…	197764	17.83
1993	99.27	1122068	1047645	93.37	…	212443	18.93
1994	99.37	1138915	1056082	92.73	391508	220772	19.38
1995	96.29	1142678	1051298	92.00	446396	218407	19.11
1996	99.32	1178074	1073664	91.14	476914	237342	20.15
1997	98.03	1199736	1080488	90.06	495804	240706	20.06
1998	98.47	1196938	1075935	89.89	530862	221305	18.49
1999	97.73	1196508	1076656	89.98	560329	208970	17.46
2000	98.00	1213156	1093858	90.17	584109	197693	16.30
2001	97.82	1216453	1097351	90.21	598690	195612	16.08
2002	97.77	1227225	1100768	89.70	593854	180916	14.74
2003	97.84	1242152	1126182	90.66	573853	177604	14.30
2004	97.89	1271326	1140033	89.67	675558	182902	14.39
2005	96.75	1306840	1174861	89.90	728547	351674	26.91
2006	96.81	1317525	1181269	89.66	749256	395674	30.03
2007	96.09	1267952	1140108	89.92	742927	426384	33.63

注：1. 本表数据经市人口和计划生育委员会重新核定调整，此前年鉴与本表数据不一致的，以本表数据为准。

2. 领证率 = 只有一个15周岁以下孩子已领独生子女证数/已婚育龄妇女人数 ×100%。

3-6 历年婚姻登记情况

单位:对

年份	登记结婚	#涉外婚	离婚总数	登记离婚	调解离婚	判决离婚
1980	37635	7	…	666	…	…
1981	52812	2	…	706	…	…
1982	48954	10	…	776	…	…
1983	37903	3	1879	761	981	137
1984	44115	15	2327	885	1203	239
1985	44710	11	2099	763	1174	162
1986	55830	16	2545	952	1414	179
1987	53378	35	3157	1068	1831	258
1988	48000	57	4053	1324	2347	382
1989	56329	65	4753	1377	2739	637
1990	51366	95	4968	1372	2903	693
1991	48159	144	4999	1465	2696	838
1992	43702	246	5395	1765	2772	858
1993	38103	307	5755	2029	2847	878
1994	34463	361	6996	2120	3534	1342
1995	40178	468	7448	2628	3327	1493
1996	39672	551	7970	2831	3520	1619
1997	39910	512	7424	3810	2436	1178
1998	39947	576	6553	3232	2115	1206
1999	37140	596	7420	3365	1835	928
2000	39977	710	6291	3782	1486	1023
2001	39365	749	5875	3376	1465	1034
2002	35950	907	5639	4337	591	711
2003	42297	500	7152	4997	1048	1107
2004	47581	98	10064	6887	1143	2034
2005	45622	88	10048	7983	1012	1053
2006	57061	89	11443	8304	1350	1789
2007	52358	306	11889	9104	1381	1404

3－7　1998－2007年在岗职工年末人数

单位:人

年　份	合　计	#国有经济	#城镇集体经济	指　　数 (以1998年为100)
1998	732766	550708	126434	100.0
1999	693863	535512	101672	94.7
2000	662207	520517	86025	90.4
2001	593964	424294	49917	81.1
2002	625839	422085	47406	85.4
2003	598370	396717	41593	81.7
2004	631679	378460	45649	86.2
2005	684154	331003	41990	93.4
2006	741106	367600	42679	101.1
2007	782838	363384	44705	106.8

注:因为统计制度改革,在岗职工指标从1998年年报开始使用。

3－8　1998－2007年在岗职工工资总额

单位:万元

年　份	合　计	#国有经济	#城镇集体经济	指　　数 (以1998年为100)
1998	559561.1	448996.4	68186.5	100.0
1999	596986.2	488345.2	61330.4	106.7
2000	670168.4	558285.7	57381.4	119.8
2001	733897.6	566844.1	38262.2	131.2
2002	901246.7	665533.6	42438.6	161.1
2003	1019924.2	742005.3	41233.6	182.3
2004	1190856.8	827192.7	48577.4	212.8
2005	1455835.0	853310.5	63498.3	260.2
2006	1795041.0	1062235.0	76115.0	320.8
2007	2151481.4	1232061.0	98833.8	384.5

3－9　1998－2007年在岗职工平均工资

单位:元

年　份	合　计	#国有经济	#城镇集体经济	指　　数 (以1998年为100)
1998	7586	8076	5384	100.0
1999	8582	9065	6079	113.1
2000	10137	10722	6683	133.6
2001	12265	13256	7577	161.7
2002	14342	15692	8817	189.1
2003	16987	18639	9830	223.9
2004	18944	21851	10561	249.7
2005	21499	25859	15230	283.4
2006	24615	29150	18246	324.5
2007	27968	34283	22230	368.7

3-10　1998-2007年在岗职工年平均人数

单位:人

年　份	合　计	#国有经济	#城镇集体经济	指　数（以1998年为100）
1998	737636	555949	126644	100.0
1999	695666	538701	100892	94.3
2000	661120	520670	85867	89.6
2001	598389	427621	50500	81.1
2002	628383	424126	48135	85.2
2003	600425	398090	41945	81.4
2004	628634	378556	45995	85.2
2005	677171	329990	41693	91.8
2006	729237	364400	41716	98.9
2007	769253	359382	44460	104.3

3-11　1998-2007年市区在岗职工人数

单位:人

年　份	年末人数	#国有经济	#城镇集体经济	年平均人数	#国有经济	#城镇集体经济
1998	552018	413821	90024	557168	419059	90158
1999	527978	407195	72023	531626	411780	71598
2000	506733	399340	61010	505917	398603	61628
2001	444879	312621	34056	449278	315141	34794
2002	479088	309750	34484	481051	310829	35206
2003	449920	290791	30887	452303	292311	31101
2004	458026	277199	24713	456312	276817	25229
2005	489713	249645	21400	485936	249553	21424
2006	529329	282269	17559	526011	281761	17617
2007	543329	279163	20487	536916	276574	20556

3-12 1998-2007年市区在岗职工工资总额

单位:万元

年份	合计	#国有经济	#城镇集体经济	指数(以1998年为100)
1998	442090.3	356507.3	49136.1	100.0
1999	475812.2	393365.3	42961.2	107.6
2000	540794.1	455549.5	41902.6	122.3
2001	584164.8	450816.5	27066.2	132.1
2002	715968.6	524547.7	31044.5	162.0
2003	795129.0	582295.6	30704.3	179.9
2004	912810.1	649336.2	24736.1	206.5
2005	1089144.3	660384.7	35050.8	246.4
2006	1351710.0	839042.0	35544.0	305.8
2007	1554223.3	971721.7	46250.4	351.6

3-13 1998-2007年市区在岗职工平均工资

单位:元

年份	合计	#国有经济	#城镇集体经济	指数(以1998年为100)
1998	7935	8507	5450	100.0
1999	8950	9553	6000	112.8
2000	10689	11429	6799	134.7
2001	13002	14305	7779	163.9
2002	14883	16876	8818	187.6
2003	17580	19920	9872	221.6
2004	20004	23457	9805	252.1
2005	22413	26463	16361	282.5
2006	25697	29779	20176	323.8
2007	28947	35134	22500	364.8

3－14 单位从业人员和劳动报酬情况(2007年)

单位:人

项目	单位从业人员年末人数						离开本单位仍保留劳动关系的年末职工人数
	合计	#女性	#使用农村劳动力	在岗职工	#长期职工	其他从业人员	
总计	**816225**	**291416**	**106758**	**782838**	**698587**	**33387**	**65289**
企业	580303	186725	99931	554850	488444	25453	57937
事业	172059	83724	6266	164778	149593	7281	5910
机关	63863	20967	561	63210	60550	653	1442
一、国有单位	379298	150540	20439	363384	329431	15914	33253
企业	156421	52901	13993	147780	130577	8641	26213
事业	159014	76672	5885	152394	138304	6620	5598
机关	63863	20967	561	63210	60550	653	1442
二、城镇集体单位	45997	16258	11868	44705	38155	1292	11789
企业	37323	11256	11754	36412	30652	911	11515
事业	8674	5002	114	8293	7503	381	274
三、其他单位	390930	124618	74451	374749	331001	16181	20247
企业	386559	122568	74184	370658	327215	15901	20209
事业	4371	2050	267	4091	3786	280	38

3－14 续表

项目	单位从业人员平均人数(人)			离开本单位仍保留劳动关系的职工平均人数(人)	单位从业人员劳动报酬(万元)			离开本单位仍保留劳动关系的职工生活费(万元)	在岗职工年平均工资(元)
	合计	在岗职工	其他从业人员		合计	在岗职工工资总额	其他从业人员劳动报酬		
总计	**803243**	**769253**	**33990**	**66586**	**2226901**	**2151481**	**75420**	**46696**	**27968**
企业	570788	545236	25552	59378	1337381	1289682	47699	36742	23654
事业	168837	161214	7623	5649	662212	635728	26484	7248	39434
机关	63618	62803	815	1559	227308	226071	1237	2706	35997
一、国有单位	377016	359382	17634	33566	1282445	1232061	50384	30896	34283
企业	157262	147451	9811	26673	430066	406220	23846	21215	27550
事业	156136	149128	7008	5334	625071	599769	25301	6975	40218
机关	63618	62803	815	1559	227308	226071	1237	2706	35997
二、城镇集体单位	45581	44460	1121	11854	100592	98834	1758	3278	22230
企业	37148	36372	776	11581	74921	73840	1081	3075	20301
事业	8433	8088	345	273	25671	24994	677	203	30903
三、其他单位	380646	365411	15235	21166	843864	820586	23278	12522	22457
企业	376378	361413	14965	21124	832393	809621	22772	12453	22402
事业	4268	3998	270	42	11471	10965	506	70	27426

3－15 年末分行业在岗职工人数

单位：人

行　业	2003年	2004年	2005年	2006年	2007年
总　计	**598370**	**631679**	**684154**	**741106**	**782838**
#国有经济单位	396717	378460	331003	367600	363384
城镇集体经济单位	41593	45649	41990	42679	44705
按国民经济行业分组					
(一)农、林、牧、渔业	2913	2804	3003	2576	1784
(二)采矿业	6434	10751	11596	11954	9107
(三)制造业	127853	146675	166184	173092	190189
(四)电力、燃气及水的生产和供应业	9702	7436	7569	8169	11929
(五)建筑业	68965	72073	94224	119117	131732
(六)交通运输、仓储和邮政业	30084	28839	29279	30405	30470
(七)信息传输、计算机服务和软件业	12647	9895	9943	10241	9065
(八)批发和零售业	41023	49481	44314	48692	54058
(九)住宿和餐饮业	20896	22459	31506	34215	32743
(十)金融业	20407	21696	19249	21033	24420
(十一)房地产业	9838	12269	22051	23816	22519
(十二)租赁和商务服务业	13540	15428	15762	15189	12333
(十三)科学研究、技术服务和地质勘查业	24917	24395	23121	25070	25536
(十四)水利、环境和公共设施管理业	6483	7216	7430	9056	9340
(十五)居民服务和其他服务业	1966	2295	2388	2737	4140
(十六)教育	82925	82419	80410	83246	87654
(十七)卫生、社会保障和社会福利业	30868	32060	33868	37479	38950
(十八)文化、体育和娱乐业	19483	15345	15498	18503	18754
(十九)公共管理和社会组织	67426	68143	66759	66516	68115
(二十)国际组织					

注：从2003年开始启用国民经济行业新分类标准，以前年份无同口径数据。

3－16 年末城镇单位按行业分组的女性从业人员(2007年)

单位:人

行业	合计	国有经济	城镇集体经济	其他经济
总计	**291416**	**150540**	**16258**	**124618**
(一)农、林、牧、渔业	537	231	203	103
(二)采矿业	1867	62	250	1555
(三)制造业	64695	12276	4746	47673
(四)电力、燃气及水的生产和供应业	3333	1174		2159
(五)建筑业	25002	11505	2087	11410
(六)交通运输、仓储和邮政业	10132	5029	795	4308
(七)信息传输、计算机服务和软件业	3409	419		2990
(八)批发和零售业	27448	5422	434	21592
(九)住宿和餐饮业	17968	4607	883	12478
(十)金融业	11383	5257	946	5180
(十一)房地产业	7426	1377	147	5902
(十二)租赁和商务服务业	4767	1667	353	2747
(十三)科学研究、技术服务和地质勘查业	8399	7514	104	781
(十四)水利、环境和公共设施管理业	3446	2806	24	616
(十五)居民服务和其他服务业	1672	530	4	1138
(十六)教育	44152	40218	2061	1873
(十七)卫生、社会保障和社会福利业	25915	21897	3160	858
(十八)文化、体育和娱乐业	7767	6497	42	1228
(十九)公共管理和社会组织	22098	22052	19	27
(二十)国际组织				

3－17 在岗职工人数与工资(2007年)

地区或行业	年末人数（人）	年平均人数（人）	年工资总额（万元）	年平均工资（元/人）
总　计	**782838**	**769253**	**2151481.4**	**27968**
按地区分组				
市　区	543329	536916	1554223.3	28947
县　（市）	239509	232337	597258.1	25707
长沙县	97111	92614	254641.6	27495
望城县	43750	43594	99876.9	22911
宁乡县	47895	47405	104841.9	22116
浏阳市	50753	48724	137897.7	28302
按经济类型分组				
国有经济单位	363384	359382	1232061	34283
城镇集体经济单位	44705	44460	98833.8	22230
其他各种经济单位	374749	365411	820586.6	22457
按国民经济行业分组				
（一）农、林、牧、渔业	1784	1789	3760.4	21020
（二）采矿业	9107	9030	13577.9	15036
（三）制造业	190189	185357	413698.1	22319
（四）电力、燃气及水的生产和供应业	11929	11881	42298.6	35602
（五）建筑业	131732	130362	269267.8	20655
（六）交通运输、仓储和邮政业	30470	30471	75573.6	24802
（七）信息传输、计算机服务和软件业	9065	8963	40271.6	44931
（八）批发和零售业	54058	52068	101813.9	19554
（九）住宿和餐饮业	32743	32383	52692.7	16272
（十）金融业	24420	24257	96986	39983
（十一）房地产业	22519	21897	64660.2	29529
（十二）租赁和商务服务业	12333	12299	27293.1	22191
（十三）科学研究、技术服务和地质勘查业	25536	25295	91073.6	36005
（十四）水利、环境和公共设施管理业	9340	8989	26494.2	29474
（十五）居民服务和其他服务业	4140	4362	10641.8	24397
（十六）教育	87654	86473	338741.6	39173
（十七）卫生、社会保障和社会福利业	38950	37228	180828.7	48573
（十八）文化、体育和娱乐业	18754	18500	58889.1	31832
（十九）公共管理和社会组织	68115	67649	242918.5	35909
（二十）国际组织				

3－18 国有经济单位职工人数与工资(2007年)

地区或行业	在岗职工(人)		离开单位仍保留劳动关系的职工(人)		在岗职工工资总额(万元)	离开单位仍保留劳动关系的职工生活费(万元)
	年末人数	平均人数	年末人数	平均人数		
总　　计	**363384**	**359382**	**33253**	**33566**	**1232061**	**30895.6**
#中　央	87797	86989	8204	8556	341351.6	12430.9
省　属	125399	124441	11375	10889	401927.8	8924.5
地　区	61643	61135	9572	9873	186562.0	5248.3
县　属	82608	80951	4003	3978	281567.3	4208.3
按地区分组:市　区	279163	276574	28065	28467	971721.7	25993.2
县（市）	84221	82808	5188	5099	260339.3	4902.4
长沙县	16120	16110	516	261	56738.4	215.5
望城县	20213	20351	1305	1302	58316.6	868.8
宁乡县	21062	20925	1652	1847	61540.5	1718.5
浏阳市	26826	25422	1715	1689	83743.8	2099.6
按国民经济行业分组						
(一)农、林、牧、渔业	704	706	184	184	1577.5	71.0
农业	203	204			372.5	
林业	25	25	58	58	37.5	46.0
畜牧业	130	130	97	97	298.1	15.1
渔业	39	39			350.7	
农、林、牧、渔服务业	307	308	29	29	518.7	9.9
(二)采矿业	456	456			678.9	
煤炭开采和洗选业	430	430			647.7	
有色金属矿采选业	26	26			31.2	
(三)制造业	29170	29473	5628	5898	73724.3	5065.0
农副食品加工业	392	380	548	550	878.8	348.9
食品制造业	156	160	89	88	280.3	40.0
烟草制品业	7282	7426	448	472	30206.4	1550.0
纺织业	4820	4820	364	397	9121.5	133.0
纺织服装、鞋、帽制造业	183	179	213	221	258.6	118.1
木材加工及木、竹、藤、棕、草制品业	163	163	10	10	305.3	7.4
印刷业和记录媒介的复制	2027	2031	499	497	3887.0	419.1
石油加工、炼焦及核燃料加工业	39	38			75.6	
化学原料及化学制品制造业	132	131	12	12	255.6	20.0
塑料制品业	13	13			37.6	
非金属矿物制品业	2118	2165	250	253	5320.8	151.9
有色金属冶炼及压延加工业	257	269	80	81	589.9	57.5
金属制品业	1444	1456	485	552	2010.7	501.3
通用设备制造业	5734	5736	1298	1410	12538.6	924.5
专用设备制造业	526	520	115	93	944.6	75.6
交通运输设备制造业	1572	1668	615	641	2565.9	255.4
电气机械及器材制造业	1490	1497	327	342	3237.2	247.4
通信设备、计算机及其他电子设备制造业	341	340	186	190	479.0	156.0
仪器仪表及文化、办公用机械制造业	315	315			504.1	
工艺品及其他制造业	166	166	89	89	226.8	58.9
(四)电力、燃气及水的生产和供应业	3672	3634	205	203	12245.5	268.9
电力、热力的生产和供应业	3268	3264	137	133	10841.8	142.8
水的生产和供应业	404	370	68	70	1403.7	126.1

3－18 续表 1

地区或行业	在岗职工(人)		离开单位仍保留劳动关系的职工(人)		在岗职工工资总额(万元)	离开单位仍保留劳动关系的职工生活费(万元)
	年末人数	平均人数	年末人数	平均人数		
(五)建筑业	43837	43966	8419	8411	104810.4	5087.2
房屋和土木工程建筑业	41618	41748	7989	7979	99606.6	4838.8
建筑安装业	908	909	94	96	2400.7	33.5
建筑装饰业	293	287	10	10	459.4	6.3
其他建筑业	1018	1022	326	326	2343.7	208.6
(六)交通运输、仓储和邮政业	15022	14965	2491	2555	40084.9	1591.5
铁路运输业	694	694			1445.0	
道路运输业	2411	2384	110	120	6141.2	103.0
城市公共交通业	4382	4381	249	248	10119.0	296.5
水上运输业	1620	1618	1494	1536	6726.2	473.6
航空运输业	335	335			1420.0	
装卸搬运和其他运输服务业	213	213	139	139	466.7	70.1
仓储业	1304	1304	71	71	2702.7	66.1
邮政业	4063	4036	428	441	11064.1	582.2
(七)信息传输、计算机服务和软件业	1783	1776	110	107	7612.1	71.3
电信和其他信息传输服务业	1222	1218	72	69	5985.3	56.1
计算机服务业	28	28			67.4	
软件业	533	530	38	38	1559.4	15.2
(八)批发和零售业	12432	11836	2464	2574	27842.8	1784.9
批发业	10561	9997	1862	1949	23491.0	1290.4
零售业	1871	1839	602	625	4351.8	494.5
(九)住宿和餐饮业	8158	8038	610	489	13058.9	352.6
住宿业	6799	6652	574	452	10539.1	314.0
餐饮业	1359	1386	36	37	2519.8	38.6
(十)金融业	11846	11895	908	913	44524.7	2165.7
银行业	11671	11714	904	909	43876.1	2165.2
证券业	18	18			83.1	
保险业	150	155	4	4	549.9	0.5
其他金融活动	7	8			15.6	
(十一)房地产业	3813	3675	1335	1392	12451.6	689.1
房地产开发经营	1475	1448	80	60	5611.7	70.5
物业管理	1777	1664	135	135	5018.1	140.0
房地产中介服务	11	11			52.4	
其他房地产活动	550	552	1120	1197	1769.4	478.6
(十二)租赁和商务服务业	3744	3743	2613	2675	8656.0	3015.3
租赁业	395	405	1914	1955	1139.7	2722.9
商务服务业	3349	3338	699	720	7516.3	292.4
(十三)科学研究、技术服务和地质勘查业	22822	22593	2157	1982	83788.1	1667.3
研究与试验发展	6864	6754	793	826	21201.2	590.4
自然科学研究与试验发展	954	934	145	144	3820.7	116.3
工程和技术研究与试验发展	2988	2938	331	360	7899.8	182.8
农业科学研究与试验发展	2176	2186	238	243	6015.9	236.6
医学研究与试验发展	633	583	78	78	2871.2	52.7
社会人文科学研究与试验发展	113	113	1	1	593.6	2.0

3－18 续表 2

地区或行业	在岗职工(人)		离开单位仍保留劳动关系的职工(人)		在岗职工工资总额(万元)	离开单位仍保留劳动关系的职工生活费(万元)
	年末人数	平均人数	年末人数	平均人数		
专业技术服务业	12755	12658	716	736	55096.8	785.4
气象服务	353	331			1177.2	
地震服务	126	126			359.2	
测绘服务	708	708	49	49	2563.6	50.3
技术检测	1093	1095	40	40	3246.8	38.4
环境监测	270	270	11	7	859.6	7.8
工程技术与规划管理	9265	9189	561	583	44547.7	634.4
其他专业技术服务	940	939	55	57	2342.7	54.5
科技交流和推广服务业	625	622	92	93	1892.6	41.1
技术推广服务	436	434	8	8	1304.1	1.9
科技中介服务	168	167	4	4	526.2	0.9
其他科技服务	21	21	80	81	62.3	38.3
地质勘查业	2578	2559	556	327	5597.5	250.4
矿产地质勘查	872	872	107	109	2117.5	58.3
基础地质勘查	820	812	162	158	1393.4	88.3
地质勘查技术服务	886	875	287	60	2086.6	103.8
(十四)水利、环境和公共设施管理业	6961	6595	670	665	19849.2	523.3
水利管理业	1472	1469	417	412	4438.1	197.8
环境管理业	3146	2855	152	153	8262.9	171.3
公共设施管理业	2343	2271	101	100	7148.2	154.2
(十五)居民服务和其他服务业	1982	2219	47	51	6872.9	83.2
居民服务业	599	600	19	20	2184.4	20.0
其他服务业	1383	1619	28	31	4688.5	63.2
(十六)教育	80490	79476	1952	1891	317085.6	2810.3
学前教育	833	815	26	27	3617.3	34.9
初等教育	9652	9525	258	270	31678.3	171.1
中等教育	29436	29332	294	453	116547.7	515.6
高等教育	38161	37393	1351	1121	155416.8	2057.3
其他教育	2408	2411	23	20	9825.5	31.4
(十七)卫生、社会保障和社会福利业	32514	31061	1145	1133	162613.7	1853.8
卫生	31225	29784	1139	1127	158066.9	1841.9
社会保障业	473	476	1	1	1358.6	0.9
社会福利业	816	801	5	5	3188.2	11.0
(十八)文化、体育和娱乐业	15977	15737	729	740	52042.1	868.6
新闻出版业	4030	4005	142	144	15479.4	301.1
广播、电视、电影和音像业	4770	4678	162	162	14380.4	163.8
文化艺术业	5019	4899	112	116	17352.3	111.1
体育	845	829	30	28	2248.4	37.0
娱乐业	1313	1326	283	290	2581.6	255.6
(十九)公共管理和社会组织	68001	67538	1586	1703	242541.8	2926.6
中国共产党机关	1634	1633	4	1	4704.1	1.2
国家机构	64728	64281	1575	1694	231864.8	2912.6
人民政协和民主党派	738	736			2885.7	
群众团体、社会团体和宗教组织	901	888	7	8	3087.2	12.8

3－19 城镇集体经济单位职工人数与工资(2007 年)

地区或行业	在岗职工(人)		离开单位仍保留劳动关系的职工(人)		在岗职工工资总额(万元)	离开单位仍保留劳动关系的职工生活费(万元)
	年末人数	平均人数	年末人数	平均人数		
总　　计	**44705**	**44460**	**11789**	**11854**	**98833.8**	**3277.9**
按地区分组						
市　　区	20487	20556	8413	8418	46250.4	2836.4
县　(市)	24218	23904	3376	3436	52583.4	441.5
长 沙 县	5184	5180			15987.0	
望 城 县	7392	7264	3188	3266	12363.9	386.4
宁 乡 县	7868	7869	36	34	14207.2	10.3
浏 阳 市	3774	3591	152	136	10025.3	44.8
按国民经济行业分组						
(一)农、林、牧、渔业	474	474	80	80	784.4	31.8
农业	60	60			82.0	
农、林、牧、渔服务业	414	414	80	80	702.4	31.8
(二)采矿业	3230	3203	84	84	4477.2	107.0
煤炭开采和洗选业	2865	2838			3463	
有色金属矿采选业	320	320	84	84	914.2	107.0
非金属矿采选业	45	45			100.0	
(三)制造业	11924	11810	6051	6149	19991.2	1160.9
农副食品加工业	216	216			243.9	
食品制造业	26	26			49.1	
饮料制造业	76	76			60.0	
纺织业	180	179	381	381	345.6	98.7
纺织服装、鞋、帽制造业	912	907	81	81	1643.4	18.3
皮革、毛皮、羽毛(绒)及其制品业	12	11	38	38	13.4	
木材加工及木、竹、藤、棕、草制品业	25	25			42.0	
家具制造业	70	70			245.0	
造纸及纸制品业	455	435			1596.4	
印刷业和记录媒介的复制	295	294	308	313	626.3	72.3
文教体育用品制造业	70	70		46	57.1	
化学原料及化学制品制造业	1812	1811			3532.4	
塑料制品业	164	166	201	209	180.3	19.2
非金属矿物制品业	3616	3555	3123	3183	4720.5	506.9
黑色金属冶炼及压延加工业	80	80			91.4	
有色金属冶炼及压延加工业	125	121			185.0	
金属制品业	463	430	173	177	909.1	76.5
通用设备制造业	432	438	77	80	786.2	21.3
专用设备制造业	34	34	303	313	66.2	48.5
交通运输设备制造业	1300	1305	217	225	2117.0	61.6
电气机械及器材制造业	575	572	865	801	1024.0	196.7
通信设备、计算机及其他电子设备制造业	123	123			192.9	
仪器仪表及文化、办公用机械制造业	275	275	223	237	466.7	21.7
工艺品及其他制造业	588	591	61	65	797.3	19.2
(四)电力、燃气及水的生产和供应业						
电力、热力的生产和供应业						
(五)建筑业	12296	12445	1436	1420	31337.6	270.9
房屋和土木工程建筑业	11871	12036	1398	1382	29356.9	270.9
建筑安装业	248	248	38	38	1704.2	
建筑装饰业	177	161			276.5	
(六)交通运输、仓储和邮政业	2001	2001	1053	1061	3018.2	428.6
道路运输业	455	455	395	403	829.6	343.3

3－19 续表

地区或行业	在岗职工(人)		离开单位仍保留劳动关系的职工(人)		在岗职工工资总额(万元)	离开单位仍保留劳动关系的职工生活费(万元)
	年末人数	平均人数	年末人数	平均人数		
城市公共交通业	4	4			8.4	
水上运输业	391	391	658	658	422.2	85.3
装卸搬运和其他运输服务业	1151	1151			1758.0	
(七)信息传输、计算机服务和软件业						
计算机服务业						
(八)批发和零售业	988	977	1268	1229	1595.7	472.4
批发业	356	350	377	387	609.3	159.8
零售业	632	627	891	842	986.4	312.6
(九)住宿和餐饮业	1827	1799	266	266	2343.2	146.9
住宿业	1482	1465	266	266	1934.8	146.9
餐饮业	345	334			408.4	
(十)金融业	1756	1753	8	8	5617.5	8.1
银行业	1745	1742	8	8	5608.8	8.1
其他金融活动	11	11			8.7	
(十一)房地产业	412	410	353	359	1234.4	273.0
房地产开发经营	105	104	2	2	326.0	4.0
物业管理	190	189			493.1	
其他房地产活动	117	117	351	357	415.3	269.0
(十二)租赁和商务服务业	707	708	755	757	1557.5	155.9
商务服务业	707	708	755	757	1557.5	155.9
(十三)科学研究、技术服务和地质勘查业	245	245	9	9	535.0	18.7
研究与试验发展	36	36	9	9	66.3	18.7
农业科学研究与试验发展	36	36	9	9	66.3	18.7
专业技术服务业	45	45			104.6	
工程技术与规划管理	22	22			47.3	
其他专业技术服务	23	23			57.3	
科技交流和推广服务业	164	164			364.1	
技术推广服务	26	26			63.8	
其他科技服务	138	138			300.3	
(十四)水利、环境和公共设施管理业	242	242	2	2	767.5	
水利管理业	97	97	2	2	181.0	
公共设施管理业	145	145			586.5	
(十五)居民服务和其他服务业	8	8	2	2	16.4	2.0
居民服务业	5	5			10.0	
其他服务业	3	3	2	2	6.4	2.0
(十六)教育	3288	3282	28	30	11800.7	53.4
学前教育	207	207	5	5	400.8	2.4
初等教育	2685	2685			10084.1	
中等教育	3	3			10.2	
高等教育	367	361	23	25	1243.9	51
其他教育	26	26			61.7	
(十七)卫生、社会保障和社会福利业	5163	4957	238	234	13358.3	131.1
卫生	4963	4757	238	234	12964.2	131.1
社会福利业	200	200			394.1	
(十八)文化、体育和娱乐业	108	110	156	164	275.0	17.2
新闻出版业	70	71	156	164	177.5	17.2
文化艺术业	28	28			70.0	
娱乐业	10	11			27.5	
(十九)公共管理和社会组织	36	36			124.0	
群众团体、社会团体和宗教组织	36	36			124.0	

3－20　其他各种经济单位职工人数与工资(2007 年)

地区或行业	在岗职工(人)		离开单位仍保留劳动关系的职工(人)		在岗职工工资总额(万元)	离开单位仍保留劳动关系的职工生活费(万元)
	年末人数	平均人数	年末人数	平均人数		
总　　计	**374749**	**365411**	**20247**	**21166**	**820586.6**	**12522.4**
按地区分组						
市　　区	243679	239786	18962	19901	536251.2	11707.9
县　(市)	131070	125625	1285	1265	284335.4	814.5
长 沙 县	75807	71324	18	166	181916.2	20.0
望 城 县	16145	15979	120	132	29196.4	90.1
宁 乡 县	18965	18611	1123	942	29094.2	696.7
浏 阳 市	20153	19711	24	25	44128.6	7.7
按登记注册类型分组						
(一)内资	317769	309976	19927	20992	690828.1	12393.2
股份合作	13072	12790	289	285	27689.5	110.5
联营	1691	1677	4	4	4308.1	4.2
有限责任公司	210400	203767	14286	14873	434625.8	7987.7
股份有限公司	83737	82816	5019	5432	203973.8	3971.1
其他	8869	8926	329	398	20230.9	319.7
(二)港、澳、台商投资	19137	18802	36	40	41246.2	63.4
(三)外商投资	37843	36633	284	134	88512.3	65.8
按国民经济行业分组						
(一)农、林、牧、渔业	606	609	49	49	1398.5	32.7
农业	254	254	49	49	403.4	32.7
渔业	29	29			93.8	
农、林、牧、渔服务业	323	326			901.3	
(二)采矿业	5421	5371	919	938	8421.8	696.1
煤炭开采和洗选业	4768	4720	919	938	7083.1	696.1
黑色金属矿采选业	98	98			120.0	
非金属矿采选业	555	553			1218.7	
(三)制造业	149095	144074	6422	6890	319982.6	3015.0
农副食品加工业	3250	3191	417	420	6657.5	189.2
食品制造业	6109	6095	261	271	12107.7	170.6
饮料制造业	4955	4852	281	276	11329.0	210.7
烟草制品业	177	177			380.1	
纺织业	2259	2295	80	80	3436.1	6.4
纺织服装、鞋、帽制造业	2443	2483			4740.8	
皮革、毛皮、羽毛(绒)及其制品业	1405	1405			2157.6	
木材加工及木、竹、藤、棕、草制品业	1685	1670			2124.8	
家具制造业	379	351			438.1	
造纸及纸制品业	1432	1429	129	186	2424.3	64.6
印刷业和记录媒介的复制	2957	2919	171	192	6493.0	58.4
文教体育用品制造业	90	90	241	226	106.4	67.2
石油加工、炼焦及核燃料加工业	109	109			196.5	
化学原料及化学制品制造业	18451	18358	1080	1173	34892.5	554.2
医药制造业	4746	4683	211	223	9491.1	125.8
橡胶制品业	839	839			1203.0	

3－20 续表 1

地区或行业	在岗职工(人)		离开单位仍保留劳动关系的职工(人)		在岗职工工资总额(万元)	离开单位仍保留劳动关系的职工生活费(万元)
	年末人数	平均人数	年末人数	平均人数		
塑料制品业	3927	4069			6472.2	
非金属矿物制品业	8941	8825	333	337	15626.2	170.9
黑色金属冶炼及压延加工业	453	388			628.2	
有色金属冶炼及压延加工业	3705	3735	3	6	7245.0	7.4
金属制品业	3067	3075	775	788	5496.9	88.6
通用设备制造业	9455	9410	1781	1964	18271.9	777.9
专用设备制造业	29778	25768	22	19	90774.3	6.6
交通运输设备制造业	13846	13731			18797.8	
电气机械及器材制造业	8872	8467	422	434	21578.7	335.7
通信设备、计算机及其他电子设备制造业	11165	11146	199	279	25895.8	174.8
仪器仪表及文化、办公用机械制造业	3337	3241			8828.8	
工艺品及其他制造业	1113	1123	16	16	1918.2	6.0
废弃资源和废旧材料回收加工业	150	150			270.1	
(四)电力、燃气及水的生产和供应业	8257	8247	85	89	30053.1	72.5
电力、热力的生产和供应业	5101	5101	15	14	20017.8	5.9
燃气生产和供应业	1116	1102			3628.4	
水的生产和供应业	2040	2044	70	75	6406.9	66.6
(五)建筑业	75599	73951	2847	2762	133119.8	1837.6
房屋和土木工程建筑业	64348	63256	2394	2372	111892.1	1700.0
建筑安装业	5131	4792	240	376	10749.5	136.2
建筑装饰业	3697	3553	13	14	6992.0	1.4
其他建筑业	2423	2350	200		3486.2	
(六)交通运输、仓储和邮政业	13447	13505	1389	1485	32470.5	1386.5
铁路运输业	1743	1742	16	16	5920.5	36.0
道路运输业	3428	3540	960	1026	8232.8	1169.8
城市公共交通业	5410	5358	215	215	9482.4	115.6
航空运输业	2170	2170			7306.1	
装卸搬运和其他运输服务业	474	474			1194.5	
仓储业	222	221	198	228	334.2	65.1
(七)信息传输、计算机服务和软件业	7282	7187	385	445	32659.5	355.8
电信和其他信息传输服务业	3993	3927	256	259	23399.7	291.2
计算机服务业	218	223			676.0	
软件业	3071	3037	129	186	8583.8	64.6
(八)批发和零售业	40638	39255	4156	4207	72375.4	2563.7
批发业	11436	11574	863	891	21750.9	471.1
零售业	29202	27681	3293	3316	50624.5	2092.6
(九)住宿和餐饮业	22758	22546	369	394	37290.6	241.2
住宿业	12766	12604	268	280	21604.4	200.2
餐饮业	9992	9942	101	114	15686.2	41.0
(十)金融业	10818	10609	329	330	46843.8	593.4
银行业	7707	7572	306	310	36565.7	553.8
证券业	395	395			833.0	
保险业	2410	2340	5	2	8474.6	3.6
其他金融活动	306	302	18	18	970.5	36.0

3－20 续表 2

地区或行业	在岗职工(人)		离开单位仍保留劳动关系的职工(人)		在岗职工工资总额(万元)	离开单位仍保留劳动关系的职工生活费(万元)
	年末人数	平均人数	年末人数	平均人数		
(十一)房地产业	18294	17812	2937	3105	50974.2	1587.2
房地产开发经营	15717	15360	2359	2517	45250.1	987.9
物业管理	2219	2091	258	253	4868.5	362.0
房地产中介服务	147	147	22	27	361.9	66.2
其他房地产活动	211	214	298	308	493.7	171.1
(十二)租赁和商务服务业	7882	7848	71	75	17079.6	34.1
租赁业	42	39			107.0	
商务服务业	7840	7809	71	75	16972.6	34.1
(十三)科学研究、技术服务和地质勘查业	2469	2457	27	36	6750.5	13.5
研究与试验发展	182	183			361.3	
自然科学研究与试验发展	13	13			59.5	
工程和技术研究与试验发展	109	109			130.9	
农业科学研究与试验发展	36	36			122.1	
医学研究与试验发展	24	25			48.8	
专业技术服务业	2119	2099	25	36	6067.6	13.5
气象服务	26	26			53.7	
技术检测	43	43			140.7	
环境监测	2	2			6.5	
工程技术与规划管理	1976	1956	14	16	5746.0	13.5
其他专业技术服务	72	72	11	20	120.7	
科技交流和推广服务业	139	146			261.5	
技术推广服务	88	95			166.3	
科技中介服务	19	19			37.7	
其他科技服务	32	32			57.5	
地质勘查业	29	29	2		60.1	
矿产地质勘查	29	29	2		60.1	
(十四)水利、环境和公共设施管理业	2137	2152	1	1	5877.5	1.0
水利管理业	58	58	1	1	204.1	1.0
环境管理业	4	4			25.8	
公共设施管理业	2075	2090			5647.6	
(十五)居民服务和其他服务业	2150	2135	239	338	3752.5	84.6
居民服务业	1257	1241	217	219	2156.0	55
其他服务业	893	894	22	119	1596.5	29.6
(十六)教育	3876	3715	11	11	9855.3	1
学前教育	65	60	5	5	121.5	1
初等教育	211	172			358.4	
中等教育	1344	1351			4900.1	
高等教育	1559	1435	1	1	3048.2	
其他教育	697	697	5	5	1427.1	
(十七)卫生、社会保障和社会福利业	1273	1210	4	4	4856.7	4.6
卫生	1240	1180	4	4	4699.0	4.6
社会福利业	33	30			157.7	
(十八)文化、体育和娱乐业	2669	2653	7	7	6572.0	1.9
新闻出版业	93	91			284.7	
广播、电视、电影和音像业	1112	1108			3416.8	
文化艺术业	112	112			309.4	
体育	293	295	7	7	690.9	1.9
娱乐业	1059	1047			1870.2	
(十九)公共管理和社会组织	78	75			252.7	
群众团体、社会团体和宗教组织	78	75			252.7	

3-21 市区职工人数与工资(2007年)

行业	在岗职工平均人数(人)	离开单位仍保留劳动关系的职工平均人数(人)	在岗职工工资总额(万元)	离开单位仍保留劳动关系的职工生活费(万元)
总计	**536916**	**56786**	**1554223.3**	**40537.5**
(一)农、林、牧、渔业	1064	49	2301.7	32.7
(二)采矿业	468	84	1316.2	107.0
(三)制造业	75018	15265	161190.1	8057.8
(四)电力、燃气及水的生产和供应业	10192	75	37821.5	66.6
(五)建筑业	114036	12593	241133.9	7195.7
(六)交通运输、仓储和邮政业	23815	4318	59443.8	3178.1
(七)信息传输、计算机服务和软件业	7949	499	36231.2	403.3
(八)批发和零售业	49907	7863	97972.5	4753.2
(九)住宿和餐饮业	30266	1149	49335.7	740.7
(十)金融业	21121	1182	86519.4	2654.7
(十一)房地产业	18389	4790	53234.4	2490.6
(十二)租赁和商务服务业	10898	3023	23672.3	3132.1
(十三)科学研究、技术服务和地质勘查业	23171	1969	85417.5	1682.2
(十四)水利、环境和公共设施管理业	7270	127	21610.9	267.6
(十五)居民服务和其他服务业	3624	372	9085.6	149.8
(十六)教育	54542	1370	227368.2	2340.1
(十七)卫生、社会保障和社会福利业	26570	1053	143851.2	1652.6
(十八)文化、体育和娱乐业	16652	543	54579.0	621.3
(十九)公共管理和社会组织	41964	462	162138.2	1011.4
(二十)国际组织				

3－22 市区国有经济单位职工人数与工资(2007年)

行业	在岗职工平均人数（人）	离开单位仍保留劳动关系的职工平均人数（人）	在岗职工工资总额（万元）	离开单位仍保留劳动关系的职工生活费（万元）
总计	**276574**	**28467**	**971721.7**	**25993.2**
(一)农、林、牧、渔业	388		810.7	
(二)采矿业	14		62.8	
(三)制造业	22448	4658	59206.0	4165.0
(四)电力、燃气及水的生产和供应业	2644		9474.7	
(五)建筑业	43270	8411	103668.0	5087.2
(六)交通运输、仓储和邮政业	10219	2430	27875.8	1448.3
(七)信息传输、计算机服务和软件业	971	54	4233.4	47.5
(八)批发和零售业	11498	2447	27071.6	1737.7
(九)住宿和餐饮业	7153	489	11306.9	352.6
(十)金融业	11262	862	42448.9	2073.3
(十一)房地产业	3299	1372	10972.0	678.3
(十二)租赁和商务服务业	3012	2606	6664.5	2999.2
(十三)科学研究、技术服务和地质勘查业	20538	1926	78335.2	1650.8
(十四)水利、环境和公共设施管理业	4928	124	15051.6	266.6
(十五)居民服务和其他服务业	1973	32	6156.7	63.2
(十六)教育	52623	1330	221737.8	2285.7
(十七)卫生、社会保障和社会福利业	24159	892	136307.8	1524.2
(十八)文化、体育和娱乐业	14312	372	48555.8	602.2
(十九)公共管理和社会组织	41863	462	161781.5	1011.4
(二十)国际组织				

3－23 市区城镇集体经济单位职工人数与工资(2007年)

行业	在岗职工平均人数(人)	离开单位仍保留劳动关系的职工平均人数(人)	在岗职工工资总额(万元)	离开单位仍保留劳动关系的职工生活费(万元)
总计	**20556**	**8418**	**46250.4**	**2836.4**
(一)农、林、牧、渔业	67		92.5	
(二)采矿业	340	84	934.2	107.0
(三)制造业	4589	3951	7845.3	915.9
(四)电力、燃气及水的生产和供应业				
(五)建筑业	8887	1420	23585.4	270.9
(六)交通运输、仓储和邮政业	577	403	985.5	343.3
(七)信息传输、计算机服务和软件业				
(八)批发和零售业	977	1229	1595.7	472.4
(九)住宿和餐饮业	1759	266	2313.2	146.9
(十)金融业	137		323.7	
(十一)房地产业	383	354	1143.6	265.1
(十二)租赁和商务服务业	290	347	862.9	99.8
(十三)科学研究、技术服务和地质勘查业	241	9	524.3	18.7
(十四)水利、环境和公共设施管理业	190		681.8	
(十五)居民服务和其他服务业	8	2	16.4	2.0
(十六)教育	583	30	1683.3	53.4
(十七)卫生、社会保障和社会福利业	1410	157	3333.6	123.8
(十八)文化、体育和娱乐业	82	164	205.0	17.2
(十九)公共管理和社会组织	36		124.0	
(二十)国际组织				

3-24 市区其他各种经济单位职工人数与工资(2007年)

行业	在岗职工平均人数(人)	离开单位仍保留劳动关系的职工平均人数(人)	在岗职工工资总额(万元)	离开单位仍保留劳动关系的职工生活费(万元)
总计	**239786**	**19901**	**536251.2**	**11707.9**
(一)农、林、牧、渔业	609	49	1398.5	32.7
(二)采矿业	114		319.2	
(三)制造业	47981	6656	94138.8	2976.9
(四)电力、燃气及水的生产和供应业	7548	75	28346.8	66.6
(五)建筑业	61879	2762	113880.5	1837.6
(六)交通运输、仓储和邮政业	13019	1485	30582.5	1386.5
(七)信息传输、计算机服务和软件业	6978	445	31997.8	355.8
(八)批发和零售业	37432	4187	69305.2	2543.1
(九)住宿和餐饮业	21354	394	35715.6	241.2
(十)金融业	9722	320	43746.8	581.4
(十一)房地产业	14707	3064	41118.8	1547.2
(十二)租赁和商务服务业	7596	70	16144.9	33.1
(十三)科学研究、技术服务和地质勘查业	2392	34	6558.0	12.7
(十四)水利、环境和公共设施管理业	2152	1	5877.5	1.0
(十五)居民服务和其他服务业	1643	338	2912.5	84.6
(十六)教育	1336	10	3947.1	1.0
(十七)卫生、社会保障和社会福利业	1001	4	4209.8	4.6
(十八)文化、体育和娱乐业	2258	7	5818.2	1.9
(十九)公共管理和社会组织	65		232.7	
(二十)国际组织				

3－25 全社会从业人员(2007年)

单位:万人

项目	合计	城镇	乡村
从业人员合计	**383.97**	**136.73**	**247.24**
一、按就业身份分组			
在岗职工	78.28	78.28	
个体工商户	41.55	17.63	23.92
私营企业从业人员	46.75	30.95	15.80
农村从业人员	207.52		207.52
其他从业人员	3.34	3.34	
离开单位仍保留劳动关系的职工	6.53	6.53	
二、按经济类型分组			
国有经济	41.26	41.26	
集体经济	5.78	5.78	
私营及个体经济	88.3	48.58	39.72
其他经济	248.63	41.11	207.52
三、按产业分组			
一产业	125.21	0.53	124.68
二产业	117.74	47.79	69.95
三产业	141.02	88.41	52.61

3－26 城镇失业情况(2007年)

年份	年末城镇登记失业人数(人)	年末城镇登记失业率(%)
2000	39565	3.50
2001	44035	3.80
2002	50066	4.20
2003	52310	4.20
2004	53805	3.87
2005	49001	3.80
2006	47673	3.62
2007	38129	3.12

4 固定资产投资、建筑业

长沙统计年鉴

4-1 历年固定资产投资按项目性质、用途分类

单位:万元

年 份	按项目性质分				按用途分		
	基本建设	更新改造	城镇集体及其它	房地产开发	生产性建设	非生产性建设	#住宅
1950	549				148	401	127
1951	2816				1030	1786	338
1952	1828				546	1282	544
1953	3947				1339	2608	197
1954	3842				1506	2336	732
1955	4520				2223	2297	915
1956	5226				2419	2807	927
1957	4705				2318	2387	813
1958	8850				7185	1665	177
1959	12001				8942	3059	955
1960	15958				11717	4241	788
1961	3551				2274	1277	196
1962	1581				1113	468	161
1963	2237				1310	927	431
1964	4852		440		3226	2066	900
1965	4365		386		3162	1589	622
1966	4864		490		4121	1233	433
1967	3092		472		2818	746	229
1968	2632		420		2152	900	231
1969	3333		558		2651	1240	372
1970	3851		601		3798	654	288
1971	4081		644		3542	1183	265
1972	8393		687		7903	1177	542
1973	10005	716	731		8527	2925	1490
1974	11755	461	541		9514	3243	1440
1975	13898	565	652		11480	3635	1349
1976	14926	331	596		12550	3303	1393
1977	12291	459	715		9511	3954	1574
1978	17355	907	1076		12021	7317	3269
1979	20831	3947	1133		12249	13662	8055
1980	26808	6709	4526		20850	17193	10905
1981	26195	8490	4549		19744	19490	12859

4－1 续表

年　份	按项目性质分				按用途分		
	基本建设	更新改造	城镇集体及其它	房地产开发	生产性建设	非生产性建设	#住宅
1982	29049	12141	6685		24012	23863	14183
1983	27347	20035	5941		27785	25538	13630
1984	34186	21846	4322		28541	31813	16121
1985	47881	34767	7446		48570	41524	18861
1986	61682	33983	8929		56636	47958	19335
1987	57541	30802	11430		54657	45116	18641
1988	64064	44637	15709		79149	45261	16247
1989	75319	29108	12934		72212	45149	18021
1990	64098	31403	9786		63925	41362	16254
1991	78694	41773	11965		82832	49600	24116
1992	126866	77635	23097	37602	142064	123136	68739
1993	169923	101502	26973	110618	213502	195514	117735
1994	252111	122572	19773	122277	276814	239919	134355
1995	384730	236186	25440	229657			193965
1996	478687	229143	43015	195679			182731
1997	522409	250450	20853	157374			162080
1998	635004	221346	42157	174078			281600
1999	615723	252996	32383	225765			282935
2000	724858	318703	40775	330238			238246
2001	1228733	313587	87130	631878			396807
2002	1538278	438381	137921	817883			566393
2003	2112133	723661	278144	1225551			831982
2004	2827529	942369	332705	1755376			1339396
2005		1238674		2563500			2282295
2006		1565282		3038612			2595357
2007		2734688		4129929			3698799

说明：因国家报表制度取消按“项目性质”有关指标分组，部分年份有关指标缺失。

4-2 历年固定资产投资、新增固定资产及竣工房屋面积

单位:万元

年份	固定资产投资额		新增固定资产		房屋竣工面积(万 m^2)	
	合计	#市区	合计	#市区	合计	#住宅
1950	549	465	549	465	7.02	1.19
1951	2816	2736	1845	1765	11.74	1.92
1952	1828	1730	1630	1532	17.84	8.11
1953	3947	3797	3479	3329	31.67	7.93
1954	3842	3577	3327	3062	40.06	13.47
1955	4520	4307	3901	3687	47.18	15.3
1956	5226	4917	4043	3733	50.45	16.07
1957	4705	4336	4424	4099	58.48	23.65
1958	8850	7513	7207	6134	64.30	6.78
1959	12001	10075	9138	7551	79.09	20.92
1960	15958	13154	12053	10010	79.57	20.80
1961	3551	3212	2415	2143	22.10	5.30
1962	1581	1037	1368	967	11.39	2.54
1963	2237	1734	1645	1198	9.83	5.31
1964	5292	4364	4039	3366	23.64	10.08
1965	4751	3654	4615	3993	34.28	13.09
1966	5354	2912	3839	2960	30.18	10.37
1967	3564	1703	3631	969	18.61	4.56
1968	3052	2230	2486	1785	21.97	6.10
1969	3891	3699	3306	2742	22.43	6.21
1970	4452	3527	2871	2280	22.29	6.13
1971	4725	3866	1791	1302	23.42	5.02
1972	9080	7913	5096	4494	33.27	8.67
1973	11452	9031	6358	5198	55.34	23.43
1974	12757	10502	6927	5469	42.33	18.30
1975	15115	13162	7402	6420	43.98	16.26
1976	15853	14226	5891	5487	50.78	18.13
1977	13465	11999	13517	12533	58.63	21.35
1978	19338	15460	13202	10485	81.41	41.17
1979	25911	22331	18846	15261	116.75	81.59
1980	38043	32150	29101	25288	180.17	109.92
1981	39234	32235	29041	25984	169.77	114.18

4－2 续表

年份	固定资产投资额		新增固定资产		房屋竣工面积(万 m^2)	
	合计	#市区	合计	#市区	合计	#住宅
1982	47875	41878	40018	31582	182.83	114.17
1983	53323	47161	40772	36434	208.32	120.17
1984	60354	53262	47180	41748	170.20	95.38
1985	90094	80012	64883	57605	186.78	93.49
1986	104594	92115	61507	54382	183.62	94.12
1987	99773	82812	75918	63473	178.11	76.79
1988	124410	97916	72322	59022	147.54	61.08
1989	117361	104388	98524	90968	143.13	61.64
1990	105287	93023	82545	74365	109.77	91.95
1991	132432	117253	113889	99600	131.37	55.72
1992	265200	241509	158962	143582	196.38	114.36
1993	409016	361367	240534	223206	213.38	116.41
1994	516733	457287	268878	237979	215.65	136.56
1995	876013	744446	493739	462822	314.55	168.87
1996	946524	877722	599994	555437	269.19	161.76
1997	951086	804219	620944	505469	259.56	135.57
1998	1072585	907871	683627	538812	333.86	185.63
1999	1126867	976976	785031	728914	401.03	282.04
2000	1414574	1340870	883380	826963	343.54	198.51
2001	2261328	1847913	1107918	828550	435.83	258.3
2002	2932463	2209442	1710366	1407213	655.42	358.3
2003	4339489	2913082	2419902	1865769	785.81	417.64
2004	5857979	3996135	2983264	1932250	946.28	542.01
2005	7911578	5506268	3437205	2403500	931.57	612.26
2006	9727734	6718000	4185400	2801450	874.75	544.88
2007	13264416	8810139	4564415	2418662	997.47	646.41

注:2007 年新增固定资产未包括省跨市投资部分。

4-3　主要年份全社会固定资产投资完成情况

单位:万元

指　标	1998年	1999年	2000年	2001年	2002年	2003年	2004年	2005年	2006年	2007年
全社会固定资产投资	**1484337**	**1648488**	**2023194**	**2798029**	**3625747**	**4949713**	**6680876**	**8814166**	**10898087**	**14451811**
一、城镇投资合计	1172569	1219514	1533449	2381395	3120627	4373774	5905978	7911578	9727734	13264416
基本建设	635004	615723	724858	1228733	1538278	2112133	2827529			
更新改造	221346	252996	318703	313587	438381	723661	942369	1238674	1565282	2734688
城镇集体及其它	61046	32383	40775	87130	137921	278144	332705			
房地产开发	174078	225765	330238	631878	817883	1225551	1755376	2563500	3038612	4129929
城镇私人建房	81095	92647	118875	120067	80921	34285	47999			
跨区项目					107243				94200	105000
二、农村投资合计	311768	389483	439096	416634	505120	575939	774898	902588	1170353	1187395
#农村个人	198165	245890	298665	265757	347283	382579	444081	516306	541385	586897

4-4 历年国有及民间投资情况

单位:万元

年份	全社会投资	国有	民间投资		
			合计	#集体	#个体
1979	33109	24778	8331	3200	5131
1980	49665	33517	16148	7175	8973
1981	54243	34685	19558	8561	10997
1982	60749	41190	19559	9685	9874
1983	73354	47382	25972	12422	13550
1984	88663	56032	32631	14111	18520
1985	125655	82648	43007	19516	23491
1986	136742	95665	41077	21330	19747
1987	138980	88343	50637	25003	25634
1988	166314	108701	57613	27765	29848
1989	169625	104427	65198	32407	32791
1990	181209	95501	85708	38706	47002
1991	214801	120467	94334	41965	52369
1992	368464	247474	120990	58570	62420
1993	566259	334655	197995	100082	73827
1994	686636	408461	227761	96819	92856
1995	1049543	624367	245430	73273	118481
1996	1171025	688967	313008	109419	148133
1997	1239759	711195	351964	96308	205704
1998	1484337	920319	463704	126955	279260
1999	1648488	1013028	561138	158021	338537
2000	2023194	1113413	787656	204096	424555
2001	2798029	1370056	814754	225598	402705
2002	3625747	1646219	1727379	194818	561035
2003	4949713	2012591	2682577	243485	679585
2004	6680876	2256470	4078114	478166	947923
2005	8814166	2701981	5819174		
2006	10898081	2837387	7672717		
2007	14451811	3516975	10523601		
总计	63949237	23336894	37147735	2427456	4632948
"九五"时期	7566803	4446922	2477470	694799	1396189
"十五"时期	26868531	9987317	15121998	1142067	2591248

4-5 城镇以上固定资产投资完成情况(2007年)

指标	单位	总计	中央	地方	省	市	县(市)	其他
计划总投资	万元	41635957	1467093	40168864	5042942	7273306	4139523	23713093
本年新开工项目计划总投资	万元	8984580	209963	8774617	820899	1267628	1574885	5111205
自开始建设累计完成投资	万元	25857888	1040180	24817708	4827660	4079609	2849430	13061009
本年完成投资	万元	13159416	546950	12612466	1303838	1942262	1740226	7626140
#500万元以下项目	万元	109899	630	109269	4849	13802	5412	85206
#国有经济控股	万元	4939920	545950	4393970	714572	1108430	1345345	1225623
#住宅投资	万元	3698799	43648	3655151	438893	655706	205943	2354609
内资	万元	12449628	546950	11902678	1164523	1883489	1734226	7120440
国有	万元	3418427	449588	2968839	542084	876850	1169927	379978
集体	万元	359395		359395	16628	40761	70377	231629
股份合作	万元	311146		311146	123674	16451	12195	158826
联营	万元	55926		55926		19760	10690	25476
国有联营	万元	13156		13156		340		12816
集体联营	万元	21920		21920		12420	4700	4800
国有与集体联营	万元	3870		3870			2890	980
其他联营	万元	16980		16980		7000	3100	6880
有限责任公司	万元	4701647	46045	4655602	372772	726736	324988	3231106
国有独资公司	万元	182240	8647	173593	59844	14111	95638	4000
其他有限责任公司	万元	4519407	37398	4482009	312928	712625	229350	3227106
股份有限公司	万元	1047642	19162	1028480	98205	75498	70082	784695
私营	万元	1238319		1238319				1238319
其他内资	万元	1317126	32155	1284971	11160	127433	75967	1070411
港澳台投资	万元	226461		226461	63487	10110	6000	146864
港澳台合资经营	万元	95583		95583	36022	7878	2000	49683
港澳台合作经营	万元	17651		17651	16385	1111		155
港澳台独资	万元	81706		81706				81706
港澳台股份有限公司	万元	31521		31521	11080	1121	4000	15320
外商投资	万元	409915		409915	75828	48663		285424
外商合资经营	万元	212812		212812	75828	48663		88321
外商合作经营	万元	1356		1356				1356
外商独资	万元	155052		155052				155052
外商股份有限公司	万元	40695		40695				40695
个体经营	万元	73412		73412				73412
个体户	万元	36373		36373				36373
个人合伙	万元	37039		37039				37039
按性质分								
新建	万元	8422593	153434	8216808	395301	725168	911976	6184363
扩建	万元	1862421	37818	1824603	136428	269704	498094	920377
改建和技术改造	万元	2734688	295419	2439269	296571	140524	184176	1817998
按构成分								
建筑工程	万元	7791344	260253	7531091	726826	1093967	1226737	4483561
安装工程	万元	1119664	91915	1027749	144347	98410	83533	701459
设备工器具购置	万元	1308712	164726	1143986	155599	65259	75783	847345
#用于更新的设备	万元	334476	81174	253302	16164	10225	15712	211201
其他费用	万元	2939695	30056	2909639	277066	684626	354173	1593774

注:本年完成投资未包括省跨市投资10500万元。

4－5 续表 1

指 标	单位	总计	中央	地方	省	市	县(市)	其他
按行业分								
(一)农、林、牧、渔业	万元	66247	450	65797	620	4866	22855	37456
农业	万元	26736	300	26436		4866	2000	19570
林业	万元	620		620	620			
畜牧业	万元	4700		4700				4700
渔业	万元	1200		1200				1200
农、林、牧、渔服务业	万元	32991	150	32841			20855	11986
(二)采矿业	万元	43950		43950				43950
煤炭开采和洗选业	万元	15100		15100				15100
石油和天然气开采业	万元							
黑色金属矿采选业	万元	3250		3250				3250
有色金属矿采选业	万元	1200		1200				1200
非金属矿采选业	万元	23590		23590				23590
其他采矿业	万元	810		810				810
(三)制造业	万元	2457126	61807	2395319	143191	79846	229949	1942333
农副食品加工业	万元	81000		81000	3200	328	2400	75072
食品制造业	万元	107725		107725			16707	91018
饮料制造业	万元	34680		34680			2400	32280
烟草制品业	万元	42370	38322	4048	1248			2800
纺织业	万元	32698		32698		7718		24980
纺织服装、鞋、帽制造业	万元	36324		36324	1945	950	1120	32309
皮革、毛皮、羽毛(绒)及其制品业	万元	6560		6560			2350	4210
木材加工及木、竹、藤、棕、草制	万元	16484	2500	13984			320	13664
家具制造业	万元	30882		30882				30882
造纸及纸制品业	万元	69455		69455	4655	1200	3500	60100
印刷业和记录媒介的复制	万元	105798		105798	5950	18688	4100	77060
文教体育用品制造业	万元	14605		14605	240	1000		13365
石油加工、炼焦及核燃料加工业	万元	700		700				700
化学原料及化学制品制造业	万元	220116		220116	8595	1252	37200	173069
医药制造业	万元	159554		159554	4500	17193	53450	84411
化学纤维制造业	万元							
橡胶制品业	万元	10901		10901				10901
塑料制品业	万元	62690		62690		1654	3800	57236
非金属矿物制品业	万元	110080		110080	800	4460	1500	103320
黑色金属冶炼及压延加工业	万元	18747		18747			620	18127
有色金属冶炼及压延加工业	万元	184137		184137	11274		21497	151366
金属制品业	万元	84868	1100	83768	578	4281	1858	77051
通用设备制造业	万元	250953		250953	37728	8580	6991	197654
专用设备制造业	万元	183225		183225	2283	5190	9427	166325
交通运输设备制造业	万元	245096	19885	225211	1410		21350	202451
电气机械及器材制造业	万元	127283		127283	2596	6552	12797	105338

4－5 续表2

指　　标	单位	总计						
			中央	地方				
					省	市	县(市)	其他
通信设备、计算机及其他电子设备	万元	158084		158084	46140	800	7500	103644
仪器仪表及文化、办公用机械制造	万元	33379		33379	9049			24330
工艺品及其他制造业	万元	26832		26832			19062	7770
废弃资源和废旧材料回收加工业	万元	1900		1900	1000			900
(四)电力、燃气及水的生产和供应业	万元	576085	229617	346468	95653	99443	13204	138168
电力、热力的生产和供应业	万元	363347	229617	133730	95653	6840	6424	24813
燃气生产和供应业	万元	14630		14630		8360		6270
水的生产和供应业	万元	198108		198108		84243	6780	107085
(五)建筑业	万元	113107	6268	106839	15140	9793	8185	73721
房屋和土木工程建筑业	万元	79940	6268	73672	13340	5076	8185	47071
建筑安装业	万元	4902		4902	1800	1567		1535
建筑装饰业	万元	14035		14035		3150		10885
其他建筑业	万元	14230		14230				14230
(六)交通运输、仓储和邮政业	万元	519432	7220	512212	50942	83644	146824	230802
铁路运输业	万元	5164	2850	2314	2314			
道路运输业	万元	284662	4370	280292	6300	28337	128532	117123
城市公共交通业	万元	53122		53122		27930	8372	16820
水上运输业	万元	1200		1200	1200			
航空运输业	万元	35871		35871	35871			
管道运输业	万元							
装卸搬运和其他运输服务业	万元	28162		28162			7920	20242
仓储业	万元	110901		110901	5257	27377	2000	76267
邮政业	万元	350		350				350
(七)信息传输、计算机服务和软件业	万元	66955	1100	65855	54151	2934		8770
电信和其他信息传输服务业	万元	56571	1100	55471	54151			1320
计算机服务业	万元	8727		8727		2934		5793
软件业	万元	1657		1657				1657
(八)批发和零售业	万元	752658		752658	54623	107509	50578	539948
批发业	万元	571030		571030	49163	82187	31548	408132
零售业	万元	181628		181628	5460	25322	19030	131816
(九)住宿和餐饮业	万元	258399		258399	12850	18680	13836	213033
住宿业	万元	127435		127435	8215	8500	9836	100884
餐饮业	万元	130964		130964	4635	10180	4000	112149
(十)金融业	万元	51299	9607	41692	9560	4360	16100	11672
银行业	万元	40407	9607	30800	2200	3600	15400	9600
证券业	万元							
保险业	万元	700		700			700	
其他金融活动	万元	10192		10192	7360	760		2072
(十一)房地产业	万元	5187368	40	5134977	49936	49180	316353	4719508
房地产业	万元	5187368	40	5134977	49936	49180	316353	4719508
(十二)租赁和商务服务业	万元	250925	4200	246725	10632	124721	22727	88645
租赁业	万元	15635		15635	1230			14405
商务服务业	万元	235290	4200	231090	9402	124721	22727	74240

4－5 续表 3

指　标	单位	总计	中央	地方				
					省	市	县(市)	其他
(十三)科学研究、技术服务和地质勘查业	万元	118782	27417	91365	16688	21754	1020	51903
研究与试验发展	万元	51809	22297	29512	8958	15172	1020	4362
专业技术服务业	万元	17960	5120	12840	2370	2800		7670
科技交流和推广服务业	万元	48224		48224	5360	2993		39871
地质勘查业	万元	789		789		789		
(十四)水利、环境和公共设施管理业	万元	1132574	8676	1123898	6238	280303	437650	399707
水利管理业	万元	139602		139602	2530	72825	37447	26800
环境管理业	万元	47318		47318		31536	7796	7986
公共设施管理业	万元	945654	8676	936978	3708	175942	392407	364921
(十五)居民服务和其他服务业	万元	36907		36907	3760	4963	1200	26984
居民服务业	万元	12377		12377	3760	1430		7187
其他服务业	万元	24530		24530		3533	1200	19797
(十六)教育	万元	408637	81193	327444	189175	31463	23095	83711
教育	万元	408637	81193	327444	189175	31463	23095	83711
(十七)卫生、社会保障和社会福利业	万元	118553	14296	104257	47539	14118	16546	26054
卫生	万元	113003	14296	98707	45539	13118	14676	25374
社会保障业	万元	2590		2590	2000		590	
社会福利业	万元	2960		2960		1000	1280	680
(十八)文化、体育和娱乐业	万元	198570	9575	188995	33893	46842	14113	94147
新闻出版业	万元	28080	7775	20305	17380			2925
广播、电视、电影和音像业	万元	12275		12275	1500		5325	5450
文化艺术业	万元	37763		37763	760	27275	4488	5240
体育	万元	35596		35596	1600	13743		20253
娱乐业	万元	84856	1800	83056	12653	5824	4300	60279
(十九)公共管理和社会组织	万元	801842	33133	768709	56693	177481	277558	256977
中国共产党机关	万元							
国家机构	万元	656450	33133	623317	52726	175301	256871	138419
人民政协和民主党派	万元	4217		4217	2377			1840
群众团体、社会团体和宗教组织	万元	6920		6920	1590			5330
基层群众自治组织	万元	134255		134255		2180	20687	111388
(二十)国际组织	万元							
国际组织	万元							
本年新增固定资产	万元	4564415	88516	4475899	244545	399295	819871	3012188
施工项目个数	个	3442	105	3337	235	338	502	2262
#500 万元以下项目	个	330	2	328	14	49	19	246
#本年新开工	个	2711	39	2672	182	278	336	1876
本年投产项目个数	个	1546	9	1537	99	182	134	1122
本年施工房屋面积	万 m^2	4623.17	52.10	1300.74	130.26	133.78	91.64	945.06
#住宅	万 m^2	2770.73		161.41	12.38	3.38	49.40	96.25
本年竣工房屋面积	万 m^2	997.47	0.05	297.52	23.46	5.98	26.13	241.95
#住宅	万 m^2	646.41		63.33	5.77		7.80	49.76

说明：1. 表中注有※的指标因统计制度原因，房地产投资无法进行分组，故本年完成投资按性质分和按行业分以及施工房屋面积与竣工房屋面积除总计外，按中央、地方等分组中未含房地产。

2. 本年完成投资按行业分中房地产业包含城镇工矿区私人建房投资。

4－6 城镇以上固定资产投资资金来源(2007年)

指　标	单位	总计	中央	地方	省	市	县(市)	其他
本年资金来源合计	**万元**	**16288776**	**632831**	**15655945**	**1556716**	**2435211**	**1952139**	**9711879**
上年末结余资金	万元	1015056	21610	993446	109751	191613	77945	614137
本年资金来源小计	万元	15273720	611221	14662499	1446965	2243598	1874194	9097742
国家预算内资金	万元	451889	68549	383340	34257	223961	92541	32581
国内贷款	万元	1657757	79451	1578306	121308	477788	110422	868788
债券	万元	33472		33472		30692	1200	1580
利用外资	万元	134346		134346	66340	11478	800	55728
#外商直接投资	万元	55877		55877	18000		800	37077
自筹资金	万元	10066878	439832	9627046	1031555	1152759	1391736	6050996
#企事业单位自有资金	万元	4340342	239931	4100411	387063	398073	448914	2866361
其他资金来源	万元	2929378	23389	2905989	193505	346920	277495	2088069
本年各项应付款合计	万元	1025910	10607	1015303	113479	191745	46471	663608
#工程款	万元	393225	10607	382618	59117	46520	19320	257661
规划用地面积	万 m^2	6551.51	810.16	5741.35	607.22	870.70	869.27	3394.16
本年实际征用和购置土地面积	万 m^2	1581.26	129.00	1452.26	116.54	166.10	173.03	996.58
本年实际征用和购置土地成交价款	万元	318787	8200	310587	28804	29378	84594	167811

4－7　主要年份更新改造投资完成主要指标

单位:万元

指　　标	1998 年	1999 年	2000 年	2001 年	2002 年	2003 年	2004 年	2005 年	2006 年	2007 年
一、本年完成投资额合计	221346	252996	318703	313587	438381	723661	942369	1238674	1565282	2734688
按隶属关系分										
中央部属	172819	160774	135945	112949	127476	102509	164903	149968	172661	295419
省　属	9374	6721	3285	45582	98948	117315	140096	326157	185466	296571
市县属及其他	39153	85501	179473	155056	211957	503837	637370	762549	1207155	2142698
按构成分										
建筑安装工程	58989	77169	166120	113130	148174	393327	521878	959315	728957	1625392
设备工器具购置	146324	140804	136576	180591	240907	242539	331781	121960	677030	828415
其他费用	16033	35023	16007	19866	49300	87795	88710	157399	159295	280881
按产业分										
第一产业				72	312			550	7428	16961
第二产业	76214	86864	186365	183906	333612	519701	779416	1151002	1367014	248222
第三产业	145132	166132	132338	129609	104457	203960	162953	87122	190840	235505
按用途分										
#增　产	29417	62520	151144	113238	216884					
节约能源			1301	2794	1792					
增加品种	14805	13650	14347	41160	18894					
提高质量	7262	4444	2237	2880	19582					
二、本年新增固定资产	99463	136975	253727	235225	191519	327935	371891	583362	774955	1278199
三、项目个数(个)										
施工项目	184	183	103	129	209	287	290	475	660	1016
竣工项目	102	101	54	50	84	98	64	193	276	348
四、房屋建筑面积(万 m^2)										
施工面积	13.48	26.94	18.05	31.43	92.99	130.30	275.68	241.76	176.90	283.80
竣工面积	4.82	8.41	14.20	10.39	21.81	34.53	41.95	74.21	79.98	108.27

4－8　主要年份房地产开发及商品房销售主要指标

指　　标	单位	1998 年	1999 年	2000 年	2001 年	2002 年	2003 年	2004 年	2005 年	2006 年	2007 年
一、完成投资额	万元	174078	225765	330238	631878	817883	1225551	1755376	2563500	3038612	4129929
#住宅	万元	77797	131260	151091	305549	442655	732833	1167921	2011118	2305640	3408702
二、新增固定资产	万元	121802	205616	166677	377131	525566	743987	932398	828971	1048277	1268230
三、建筑面积											
施工房屋面积	万 m^2	339.01	336.68	385.32	634.01	833.94	1102.12	1462.41	1913.57	2411.94	3270.34
竣工房屋面积	万 m^2	98.38	156.27	147.73	214.99	332.12	443.24	591.90	515.16	547.09	699.90
四、商品房销售情况											
商品房销售额	万元	67692	137043	178455	305217	418141	666279	1072486	1162249	1961129	3258716
商品房销售面积	万 m^2	39.97	79.97	92.72	163.90	232.10	325.82	519.95	536.99	741.69	985.09
五、土地开发情况											
本年购置土地面积	万 m^2	35.10	28.91	49.56	262.86	544.43	789.72	807.63	1007.59	1186.10	973.23
本年完成开发土地面积	万 m^2	118.08	61.66	176.23	221.25	358.58	562.14	543.46	246.81	707.68	645.94
土地开发投资额	万元	26757	39059	85418	92344	130367	216418	224325	196384	477218	626022

4-9 房地产开发投资完成情况(2007年)

指标	单位	总计	中央	地方	省	地市县属	地区	县	其他
计划总投资	万元	20715619	190113	20525506	2600752	17924754	4028462	543095	13353197
本年完成投资	万元	4129929	52351	4077578	452554	3625024	780362	128433	2716229
#土地开发投资额	万元	626022	8542	617480	87891	529589	115204	15467	398918
#土地购置费	万元	858824		858824	100382	758442	226707	11551	520184
#国有经济控股	万元	635514	52351	583163	139706	443457	305078	29267	109112
内资	万元	3798091	52351	3745740	376010	3369730	736490	128433	2504807
国有	万元	272972	10806	262166	51616	210550	183483	27067	
集体	万元	20800		20800		20800	350		20450
股份合作	万元	38189		38189	22894	15295	11075		4220
联营	万元	7000		7000		7000	7000		
#其他联营	万元	7000		7000		7000	7000		
有限责任公司	万元	2574707	41545	2533162	258779	2274383	488704	94468	1691211
国有独资公司	万元	59861	8647	51214	37103	14111	14111		
其他有限责任公司	万元	2514846	32898	2481948	221676	2260272	474593	94468	1691211
股份有限公司	万元	178162		178162	37016	141146	36617	2798	101731
私营	万元	676326		676326		676326			676326
其他内资	万元	29935		29935	5705	24230	9261	4100	10869
港澳台投资	万元	84864		84864	25101	59763	3569		56194
#港澳台合作经营	万元	155		155		155			155
港澳台合资经营	万元	58345		58345	25101	33244	2448		30796
港澳台独资	万元	25243		25243		25243			25243
外商投资	万元	246974		246974	51443	195531	40303		155228
外商合资经营	万元	133233		133233	51443	81790	40303		41487
外商独资	万元	87008		87008		87008			87008
按构成分									
建筑工程	万元	2479377	45160	2434217	244981	2189236	432240	94777	1662219

4－9 续表

指 标	单位	总计	中央	地方					
					省	地市县属			
							地区	县	其他
安装工程	万元	185352	1276	184076	24494	159582	22057	6339	131186
设备工器具购置	万元	59275	1211	58064	2016	56048	8390	1272	46386
其他费用	万元	1405924	4704	1401220	181063	1220157	317675	26045	876437
按工程用途分									
住宅投资	万元	3408702	39572	3369130	423426	2945704	649776	104654	2191274
#经济适用房	万元	107642	14901	92741	462	92279	14240	3807	74232
办公楼	万元	73526	3167	70359	3005	67354	5514	5716	56124
商业营业用房	万元	281396	6331	275065	12015	263050	45339	9631	208080
其他	万元	366305	3281	363024	14108	348916	79733	8432	260751
本年新增固定资产	万元	1268230	14943	1253287	27790	1225497	173063	103268	949166
本年购置土地面积	万 m^2	973.23		973.23	61.96	911.26	558.41	13.75	339.10
本年土地成交价款	万元	692307		692307	61914	630393	206508	3488	420397
本年完成开发土地面积	万 m^2	645.94	0.64	645.30	113.25	532.04	174.94	47.92	309.18
本年资金来源合计	万元	6326849	79261	6247588	623545	5624043	1111792	188066	4324185
上年末结余资金	万元	802035	21610	780425	68552	711873	124054	41170	546649
本年资金来源小计	万元	5524814	57651	5467163	554993	4912170	987738	146896	3777536
国内贷款	万元	959053	27500	931553	82908	848645	194724	21905	632016
利用外资	万元	81131		81131	64500	16631			16631
#外商直接投资	万元	34631		34631	18000	16631			16631
自筹资金	万元	2024299	11078	2013221	240561	1772660	509806	39059	1223795
#企事业单位自有资金	万元	963199	6138	957061	87947	869114	232084	28165	608865
其他资金来源	万元	2460331	19073	2441258	167024	2274234	283208	85932	1905094
#定金及预付款	万元	1216175	8558	1207617	102795	1104822	175047	52472	877303
本年各项应付款合计	万元	683520	857	682663	78985	603678	28259	18812	556607
#工程款	万元	315044	857	314187	43185	271002	19652	8340	243010

4－10 房地产施工竣工及销售主要指标(2007 年)

指 标	单位	合计	按用途分							
			商品住宅	#90 平方米以下	#140 平方米以上住房	#经济适用房	#别墅、高档公寓	办公楼	商业营业用房	其他
房屋施工面积	万 m^2	3270.34	2609.32	365.67	269.51	110.54	403.59	77.21	294.12	289.70
#新开工面积	万 m^2	1359.90	1093.54	175.45	97.18	45.06	147.58	21.16	114.89	130.31
房屋竣工面积	万 m^2	699.90	583.09	68.62	106.18	51.31	99.41	5.24	59.13	52.44
竣工房屋价值	万元	1167638	933281	102506	195173	52969	186196	7996	140018	86343
商品房屋销售建筑面积	万 m^2	985.09	934.68	127.27	123.05	50.82	133.10	13.38	31.70	5.33
商品房销售额	万元	3258716	2983030	427083	513591	78190	600017	71906	193134	10646
商品房空置面积	万 m^2	65.63	24.86	1.50	2.87		4.81	3.66	25.42	11.70
#空置 1－3 年面积(含一年)	万 m^2	49.42	20.01	1.47	1.27		2.34	1.55	17.55	10.31
#空置 3 年以上面积(含三年)	万 m^2	5.70	0.74				0.52	1.10	3.24	0.63

4－11 农村非农户固定资产投资完成情况(2007年)

指 标	单位	总计	中央	地方	省	市	县(市)	其他
计划总投资	万元	1021399	1880	1019519	3241	72768	292879	650631
本年新开工项目计划总投资	万元	535546	380	535166	3241	3768	75144	453013
自开始建设累计完成投资	万元	815368	1880	813488	2351	56531	248472	506134
本年完成投资	万元	600498	680	599818	2351	36588	134924	425955
#500万元以下项目	万元	62341	380	61961	360	2388	3998	55215
#国有经济控股	万元	103389	680	102709	2351	3601	72677	24080
#住宅投资	万元	79942		79942		180	5540	74222
内资	万元	586453	680	585773	2351	36488	134524	412410
国有	万元	98548	680	97868	2351	2520	72127	20870
集体	万元	100008		100008		2287	50902	46819
股份合作	万元	27041		27041				27041
联营	万元	7510		7510			2550	4960
国有联营	万元	550		550			550	
集体联营	万元	6150		6150			2000	4150
国有与集体联营	万元							
其他联营	万元	810		810				810
有限责任公司	万元	113410		113410		23000	3130	87280
国有独资公司	万元							
其他有限责任公司	万元	113410		113410		23000	3130	87280
股份有限公司	万元	24426		24426		7600	3925	12901
私营	万元	92783		92783				92783
其他内资	万元	122727		122727		1081	1890	119756
港澳台投资	万元	4670		4670			400	4270
港澳台合资经营	万元	2070		2070			400	1670
港澳台合作经营	万元							
港澳台独资	万元	1600		1600				1600
港澳台股份有限	万元	1000		1000				1000
外商投资	万元	1320		1320		100		1220
外商合资经营	万元	100		100		100		
外商合作经营	万元							
外商独资	万元							
外商股份有限	万元	1220		1220				1220
个体经营	万元	8055		8055				8055
个体户	万元	2710		2710				2710
个人合伙	万元	5345		5345				5345
按性质分								
新建	万元	349323		349323	1110	26020	53720	268473
扩建	万元	153514		153514	1241	3668	74809	73796
改建和技术改造	万元	94683	680	94003		6900	5920	81183

4-11 续表 1

指标	单位	总计	中央	地方	省	市	县(市)	其他
按构成分								
建筑工程	万元	411076		411076	1250	30847	105265	273714
安装工程	万元	47907		47907	450	3355	6295	37807
设备工器具购置	万元	65765	680	65085	431	938	5062	58654
#用于更新的设备	万元	7246	380	6866		100	262	6504
其他费用	万元	75750		75750	220	1448	18302	55780
按行业分								
(一)农、林、牧、渔业	万元	30502		30502			11290	19212
农业	万元	5922		5922				5922
林业	万元	930		930				930
畜牧业	万元	5450		5450				5450
渔业	万元	1590		1590				1590
农、林、牧、渔服务业	万元	16610		16610			11290	5320
(二)采矿业	万元	51246		51246				51246
煤炭开采和洗选业	万元	29440		29440				29440
石油和天然气开采业	万元	160		160				160
黑色金属矿采选业	万元	1850		1850				1850
有色金属矿采选业	万元	6061		6061				6061
非金属矿采选业	万元	11955		11955				11955
其他采矿业	万元	1780		1780				1780
(三)制造业	万元	150837	680	150157	360	6900	3475	139422
农副食品加工业	万元	5150		5150				5150
食品制造业	万元	4740		4740				4740
饮料制造业	万元	2820		2820				2820
烟草制品业	万元							
纺织业	万元	2500		2500				2500
纺织服装、鞋、帽制造业	万元	7750		7750		6800		950
皮革、毛皮、羽毛(绒)及其制品业	万元	3102		3102				3102
木材加工及木、竹、藤、棕、草制	万元	7180		7180				7180
家具制造业	万元	2030		2030				2030
造纸及纸制品业	万元	2820		2820				2820
印刷业和记录媒介的复制	万元	3040		3040				3040
文教体育用品制造业	万元	780		780				780
石油加工、炼焦及核燃料加工业	万元							
化学原料及化学制品制造业	万元	57233		57233		100		57133
医药制造业	万元	804		804				804
化学纤维制造业	万元							
橡胶制品业	万元	1760		1760				1760
塑料制品业	万元	3260		3260				3260
非金属矿物制品业	万元	25570		25570			2520	23050
黑色金属冶炼及压延加工业	万元	422		422				422
有色金属冶炼及压延加工业	万元	2160		2160				2160
金属制品业	万元	5255		5255			955	4300

4－11 续表 2

指　　标	单位	总计	中央	地方				
					省	市	县(市)	其他
通用设备制造业	万元	7236	380	6856				6856
专用设备制造业	万元	2380		2380				2380
交通运输设备制造业	万元	1265	300	965				965
电气机械及器材制造业	万元	360		360	360			
通信设备、计算机及其他电子设备	万元	400		400				400
仪器仪表及文化、办公用机械制造	万元	820		820				820
工艺品及其他制造业	万元							
废弃资源和废旧材料回收加工业	万元							
(四)电力、燃气及水的生产和供应业	万元	16985		16985		2520	3870	10595
电力、热力的生产和供应业	万元	12840		12840		2520	3870	6450
燃气生产和供应业	万元	2770		2770				2770
水的生产和供应业	万元	1375		1375				1375
(五)建筑业	万元	12142		12142			9992	2150
房屋和土木工程建筑业	万元	10542		10542			9992	550
建筑安装业	万元							
建筑装饰业	万元							
其他建筑业	万元	1600		1600				1600
(六)交通运输、仓储和邮政业	万元	50942		50942	1110	1880	25802	22150
铁路运输业	万元							
道路运输业	万元	40850		40850	1110	800	22815	16125
城市公共交通业	万元	8312		8312		500	2987	4825
水上运输业	万元							
航空运输业	万元							
管道运输业	万元							
装卸搬运和其他运输服务业	万元							
仓储业	万元	1780		1780		580		1200
邮政业	万元							
(七)信息传输、计算机服务和软件业	万元							
电信和其他信息传输服务业	万元							
计算机服务业	万元							
软件业	万元							
(八)批发和零售业	万元	22989		22989	881	1207		20901
批发业	万元	7882		7882	881	450		6551
零售业	万元	15107		15107		757		14350
(九)住宿和餐饮业	万元	2380		2380				2380
住宿业	万元	1240		1240				1240
餐饮业	万元	1140		1140				1140
(十)金融业	万元							
银行业	万元							
证券业	万元							
保险业	万元							
其他金融活动	万元							

4－11 续表 3

指　　标	单位	总计	中央	地方	省	市	县(市)	其他
(十一)房地产业	万元	135982		135982			33480	102502
房地产业	万元	135982		135982			33480	102502
(十二)租赁和商务服务业	万元	3407		3407			18	3389
租赁业	万元	18		18			18	
商务服务业	万元	3389		3389				3389
(十三)科学研究、技术服务和地质勘查业	万元	680		680				680
研究与试验发展	万元							
专业技术服务业	万元							
科技交流和推广服务业	万元	680		680				680
地质勘查业	万元							
(十四)水利、环境和公共设施管理业	万元	31180		31180			11310	19870
水利管理业	万元	13725		13725			10260	3465
环境管理业	万元	500		500			500	
公共设施管理业	万元	16955		16955			550	16405
(十五)居民服务和其他服务业	万元	510		510				510
居民服务业	万元	510		510				510
其他服务业	万元							
(十六)教育	万元	8140		8140			5080	3060
教育	万元	8140		8140			5080	3060
(十七)卫生、社会保障和社会福利业	万元	5320		5320			2170	3150
卫生	万元	3980		3980			2170	1810
社会保障业	万元	650		650				650
社会福利业	万元	690		690				690
(十八)文化、体育和娱乐业	万元	28450		28450		23000	130	5320
新闻出版业	万元							
广播、电视、电影和音像业	万元							
文化艺术业	万元	150		150				150
体育	万元							
娱乐业	万元	28300		28300		23000	130	5170
(十九)公共管理和社会组织	万元	48806		48806		1081	28307	19418
中国共产党机关	万元							
国家机构	万元	41057		41057			27707	13350
人民政协和民主党派	万元							
群众团体、社会团体和宗教组织	万元	1250		1250				1250
基层群众自治组织	万元	6499		6499		1081	600	4818
(二十)国际组织	万元							
国际组织	万元							
本年新增固定资产	万元	374855	1880	372975	461	1660	136487	234367
施工项目个数	个	611	2	609	3	13	88	505
#500 万元以下项目	个	201	1	200	1	7	14	178
#本年新开工	个	508	1	507	3	9	55	440
本年投产项目个数	个	353	2	351	1	7	27	316
本年施工房屋面积	万 m^2	147.84		147.84		0.70	18.08	129.06
#住宅	万 m^2	73.24		73.24			12.00	61.24
本年竣工房屋面积	万 m^2	67.96		67.96			1.87	66.09
#住宅	万 m^2	20.60		20.60				20.60

4－12　农村非农户固定资产投资资金来源(2007 年)

指　　标	单位	总计						
			中央	地方				
					省	市	县(市)	其他
本年资金来源合计	万元	611105	680	610425	2351	37588	135114	435372
上年末结余资金	万元	2126		2126				2126
本年资金来源小计	万元	608979	680	608299	2351	37588	135114	433246
国家预算内资金	万元	1885		1885			690	1195
国内贷款	万元	8175		8175			400	7775
债券	万元							
利用外资	万元	1355		1355			475	880
#外商直接投资	万元							
自筹资金	万元	526730	680	526050	2351	37588	102849	383262
#企事业单位自有资金	万元	354007	300	353707	1110	10620	89524	252453
##发行股票	万元							
其他资金来源	万元	70834		70834			30700	40134
本年各项应付款合计	万元	5405		5405				5405
#工程款	万元	665		665				665
规划用地面积	万 m^2	465.92		465.92	1.50	3.31	115.78	345.33
本年实际征用和购置土地面积	万 m^2	45.58		45.58			0.33	45.25
本年实际征用和购置土地成交价款	万元	7186		7186			14	7172

4－13　固定资产投资主要新增生产能力(或效益)(2007 年)

指　　标	单位	数　量
新建公路	公里	6.80
#高速公路	公里	-
一级公路	公里	9.86
改建公路	公里	56.00
#二级公路	公里	4.00
医院病床	张	-
宾馆、旅馆、招待所客房数	间	-
	平方米	-
城市排水管道铺设长度	公里	20.00
高等院校学生席位	个	19970
	平方米	345386
中等院校学生席位	个	-
	平方米	-
小学校学生席位	个	-
	平方米	-
城市道路扩建长度	公里	9.00
城市道路扩建面积	万平方米	21.00
城市防洪堤长度	公里	-

4－14 主要年份建筑业生产主要指标完成情况

项目	单位	2000年	2001年	2002年	2003年	2004年	2005年	2006年	2007年
一、企业个数	个	270	240	276	293	478	445	445	447
二、建筑业总产值	万元	1233842	1819916	2372581	3302864	4905041	5793596	7368797	9601564
1. 建筑工程产值	万元	1132600	1647265	1983462	2830648	4084230	4836578	6216932	8172834
2. 安装工程产值	万元	59649	108528	196146	172305	313637	301454	388116	601774
3. 其他产值	万元	41593	64123	192973	299911	507174	655564	763749	826956
三、竣工产值	万元	854500	1238154	1863684	2617615	3179761	3976719	4504392	5528176
四、单位工程施工个数	个	4665	4396	5775	—	—	—	—	—
#本年新开工	个	2130	2558	3583	—	—	—	—	—
#实行投标承包个数	个	2227	2836	3815	—	—	—	—	—
五、单位工程竣工个数	个	2130	2641	3682	—	—	—	—	—
六、房屋建筑施工面积	万 m^2	1348.7	1673.4	2150.16	3434.15	5157.39	5597.62	6983.43	9500.7
#本年新开工面积	万 m^2	628.2	972.12	1201.37	1970.87	2813.89	3017.74	3771.37	5237.54
#实行投标承包面积	万 m^2	837.7	1152.94	1674.58	2803.37	4342.58	4767.81	6106.65	8242.84
七、房屋建筑竣工面积	万 m^2	598.84	750.59	974.63	1473.58	2195.54	2431.57	2811.50	3045.60
八、自有机械设备净值	万元	193725	194586	319690	361762	375249	330386	397547	446669
九、自有机械设备年末总台数	台	74726	83823	85924	100282	109062	105340	117455	121980
十、自有机械设备年末总功率	万千瓦	155.82	158.31	160.77	189.11	—	—	—	—
#施工机械总功率	万千瓦	128.28	130.03	137.25	165.03	226.49	178.43	239.49	244.35
十一、计算劳动生产率平均人数	万人	21.77	27.09	27.93	33.79	42.34	45.08	51.78	56.86

说明：由于统计指标口径调整，从2004年起，自有机械设备净值和自有机械设备年末总台数均为自有施工机械设备净值和自有施工机械设备年末总台数。

4－15 建筑业企业生产情况(2007年)

项　　目	企业个数(个)	建筑业总产值(万元)	#装饰装修产　　值	#在外省完成的产值
总　　计	**447**	**9601564**	**318475**	**3511885**
#国有及国有控股企业	78	4467484	96060	2836308
一、按登记注册类型分组				
内资企业	436	9569896	311571	3507506
国有企业	48	3747056	23303	2526467
集体企业	30	220381	21129	12121
股份合作企业	3	127341	2033	24685
联营企业	1	583		
其他联营企业	1	583		
有限责任公司	203	3253054	191313	455462
国有独资公司	6	115551	47796	74114
其他有限责任公司	197	3137503	143517	381349
股份有限公司	39	1240225	42045	389973
私营企业	109	960017	31367	98799
私营独资企业	1	4277		
私营合伙企业	1	65900		
私营有限责任公司	92	474458	21198	15925
私营股份有限公司	15	415382	10169	82874
其他企业	3	21240	381	
港、澳、台商投资企业	7	21255	6748	3261
合资经营企业(港或澳、台资)	4	6793	6748	704
港、澳、台商独资经营企业	3	14462		2557
外商投资企业	4	10413	156	1118

按构成分的建筑业总产值(万元)			竣工产值(万元)	房屋建筑施工面积(m^2)		
建筑工程产值	安装工程产值	其他产值			#本年新开工面积	#实行投标承包面积
8172834	**601774**	**826956**	**5528176**	**95006953**	**52375387**	**82428437**
3977333	360332	129819	2317223	37075465	17815341	35422366
8165942	576998	826956	5510536	95006953	52375387	82428437
3382253	282456	82346	2061620	34316468	16576953	32965858
189240	12215	18926	143898	2438068	1493880	2197291
127341			78366	1803845	878811	1674467
		583				
		583				
2701320	188804	362930	1934339	30597777	19094428	27777205
107994	7181	376	71516	379711	171662	303807
2593326	181623	362554	1862823	30218066	18922766	27473398
936909	46512	256803	773287	14834313	8418920	8582909
808183	46467	105367	498002	10683617	5718793	8944234
4277			3594	71844	45873	71844
36335		29565	18170	766151	488300	766151
404024	42672	27762	304043	4394256	2126626	3684298
363547	3795	48041	172196	5451366	3057994	4421941
20697	543		21024	332865	193602	286473
5618	15637		8356			
5585	1208		8323			
33	14429		33			
1274	9139		9284			

4－15 续表 1

项 目	企业个数（个）	建筑业总产值（万元）	#装饰装修产 值	#在外省完成的产值
二、按国民经济行业分组				
房屋和土木工程建筑业	271	9173153	162689	3425149
房屋工程建筑	198	7007734	162554	2316709
土木工程建筑	73	2165419	135	1108440
铁路、道路、隧道和桥梁工程建筑	31	1207365		528699
水利和港口工程建筑	14	642493		523502
工矿工程建筑	3	203230	69	39795
架线和管道工程建筑	16	71160	66	5368
其他土木工程建筑	9	41171		11076
建筑安装业	87	221197	3226	44710
建筑装饰业	60	168966	151806	39420
其他建筑业	29	38247	754	2606
工程准备	12	22420		2589
提供施工设备服务	4	3659		
其他未列明的建筑活动	13	12168	754	18
三、按企业资质等级分组				
施工总承包	246	8956970	150617	3367902
特级	10	3381616	31932	2306427
一级	60	3916840	69085	981288
二级	100	1349337	39016	73168
三级	76	309177	10584	7019
专业承包	201	644593	167858	143984
一级	29	298520	133880	105077
二级	68	245664	20587	36250
三级	98	96420	13391	2656
不分等级	6	3989		

按构成分的建筑业总产值(万元)			竣工产值(万元)	房屋建筑施工面积(m^2)		
建筑工程产值	安装工程产值	其他产值			#本年新开工面积	#实行投标承包面积
7963905	446802	762446	5209485	94415095	52192195	81999719
6176873	183411	647450	4003687	93615728	51817360	81267673
1787032	263391	114997	1205798	799367	374835	732046
1161507	42891	2968	651697	97099	32607	76470
530185	23940	88368	318613	197792	120626	197792
43287	150543	9400	166532	257417	159729	257417
19915	45837	5409	53339	47365	973	973
32139	180	8852	15617	199694	60900	199394
68724	139559	12914	139613	445547	130216	349295
123217	10384	35365	147479	146311	52976	79423
16989	5029	16230	31599			
13023		9397	20123			
1688	68	1903	1188			
2277	4961	4930	10287			
7833737	375239	747995	5099898	94239381	52127238	82050257
3070023	89733	221861	2043388	36766906	16891370	32322779
3299899	241457	375484	1921008	34990287	21653463	32346395
1188904	37336	123097	892571	18916348	11442343	14878047
274911	6714	27552	242931	3565840	2140062	2503036
339098	226535	78961	428278	767572	248149	378180
159439	105289	33792	205464	345705	113576	278817
143253	83291	19120	148865	359909	118493	99363
33424	37948	25048	70481	61958	16080	
2982	6	1001	3468			

4－15 续表 2

项　　目	房屋建筑竣工面积（m^2）	年末自有施工机械设备			计算劳动生产率的平均人数（人）	期末从业人员（人）	工程技术人员（人）	持有一级资质证书的项目经理（人）
		净值（万元）	总台数（台）	总功率（千瓦）				
总　　计	**30456034**	**446669**	**121980**	**2443464**	**568658**	**558468**	**74691**	**3449**
#国有及国有控股企业	7711875	165802	43681	1044896	198234	187342	21435	1697
一、按登记注册类型分组								
内资企业	30456034	444703	120676	2438219	566919	556792	74449	3392
国有企业	7077485	140226	36838	887061	168973	160419	17044	1372
集体企业	1014902	15643	8422	135959	22480	23744	4010	69
股份合作企业	640284	1541	900	31194	8527	8468	874	22
联营企业		10	12	840	110	22	4	3
其他联营企业		10	12	840	110	22	4	3
有限责任公司	12578232	150850	46526	795187	211910	210611	31002	1284
国有独资公司	140723	5284	2403	60736	6488	6408	1502	73
其他有限责任公司	12437509	145566	44123	734451	205422	204203	29500	1211
股份有限公司	5709394	81898	14483	346405	86520	87671	12173	326
私营企业	3211794	53234	13089	233130	66674	64087	8820	304
私营独资企业	25971	332	111	1988	720	680	152	0
私营合伙企业	164851	264	1090	8674	2850	2880	322	15
私营有限责任公司	1658014	30947	7556	149444	38587	35071	5267	208
私营股份有限公司	1362958	21692	4332	73024	24517	25456	3079	81
其他企业	223943	1301	406	8443	1725	1770	522	12
港、澳、台商投资企业		1381	881	2444	1410	1429	145	46
合资经营企业(港或澳、台资)		212	50	715	798	1000	58	38
港、澳、台商独资经营企业		1169	831	1729	612	429	87	8
外商投资企业		586	423	2801	329	247	97	11

4－15 续表 3

项　目	房屋建筑竣工面积（m^2）	年末自有施工机械设备			计算劳动生产率的平均人数（人）	期末从业人员（人）	工程技术人员（人）	持有一级资质证书的项目经理（人）
		净值（万元）	总台数（台）	总功率（千瓦）				
二、按国民经济行业分组								
房屋和土木工程建筑业	30144455	427557	112481	2281956	540065	530772	69806	3099
房屋工程建筑	29918037	284191	77117	1465995	447725	452892	56819	2169
土木工程建筑	226418	143366	35364	815961	92340	77880	12987	930
铁路、道路、隧道和桥梁工程建筑	74856	47913	11561	335528	55625	46254	8171	602
水利和港口工程建筑	12824	84089	15725	449086	22120	22154	3042	191
工矿工程建筑	24801	7638	6159	19236	6144	3242	388	77
架线和管道工程建筑	47166	2277	1764	7044	5378	5006	1086	42
其他土木工程建筑	66771	1449	155	5067	3073	1224	300	18
建筑安装业	181056	11609	5479	76947	13387	12652	2660	164
建筑装饰业	130523	3879	3221	39853	11961	11321	1360	159
其他建筑业		3625	799	44708	3245	3723	865	27
工程准备		2488	513	34687	1891	2360	607	12
提供施工设备服务		353	18	638	281	293	43	3
其他未列明的建筑活动		784	268	9383	1073	1070	215	12
三、按企业资质等级分组								
施工总承包	30084874	414499	109388	2224351	525827	519887	68272	3002
特级	9145242	131152	28059	852353	164868	165463	17076	986
一级	11400021	169970	44956	764572	213743	203865	27939	1255
二级	7149470	91019	24370	456089	116375	117050	18745	584
三级	2390141	22359	12003	151337	30841	33509	4512	177
专业承包	371160	32170	12592	219113	42831	38581	6419	447
一级	196994	6777	4212	76764	19087	16382	2415	240
二级	163288	19386	6440	112666	15162	14179	2465	137
三级	10878	5792	1785	27247	7998	7564	1454	49
不分等级		215	155	2436	584	456	85	21

4－16　主要年份建筑业财务状况

项　　目	单位	1998 年	1999 年	2000 年	2001 年	2002 年	2003 年	2004 年	2005 年	2006 年	2007 年
一、年末资产负债											
流动资产合计	万元	773872	842162	914211	1240078	1441196	2034223	2497515	2837325	3314982	4270154
固定资产合计	万元	329651	357784	360626	451926	614357	657031	744062	853474	987386	1242267
固定资产原价	万元	454623	501104	527837	659004	871018	939419	1016557	1014513	1184889	1612399
#生产经营用	万元	366331	407392	419152	501100	682669	773510	842984	829613	1002572	1409999
累计折旧	万元	131457	158983	189469	231044	300016	346382	375197	373969	438718	551166
#本年折旧	万元	26340	34140	38804	40402	54481	53952	70832	69070	72647	75814
资 产 合 计	万元	1200437	1300265	1370595	1806199	2227650	2878833	3506609	3983250	4633015	5996227
流动负债合计	万元	683504	816824	853779	1050956	1191476	1742514	2045453	2233802	2685378	3751735
长期负债合计	万元	146494	132489	119862	116959	150192	144163	184479	300389	335771	402464
所有者权益合计	万元	370439	350952	396954	638284	885982	992156	1276677	1449059	1611867	1842028
#实收资本	万元	265289	255868	292067	518656	669256	832230	1073970	1058647	1169051	1271429
二、损益及分配											
工程结算收入	万元	973142	1005881	1091927	1598212	2148431	2990005	4435990	5373740	6954650	8987932
工程结算成本	万元	874874	912404	975647	1423143	1907419	2678074	3976472	4840714	6258321	8086699
工程结算税金	万元	26893	28465	32791	59999	76314	107282	150500	192859	242343	320945
工程结算利润	万元	71375	65012	83489	115070	164698	204649	288449	328120	428752	531138
管 理 费 用	万元	52831	60977	67681	85033	108210	142310	172786	197115	234888	271463
利 润 总 额	万元	8402	2388	17429	31698	55111	54713	114030	120833	181684	245663
#应交所得税	万元	4459	4544	5028	8633	20169	18455	31436	35207	49380	63394
应付利润	万元	3158	1769	2279	4220	15889	26681	49120	33505	64611	77834
三、工资福利费											
本年应付工资总额	万元	164392	159746	168895	223499	249534	338100	544287	658688	892361	972833
本年应付福利费总额	万元	21500	155216	16917	22705	26104	36159	61906	73090	105268	104317
四、建筑业增加值	万元	308404	310130	343269	470101	585824	610186	965292	—	—	—
五、亏损企业个数	个	44	44	33	39	57	45	114	100	107	82

4－17　建筑业企业财务状况(2007 年)

单位:万元

指　　标	资产总计	流动资产合计	固定资产合计	固定资产原价	#生产经营用	累计折旧	#本年折旧	负债合计	流动负债合计	长期负债合计
总　　计	**5996227**	**4270154**	**1242267**	**1612399**	**1409999**	**551166**	**75814**	**4154199**	**3751735**	**402464**
#国有及国有控股企业	3448227	2374623	737352	965893	894481	331029	40213	2828111	2499059	329052
一、按登记注册类型分组										
内资企业	5962274	4243696	1236612	1605153	1403243	549219	75248	4140964	3738521	402443
国有企业	2842489	1912084	633698	814357	770692	271576	31049	2370263	2070945	299318
集体企业	137346	93304	36119	46209	33813	16427	1971	75493	73445	2047
股份合作企业	35183	28928	5505	7096	5391	4708	37	16612	16612	
联营企业	662	597	39	70	70	31	9	488	488	
国有联营企业	662	597	39	70	70	31	9	488	488	
有限责任公司	1895186	1432273	353081	453616	383270	159692	26502	1156369	1084019	72351
国有独资公司	82630	60763	20629	39920	15656	22102	443	53755	49008	4747
其他有限责任公司	1812556	1371510	332452	413696	367613	137589	26059	1102615	1035011	67604
股份有限公司	537757	398842	101038	147195	123307	52322	9068	258794	252879	5915
私营企业	499759	366317	104601	131876	82426	42262	6232	257002	235457	21545
私营独资企业	2299	1967	332	355	355	23	5	114	114	
私营合伙企业	50344	40106	8819	10919	3978	2582	641	31443	31443	
私营有限责任公司	285253	214428	52701	62253	55174	18961	3144	152647	144002	8645
私营股份有限公司	161863	109816	42749	58349	22920	20696	2442	72799	59899	12900
其他企业	13893	11351	2533	4735	4275	2202	380	5944	4677	1267
港、澳、台商投资企业	22381	15559	4982	6206	5716	1579	483	10821	10800	21
合资经营企业(港或澳、台资)	11088	10034	1033	1383	1367	488	124	7259	7238	21
港、澳、台商独资经营企业	11293	5526	3949	4822	4349	1092	359	3562	3562	
外商投资企业	11571	10899	672	1040	1040	368	83	2414	2414	

单位:万元

指标	资产总计	流动资产合计	固定资产合计	固定资产原价	#生产经营用	累计折旧	#本年折旧	负债合计	流动负债合计	长期负债合计
二、按国民经济行业分组										
房屋和土木工程建筑业	5564930	3949502	1157944	1509206	1319856	517339	67896	3893155	3508435	384720
房屋工程建筑	3788368	2763069	651600	776618	643748	264190	34468	2483097	2370348	112749
土木工程建筑	1776562	1186433	506345	732588	676108	253149	33429	1410058	1138087	271971
铁路、道路、隧道和桥梁工程建筑	1229416	812899	347166	496413	488363	158930	13151	1007055	755353	251701
水利和港口工程建筑	368269	233409	125381	193107	148403	80702	17224	284743	265574	19169
工矿工程建筑	73983	54549	18147	23102	22208	8008	1402	62200	62200	
架线和管道工程建筑	84790	71269	10988	14739	12068	4726	1490	42962	42405	557
其他土木工程建筑	20104	14307	4662	5227	5065	784	163	13099	12555	544
建筑安装业	219949	178417	27328	36971	28221	13400	2291	138192	136094	2098
建筑装饰业	122661	104412	14451	16735	13349	6741	1027	82482	80026	2456
其他建筑业	88686	37823	42543	49488	48574	13686	4599	40370	27180	13190
工程准备	22161	15977	5162	8652	8525	3768	558	12747	12662	85
提供施工设备服务	4270	3751	519	667	602	149	48	2902	2902	
其他未列明的建筑活动	62255	18095	36862	40168	39447	9769	3993	24722	11617	13105
三、按企业资质等级分组										
施工总承包	5396481	3824215	1120919	1440880	1274888	483106	64679	3807943	3432084	375860
特级	2453507	1598365	576989	721471	651076	220862	28573	1995544	1709810	285734
一级	1950108	1533027	307400	451745	386903	174961	21173	1309367	1241908	67459
二级	791532	581491	162934	200636	180725	70340	10724	413565	394827	18738
三级	201333	111332	73597	67029	56184	16943	4210	89466	85538	3928
专业承包	599747	445940	121348	171519	135112	68060	11135	346256	319651	26604
一级	213932	174067	29188	38368	34091	15528	2584	151439	148537	2902
二级	225849	174184	42363	77301	48209	36481	3352	111503	101243	10260
三级	155865	94121	49289	55191	52189	15828	5138	80448	67005	13442
不分等级	4101	3568	507	659	623	223	61	2866	2866	

4－17 续表 2

单位：万元

指　　标	所有者权益合计	实收资本	工程结算收入	工程结算成本	工程结算税金及附加	工程结算利润	管理费用	#税金	财务费用	营业利润
总　　计	**1842028**	**1271429**	**8987932**	**8086699**	**320945**	**531138**	**271463**	**10873**	**41594**	**235337**
#国有及国有控股企业	620116	428847	4274604	3912355	138403	208019	151024	2694	22230	45508
一、按登记注册类型分组										
内资企业	1821310	1254721	8947932	8058017	319112	523334	267971	10312	41440	230414
国有企业	472226	320433	3561552	3265365	114632	169062	123309	2053	19145	36716
集体企业	61854	49357	201169	176509	8676	14070	6687	845	1455	6245
股份合作企业	18571	8748	139157	128184	4653	6159	979	99	85	5145
联营企业	174	174	583	516	26	40	47	3	－1	－9
其他联营企业	174	174	583	516	26	40	47	3	－1	－9
有限责任公司	738817	501974	2993995	2678209	112860	186361	80093	4323	11891	96303
国有独资公司	28876	24645	109385	96619	3176	9119	6628	151	220	2336
其他有限责任公司	709941	477329	2884610	2581591	109684	177242	73465	4172	11671	93968
股份有限公司	278963	192934	1218286	1084110	44163	83612	36438	1917	3757	43718
私营企业	242757	177851	820469	714573	33417	62573	20293	1054	5101	40961
私营独资企业	2186	2000	4200	3651	223	325	166	2	－1	160
私营合伙企业	18901	5067	56970	50914	1880	4176	1459	97	598	2557
私营有限责任公司	132606	106575	427642	370482	18227	32697	12511	676	2766	17711
私营股份有限公司	89064	64209	331656	289525	13087	25374	6156	279	1738	20533
其他企业	7949	3250	12722	10551	685	1458	126	18	6	1335
港、澳、台商投资企业	11561	9637	30740	23992	1555	3512	1943	559	162	1488
合资经营企业(港或澳、台资)	3829	3400	16279	14598	779	823	497	18	－8	414
港、澳、台商独资经营企业	7731	6237	14461	9394	775	2689	1446	541	170	1074
外商投资企业	9157	7071	9260	4690	279	4292	1549	3	－8	3435

4－17 续表 3　　单位:万元

指标	所有者权益合计	实收资本	工程结算收入	工程结算成本	工程结算税金及附加	工程结算利润	管理费用	#税金	财务费用	营业利润
二、按国民经济行业分组										
房屋和土木工程建筑业	1671775	1137750	8565512	7729764	303476	490876	245339	9366	40540	220926
房屋工程建筑	1305272	878729	6403245	5799154	232087	343352	143429	7741	24683	188095
土木工程建筑	366503	259021	2162267	1930610	71389	147524	101911	1625	15858	32831
铁路、道路、隧道和桥梁工程建筑	222361	140378	1157816	1060328	38367	57651	38092	714	12782	9040
水利和港口工程建筑	83526	74104	697130	610544	22092	62499	44516	519	3059	15118
工矿工程建筑	11783	10044	202466	181966	6869	12844	11613	232	40	1535
架线和管道工程建筑	41828	27764	65779	49790	2654	12891	6489	108	－59	6615
其他土木工程建筑	7005	6730	39076	27982	1408	1639	1201	52	37	523
建筑安装业	81757	65153	214266	179619	8362	21897	15913	1067	309	5911
建筑装饰业	40180	33499	169105	148324	7526	11750	6711	251	316	5642
其他建筑业	48316	35027	39049	28992	1582	6615	3500	189	429	2858
工程准备	9415	7860	16896	14448	753	1376	994	63	58	361
提供施工设备服务	1368	1207	2673	1937	123	484	148	4	32	304
其他未列明的建筑活动	37533	25960	19480	12607	706	4755	2358	122	339	2193
三、按企业资质等级分组										
施工总承包	1588537	1078199	8362825	7571137	296419	462149	235800	9108	39909	201992
特级	457963	318986	3212185	2942924	102022	162667	99174	1179	16620	57550
一级	640740	399886	3585493	3255700	125191	189310	92251	3994	16077	85103
二级	377967	273504	1285453	1135808	54744	84386	34775	2547	4722	45598
三级	111867	85823	279693	236705	14462	25786	9599	1388	2490	13741
专业承包	253491	193229	625108	515562	24526	68989	35663	1765	1685	33345
一级	62493	50426	293222	256239	11343	16296	11768	307	－15	4978
二级	114346	80336	233629	182530	8948	38511	14651	1078	962	23746
三级	75417	61023	94588	73478	4117	14008	8995	374	726	4757
不分等级	1235	1444	3669	3316	118	173	250	7	13	－137

4－17 续表4　　　　单位:万元

指　　标	利润总额	应交所得税	应付利润	劳动、失业保险费	住房公积金及住房补贴	本年应付工资总额	#主营业务应付工资总额	应付福利费总额	#主营业务应付福利费总额	应收工程款	#竣工工程
总　　计	**245663**	**63394**	**77834**	**28924**	**5402**	**972833**	**947708**	**104317**	**99841**	**1319523**	**549922**
#国有及国有控股企业	53755	14534	4609	18822	4441	314140	305749	26033	23469	784958	212411
一、按登记注册类型分组											
内资企业	240714	62581	73819	28798	5347	967855	943221	103913	99495	1298001	532716
国有企业	44146	12986	2711	14258	3096	270450	263689	20637	18221	661352	155628
集体企业	6487	820	2971	564	124	28329	28187	2637	2619	43834	24615
股份合作企业	5145	1672	198	36		27716	27140	3880	3800	37	37
联营企业	－9			4		183	183	26	26	102	102
其他联营企业	－9			4		183	183	26	26	102	102
有限责任公司	98173	23650	35611	7854	1489	353086	341229	42030	40846	359221	194784
国有独资公司	3003	525	391	315	166	14417	14007	1573	1515	32201	25191
其他有限责任公司	95170	23125	35219	7540	1324	338669	327222	40458	39331	327020	169593
股份有限公司	43793	12778	11830	2954	628	188620	186055	23778	23433	132592	88482
私营企业	41645	10224	19674	3126	10	97840	95254	10743	10388	96842	67392
私营独资企业	160	43	108	14		986	986	138	138	77	
私营合伙企业	2578	851	1728	88		3673	3673	514	514	4516	4516
私营有限责任公司	18385	3492	6020	681	8	54929	53558	5250	5078	57383	36128
私营股份有限公司	20521	5839	11818	2344	2	38252	37038	4841	4657	34867	26748
其他企业	1335	451	826			1631	1483	181	164	4021	1676
港、澳、台商投资企业	1513	491	990	51	15	3919	3901	315	311	15338	15338
合资经营企业(港或澳、台资)	436	133	265	47	15	2314	2314	310	310	15338	15338
港、澳、台商独资经营企业	1077	357	725	4		1605	1587	5	1		
外商投资企业	3435	322	3025	75	41	1060	586	89	35	6184	1868

4－17 续表5

单位:万元

指标	利润总额	应交所得税	应付利润	劳动、失业保险费	住房公积金及住房补贴	本年应付工资总额	#主营业务应付工资总额	应付福利费总额	#主营业务应付福利费总额	应收工程款	#竣工工程
二、按国民经济行业分组											
房屋和土木工程建筑业	230449	60197	73436	27562	5090	927876	904682	99392	95103	1213385	479949
房屋工程建筑	195841	51219	60671	13936	1992	780001	762947	81854	79912	876973	366904
土木工程建筑	34608	8978	12765	13626	3098	147875	141735	17538	15191	336412	113045
铁路、道路、隧道和桥梁工程建筑	10276	5538	5264	7201	1519	79485	75906	10333	8297	248736	75385
水利和港口工程建筑	15553	1490	1223	2379	201	47040	45141	5877	5647	36796	6495
工矿工程建筑	1412	307	558	3157	1184	11544	11475	490	476	25758	14678
架线和管道工程建筑	6681	1532	5263	518	184	7529	6986	572	512	18608	14013
其他土木工程建筑	687	111	456	371	10	2277	2227	265	258	6515	2474
建筑安装业	6025	1347	2666	477	219	19158	18086	1691	1619	41976	32662
建筑装饰业	6053	1576	1129	736	86	21470	20762	2717	2621	54919	28704
其他建筑业	3136	275	604	148	7	4329	4178	518	499	9243	8607
工程准备	687	41	300	93	7	2589	2581	328	327	7265	7185
提供施工设备服务	304	35	189	2		467	449	40	36	378	358
其他未列明的建筑活动	2146	199	115	53		1272	1148	150	136	1601	1064
三、按企业资质等级分组											
施工总承包	210683	55330	64546	25318	4756	909727	886861	97070	92882	1200397	486585
特级	63700	18786	12045	10842	1985	285099	281992	27052	26695	458012	101957
一级	87473	24451	29197	11302	2188	390251	380656	46540	43490	456961	220661
二级	45626	10091	17970	2862	516	192431	183567	19877	19325	237766	125536
三级	13884	2003	5334	312	67	41947	40647	3601	3372	47659	38432
专业承包	34979	8064	13288	3606	647	63106	60846	7248	6959	119126	63336
一级	6088	1456	1208	2396	353	28191	27781	3323	3266	75150	35694
二级	24128	5867	10561	917	189	23913	22561	2709	2544	25056	14426
三级	4881	737	1543	281	101	10375	9896	1140	1079	17790	12096
不分等级	－118	4	－23	12	3	627	609	76	70	1130	1121

5

财政、金融、保险

长沙统计年鉴

5－1 主要年份财政收支情况

单位:万元

年份	辖区内财政总收入	#财政总收入	上划中央两税	地方财政收入	一般预算收入	国土收入	所得税净上划收入	一般预算支出
1994	…	231865	91711	140154	134875	5282		152093
1995	518409	287494	98314	189180	179864	9316		216021
1996	675251	374213	119022	255191	245965	9226		273809
1997	787809	375994	119610	256384	250306	6078		280728
1998	910694	422279	119613	302666	294507	8159		329659
1999	991512	454291	130630	323661	316691	6970		362715
2000	1096493	504342	150260	354082	344491	9591		414336
2001	1239745	617997	170220	447777	421620	26157		523252
2002	1369867	754759	204719	550040	460682	35768	53590	625493
2003	1612343	1027631	234356	793275	598930	114311	80034	784168
2004	2051400	1331234	287636	1043598	806555	104542	132501	1005542
2005	2524803	1730364	336548	1393816	1080572	135778	177466	1330503
2006	2966297	2171904	401804	1770100	1328345	183528	258229	1671873
2007	5062048	3111473	486275	2625198	1745761	550501	328936	2181733

注:财政总收入＝上划中央两税＋地方财政收入;地方财政收入＝一般预算收入＋国土收入＋所得税净上划收入。

2007 年辖区内财政总收入包含湖南中烟公司税收。

5－2 主要年份财政收支增长速度

单位:%

年份	辖区内财政总收入	#市财政总收入	上划中央两税	地方财政收入	#一般预算收入	一般预算支出
1995	…	24.0	7.2	35.0	33.4	42.0
1996	30.3	30.2	21.1	34.9	36.8	26.8
1997	16.7	0.5	0.5	0.5	1.8	2.5
1998	15.6	12.3		18.1	17.7	17.4
1999	8.9	7.6	9.2	6.9	7.5	10.0
2000	10.6	11.0	15.0	9.4	8.8	14.2
2001	13.1	22.5	13.3	26.5	22.4	26.3
2002	10.5	22.1	20.3	22.8	22.0	19.5
2003	17.7	36.2	14.5	44.2	33.2	25.4
2004	27.2	29.5	22.7	31.6	34.7	28.2
2005	23.1	30.0	17.0	33.6	34.0	32.3
2006	17.5	25.5	19.4	27.0	22.9	25.7
2007	—	43.3	21.0	48.3	31.4	30.5

注:因口径变化,2006、2007 年辖区内财政总收入不具可比性。

5-3 财 政 收 入

单位:万元

指 标	2007 年	2006 年	2007 年比 2006 年增长(%)
上划中央"两税"	486275	401804	21.0
一般预算收入	1745761	1328345	31.4
增值税	140000	116619	20.0
营业税	573025	463514	23.6
企业所得税	99142	70536	40.6
企业所得税退税			
个人所得税	68783	56016	22.8
资源税	797	711	12.1
固定资产投资方向调节税			
城市维护建设税	113326	100724	12.5
房产税	43888	39615	10.8
印花税	20952	17725	18.2
城镇土地使用税	6104	5047	20.9
土地增值税	10002	2297	335.4
车船税	4590	2772	65.6
耕地占用税	24095	29281	-17.7
烟叶税	3881	3759	3.2
契税	165395	130249	27.0
国有资本经营收入	55235	62879	-12.2
国有资源(资产)有偿使用收入	30806	22589	36.4
行政性收费	258145	101561	154.2
罚没收入	43540	38173	14.1
专项收入	63525	55275	14.9
其他收入	20530	9003	128.0
基金收入	586000	221177	164.9

5-4 财 政 支 出

单位:万元

指 标	2007 年	2006 年	2007 年比 2006 年增长(%)
一般预算支出	2181733	1671873	30.5
一般公共服务支出	364129	321147	13.4
科学技术	74914	64453	16.2
交通运输	51447	29971	71.7
农林水事务	147679	106531	38.6
环境保护	25413	16237	56.5
城乡社区事务	433968	313169	38.6
文化体育与传媒	31331	22947	36.5
教育支出	313728	230629	36.0
医疗卫生支出	85072	54926	54.9
工业商业金融等事务	120599	71641	68.3
社会保障和就业	246630	199053	23.9
国防支出	6404	5884	8.8
公共安全	173654	133316	30.3
外交支出	347	0	-
其他支出	106418	101969	4.4
基金支出	572367	241928	136.6

5-5 主要年份金融统计指标

单位:亿元

年份	各项存款余额	#企业存款	#城乡居民储蓄存款	各项贷款余额	#短期贷款	#中长期贷款	金融机构现金收入	金融机构现金支出
1994	235.31	92.38	132.80	180.85	145.33	24.21	551.17	524.00
1995	306.02	118.31	176.21	240.84	176.71	31.56	744.79	702.28
1996	399.57	171.89	218.20	350.59	233.68	57.65	975.52	925.51
1997	449.56	199.83	241.43	379.24	277.16	72.28	1089.89	1026.96
1998	594.69	236.92	269.43	468.90	279.30	111.78	1458.91	1385.18
1999	723.57	318.54	346.12	588.87	382.74	159.03	1713.90	1653.39
2000	826.18	375.55	373.22	631.57	378.29	184.48	2071.52	1999.02
2001	986.84	437.35	444.10	778.28	447.47	264.61	2700.00	2628.25
2002	1232.98	511.05	544.99	1207.42	555.09	550.23	3256.52	3199.36
2003	1598.70	675.87	704.85	1629.42	680.13	859.68	3879.22	3816.46
2004	1960.23	796.00	800.89	1851.38	775.58	1016.02	4693.52	4617.28
2005	2322.32	906.64	954.42	2055.35	751.94	1209.74	5224.37	5132.34
2006	2756.80	1119.62	1093.04	2482.50	854.34	1495.71	5643.60	5545.70
2007	3267.46	1407.68	1177.17	2982.40	967.88	1904.50	6733.67	6624.72

5-6 金融机构消费贷款

单位:万元

指标	2007年	比年初±额
消费贷款总计	2900334	1007992
短期个人消费贷款	132766	22546
住房贷款	21106	20024
装修贷款	450	45
汽车贷款	9263	7686
助学贷款	462	92
其他贷款	101485	-5302
中长期个人消费贷款	2767569	985446
住房贷款	2415970	913134
装修贷款	3241	-1535
汽车贷款	106592	28132
助学贷款	46611	15651
其他贷款	195156	30064

5－7 金融机构存贷款(本外币)

单位:亿元

指 标	2007年	比年初±额	指 标	2007年	比年初±额
各项存款	3267.46	509.60	各项贷款	2982.40	469.96
一、企事业单位存款	1407.68	302.65	一、短期贷款	967.88	95.17
(1)活期存款	1086.18	239.67	二、中长期贷款	1904.50	397.22
(2)定期存款	321.50	62.98	三、其它贷款	26.10	16.15
二、储蓄存款	1177.17	84.62	四、票据融资	70.06	-37.60
(1)活期储蓄	544.81	92.66	五、各项垫款	13.86	-0.89
(2)定期储蓄	632.36	-8.04			
三、信托存款					
四、委托存款	32.90	28.83			
五、其他类存款	649.71	93.50			

5－8 金融机构存贷款(人民币)

单位:亿元

指 标	2007年	比年初±额	指 标	2007年	比年初±额
各项存款	3221.20	511.04	各项贷款	2905.35	431.13
一、企业存款	1386.88	293.24	一、短期贷款	956.49	90.86
(1)活期存款	1070.18	231.21	(1)工业贷款	219.62	-4.40
(2)定期存款	316.70	62.03	(2)商业贷款	105.64	11.78
二、财政存款	135.48	17.69	(3)建筑业贷款	53.99	2.92
三、机关团体存款	174.03	50.07	(4)农业贷款	115.25	15.77
四、储蓄存款	1153.81	92.31	(5)乡镇企业贷款	26.15	1.89
(1)活期储蓄	538.60	93.00	(6)三资企业贷款	9.83	8.33
(2)定期储蓄	615.20	-0.69	(7)私营企业及个体贷款	8.59	-0.22
五、农业存款	89.98	18.00	(8)其他短期贷款	417.41	54.80
六、信托存款			二、中长期贷款	1871.99	378.26
七、委托存款	33.32	28.89	(1)基本建设贷款	958.75	161.52
八、其他存款	247.70	10.84	(2)技术改造贷款	72.26	18.17
			(3)其他中长期贷款	841.00	198.57
			三、票据融资	70.06	-37.61
			四、各项垫款	6.80	-0.39

5-9 金融机构现金收入

单位:亿元

指　　标	2007年	比上年增减	比上年增长(%)
收入合计	6733.67	1090.07	19.3
商品销售收入	671.48	66.06	10.9
服务业收入	270.25	59.91	28.5
税款收入	56.54	22.54	66.3
城乡个体经营收入	329.27	103.73	46.0
储蓄存款收入	4515.16	728.59	19.2
其他金融机构收入	21.53	5.94	38.1
居民归还贷款收入	85.06	-33.21	-28.1
汇兑收入	22.24	10.70	92.7
有价证券收入	12.10	5.01	70.7
其他收入	750.04	120.80	19.2

5-10 金融机构现金支出

单位:亿元

指　　标	2007年	比上年增减	比上年增长(%)
支出合计	6624.72	1079.03	19.5
一、工资性支出	537.94	-0.15	0.0
二、农副产品采购支出	152.06	54.94	56.6
三、工矿及其它产品采购支出	111.20	55.04	98.0
四、行政企事业管理费支出	299.64	71.17	31.2
五、城乡个体经营支出	352.25	62.17	21.4
六、储蓄存款支出	4375.69	806.84	22.6
七、其他金融机构支出	14.28	-6.78	-32.2
八、居民提取贷款支出	94.78	-16.95	-15.2
九、汇兑支出	14.84	7.29	96.6
十、有价证券支出	13.76	4.27	45.0
十一、其他支出	658.29	41.18	6.7
回笼差额(-)	-108.95	-11.05	11.3

5-11 财产保险公司业务主要指标(2007年)

单位:万元

指 标 名 称	保费收入	赔款支出
合　计	136378.8	76078.0
1. 企业财产保险	13436.7	6282.7
2. 家庭财产保险	1941.2	2127.7
3. 机动车辆保险	91317.6	53541.7
4. 工程保险	2508.8	1394.0
5. 责任保险	3145.4	1352.9
6. 信用保险	2476.0	122.6
7. 保证保险	211.1	479.7
其中:机动车辆消费贷款保证保险	-117.5	376.1
其中:个人贷款抵押房屋保证保险	-162.4	24.1
8. 船舶保险	387.2	372.5
9. 货物运输保险	3152.4	1480.2
10. 特殊风险保险	157.2	5.7
11. 农业保险	7844.2	4654.1
12. 健康险	845.7	947.3
13. 意外伤害保险	8743.4	3245.2
14. 其他险	212.1	71.8

5-12 人身保险公司业务主要指标(2007年)

单位:万元

指标名称	保费收入	赔款支出	退保金	年金给付	满期给付	死伤医疗给付
合计	441455.7	14659.2	81932.4	7952.1	74912.0	6198.6
一、寿险小计	387459.9		80595.5	7952.1	74910.4	3346.1
(一)普通寿险	45808.2		4913.5	3803.0	13628.1	1582.3
1.定期寿险	2012.9		20.4			124.6
(1)个人业务	1157.2		20.4			105.6
(2)团体业务	855.8					19.0
2.两全寿险	17773.5		943.9	928.7	13563.2	497.9
(1)个人业务	17762.8		942.4	928.4	5583.7	496.5
(2)团体业务	10.7		1.5	0.4	7979.4	1.4
3.终身寿险	21634.2		724.6		1.0	897.3
(1)个人业务	21634.0		710.6		1.0	897.3
(2)团体业务	0.2		14.0			
4.年金保险	4387.6		3224.7	2874.3	63.9	62.6
(1)个人业务	3328.4		1034.6	1570.9	34.2	59.0
(2)团体业务	1059.1		2190.1	1303.4	29.7	3.6
(二)分红寿险	240708.8		69903.0	4068.8	61276.6	1576.5
1.定期寿险	4704.0		4573.4		92.2	6.0
(1)个人业务	582.0					6.0
(2)团体业务	4122.0		4573.4		92.2	
2.两全寿险	168554.8		46392.3	3745.5	61164.2	1116.1
(1)个人业务	168523.3		45103.8	3745.5	61164.2	1116.1
(2)团体业务	31.5		1288.5			
3.终身寿险	24833.8		370.4			381.1
(1)个人业务	24833.8		370.4			381.1
(2)团体业务						
4.年金保险	42616.2		18566.9	323.3	20.2	73.3
(1)个人业务	15627.0		369.3	12.4		29.9
(2)团体业务	26989.2		18197.5	310.9	20.2	43.4
(三)投资连结产品	29299.9		871.4	80.3		72.9
其中:年金保险	2967.1		553.2	80.3		72.9
(四)万能寿险	71643.0		4907.6		5.7	114.4
其中:年金保险	236.1		1147.7		5.2	
二、意外伤害险小计	12699.4	4932.3				
1.一年期以内业务	4027.0	1275.3				
2.一年期业务	8672.4	3657.0				
三、健康险小计	41296.4	9726.9	1337.0		1.7	2852.6
1.一年期以内及一年期业务	15324.4	9724.5	569.7			90.6
(1)个人业务	7049.3	3170.8	3.2			40.2
(2)团体业务	8275.1	6553.7	566.5			50.4
2.一年期以上业务	25972.0	2.4	767.3		1.7	2762.0
(1)个人业务	23525.6	2.4	732.3		1.7	1626.1
(2)团体业务	2446.3		35.0			1135.9

6 物价指数

长沙统计年鉴

6-1　历年物价总指数

（以上年价格为100）

年份	商品零售价格指数		居民消费价格指数		服务项目价格指数	
	全市	#市区	全市	#市区	全市	#市区
1951		105.6				
1952		97.4				
1953		107.6		109.6		105.7
1954		104.8		104.8		100.5
1955		100.9		100.2		100.2
1956		100.2		99.9		94.4
1957		103.9		104.9		96.2
1958		98.5		98.6		99.7
1959		101.0		100.8		99.3
1960		103.0		102.7		100.0
1961		128.8		123.6		100.5
1962		92.2		93.2		103.4
1963		84.9		85.8		95.0
1964		95.4		95.3		94.2
1965		97.9		97.7		95.9
1966		100.1		99.4		92.8
1967		100.9		100.7		98.1
1968		99.7		99.7		100.0
1969		100.5		100.5		100.0
1970		99.3		99.4		100.0
1971		99.8		99.9		100.0
1972		99.9		99.9		99.9
1973		100.3		99.8		94.7
1974		99.8		99.6		97.9
1975		100.1		100.1		100.0
1976		100.0		99.9		97.8
1977		100.1		99.5		94.0

6-1 续表

年份	商品零售价格指数		居民消费价格指数		服务项目价格指数	
	全市	#市区	全市	#市区	全市	#市区
1978		99.9		99.6		96.4
1979		101.3		101.3		101.7
1980		107.7		107.2		101.7
1981		101.6		101.7		102.9
1982		101.8		101.7		101.1
1983		101.4		101.8		106.9
1984		103.5		103.7		106.1
1985		112.7		112.2		107.4
1986		105.3		105.4		106.5
1987		109.8		109.6		107.7
1988		124.9		123.7		111.2
1989		115.4		115.8		120.3
1990		100.2		101.5		113.3
1991		106.5		106.9		110.3
1992		111.8		114.0		128.5
1993		118.4		119.7		127.6
1994		119.0		123.8		133.7
1995		114.0		117.1		119.2
1996		105.4		106.9		111.6
1997		100.8		103.5		112.3
1998		98.5		101.2		112.6
1999		98.4		100.2		112.6
2000		100.7		101.7		111.1
2001		98.2		98.4		103.1
2002		98.6		99.2		102.2
2003		99.2		100.9		101.1
2004		101.3		103.2		102.4
2005		100.4		101.9		102.9
2006	101.2	101.1	101.2	101.1	101.2	101.0
2007	104.5	102.3	105.9	104.9	102.0	101.9

6-2　重要年份定基物价指数

年　份	基　期	居民消费价格指数	商品零售价格指数
1952	以1950年为100		102.86
1957	以1950年为100	124.00	121.70
	以1952年为100	120.55	118.31
1965	以1950年为100	136.52	136.06
	以1952年为100	132.73	132.27
	以1957年为100	110.10	111.80
1970	以1950年为100	138.58	138.90
	以1952年为100	134.73	135.03
	以1957年为100	111.76	114.14
	以1965年为100	101.51	102.09
1978	以1950年为100	135.95	138.75
	以1952年为100	132.17	134.88
	以1957年为100	109.63	114.01
	以1965年为100	99.58	101.98
	以1970年为100	98.10	99.89
1980	以1950年为100	147.72	151.40
	以1952年为100	143.62	147.18
	以1957年为100	119.12	124.41
	以1965年为100	108.20	111.28
	以1970年为100	106.60	109.00
	以1978年为100	108.66	109.12
1990	以1950年为100	308.76	309.10
	以1952年为100	291.94	300.50
	以1957年为100	249.00	253.98
	以1965年为100	227.73	230.48
	以1970年为100	224.12	225.87
	以1978年为100	223.70	223.01
	以1980年为100	205.89	204.35
2003	以1950年为100	722.46	595.17
	以1952年为100	702.41	572.78
	以1957年为100	582.60	484.15
	以1965年为100	529.18	433.04
	以1970年为100	521.35	424.19
	以1978年为100	531.43	424.64
	以1980年为100	489.07	389.16
	以1990年为100	237.64	190.48
	以1995年为100	112.37	99.60
	以2000年为100	100.10	98.84

6－2 续表

年　份	基　期	居民消费价格指数	商品零售价格指数
2004	以 1950 年为 100	745.58	602.91
	以 1952 年为 100	724.89	580.23
	以 1957 年为 100	601.24	490.44
	以 1965 年为 100	546.11	438.67
	以 1970 年为 100	538.03	429.70
	以 1978 年为 100	548.44	430.16
	以 1980 年为 100	504.72	394.22
	以 1990 年为 100	245.24	192.96
	以 1995 年为 100	115.97	100.89
	以 2000 年为 100	103.30	100.12
2005	以 1950 年为 100	759.75	605.32
	以 1952 年为 100	738.66	582.55
	以 1957 年为 100	612.66	492.40
	以 1965 年为 100	556.49	440.42
	以 1970 年为 100	548.25	431.42
	以 1978 年为 100	558.86	431.88
	以 1980 年为 100	514.31	395.79
	以 1990 年为 100	249.90	193.73
	以 1995 年为 100	118.17	101.29
	以 2000 年为 100	105.26	100.52
2006	以 1950 年为 100	768.10	611.98
	以 1952 年为 100	746.78	588.96
	以 1957 年为 100	619.40	497.81
	以 1965 年为 100	562.61	445.26
	以 1970 年为 100	554.25	436.16
	以 1978 年为 100	565.00	436.63
	以 1980 年为 100	519.96	400.14
	以 1990 年为 100	252.65	195.86
	以 1995 年为 100	119.47	102.40
	以 2000 年为 100	109.00	101.62
2007	以 1950 年为 100	805.74	626.06
	以 1952 年为 100	783.37	602.51
	以 1957 年为 100	649.75	509.26
	以 1965 年为 100	590.18	455.50
	以 1970 年为 100	581.41	446.19
	以 1978 年为 100	592.69	446.67
	以 1980 年为 100	545.44	409.34
	以 1990 年为 100	265.03	200.36
	以 1995 年为 100	125.32	104.76
	以 2000 年为 100	114.34	103.96

6-3 商品零售价格指数(2007年)

(以上年价格为100)

项目	长沙市	#市区	项目	长沙市	#市区
商品零售价格总指数	**104.5**	**102.3**	15.其它食品	101.4	102.0
一、食品	113.6	110.7	二、饮料、烟酒	102.9	101.0
1.粮食	108.8	108.4	三、服装、鞋帽	99.5	101.7
2.淀粉	100.9	100.0	四、纺织品	101.0	101.3
3.干豆类及豆制品	109.0	105.3	五、家用电器及音像器材	99.3	99.4
4.油脂	132.0	128.9	六、文化办公用品	98.2	96.3
5.肉禽及其制品	131.4	127.3	七、日用品	101.0	100.6
6.蛋	117.4	113.6	八、体育娱乐用品	100.9	101.5
7.水产品	109.8	107.8	九、交通、通信用品	94.4	94.0
8.菜	110.6	102.4	十、家具	101.2	100.0
9.调味品	100.7	100.3	十一、化妆品	100.0	99.3
10.糖	98.9	100.9	十二、金银珠宝	107.9	106.6
11.干鲜瓜果	101.4	104.3	十三、中西药品及医疗保健用品	103.3	103.1
12.糕点饼干面包	103.2	103.3	十四、书报杂志及电子出版物	99.9	100.6
13.液体乳及乳制品	102.7	105.3	十五、燃料	103.6	103.1
14.在外用膳食品	106.5	104.9	十六、建筑材料及五金电料	103.6	101.4

说明:2005年湖南省对居民消费价格指数、商品零售价格指数实行下算一级的制度,长沙市的居民消费价格指数和商品零售价格指数是根据全省农村居民消费价格指数和我市城市居民消费价格指数、按照一定权数计算而进行反馈的。

本表数据为省反馈数据。

6-4 居民消费价格指数(2007年)

(以上年价格为100)

项目	长沙市	#市区	项目	长沙市	#市区
居民消费价格总指数	**105.9**	**104.9**			
一、食品	113.7	111.3	3. 鞋袜帽	103.8	107.3
1. 粮食	109.1	108.6	4. 衣着加工服务费	106.9	111.8
2. 淀粉	101.2	100.0	四、家庭设备用品及维修服务	102.8	101.7
3. 干豆类及豆制品	109.6	105.8	1. 耐用消费品	101.3	100.3
4. 油脂	129.9	129.1	2. 室内装饰品	99.7	97.6
5. 肉禽及其制品	132.1	128.2	3. 床上用品	99.9	101.3
6. 蛋	117.6	113.6	4. 家庭日用杂品	105.4	104.9
7. 水产品	108.6	107.8	5. 家庭服务及加工维修服务	105.2	101.3
8. 菜	110.2	102.2	五、医疗保健和个人用品	102.9	102.8
9. 调味品	100.7	100.3	1. 医疗保健	102.9	103.2
10. 糖	99.6	102.2	2. 个人用品及服务	102.8	101.6
11. 茶及饮料	99.7	98.9	六、交通和通信	100.6	100.0
12. 干鲜瓜果	100.7	104.4	1. 交通	102.2	101.3
13. 糕点饼干	102.8	103.2	2. 通信	98.1	99.1
14. 液体乳及乳制品	102.6	105.0	七、娱乐教育文化用品及服务	100.7	101.2
15. 在外用膳食品	106.2	104.9	1. 文娱用耐用消费品及服务	96.5	94.9
16. 其他食品	101.4	102.0	2. 教育	101.9	103.0
二、烟酒及用品	103.3	102.0	3. 文化娱乐类	101.2	101.5
1. 烟草	105.3	104.2	4. 旅游	99.2	98.4
2. 酒	99.5	97.7	八、居住	104.8	104.3
3. 吸烟、饮酒用品	99.9	99.8	1. 建房及装修材料	103.4	100.3
三、衣着	99.9	101.9	2. 租房	100.8	101.5
1. 服装	98.1	99.8	3. 自有住房	103.4	103.1
2. 衣着材料	102.0	98.0	4. 水、电、燃料	105.6	106.7

说明:2005年湖南省对居民消费价格指数、商品零售价格指数实行下算一级的制度,长沙市的居民消费价格指数和商品零售价格指数是根据全省农村居民消费价格指数和我市城市居民消费价格指数、按照一定权数计算而进行反馈的。

本表中以上年价格为100的长沙市数据为省反馈数据。

6-5 城市居民消费价格定基指数(2007年)

(以2000年价格为100)

项目	以2000年价格为100	项目	以2000年价格为100
居民消费价格总指数	**113.2**		
一、食品	130.4	3. 鞋袜帽	78.2
1. 粮食	132.9	4. 衣着加工服务	110.1
2. 淀粉	95.3	四、家庭设备用品及维修服务	101.4
3. 干豆类及豆制品	164.0	1. 耐用消费品	92.9
4. 油脂	159.9	2. 室内装饰	106.9
5. 肉禽及其制品	165.6	3. 床上用品	92.5
6. 蛋	160.8	4. 家庭日用杂品	119.0
7. 水产品	108.6	5. 家庭服务及加工维修服务	118.5
8. 菜	136.9	五、医疗保健和个人用品	108.3
9. 调味品	125.1	1. 医疗保健	113.4
10. 糖	107.6	2. 个人用品及服务	96.4
11. 茶及饮料	100.6	六、交通和通信	84.2
12. 干鲜瓜果	107.4	1. 交通	103.1
13. 糕点饼干	106.1	2. 通信	72.5
14. 奶及奶制品	124.8	七、娱乐教育文化用品及服务	113.8
15. 在外用膳食品	97.3	1. 文娱用耐用消费品及服务	74.2
16. 其他食品	-	2. 教育	125.3
二、烟酒及用品	99.3	3. 文化娱乐用品	132.4
1. 烟草	103.1	4. 旅游及外出	79.2
2. 酒	92.1	八、居住	135.9
3. 吸烟饮酒用品	99.4	1. 建房及装修材料	127.5
三、衣着	86.9	2. 租房	105.1
1. 服装	88.7	3. 自有住房	108.9
2. 衣着材料	109.1	4. 水、电、燃料	153.4

6－6 城市商品零售价格定基指数(2007年)

(以2002年价格为100)

项　目	以2002年价格为100	项　目	以2002年价格为100
商品零售价格总指数	**104.9**		
一、食品	130.5	15. 其它食品	108.3
1. 粮食	141.3	二、饮料、烟酒	101.9
2. 淀粉	95.6	三、服装、鞋帽	92.3
3. 干豆类及豆制品	158.8	四、纺织品	100.3
4. 油脂	176.8	五、家用电器及音像器材	86.6
5. 肉禽及其制品	159.0	六、文化办公用品	86.9
6. 蛋	138.3	七、日用品	102.5
7. 水产品	121.0	八、体育娱乐用品	92.3
8. 菜	136.5	九、交通、通信用品	65.6
#鲜菜	138.6	十、家具	95.8
9. 调味品	113.4	十一、化妆品	97.6
10. 糖	103.4	十二、金银珠宝	189.5
11. 干鲜瓜果	105.8	十三、中西药品及医疗保健用品	93.8
12. 糕点饼干面包	109.2	十四、书报杂志及电子出版物	102.9
13. 奶及奶制品	122.1	十五、燃料	191.2
14. 在外用膳食品	99.5	十六、建筑材料及五金电料	120.0

6-7 居民消费价格指数(分月)(2007年)

(以上年同月为100)

项目	一月	二月	三月	四月	五月	六月	七月	八月	九月	十月	十一月	十二月
居民消费价格总指数	**104.5**	**105.3**	**106.3**	**105.9**	**106.0**	**106.7**	**107.5**	**107.1**	**106.0**	**105.0**	**105.3**	**105.4**
一、食品	108.5	109.8	111.7	111.1	111.7	114.7	118.8	119.3	116.2	113.6	114.4	114.2
1. 粮食	108.9	110.1	110.0	109.7	109.7	110.3	109.9	108.8	108.9	107.5	108.7	107.3
2. 淀粉	103.6	104.5	101.0	101.6	103.3	102.2	101.8	101.4	100.3	99.2	99.1	96.3
3. 干豆类及豆制品	107.4	111.5	109.3	109.6	109.8	109.7	109.6	110.0	108.9	107.0	109.5	113.3
4. 油脂	122.3	123.8	121.6	121.4	125.9	133.5	135.2	137.9	134.3	132.7	135.3	134.1
5. 肉禽及其制品	118.9	122.1	121.9	122.4	128.8	137.4	149.4	148.4	138.8	130.8	133.5	133.5
6. 蛋	111.2	114.7	118.7	120.8	126.5	131.3	130.3	123.6	115.5	111.2	109.4	104.8
7. 水产品	101.8	105.0	107.9	108.1	109.4	113.4	112.7	114.2	108.9	107.5	106.9	107.7
8. 菜	99.5	98.3	114.0	118.5	110.7	111.8	121.9	119.7	111.8	107.9	110.3	102.0
9. 调味品	100.1	100.4	100.4	100.3	100.0	99.7	101.0	101.3	101.0	101.7	101.6	101.1
10. 糖	103.7	100.5	98.1	98.0	98.1	99.3	99.9	99.3	100.1	99.9	99.2	99.8
11. 茶及饮料	100.1	100.1	99.4	99.9	99.8	99.9	99.1	98.8	99.6	99.9	99.7	99.6
12. 干鲜瓜果	110.0	113.6	113.3	103.5	97.3	93.1	91.2	96.7	99.8	99.4	98.2	94.5
13. 糕点饼干	105.9	103.3	104.4	104.5	103.5	101.5	102.1	101.6	101.3	101.5	101.8	102.7
14. 液体乳及乳制品	102.2	102.5	102.5	102.5	103.2	103.7	102.6	102.1	102.0	102.0	101.8	103.9
15. 在外用膳食品	102.5	102.6	106.1	106.5	105.9	106.8	108.0	108.5	108.2	107.5	106.1	106.5
16. 其它食品	99.0	99.3	99.9	100.4	100.6	100.5	102.0	102.1	102.3	103.0	103.4	104.2
二、烟酒及用品	103.8	104.8	105.1	104.6	103.7	103.6	103.2	102.9	102.9	102.8	101.7	100.2
三、衣着	104.9	105.4	105.0	104.1	103.0	102.4	101.7	96.8	95.2	94.2	93.4	93.7
四、家庭设备用品及维修服务	104.4	104.2	104.1	103.8	103.4	103.7	103.4	102.3	102.2	101.2	100.5	100.5
五、医疗保健和个人用品	101.1	101.4	101.4	101.5	102.6	103.4	103.7	103.8	104.2	104.3	103.9	103.7
1. 医疗保健	99.7	100.2	100.0	100.8	102.9	103.9	104.1	104.3	104.9	104.8	104.6	104.4
2. 个人用品及服务	103.9	103.9	104.1	102.9	102.0	102.2	102.8	102.5	102.4	102.7	102.1	101.8
六、交通和通信	100.3	100.2	102.5	102.1	102.0	101.2	100.7	99.6	100.0	99.4	99.7	99.3
七、娱乐教育文化用品服务	100.2	101.2	101.8	101.8	101.5	101.3	100.7	100.3	100.2	99.7	100.2	100.1
八、居住	104.8	105.4	106.3	105.9	105.8	106.3	105.9	104.2	103.3	102.1	103.0	105.0

说明:本表数据为省反馈数据,包括县(市)、区数据。

6-8 城市居民消费价格指数(分月)(2007年)

(以上年同月为100)

项目	一月	二月	三月	四月	五月	六月	七月	八月	九月	十月	十一月	十二月
居民消费价格总指数	**103.9**	**105.0**	**106.6**	**105.9**	**105.1**	**105.9**	**106.8**	**105.5**	**104.2**	**103.1**	**103.6**	**103.9**
一、食品	106.7	108.4	111.8	110.7	109.8	112.6	116.6	115.6	112.3	109.6	111.0	111.3
1.粮食	106.8	107.1	107.9	108.5	108.0	109.2	109.2	108.6	108.8	108.3	110.7	110.4
2.淀粉	100.0	100.0	100.0	100.0	100.0	100.0	100.0	100.0	100.0	100.0	100.0	100.0
3.干豆类及豆制品	103.8	105.3	104.2	105.2	105.4	105.3	104.1	104.4	105.3	103.8	108.0	114.4
4.油脂	127.1	127.5	124.7	123.6	127.1	133.4	135.7	134.4	131.4	128.3	130.1	126.2
5.肉禽及其制品	117.3	121.7	122.1	123.4	127.9	133.8	146.5	143.6	130.8	122.1	124.9	127.1
6.蛋	107.4	111.1	112.9	114.2	121.9	124.1	121.8	117.4	112.2	110.5	109.1	104.3
7.水产品	104.0	107.7	107.5	106.8	109.0	111.8	110.5	111.3	109.2	107.5	104.7	103.5
8.菜	101.9	97.0	111.3	114.2	103.7	104.8	109.8	104.1	97.0	94.0	97.8	93.7
9.调味品	98.8	99.4	99.4	99.1	99.0	98.9	101.7	101.3	101.1	102.3	101.9	100.9
10.糖	104.6	105.1	100.6	101.0	101.2	102.7	102.9	101.4	102.6	102.4	101.5	100.5
11.茶及饮料	99.5	99.5	98.1	99.1	99.1	99.2	98.3	97.7	99.2	99.8	98.9	98.8
12.干鲜瓜果	109.0	118.6	122.6	105.3	95.3	96.5	96.8	99.5	105.0	103.4	103.5	98.9
13.糕点饼干	107.7	103.1	106.2	106.6	104.7	100.8	102.0	101.7	101.0	101.4	101.4	101.6
14.液体乳及乳制品	103.5	104.4	104.4	104.6	105.8	107.0	105.6	104.4	104.2	104.3	104.1	108.1
15.在外用膳食品	98.2	98.4	104.9	105.8	104.7	106.5	107.1	107.1	106.7	106.2	106.0	107.9
16.其它食品	98.4	99.0	100.3	100.8	101.1	101.0	103.2	102.4	102.7	104.0	104.8	106.1
二、烟酒及用品	102.9	104.4	104.7	104.3	102.6	102.3	101.7	100.5	100.5	100.4	99.5	99.8
三、衣着	107.0	108.8	108.1	106.2	104.0	103.2	102.2	99.3	97.1	96.6	95.6	95.7
四、家庭设备用品及维修服务	103.2	103.7	103.5	103.1	101.8	102.1	102.3	100.7	100.4	99.9	99.8	100.1
五、医疗保健和个人用品	101.6	102.1	101.7	101.5	101.8	102.5	103.1	103.1	103.6	104.5	104.0	104.1
1.医疗保健	101.1	101.7	101.4	101.4	102.2	103.0	103.6	103.8	104.5	105.5	105.1	105.2
2.个人用品及服务	103.0	103.2	102.8	102.0	100.9	100.9	101.6	101.1	100.8	101.4	100.9	100.8
六、交通和通信	101.6	100.4	102.1	101.5	101.4	100.4	100.1	98.4	98.8	98.4	98.4	97.9
七、娱乐教育文化用品及服务	99.5	102.0	103.4	103.2	102.6	102.2	101.2	100.6	100.2	99.3	100.3	100.1
八、居住	104.2	104.7	106.1	106.0	105.3	105.9	105.5	102.7	101.9	101.7	102.8	104.5

6－9 商品零售价格指数(分月)(2007年)

(以上年同月为100)

项　　目	一月	二月	三月	四月	五月	六月	七月	八月	九月	十月	十一月	十二月
商品零售价格总指数	**103.9**	**104.3**	**104.9**	**104.4**	**104.5**	**105.1**	**106.1**	**105.3**	**104.3**	**103.2**	**103.7**	**103.9**
一、食品	108.6	110.1	112.6	112.0	111.9	114.7	118.9	119.1	115.8	113.0	113.9	112.9
1. 粮食	108.5	109.5	109.5	109.2	109.1	110.0	109.5	108.6	108.6	107.2	108.4	107.1
2. 淀粉	102.8	102.9	100.3	101.1	103.3	102.2	102.0	101.8	100.2	99.0	98.5	96.5
3. 干豆类及豆制品	106.9	110.7	108.6	109.0	109.2	109.2	109.3	109.7	108.4	106.4	108.6	112.2
4. 油脂	124.1	126.0	123.4	122.9	127.8	135.7	137.1	140.2	136.0	134.9	137.7	136.4
5. 肉禽及其制品	118.3	121.9	121.8	122.4	128.7	136.8	148.5	146.9	137.6	129.9	132.2	132.0
6. 蛋	111.2	114.7	118.6	120.5	126.4	131.1	130.4	123.7	115.3	110.7	108.8	104.4
7. 水产品	105.5	108.1	110.6	110.6	110.7	113.7	113.0	114.1	109.4	107.3	107.5	106.9
8. 菜	99.6	98.3	114.0	119.0	110.7	112.3	123.3	121.2	112.1	108.1	110.4	102.2
9. 调味品	100.0	100.3	100.3	100.2	99.9	99.7	101.1	101.3	101.0	101.7	101.6	101.1
10. 糖	103.2	100.1	97.0	97.0	97.2	98.4	98.9	98.5	99.4	99.2	98.6	99.2
11. 干鲜瓜果	110.6	114.6	114.4	104.2	98.1	93.8	92.2	97.6	100.9	100.0	98.3	94.2
12. 糕点饼干面包	106.2	104.0	104.8	104.9	103.8	102.0	102.5	101.9	101.6	101.8	102.0	102.8
13. 液体乳及乳制品	102.4	102.7	102.7	102.6	103.2	103.8	102.8	102.2	102.1	102.2	102.0	103.7
14. 在外用膳食品	102.9	103.0	106.3	106.7	106.2	107.1	108.2	108.7	108.4	107.8	106.4	106.9
15. 其它食品	99.0	99.3	100.0	100.4	100.6	100.5	101.9	102.1	102.3	103.0	103.4	104.1
二、饮料、烟酒	103.6	104.3	104.4	104.1	103.3	103.2	102.8	102.5	102.7	102.6	101.5	100.0
三、服装、鞋帽	104.4	105.1	104.6	103.6	102.5	101.9	101.3	96.5	94.7	93.8	93.1	93.5
四、纺织品	102.3	102.3	102.0	101.5	102.1	103.0	102.8	102.2	100.6	97.9	97.7	97.8
五、家用电器及音像器材	100.3	100.3	100.2	100.2	100.0	100.3	100.0	98.2	98.1	98.1	98.2	98.1
六、文化办公用品	100.9	100.6	101.1	99.7	99.8	98.5	97.7	96.0	96.3	96.2	96.2	95.9
七、日用品	101.0	100.8	100.9	100.8	100.9	101.2	101.5	101.4	101.4	100.9	100.3	100.4
八、体育娱乐用品	101.6	101.8	101.3	101.3	101.1	100.8	100.6	100.7	100.5	100.5	100.4	100.6
九、交通、通信用品	94.3	94.0	94.5	94.9	95.3	95.1	94.7	92.6	94.6	94.3	94.4	94.6
十、家具	101.7	101.5	102.3	102.1	101.1	101.4	101.5	99.8	100.5	101.6	101.1	99.8
十一、化妆品	101.1	100.7	100.4	100.4	100.4	100.2	99.6	99.6	99.6	99.6	99.5	99.3
十二、金银珠宝	117.2	114.7	112.6	108.9	100.7	102.8	104.4	103.5	105.1	108.6	108.6	110.0
十三、中西药品及医疗保健用品	99.1	99.7	99.8	100.7	103.2	104.7	104.9	105.3	106.1	105.9	105.7	105.3
十四、书报杂志及电子出版物	101.5	99.7	100.0	100.0	100.1	99.9	99.3	99.5	99.9	99.6	99.7	99.7
十五、燃料	106.5	106.5	105.1	103.5	103.7	100.9	100.2	100.2	99.6	99.6	105.9	111.6
十六、建筑材料及五金电料	104.7	104.9	105.4	104.0	104.2	104.3	103.8	103.3	102.9	101.0	101.5	103.8

说明：本表数据为省反馈数据，包括县(市)、区数据。

6－10 城市商品零售价格指数（分月）（2007年）

（以上年同月为100）

项　　目	一月	二月	三月	四月	五月	六月	七月	八月	九月	十月	十一月	十二月
商品零售价格总指数	**102.7**	**103.1**	**104.0**	**103.0**	**102.4**	**102.6**	**103.2**	**101.9**	**101.1**	**100.5**	**101.1**	**101.6**
一、食品	106.8	108.7	112.4	110.9	109.0	111.7	115.3	114.4	111.2	108.5	109.8	109.5
1. 粮食	106.4	106.8	107.6	108.1	107.7	108.9	108.9	108.4	108.5	108.1	110.5	110.5
2. 淀粉	100.0	100.0	100.0	100.0	100.0	100.0	100.0	100.0	100.0	100.0	100.0	100.0
3. 干豆类及豆制品	103.2	104.8	103.5	104.8	105.0	104.9	104.1	104.4	105.0	103.3	107.1	113.0
4. 油脂	127.2	127.4	124.3	123.1	126.6	133.1	135.0	134.0	131.4	129.2	130.4	126.1
5. 肉禽及其制品	116.7	121.1	121.4	122.7	127.1	132.7	144.7	142.1	129.7	121.4	124.0	125.9
6. 蛋	107.4	111.0	112.8	114.2	121.9	124.1	121.8	117.3	112.1	110.5	109.1	104.2
7. 水产品	105.0	109.4	109.3	109.0	109.7	111.4	109.9	110.8	108.6	105.9	103.3	101.9
8. 菜	101.7	97.0	111.4	114.6	103.8	105.0	109.9	104.3	97.2	94.1	97.8	93.7
#鲜菜	100.1	95.3	111.3	115.2	103.1	104.1	109.1	103.0	94.9	91.7	95.6	91.6
9. 调味品	98.8	99.4	99.4	99.1	99.0	98.9	101.7	101.4	101.1	102.4	102.0	100.9
10. 糖	103.8	104.4	98.7	99.5	99.7	101.3	101.2	100.2	101.4	101.3	100.5	99.2
11. 干鲜瓜果	109.3	119.7	124.4	105.5	94.5	95.7	95.8	98.9	105.1	103.3	102.6	97.7
12. 糕点饼干面包	107.8	104.0	106.4	106.8	104.5	101.3	102.2	102.0	101.1	101.4	101.4	101.6
13. 液体乳及乳制品	104.1	105.0	104.9	104.9	106.1	107.3	105.9	104.7	104.5	104.5	104.3	107.7
14. 在外用膳食品	98.4	98.6	104.8	105.8	104.7	106.5	107.1	107.2	106.8	106.3	106.0	107.9
15. 其它食品	98.4	99.0	100.3	100.8	101.1	101.0	103.2	102.4	102.7	104.0	104.8	106.1
二、饮料、烟酒	102.1	103.1	103.1	102.9	101.5	101.2	100.7	99.7	100.0	99.9	99.1	99.4
三、服装、鞋帽	106.6	108.7	107.8	105.8	103.6	102.7	102.0	99.2	97.0	96.6	95.6	95.8
四、纺织品	105.4	104.1	103.6	103.0	102.4	103.8	104.2	104.0	100.7	95.3	94.9	95.1
五、家用电器及音像器材	101.0	101.1	100.9	100.6	100.2	100.2	100.1	97.7	97.6	97.7	97.8	97.8
六、文化办公用品	100.9	100.0	101.1	98.3	98.4	96.3	94.7	92.9	93.4	93.3	93.3	93.4
七、日用品	100.6	100.4	100.6	100.3	100.5	100.6	101.0	100.7	100.7	100.8	100.3	100.4
八、体育娱乐用品	102.6	103.1	102.0	102.0	101.6	101.0	100.9	101.1	100.9	100.9	100.6	100.9
九、交通、通信用品	93.9	93.1	94.1	94.6	94.9	95.1	95.3	92.8	93.4	93.2	93.5	93.9
十、家具	99.7	99.7	101.2	101.2	99.3	99.9	100.4	97.0	98.7	101.0	101.5	100.0
十一、化妆品	100.1	100.1	99.6	99.6	99.6	99.7	98.8	98.8	98.8	98.8	98.9	98.5
十二、金银珠宝	116.8	112.0	111.1	108.3	99.2	100.2	103.5	102.2	104.8	108.6	107.7	107.8
十三、中西药品及医疗保健用品	100.4	100.9	101.0	100.9	101.8	102.8	103.7	104.0	104.7	106.0	105.7	105.7
十四、书报杂志及电子出版物	101.8	100.8	101.5	101.5	101.5	101.3	100.0	100.2	100.2	99.6	99.6	99.6
十五、燃料	106.9	107.0	105.4	103.0	103.1	100.7	100.1	99.8	98.6	97.9	104.7	110.6
十六、建筑材料及五金电料	102.7	102.7	102.6	102.1	102.5	102.4	101.9	99.7	99.9	100.3	100.2	100.5

6－11 主要商品零售平均价格(2007年)

单位:元

项目	规格等级	单位	年平均价	年末价
面粉	富强粉	千克	3.14	3.20
大米	标一晚籼米	千克	2.73	2.85
菜籽油	精菜油散装	千克	10.14	11.87
猪肉	去骨统肉	千克	19.84	23.99
白糖	白砂糖一级	千克	5.55	4.99
饼干	混合饼干散装	千克	14.53	14.53
甲级卷烟	硬盒白沙牌烟	盒	5.15	5.17
果酒	天津王朝干红红葡萄酒瓶装	瓶	35.70	36.80
皮鞋	江苏产森达40码男鞋	双	466.92	450.00
内衣	三枪牌男式全棉套装	套	99.91	108.00
白市布	90cm	米	27.80	27.80
涤棉布	90cm45S×45S白细布	米	8.50	8.50
纯毛华达呢	绅士麻	米	54.50	54.90
空调	KFR－33GW/JFD格力空调	台	2633.50	2633.50
微波炉	K6格兰仕微波炉	台	663.50	663.50
自行车	上海永久QZ331自行车	辆	358.75	350.00
洗衣机	小天鹅50－2688G	台	1802.58	1760.00
彩色电视机	P34FG218型康佳彩电	台	4322.33	4075.00
电冰箱	BCD－242BBF海尔冰箱	台	4291.50	4225.00
肥皂	雕牌138克肥皂	条	3.33	3.36
洗衣粉	汰渍350克广州产	袋	2.43	2.43
牙膏	中华120克	支	7.43	7.43
金饰品	24K金项链	克	227.17	243.00
液化石油气	民用(14.5公斤/瓶装)	千克	6.08	7.66
水泥	坪塘二厂产普通水泥	袋	16.00	16.00

6-12 原材料、燃料、动力购进价格指数(2007年)

(以上年价格为100)

项　　目	2007年	项　　目	2007年
总指数	**106.07**		
1.燃料、动力类	103.02	5.木材及纸浆类	103.92
2.黑色金属材料类	105.92	6.建筑材料类及非金属矿类	106.00
#钢材	104.98	7.其他工业原材料及半成品类	103.11
其它	107.68	8.农副产品类	106.58
3.有色金属材料和电线类	116.85	9.纺织原料类	104.14
4.化工原料类	108.13		

6-13 工业品出厂价格指数(2007年)

(以上年价格为100)

项　　目	2007年	项　　目	2007年
总指数	**106.06**		
一、按轻重工业分		耐用消费品	102.71
1.轻工业	103.23	三、按工业行业分	
以农产品为原料	103.57	1.冶金工业	115.56
以非农产品为原料	102.68	2.电力工业	104.12
2.重工业	107.83	3.煤炭及炼焦工业	107.01
采掘工业	106.19	4.石油工业	104.06
原料工业	110.19	5.化学工业	104.10
加工工业	105.59	6.机械工业	101.06
二、按两大部类分		7.建筑材料工业	105.32
1.生产资料	106.60	8.森林工业	103.30
采　掘	106.01	9.食品工业	104.57
原　料	110.31	10.纺织工业	100.14
加　工	104.25	11.缝纫工业	102.64
2.生活资料	103.86	12.皮革工业	107.25
食　品	104.51	13.造纸工业	100.71
衣　着	102.81	14.文教艺术用品工业	99.06
一般日用品	101.29	15.其它工业	101.96

6－14　房地产价格指数(2007年)

项　　目	以上年同期为100	项　　目	以上年同期为100
一、土地出让价格指数	122.1	(3)其它住宅	107.9
(一)居民住宅用地	119.2	2. 非住宅	110.1
1. 高档住宅用地	119.2	三、房屋租赁总计	102.5
2. 普通住宅用地	120.1	(一)住宅	103.5
3. 经济适用房用地	102.7	1. 普通住宅	103.3
(二)工业用地仓储	120.8	2. 高档住宅	104.2
(三)商业、旅游、娱乐	134.5	(1)别墅	105.9
(四)其他用地	113.9	(2)高档公寓	103.5
二、房地产销售价格指数	108.4	3. 经济适用房	
(一)商品房	108.7	4. 廉租房	100.0
1. 住宅	109.6	(二)办公楼	103.5
(1)经济适用房	103.5	1. 写字楼	99.6
(2)普通住宅	111.7	2. 普通办公用房	106.1
①多层住宅	110.1	(三)商业、娱乐用房	101.5
②高层住宅	112.1	(四)厂房仓库房	103.2
③其它		1. 工业厂房	101.0
(3)高档住宅	108.2	2. 仓库	103.6
①别　墅	106.6	(五)其它	
②高档公寓	109.3	四、物业管理总计	100.1
2. 非住宅	106.2	(一)住宅	100.0
(1)办公楼	109.9	1. 普通住宅	100.0
①写字楼	109.9	2. 高档住宅	100.0
②普通办公用房	107.3	3. 经济适用房	100.0
(2)商业用房	105.9	(二)办公楼	99.1
(3)工业仓储用房		1. 写字楼	98.1
(4)其它	104.4	2. 普通办公用房	99.2
(二)二手房	107.4	(三)商业、娱乐用房	101.6
1. 住宅	107.4	(四)厂房仓库房	100.0
(1)高档住宅	106.6	1. 工业厂房	100.0
(2)多层住宅	107.6	2. 仓库	100.0

7 人民生活

长沙统计年鉴

7－1 历年城市居民调查户基本情况

年份	调查户数（户）	平均每户家庭人口（人）	平均每一就业者负担人数（人）	月人均家庭总收入（元）	#可支配收入（元）	月人均消费性支出（元）	人均住房使用面积（m^2）
1980	100	3.70	1.68	44.26	43.47	39.41	7.67
1981	100	3.75	1.61	45.74	44.94	42.32	8.31
1982	100	3.75	1.60	47.05	46.25	41.68	8.93
1983	100	3.72	1.65	50.01	48.39	44.59	9.33
1984	100	3.70	1.67	55.92	55.01	47.63	10.10
1985	150	3.49	1.77	70.65	69.54	65.16	11.18
1986	150	3.44	1.82	81.99	80.87	74.59	11.85
1987	150	3.39	1.80	92.87	91.80	82.69	11.95
1988	200	3.46	1.76	118.89	117.80	114.72	11.51
1989	200	3.38	1.76	138.69	136.59	119.71	11.69
1990	200	3.30	1.71	148.74	147.51	124.64	12.07
1991	200	3.28	1.73	165.49	164.21	139.95	12.90
1992	200	3.20	1.76	208.10	206.80	162.79	13.53
1993	200	3.13	1.70	271.81	270.52	216.23	13.33
1994	200	3.39	1.60	341.58	339.08	291.85	13.22
1995	200	3.36	1.69	408.98	405.02	344.25	13.11
1996	200	3.31	1.65	470.22	440.74	391.40	13.93
1997	200	3.13	1.62	522.52	490.01	455.75	15.89
1998	200	3.07	1.57	558.43	522.84	465.38	16.66
1999	200	3.07	1.66	610.72	573.56	530.36	17.22
2000	200	3.07	1.64	670.92	627.48	587.55	18.23
2001	400	3.04	1.69	732.98	683.95	617.51	17.88
2002	400	2.99	1.85	802.87	751.72	654.52	17.82
2003	400	3.06	1.92	888.15	827.71	694.20	18.17
2004	400	3.05	1.85	993.93	918.38	752.63	18.80
2005	400	2.85	2.09	1114.26	1036.16	804.99	21.26
2006	400	2.81	2.06	1167.56	1160.34	889.98	21.40
2007	400	2.82	1.97	1472.43	1346.10	1023.99	21.64

注：从2002年起，由于报表制度的变动，人均可支配收入应剔除出售财物收入、从1996年开始工资中扣除的各项社会保障支出，以及从1997年起的自有房房租折算收入。因此，本年鉴按新制度重新整理的（1980—2002年）各年的可支配收入额与原来相应年度出版的年鉴数据不一致，均以本年鉴数据为准。

7-2 历年城市居民调查户消费性支出情况

单位:元

年份	全年人平消费性支出	食品支出	衣着支出	用品支出	燃料支出	非商品支出
1980	472.92	251.76	66.84	105.00	7.44	41.88
1981	507.90	286.69	66.61	106.92	7.68	40.00
1982	500.11	297.21	63.35	91.25	8.85	39.45
1983	535.13	316.86	73.00	96.07	8.77	40.43
1984	571.59	333.77	75.30	106.06	9.25	47.21
1985	781.95	424.80	112.76	173.87	11.29	59.23
1986	895.08	489.45	124.47	197.63	11.96	71.57
1987	992.32	561.30	129.40	204.93	11.41	85.28
1988	1376.64	672.13	173.07	402.32	12.25	116.87
1989	1436.52	788.83	184.73	307.20	17.79	137.97
1990	1495.68	823.29	202.33	287.72	22.06	160.28
1991	1679.40	879.93	227.33	357.18	24.01	190.95

年份	全年人平消费性支出	食品支出	衣着支出	家庭设备用品及服务支出	医疗保健支出	交通与通讯支出	教育、文化娱乐、服务支出	居住支出	杂项商品与服务支出
1992	1953.48	1003.40	279.11	192.23	41.82	54.19	209.56	96.17	77.00
1993	2594.76	1231.77	385.36	350.65	63.85	92.51	216.72	154.00	99.90
1994	3502.20	1631.27	480.54	349.40	79.85	244.79	414.00	191.03	111.32
1995	4131.00	2031.19	513.42	372.25	123.91	257.41	439.72	262.95	130.15
1996	4696.80	2232.78	544.73	421.61	177.78	259.58	554.83	326.48	179.01
1997	5469.01	2408.21	645.88	394.89	186.45	432.40	856.45	356.62	188.11
1998	5584.51	2373.27	623.44	328.60	203.83	381.40	878.38	569.29	226.30
1999	6364.34	2454.35	765.00	575.22	228.58	482.08	943.56	661.06	254.49
2000	7050.55	2454.14	682.88	777.38	265.72	581.84	1057.01	964.47	267.11
2001	7410.13	2511.51	714.80	623.10	393.60	727.55	1289.36	852.51	297.70
2002	7854.24	2535.96	777.00	565.80	489.96	795.24	1402.80	1035.84	251.64
2003	8330.40	2629.44	778.08	558.24	607.92	1115.40	1574.88	792.00	274.44
2004	9031.60	3017.27	850.22	484.81	662.11	1195.27	1606.43	924.38	291.11
2005	9659.85	3229.71	969.53	613.96	788.21	1209.39	1685.70	851.56	311.78
2006	10679.74	3481.27	1055.52	669.78	867.24	1398.33	1794.97	1089.36	323.27
2007	12287.83	4286.48	1249.64	732.62	973.67	1925.14	1739.61	1074.84	305.83

注:从2002年起由于报表制度的变动,人均消费性支出不包括在外就学子女费用和1997年开始的自有房房租折算支出,以及各类社会保障支出。旅游消费也从杂项商品与服务支出中按相关指标相应地调整到娱乐文教、食品、交通与通讯支出项目中。因此,本年鉴按新制度重新整理的(1988-2002年)各年的消费支出与分类支出额与原来相应年度出版的年鉴数据不一致,均以本年鉴数据为准。

7-3 历年城市居民家庭全年人平主要食品、衣着及日用品消费量

指　标	单位	1980 年	1981 年	1982 年	1983 年	1984 年	1985 年	1986 年	1987 年	1988 年	1989 年	1990 年	1991 年	1992 年
粮食	公斤	146.8	143.1	144.0	144.3	142.4	139.5	138.8	135.1	137.1	137.2	134.1	119.2	114.1
油脂类	公斤	5.4	4.7	5.2	5.7	5.9	5.4	5.4	7.3	8.1	5.3	7.8	7.5	9.0
鲜菜	公斤	168.0	151.9	160.0	161.8	162.0	182.4	153.6	156.5	149.6	137.3	134.9	138.7	127.2
猪肉	公斤	22.6	27.2	26.3	28.0	26.7	29.0	28.6	29.8	28.4	24.0	24.2	23.6	20.1
家禽	公斤	1.0	1.0	1.2	1.6	1.6	2.3	2.8	1.7	2.3	2.6	2.2	3.3	3.5
鲜蛋	公斤	4.3	4.6	4.9	4.3	5.8	6.1	6.0	4.9	5.3	6.0	5.6	6.5	7.2
鱼	公斤	9.0	7.5	6.7	8.3	8.2	9.3	11.6	10.4	9.5	9.4	9.1	8.4	8.0
酒	公斤	3.2	3.0	3.1	4.0	4.1	5.4	6.4	5.8	5.3	4.1	3.9	3.7	3.2
糕点	公斤	4.3	4.5	4.6	4.6	4.4	4.4	4.3	4.0	3.8	3.5	3.6	3.6	3.2
鲜瓜果	公斤										32.3	31.8	36.9	35.2
碳酸饮料	公斤													0.8
茶叶	公斤										0.1	0.3	0.3	0.3
鲜乳品	公斤										0.8	0.6	1.5	1.9
奶粉	公斤													0.5
鞋类	双/人										2.5	2.8	3.1	3.0
男式服装	件/人													2.4
女式服装	件/人													2.9
煤炭	公斤/人	194.0	193.5	211.5	210.0	212.5	235.0	194.1	182.7	173.6	172.7	159.2	261.9	110.6
液化石油汽	公斤/人	4.2	4.9	5.9	6.7	8.4	10.9	12.3	15.3	17.1	19.3	22.2	22.2	24.7
管道煤气	立方米/人													
水	吨/人													28.6
电	度/人													115.1

7-3 续表

指　标	单位	1993 年	1994 年	1995 年	1996 年	1997 年	1998 年	1999 年	2000 年	2001 年	2002 年	2003 年	2004 年	2005 年	2006 年	2007 年
粮 食	公斤	108.4	107.7	106.8	105.5	101.8	101.4	93.7	95.9	96.6	93.0	93.7	92.5	95.6	91.5	
#大米	公斤														47.3	50.1
#面粉	公斤														2.1	2.6
油脂类	公斤	7.6	7.8	7.7	8.1	10.3	10.0	9.1	9.8	9.9	10.8	11.0	15.1	13.6	12.7	
食用植物油	公斤														11.5	14.0
鲜菜	公斤	126.3	116.3	115.5	130.2	112.5	113.4	110.1	115.4	120.7	129.1	132.5	126.0	121.7	124.2	129.0
猪肉	公斤	19.7	18.1	19.2	19.2	18.5	18.8	17.0	17.9	17.1	21.2	21.0	23.4	24.8	26.1	24.5
家禽	公斤	4.1	5.8	6.0	7.3	9.0	9.5	10.2	10.6	11.3	9.9	7.7	6.7	7.6	7.8	8.0
鲜蛋	公斤	7.5	7.4	7.8	7.2	7.6	7.2	6.7	7.3	7.0	6.4	7.1	6.6	7.2	7.3	7.7
鱼	公斤	8.1	7.6	8.1	8.1	8.1	7.9	8.7	9.1	9.0	8.6	9.4	9.0	9.9	9.3	10.9
酒	公斤	3.7	4.8	5.3	4.3	3.8	4.4	4.3	4.8	4.4	4.1	3.9	4.4	5.6	6.3	6.1
糕点	公斤	3.4	4.1	3.7	3.9	4.1	3.8	3.9	3.9	3.5	3.5	3.6	3	3.9	3.6	3.8
鲜瓜果	公斤	29.6	32.7	36.0	34.8	42.7	50.3	51.6	55.5	59.3	57.6	59.9	56.9	51.0	60.3	62.3
碳酸饮料	公斤	0.8	0.7	0.7	0.7	0.7	0.7	1.0	1.4	1.1	1.8	1.4	1.2	0.9	1.0	0.8
茶叶	公斤	0.3	0.3	0.2	0.2	0.2	0.2	0.2	0.2	0.3	0.3	0.3	0.2	0.4	0.4	0.5
鲜乳品	公斤	0.9	0.3	0.1	0.3	1.0	1.7	2.0	3.4	4.5	7.8	12.4	13.5	10.5	9.7	8.3
奶粉	公斤	0.5	0.5	0.5	0.5	0.7	0.8	1.0	1.0	1.2	1.2	1.0	0.9	1.4	1.3	0.8
鞋类	双/人	3.0	2.9	3.0	3.0	3.0	2.9	3.1	2.9	2.9	3.1	3.0	2.6	3.1	3.2	3.1
服装	件/人	5.4	5.5	5.5	6.0	7.2	6.5	7.9	7.1	7.6	7.8	6.8	6.9	6.5	6.4	6.9
煤炭	公斤/人	67.1	69.6	37.4	31.3	31.0	25.6	20.6	20.3	32.9	34.0	42.1	33.5	38.4	18.1	11.0
液化石油汽	公斤/人	25.4	26.1	29.7	36.5	34.9	33.6	34.4	35.4	39.5	40.3	38.8	36.4	40.0	28.5	26.5
管道煤气	立方米/人		0.3	1.3	4.0	6.5	13.5	14.2	15.3	23.6	22.8	17.5	24.1	35.5	32.4	33.3
水	吨/人	24.2	29.1	26.8	36.5	41.6	42.5	41.3	43.5	54.1	49.8	49.1	58.2	54.7	59.7	54.9
电	度/人	124.9	149.7	169.2	173.0	172.8	239.3	266.4	307.3	372.2	419.0	571.7	495.3	626.9	717.9	711.4

7-4　历年年末城市居民家庭平均每百户耐用消费品拥有量

指　标	单位	1980 年	1981 年	1982 年	1983 年	1984 年	1985 年	1986 年	1987 年	1988 年	1989 年	1990 年	1991 年	1992 年	1993 年
摩托车	辆				2	2	2	2	1	1	1	1		1	1
助力车	辆														
家用汽车	辆														
洗衣机	台		1	7	18	32	56	65	73	83	86	90	89	91	97
电冰箱	台				1	1	5	9	17	45	61	68	80	85	86
彩色电视机	台				2	5	13	21	29	61	64	68	78	89	91
家用电脑	台														
组合音响	套										2	2	5	7	9
摄像机	架														
照相机	架	3	2	3	1	2	11	15	17	23	25	27	31	28	30
钢　琴	架													0.5	0.5
中高档乐器	件						5	6	13	8	9	9	7	10	13
微波炉	台														
空调器	台										1		1	2	10
淋浴热水器	台													22	22
消毒碗柜	台														
健身器材	套														
固定电话	部													6(1)	7(1)
移动电话	部														

注:以上固定电话数据中,1992 年至 1998 年包含公费电话,其中括号中的数为剔除公费电话后的纯私费电话数。

7-4 续表

指　标	单位	1994 年	1995 年	1996 年	1997 年	1998 年	1999 年	2000 年	2001 年	2002 年	2003 年	2004 年	2005 年	2006 年	2007 年
摩托车	辆	2	3	7	10	14	16	12	16	14	18	18	19	19	13.5
助力车	辆									2	3	9	8	8	7.8
家用汽车	辆								0.5	0.8	0.8	1.0	4.0	6.0	8.8
洗衣机	台	97	103	105	98	101	102	102	102	101	102	102	101	101	101
电冰箱	台	87	87	88	91	97	100	93	96	96	97	94	94	97	99.5
彩色电视机	台	90	93	95	103	113	123	130	132	132	134	142	135	136	132.8
家用电脑	台				6	9	14	22	27	32	38	36	49	57	62.3
组合音响	套	11	13	15	17	28	36	37	40	41	41	45	41	40	40.5
摄像机	架				1	1	1			2	2	1	6	8	10.8
照相机	架	39	42	35	38	44	51	46	49	55	55	59	59	59	54.3
钢　琴	架	0.5	0.5	1	2	2	2		2	4	4	5	3	2	1.8
中高档乐器	件	11	10	11	11	13	17	14	13	12	9	8	12	12	9.8
微波炉	台				3	8	23	40	46	58	60	71	64	65	70.3
空调器	台	13	18	26	38	45	63	71	79	95	106	114	124	132	136.3
淋浴热水器	台	36	44	45	52	63	72	74	81	82	82	88	90	91	89.8
消毒碗柜	台									18	21	24	26	27	27
健身器材	套				4	6	11	11	9	4	4	5	9	9	5.8
固定电话	部	22(13)	29(18)	45(33)	64(58)	72(71)	83(82)	85	93	99	98	98	93	93	93.5
移动电话	部				2	3	10	26	49	84	109	141	149	159	167

注：以上固定电话数据中，1992 年至 1998 年包含公费电话，其中括号中的数为剔除公费电话后的纯私费电话数。

7－5 城市居民调查户基本情况(2007年)

指标	合计	按人平月可支配收入比例分组				
		最低收入户	低收入户	中等收入户	高收入户	最高收入户
一、调查户数	400	40	40	240	40	40
二、家庭人口数	1128	120	115	694	104	95
平均每户(人/户)	2.82	2.98	2.88	2.90	2.60	2.40
三、有收入者人数	864	72	82	539	87	84
(一)就业人口数	572.0	44.8	53.2	359.0	58.0	58.0
平均每户(人/户)	1.43	1.12	1.33	1.50	1.45	1.45
1.国有经济单位职工人数	240	4	11	158	29	38
2.城镇集体经济单位职工人数	40	0.8	4	34	2	2
3.其它各种经济类型单位职工人数	90	8	8	55	12	7
4.个体经营者人数	41	8	5	22	3	3
5.个体被雇者人数	49	10	8	24	5	2
6.离退休再就业者人数	8		3	2	2	1
7.其他就业者人数	102	14	13	65	5	5
(二)离退休者人数	262	11	26	172	29	24
(三)其他有收入者人数	32	16	4	9	1	2
四、无收入者人数	264	47	32	157	16	12
五、户均非家庭人口在家用餐人次数	4.49	3.44	3.25	5.54	2.33	2.68
六、户均家庭人口在外用餐人次数	15.32	16.22	6.88	14.18	16.83	28.20
七、平均每一就业者负担人数	1.97	2.70	2.16	1.93	1.79	1.66
八、人平可支配收入(元)	16153.19	5477.96	8542.22	15076.45	25445.63	36420.86

7－6 年末城市居民调查户主要消费品拥有量(2007年)

指　　标	单位	合　计	按人平月可支配收入比例分组				
			最　低 收入户	低 收入户	中　等 收入户	高 收入户	最　高 收入户
摩托车	辆	55	4	8	38	3	2
助力车	辆	31	2	3	21		5
家用汽车	辆	35			17	8	10
洗衣机	台	404	39	41	242	41	41
电冰箱	台	398	37	35	243	43	40
彩色电视机	台	531	42	47	326	55	61
家用电脑	台	249	8	8	164	33	36
组合音响	套	162	6	14	98	23	21
摄像机	架	43		1	24	9	9
照相机	架	217	5	18	131	27	36
钢　琴	架	7		1	2	2	2
其它中高档乐器	件	39		2	20	4	13
微波炉	台	281	16	22	172	36	35
空调器	台	545	14	42	326	68	95
淋浴热水器	台	359	22	28	228	40	41
消毒碗柜	台	108	1	5	64	22	16
健身器材	套	23		1	13	4	5
固定电话	部	374	36	36	223	38	41
移动电话	部	668	31	44	436	81	76

7－14 年末城市居民家庭居住情况(2007年)

指　　标	单　位	合　计	比重(%)
总　　计	**户**	**400**	**100**
一、按人均可支配收入分组房屋建筑面积			
1. 最低收入户	平方米	19.88	10
2. 低收入户	平方米	21.72	10
3. 中等收入户	平方米	28.5	60
4. 高收入户	平方米	35.93	10
5. 最高收入户	平方米	43.6	10
二、按房屋产权分		400	100
1. 租赁公房	户	23	5.75
2. 租赁私房	户	14	3.5
3. 原有私房	户	24	6
4. 房改私房	户	254	63.5
5. 商品房	户	82	20.5
6. 其他	户	3	0.75
三、按住宅建筑式样分		400	100
1. 单栋配套楼房	户	8	2
2. 单元式配套住宅	户	357	89.25
(1)一居室	户	19	4.75
(2)二居室	户	173	43.25
(3)三居室	户	147	36.75
(4)四居室及以上	户	18	4.5
3. 普通楼房	户	22	5.5
4. 普通平房及其他	户	13	3.25
四、按饮水情况分		400	100
1. 自来水	户	368	92
2. 矿泉水	户	13	3.25
3. 纯净水	户	18	4.5
4. 井、河水及其他	户	1	0.25

7－7 城市居民家庭人平现金收支情况(2007年)

单位:元

指 标	合 计	按人平月可支配收入比例分组				
		最 低 收入户	低 收入户	中 等 收入户	高 收入户	最 高 收入户
一、家庭总收入	17669.14	6092.49	9221.59	16571.41	27037.54	40132.29
二、出售财物收入	4.73	5.73	0.29	2.39	27.03	1.52
1.出售住房收入						
2.出售其他物品收入	4.73	5.73	0.29	2.39	27.03	1.52
三、借贷收入	4621.93	5343.25	1223.30	3520.46	3559.42	16770.65
1.提取储蓄存款	3826.59	2248.10	1208.79	3064.02	3559.42	14675.41
2.借入款	238.94	1775.53	14.51	73.31		
3.收回借出款	15.70	14.38		23.11		
4.收回储蓄性保险金	1.06			1.72		
5.兑售有价证券						
6.收回投资本金						
7.住房贷款	480.76	1305.23		262.15		2095.24
8.汽车贷款						
9. 教育贷款	3.18			5.17		
10.其他贷款						
11.其它借贷收入	55.69			90.98		
四、家庭总支出	17417.59	10761.63	8786.52	16076.24	20206.90	42679.46
五、借贷支出	3583.58	321.39	870.91	2676.65	7126.64	13631.42
1.存入储蓄款	3035.69	231.68	689.23	2340.47	6004.43	11165.75
2.借出款	22.74	0.16		2.45	48.08	196.72
3.归还借款	51.36	42.42	3.52	7.22	168.27	310.61
4.储蓄性保险支出	90.23	3.10	55.85	82.40	156.85	225.66
5.购买有价证券	79.58			7.25	144.23	724.76
6.其他投资支出	14.44			14.11	57.69	5.59
7.归还住房贷款	287.32	44.03	122.31	220.73	547.10	990.69
8.归还汽车贷款	1.24			2.02		
9.归还教育贷款						
10.归还其他贷款	0.45					5.26
11.其它借贷支出	0.54					6.37

7-8 城市居民家庭人平现金收入情况(2007年)

单位:元

指标	合计	按人平月可支配收入比例分组				
		最低收入户	低收入户	中等收入户	高收入户	最高收入户
家庭总收入	17669.14	6092.49	9221.59	16571.41	27037.54	40132.29
#可支配收入	16153.32	5477.96	8542.22	15076.45	25445.63	36420.86
(一)工薪收入	11250.57	3292.94	4905.08	10717.88	17874.26	25530.37
1.工资及补贴收入	10911.21	2577.56	4680.03	10475.48	17700.66	24657.80
2.其他劳动收入	339.36	715.38	225.05	242.39	173.60	872.57
(二)经营净收入	905.02	617.29	643.12	873.44	996.15	1709.27
(三)财产性收入	483.39	67.87	209.89	276.21	679.23	2612.20
1.利息收入	51.37	1.80	13.41	27.90	127.31	246.05
2.股息与红利收入	125.35		29.89	19.57		1292.15
3.保险收益	4.47			7.31		
4.其他投资收入	8.57			10.39		25.88
5.出租房屋收入	282.34	64.85	166.59	193.70	551.92	1042.11
6.知识产权收入	0.25					2.90
7.其他财产性收入	11.04	1.22		17.35		3.11
(四)转移性收入	4615.57	2022.68	3281.06	4276.61	7409.05	8912.51
1.养老金或离退休金	3701.43	683.72	2619.39	3434.13	6719.80	7481.77
2.社会救济收入	84.04	666.68	55.21	10.19		
3.辞退金						
4.赔偿收入	0.22			0.36		
5.保险收入	23.65	12.99	87.69	12.24		69.16
#失业保险金	20.38	12.99	87.69	8.36		58.81
6.赡养收入	76.69	31.00	79.41	92.30	54.81	42.97
7.捐赠收入	505.02	396.79	255.30	508.95	423.03	997.07
8.提取住房公积金	15.03			11.80	20.58	68.96
9.记帐补贴	163.55	163.73	155.52	157.73	172.12	205.42
10.其它转移性收入	45.94	67.77	28.55	48.90	18.72	47.17

7-9 城市居民家庭人平现金支出情况(2007年)

单位:元

指标	合计	按人平月可支配收入比例分组				
		最低收入户	低收入户	中等收入户	高收入户	最高收入户
家庭总支出	17417.59	10761.63	8786.52	16076.24	20206.90	42679.46
一、消费性支出	12287.83	5888.16	7122.07	11728.06	15309.11	27276.70
# 服务性消费支出	3661.23	2041.53	2054.34	3427.49	4520.00	8367.07
二、购房与建房支出	1852.87	3811.65		1359.22	634.58	6407.77
1. 购房	1770.67	3811.65		1359.22		6128.22
2. 建房	82.21				634.58	279.55
三、转移性支出	1989.75	610.99	1139.67	1693.66	3009.83	5772.42
1. 交纳的所得税	69.54	1.13	0.40	46.02	183.68	284.09
2. 捐赠支出	1501.17	415.43	915.37	1296.14	2367.70	4111.14
3. 购买彩票	4.74	2.07	1.83	2.18	7.65	26.80
4. 赡养支出	247.80	173.32	201.01	185.11	303.47	788.25
# 在外就学子女费用	115.90	136.28	175.96	60.80	24.04	514.37
5. 各种非储蓄性保险支出	76.00	5.21	2.68	68.09	41.91	345.84
#车辆保险支出	16.59			9.81		123.93
6. 其它转移性支出	90.51	13.84	18.38	96.12	105.42	216.30
四、财产性支出	4.41	1.14	1.32	4.09	17.26	0.64
1. 非生产性利息支出						
2. 其它	4.41	1.14	1.32	4.09	17.26	0.64
五、社会保障支出	868.14	357.97	341.03	863.93	1157.27	1853.98
1. 个人交纳的养老基金	340.70	271.14	180.48	353.38	302.15	567.71
2. 个人交纳的住房公积金	351.50	26.26	41.02	330.78	684.24	919.96
3. 个人交纳的医疗基金	134.92	57.08	94.07	138.44	123.18	269.02
4. 个人交纳的失业基金	25.95	3.48	22.21	20.61	43.34	78.59
5. 其它社会保障支出	15.07		3.25	20.73	4.35	18.70

7－10 城市居民家庭人平消费支出情况(2007 年)

单位:元

指标	合计	按人平月可支配收入比例分组				
		最低收入户	低收入户	中等收入户	高收入户	最高收入户
全年人平消费性支出	12287.83	5888.16	7122.07	11728.06	15309.11	27276.70
#服务性消费支出	3661.23	2041.53	2054.34	3427.49	4520.00	8367.07
旅游花费	402.00	60.24	117.74	356.63	855.07	1010.76
一、食品	4286.48	2494.34	3043.98	4354.01	5271.82	6481.91
二、衣着	1249.64	343.23	547.52	1255.74	1747.60	2647.76
三、家庭设备用品及服务	732.57	239.58	375.70	778.04	874.26	1299.69
#耐用消费品支出	269.22	83.75	94.57	285.35	420.64	432.02
四、医疗保健	973.67	490.36	556.35	926.68	1526.84	1822.18
五、交通与通讯	1925.14	575.78	835.60	1357.52	2020.77	8899.16
#通信支出	698.06	333.56	386.59	697.93	1018.75	1184.57
六、教育文化娱乐及服务	1739.61	1009.72	737.27	1666.95	1890.33	4209.26
#文化娱乐服务支出	521.39	48.95	164.84	499.94	672.56	1533.87
#教育支出	831.13	921.83	514.03	766.59	869.85	1511.86
七、居住	1074.89	632.91	839.63	1105.60	1407.58	1335.37
八、杂项商品及服务	305.83	102.24	186.03	283.52	569.92	581.37

7－11 城市居民家庭人平主要食品及水电燃料消费量(2007年)

指　　标	单位	合　计	按人平月可支配收入比例分组				
			最　低收入户	低收入户	中　等收入户	高收入户	最　高收入户
大米	公斤	50.09	51.03	55.36	50.51	44.93	45.18
面粉	公斤	2.64	1.26	2.12	2.71	3.74	3.30
食用植物油	公斤	14.02	11.08	16.11	14.62	12.29	12.88
猪肉	公斤	24.51	20.30	22.54	25.57	24.56	24.54
牛肉	公斤	3.03	1.77	2.61	3.21	2.98	3.96
羊肉	公斤	0.68	0.56	0.44	0.64	0.90	1.11
鸡	公斤	4.65	3.20	3.32	4.80	5.31	6.28
鸭	公斤	2.37	1.54	1.70	2.42	3.71	2.45
鲜蛋	公斤	7.66	6.07	7.55	7.71	8.38	8.64
鱼	公斤	10.88	7.37	9.54	11.03	14.09	12.42
鲜菜	公斤	128.96	99.50	109.84	133.42	135.33	150.04
白酒	公斤	1.41	1.21	0.51	1.65	0.95	1.58
果酒	公斤	0.21	0.05	0.07	0.24	0.36	0.27
啤酒	公斤	3.99	1.09	2.88	4.31	4.93	5.68
碳酸饮料	公斤	0.75	0.40	0.53	0.81	1.02	0.71
瓶装饮用水	公斤	3.27	0.13	0.27	3.24	3.07	11.23
茶叶	公斤	0.52	0.31	0.88	0.49	0.41	0.65
鲜果	公斤	45.45	27.28	37.78	47.10	50.67	60.09
鲜瓜	公斤	16.82	8.74	14.59	17.41	22.22	19.63
糕点	公斤	3.83	2.11	2.94	3.67	5.36	6.49
鲜乳品	公斤	8.29	3.30	3.18	9.03	9.85	13.62
奶粉	公斤	0.82	0.60	1.16	0.75	1.18	0.80
酸奶	公斤	3.92	1.14	2.01	4.08	6.67	5.56
水	吨	54.87	32.47	52.00	56.02	60.14	72.82
电	度	711.43	377.34	486.15	718.42	942.85	1102.86
煤炭	公斤	11.00	29.30	34.40	7.11		
液化石油汽	公斤	26.46	30.79	36.53	25.51	21.83	21.01
管道煤气	立方米	33.31	5.29	12.07	35.90	68.05	37.96

7－13 城市居民家庭人平主要设备用品及水电燃料消费额(2007 年)

单位:元

指标	合计	按人平月可支配收入比例分组				
		最低收入户	低收入户	中等收入户	高收入户	最高收入户
摩托车	6.79	8.97		5.20	28.65	
助力车	26.38	25.29	22.68	27.04	35.38	17.39
洗衣机	26.79			29.34	20.17	81.36
电冰箱	31.99	7.34	19.52	39.96	22.88	30.54
彩色电视机	41.57			50.34		125.59
家用电脑	122.93	5.20	5.84	130.44	80.48	402.54
组合音响	14.30		1.74	22.49		4.14
摄像机	16.85			22.68		34.17
照相机	26.41			13.77	109.03	92.85
微波炉	3.90		2.64	5.74	1.23	
空调器	56.42	18.76	33.85	56.11	153.65	28.35
淋浴热水器	19.89	8.81		22.32	21.15	38.52
固定电话机	5.33	16.48	1.77	4.80	4.10	0.52
移动电话	87.79	32.45	8.79	94.82	142.66	141.16
水	96.87	58.29	92.55	98.72	104.51	129.48
电	426.93	225.54	295.42	431.96	561.16	657.56
煤炭	5.43	14.19	16.83	3.59		
液化石油气	156.83	183.85	217.86	151.78	129.23	116.81
管道煤气	79.79	12.75	28.56	86.08	162.77	90.81

7－14 年末城市居民家庭居住情况(2007年)

指　　标	单　位	合　计	比重(%)
总　　计	**户**	**400**	**100**
一、按人均可支配收入分组房屋建筑面积			
1. 最低收入户	平方米	19.88	10
2. 低收入户	平方米	21.72	10
3. 中等收入户	平方米	28.5	60
4. 高收入户	平方米	35.93	10
5. 最高收入户	平方米	43.6	10
二、按房屋产权分		400	100
1. 租赁公房	户	23	5.75
2. 租赁私房	户	14	3.5
3. 原有私房	户	24	6
4. 房改私房	户	254	63.5
5. 商品房	户	82	20.5
6. 其他	户	3	0.75
三、按住宅建筑式样分		400	100
1. 单栋配套楼房	户	8	2
2. 单元式配套住宅	户	357	89.25
(1)一居室	户	19	4.75
(2)二居室	户	173	43.25
(3)三居室	户	147	36.75
(4)四居室及以上	户	18	4.5
3. 普通楼房	户	22	5.5
4. 普通平房及其他	户	13	3.25
四、按饮水情况分		400	100
1. 自来水	户	368	92
2. 矿泉水	户	13	3.25
3. 纯净水	户	18	4.5
4. 井、河水及其他	户	1	0.25

7－14 续表

指　　标	单　位	合　计	比重(%)
五、按生活用水情况分		400	100
1. 独用自来水	户	397	99.25
2. 公用自来水	户	2	0.5
3. 井、河水及其他	户	1	0.25
六、按卫生设备拥有情况分		400	100
1. 无卫生设备	户	10	2.5
2. 有厕所浴室	户	348	87
3. 有厕所无浴室	户	37	9.25
4. 公用卫生设备	户	5	1.25
七、按取暖设备拥有情况分		400	100
1. 无取暖设备	户	92	23
2. 空调设备	户	263	65.75
3. 暖气	户	6	1.5
4. 其他	户	39	9.75
八、按炊用燃料使用情况分		400	100
1. 管道煤气	户	122	30.5
2. 液化石油气	户	270	67.5
3. 煤	户	8	2
4. 其他	户		
九、按通信设备使用情况分		400	100
1. 无电话	户	4	1
2. 有电话	户	396	99
(1)固定电话	部	374	93.5
(2)移动电话	部	668	167
十、信息化调查(每百户)		400	—
1. 接入互联网的移动电话	部	5.75	—
2. 接入有线电视网络的电视机	台	120.25	—
3. 接入互联网的计算机	台	44	—
十一、除了现住房,还有几处其他住房	套	76	100
1. 出租房	套	40	52.63
2. 偶尔居住房	套	16	21.05
3. 其它用途房	套	20	26.32

7－15　城市居民分区家庭人平现金收入情况(2007年)

单位:元

指　　标	合　计	芙蓉区	天心区	岳麓区	开福区	雨花区
家庭总收入	17669.14	18810.96	16228.82	17978.58	17078.61	18156.50
#可支配收入	16153.19	17185.72	14543.21	16053.45	15937.69	16899.21
(一)工薪收入	11250.44	13116.95	9792.35	12085.59	9682.04	11522.07
1.工资及补贴收入	10911.08	12623.75	9336.95	11666.45	9562.81	11294.48
2.其他劳动收入	339.36	493.20	455.40	419.15	119.23	227.59
(二)经营净收入	905.02	658.07	945.79	894.03	1076.74	948.45
(三)财产性收入	483.39	639.28	290.29	1062.28	91.24	370.00
1.利息收入	51.37	65.34	74.20	17.00	32.84	63.94
2.股息与红利收入	125.35	48.93	77.42	436.19	25.42	62.04
3.保险收益	4.47	14.63			7.26	0.67
4.其他投资收入	8.57		22.70		11.35	8.64
5.出租房屋收入	282.34	507.71	115.90	609.08	14.39	186.91
6.知识产权收入	0.25	1.25				
7.其他财产性收入	11.04	1.42				47.80
(四)转移性收入	4615.57	4320.46	4305.17	3203.45	5877.85	5226.24
1.养老金或离退休金	3701.43	3560.97	3295.03	2388.90	4964.19	4175.10
2.社会救济收入	84.04	77.89	60.84	72.51	139.66	70.95
3.辞退金						
4.赔偿收入	0.22					0.98
5.保险收入	23.65	15.61	45.84		28.87	26.78
#失业保险金	20.38	11.16	45.84		28.87	16.17
6.赡养收入	76.69	66.94	56.79	55.70	87.59	110.47
7.捐赠收入	505.02	322.33	623.58	462.58	499.94	603.99
8.提取住房公积金	15.03	45.99				26.15
9.记帐补贴	163.55	184.80	163.54	166.83	153.90	150.39
10.其它转移性收入	45.94	45.93	59.77	56.93	3.69	61.44

7－16 城市居民分区家庭人平现金支出情况(2007年)

单位:元

指　　标	合　计	芙蓉区	天心区	岳麓区	开福区	雨花区
家庭总支出	17417.59	21792.39	13992.46	20700.33	13954.14	16774.50
一、消费性支出	12287.83	14924.76	10718.44	12354.94	11632.63	11824.05
#服务性消费支出	3661.23	4653.41	3100.41	3418.71	2909.13	4121.26
二、购房与建房支出	1852.87	3301.31		4233.20		1794.83
1.购房	1770.67	3301.31		3813.08		1779.13
2.建房	82.21			420.12		15.71
三、转移性支出	1989.75	2176.97	1783.29	2485.99	1383.15	2114.52
1.交纳的税赋	69.54	58.96	34.75	133.25	48.89	73.76
2.捐赠支出	1501.17	1712.51	1387.53	1670.37	984.54	1718.81
3.购买彩票	4.74	0.54	4.28	5.81	1.82	10.47
4.赡养支出	247.80	181.45	154.18	482.62	206.68	227.36
#在外就学子女费用	115.90	78.84	74.03	298.30	104.11	43.19
5.各种非储蓄性保险支出	76.00	136.40	25.90	74.69	108.52	38.81
#车辆保险支出	16.59	39.90	12.34	14.16		16.06
6.其它转移性支出	90.51	87.11	176.64	119.25	32.72	45.32
四、财产性支出	4.41	7.87	3.42	1.14	0.22	8.54
1.非生产性利息支出						
2.其它	4.41	7.87	3.42	1.14	0.22	8.54
五、社会保障支出	868.14	1305.28	592.10	891.83	587.40	943.41
1.个人交纳的养老基金	340.70	543.62	250.44	288.43	227.72	380.62
2.个人交纳的住房公积金	351.50	539.70	189.96	420.80	194.65	402.68
3.个人交纳的医疗基金	134.92	158.41	118.73	133.65	127.64	135.50
4.个人交纳的失业基金	25.95	23.41	32.14	48.47	13.79	14.62
5.其它社会保障支出	15.07	40.14	0.82	0.47	23.60	9.99

7－17　城市居民分区家庭人平消费支出情况(2007年)

单位:元

指　　标	合　计	芙蓉区	天心区	岳麓区	开福区	雨花区
全年人平消费支出	12287.83	14924.76	10718.44	12354.94	11632.63	11824.05
一、食品	4286.48	4673.92	4124.71	4269.64	4258.67	4121.96
二、衣着	1249.64	1335.07	1121.08	1273.32	1689.98	884.38
三、家庭设备用品及服务	732.62	715.45	715.77	588.08	726.27	888.02
四、医疗保健	973.67	1147.48	538.49	667.53	962.58	1459.70
五、交通与通讯	1925.14	3885.28	1176.70	2065.92	1303.26	1260.90
六、教育文化娱乐及服务	1739.61	1608.97	1693.93	1775.95	1493.39	2015.35
七、居住	1074.84	1112.65	1087.40	1290.25	1001.46	914.93
八、杂项商品及服务	305.83	375.93	260.35	424.25	197.02	278.81

7-18 城市住户基本情况大样本调查资料(一)(2007年)

指　　标	单　位	数　值
入户访问成功率	%	89.37
建筑类型为单栋住宅的比例	%	5.26
建筑类型为单元房的比例	%	84.86
建筑类型为普通楼房的比例	%	5.26
建筑类型为平房及其他的比例	%	4.62
主要燃料为电的比例	%	1.83
主要燃料为管道天然气的比例	%	29.02
主要燃料为液化石油气的比例	%	64.04
主要燃料为煤的比例	%	4.51
主要燃料为其他的比例	%	0.60
住房产权为租赁公房的比例	%	6.98
住房产权为租赁私房的比例	%	8.91
住房产权为原有私房的比例	%	9.29
住房产权为房改私房的比例	%	47.71
住房产权为商品房的比例	%	21.52
住房产权为经济适用房的比例	%	4.96
住房产权为其他的比例	%	0.63
除本处外还有1套住房的比例	%	19.84
除本处外还有2套住房的比例	%	1.38
除本处外还有3套住房的比例	%	0.82
2007年上半年人均收入	元/人	8515.70
2007年上半年人均工资性收入	元/人	4582.58
2007年上半年人均经营性收入	元/人	1637.00
2007年上半年人均财产性收入	元/人	702.60
2007年上半年人均转移性收入	元/人	1593.51
低保户所占比例	%	3.32
2007年上半年人均支出	元/人	5969.32
拥有汽车数	辆/户	0.10
家庭汽车数量大于等于2的户数	户	9
总调查成功户家庭常住人口数	人	2.89
总调查成功户数	户	2681

7-19 城市住户基本情况大样本调查资料(二)(2007年)

指　　标	单　位	数　值
6月份人均收入	元/人	1247.17
就业人数	人/户	1.32
①国有经济单位职工人数	人/户	0.50
②城镇集体经济单位职工人数	人/户	0.06
③其它经济类型单位职工人数	人/户	0.11
④城镇个体或私营企业主人数	人/户	0.23
⑤城镇个体或私营企业被雇人数	人/户	0.21

7－19 续表

指　　标	单位	数　值
⑥离退休再就业人数	人/户	0.02
⑦其它就业人数	人/户	0.19
离退休人数	人/户	0.57
失业人员数	人/户	0.17
在校学生人数	人/户	0.40
家务劳动者人数	人/户	0.12
本市(县)非农业户口户数	户	2281
本市(县)农业户口户数	户	184
外地非农业户口户数	户	127
外地农业户口户数	户	89
大学及以上文化程度人数	人/户	0.85
小学及以下文化程度人数	人/户	0.56
各行业占总就业人数比例	%	
农林牧渔业	%	0.99
采矿业	%	0.56
制造业	%	10.87
电力燃气及水的生产和供应业	%	1.44
建筑业	%	5.69
交通运输、仓储和邮政业	%	5.94
信息传输、计算机服务和软件业	%	3.72
批发和零售业	%	14.47
住宿和餐饮业	%	5.38
金融业	%	2.48
房地产业	%	1.38
租赁和商业服务业	%	4.17
科学研究、技术服务和地质勘查业	%	2.93
水利、环境和公共设施管理业	%	1.55
居民服务和其他服务业	%	17.29
教育	%	7.85
卫生、社会保障和社会福利业	%	2.96
文化、体育和娱乐业	%	2.73
公共管理和社会组织	%	7.63
各职业占总就业人数比例	%	
单位或部门负责人	%	11.40
专业技术人员	%	20.33
办事人员或有关人员	%	22.18
商业、服务业人员	%	24.89
农、林、牧、渔、水利生产人员	%	0.68
生产、运输设备操作人员及有关人员	%	7.26
军人	%	0.34
不便分类的其他从业人员	%	12.92
享受各社会保险项目人数所占比例	%	
基本养老保险	%	50.66
医疗保险	%	55.98
失业保险	%	13.25
生育保险	%	6.40
工伤保险	%	8.11
其他社会保险	%	6.24
住房公积金	%	13.29
以上皆无	%	37.57
男性比例	%	49.30
女性比例	%	50.70

7-20 2000—2007年农村居民家庭调查户基本情况

项目	单位	2000年	2002年	2003年	2004年	2005年	2006年	2007年
一、调查户数	户	560	560	770	770	1000	1000	1000
常住人口	人	2249	2232	2999	2993	3901	3887	3896
年末人均住房面积	平方米	44.13	44.43	48.43	48.95	49.42	53.42	57.07
二、全年人均总收入	元	4558.39	4969.95	5572.05	6719.57	7395.06	8215.63	9234.55
(一)工资性收入	元	1107.30	1414.20	1446.49	1706.43	2082.14	2657.13	3207.31
(二)家庭经营收入	元	2935.69	2954.00	3505.19	4287.22	4456.38	4659.24	5005.67
1.农业收入	元	1017.52	945.91	1199.36	1441.15	1239.05	1342.94	1439.64
2.林业收入	元	36.58	23.34	63.19	47.96	61.08	76.85	84.14
3.牧业收入	元	1198.03	1198.95	1464.18	1967.20	1958.27	1792.85	1888.64
4.渔业收入	元	58.40	56.93	70.70	79.02	74.09	80.74	65.91
5.二、三产业收入	元	625.16	728.87	707.76	751.87	1123.89	1365.86	1527.34
(三)转移性收入	元	471.08	501.52	492.11	538.9	576.88	616.14	701.38
(四)财产性收入	元	44.32	100.24	128.26	187.02	279.67	283.08	320.19
三、全年人均纯收入	元	3005	3462	3745	4315	4908	5653	6613.36
人均可支配收入	元	2941	3385	3647	4179	4735	5438	6339.41
四、全年人均总支出	元	4162.65	4634.59	5098.81	6189.62	6773.5	7282.19	8276.29
(一)家庭经营费用支出	元	1061.21	995.22	1298.53	1863.33	1934.15	1981.7	2038.91
1.种植业生产支出	元	225.53	208.57	332.46	447.93	336.98	353.94	366.87
2.林业生产支出	元	1.97	12.18	15.12	8.96	8.26	10.96	18.72
3.牧业生产支出	元	693.31	604.29	796.16	1201.45	1203.10	1127.24	1075.98
4.渔业生产支出	元	15.02	18.64	20.33	29.52	21.98	22.69	29.72
5.二、三产业支出	元	140.40	139.36	134.45	175.47	363.48	466.88	547.62
(二)购置生产用固定资产支出	元	71.83	69.74	117.00	121.54	141.00	142.32	174.31
(三)税费支出	元	76.13	66.17	54.56	31.90	15.83	14.20	9.35
(四)生活消费支出	元	2584.16	2971.92	3172.11	3646.61	4166.23	4573.97	5413.68
(五)其他	元	369.48	531.54	456.61	526.24	514.08	570.00	640.04

7－21　农村居民家庭人均收入(2007年)

项　　目	全　市	芙蓉区	天心区	岳麓区	开福区
全年人均总收入	9234.55	14872.52	11095.38	13481.76	12787.89
(一)工资性收入	3207.31	4238.12	4660.02	4058.18	4332.53
1.在非企业组织中劳动得到收入	287.39	1020.62	331.62	1342.50	366.64
2.在本乡地域内劳动得到收入	1736.48	2515.88	3883.83	2548.64	3038.85
3.外出从业得到收入	1183.44	701.61	444.57	167.03	927.04
(二)家庭经营收入	5005.67	2682.82	2302.58	7150.94	4760.81
1.第一产业收入	3478.33	815.25	1528.54	1654.79	2997.04
(1)农业收入	1439.64	342.90	733.14	1232.71	542.25
(2)林业收入	84.14		123.92	53.42	65.26
(3)牧业收入	1888.64	398.06	490.45	188.42	2266.31
(4)渔业收入	65.91	74.29	181.03	180.23	123.23
2.第二产业收入	546.23	4.52		727.05	537.30
(1)工业收入	295.80			463.82	35.96
①工业产品收入	66.02			1.34	1.09
②工业服务性收入	229.78			462.48	34.86
(2)建筑业收入	250.44	4.52		263.23	501.34
3.第三产业收入	981.11	1863.05	774.05	4769.10	1226.48
(1)交通、运输、邮电业收入	313.12	394.61	172.80	195.54	194.54
(2)批零贸易业、饮食业收入	353.15	103.87		3857.00	371.15
(3)社会服务业收入	135.02	4.19	2.16	118.11	123.17
(4)文教卫生业收入	60.39	1.29	209.46	66.17	22.95
(5)其他行业收入	109.48	1359.08	388.54	532.28	482.15
(三)财产性收入	320.19	4662.19	3046.36	1229.71	2995.91
(四)转移性收入	701.38	3289.41	1086.42	1042.93	698.64

单位:元

雨花区	长沙县	望城县	宁乡县	浏阳市
12901.48	11867.93	7899.54	8313.97	8448.41
4156.78	2482.31	2719.08	2615.57	4164.20
903.16	386.39	270.83	233.71	168.40
2229.64	1391.66	1008.33	1038.13	2714.26
1023.98	704.26	1439.92	1343.72	1281.55
5455.41	8379.00	4547.33	5064.26	3344.02
1980.21	7101.56	2564.72	4102.21	1732.90
308.68	2072.34	1491.98	1628.30	1076.12
385.51	77.12	9.19	75.27	120.91
1254.88	4826.45	985.20	2333.60	519.94
31.14	125.65	78.36	65.04	15.93
1419.38	522.73	778.08	155.93	772.99
65.91	297.81	72.00	59.53	668.96
		23.68	14.06	188.26
65.91	297.81	48.33	45.47	480.70
1353.47	224.92	706.08	96.41	104.03
2055.83	754.71	1204.52	806.12	838.13
315.28	196.43	517.30	290.70	308.71
1250.86	440.38	304.44	301.97	138.68
246.31	55.03	224.09	71.40	194.81
5.91	5.86	0.28	30.73	151.77
235.29	52.17	156.72	84.33	43.03
2124.79	221.91	65.84	147.33	141.38
1164.50	784.71	567.28	486.82	798.81

7－22 农村居民家庭人均支出(2007年)

项　　目	全　市	芙蓉区	天心区	岳麓区	开福区
全年人均总支出	8276.29	13627.30	8525.32	14280.63	10304.70
(一)家庭经营费用支出	2038.91	1183.51	361.07	3138.97	1579.36
1.第一产业生产费用支出	1491.29	271.07	298.97	76.57	1162.83
(1)农业生产费用支出	366.87	38.02	74.70	55.03	127.74
(2)林业生产费用支出	18.72		2.90		5.90
(3)牧业生产费用支出	1075.98	167.60	191.01	20.03	937.17
(4)渔业生产费用支出	29.72	65.45	30.36	1.51	92.02
2.第二产业生产费用支出	273.29			308.89	243.39
3.第三产业生产费用支出	274.33	912.44	62.10	2753.51	173.13
(1)交通运输邮电业生产费用支出	59.73	64.39	27.20		65.11
(2)批零贸易餐饮业生产费用支出	145.16			2571.09	6.21
(3)社会服务业生产费用支出	22.83				9.66
(4)文教卫生业生产费用支出	20.03	0.85	32.43		
(5)其他行业生产费用支出	26.58	847.19	2.47	182.42	92.16
(二)购置生产性固定资产支出	174.31	160.00	3.38	27.52	57.65
(三)建造生产性固定资产雇工支出	7.55				
(四)税费支出	9.35	9.37	2.29	7.18	
(五)生活消费支出	5413.68	9127.99	7128.78	10087.13	7356.14
#服务性支出	1585.41	3444.34	1873.51	2418.66	1724.23
1.食品消费支出	2139.27	3041.23	2230.06	4302.52	2291.12
(1)食品消费品支出	1861.69	2536.88	1867.38	3992.57	2062.82
(2)食品消费服务性支出	277.58	504.35	362.67	309.95	228.30
①在外饮食	270.34	504.35	362.15	309.23	225.13
②食品加工费	6.90		0.52	0.72	2.86
③其他服务性支出	0.35				0.31
2.衣着消费支出	306.31	933.65	388.22	749.17	374.79
3.居住消费支出	920.40	1423.10	2591.53	735.77	2068.00
4.家庭设备、用品消费支出	356.42	797.45	419.21	1396.27	691.85
5.交通和通讯消费支出	629.02	926.89	637.01	819.82	729.11
6.文化教育、娱乐消费支出	615.43	1221.81	543.83	966.43	839.69
7.医疗保健消费支出	317.44	615.97	280.94	792.99	195.94
8.其他商品和服务消费支出	129.40	167.90	37.99	324.17	165.66

单位:元

雨花区	长沙县	望城县	宁乡县	浏阳市
12561.01	10719.51	6665.82	7777.54	7354.05
1668.03	4161.57	1148.93	2081.72	1354.82
471.78	3723.40	950.55	1637.10	641.45
33.32	473.86	239.39	446.42	369.93
170.78	16.74	1.96	32.31	9.38
267.68	3167.51	683.48	1120.86	258.68
	65.28	25.73	37.51	3.45
724.03	216.92	33.41	100.69	577.61
472.22	221.26	164.97	343.93	135.76
61.55	8.49	107.94	66.90	59.98
367.00	158.74	2.95	223.60	1.76
7.62	9.43	45.34	39.28	7.45
	0.10	0.23	0.66	63.14
36.05	44.50	8.51	13.50	3.43
217.83	170.90	43.72	315.06	130.13
	20.79	13.32	6.25	0.33
2.19	2.49	24.38	14.56	1.82
9257.19	5502.06	4967.06	4944.10	5263.52
3703.63	1529.61	1483.86	1136.74	1846.85
2835.17	1965.10	2019.49	2101.83	2129.00
2098.25	1847.24	1738.71	2025.79	1611.46
736.92	117.86	280.78	76.04	517.54
735.79	104.76	273.11	70.35	510.88
1.14	12.34	7.67	4.97	6.66
	0.76		0.73	
853.10	272.88	300.44	247.90	300.55
1711.79	893.42	840.39	765.90	949.68
482.79	445.76	318.13	318.07	260.81
1152.14	595.90	513.24	600.65	676.44
1526.80	799.77	531.66	557.26	508.62
573.05	439.27	278.25	261.27	281.75
122.34	89.96	165.47	91.22	156.66

7-23 农村居民家庭人均纯收入来源(2007年)

项目	全市	芙蓉区	天心区	岳麓区	开福区
一、全年纯收入	6613.36	11271.28	10278.54	9567.27	10701.44
(一)工资性收入	3207.31	4238.12	4660.02	4058.18	4332.53
1.在非企业组织中劳动得到收入	287.39	1020.62	331.62	1342.50	366.64
(1)乡村干部收入	185.26	678.94	82.09	781.73	139.70
(2)乡村教师收入	63.47	5.16	102.03	346.28	142.24
(3)行政事业单位等职工收入	38.66	336.52	147.50	214.50	84.70
2.在本乡地域内劳动得到收入	1736.48	2515.88	3883.83	2548.64	3038.85
(1)在企业中劳动得到收入	917.02	1928.67	1807.78	395.99	1909.93
①乡镇企业收入	687.55	815.89	576.15	115.79	1093.14
②其他企业收入	229.47	1112.78	1231.63	280.20	816.80
(2)在国家投资基建项目得到收入	11.85			240.77	177.08
(3)提供其他劳务收入	807.61	587.21	2076.05	1911.87	951.84
3.外出从业得到收入	1183.44	701.61	444.57	167.03	927.04
(1)在乡外县内从业得到收入	322.63	553.23	318.99	51.68	307.76
(2)在县外省内从业得到收入	487.41	139.35	125.58	30.20	354.80
(3)在省外国内从业得到收入	373.40	9.03		85.15	264.48
(二)家庭经营纯收入	2743.01	1453.80	1881.83	3898.08	2978.08
1.第一产业纯收入	1820.13	512.21	1197.17	1561.50	1669.63
(1)农业收入	987.91	292.77	658.44	1165.66	310.30
(2)牧业收入	734.84	217.79	267.49	167.27	1269.49
2.非农产业纯收入	922.89	941.59	684.66	2336.58	1308.45
#第三产业纯收入	670.87	937.07	684.66	1927.38	1014.54
(三)财产性纯收入	320.19	4662.19	3046.36	1229.71	2995.91
(四)转移性纯收入	342.85	917.17	690.34	381.30	394.91
二、全年现金纯收入	5942.67	11244.11	9921.72	9563.01	10253.80
三、全年实物纯收入	670.69	27.17	356.82	4.26	447.64

单位:元

雨花区	长沙县	望城县	宁乡县	浏阳市
10398.30	7000.14	6324.33	5735.01	6485.82
4156.78	2482.31	2719.08	2615.57	4164.20
903.16	386.39	270.83	233.71	168.40
291.97	274.18	186.46	176.34	96.30
27.27	93.32	64.60	21.76	66.99
583.92	18.89	19.77	35.61	5.11
2229.64	1391.66	1008.33	1038.13	2714.26
1522.86	691.57	512.12	439.04	1575.14
524.92	342.47	322.32	225.27	1515.03
997.94	349.11	189.80	213.78	60.12
30.14	0.23	3.34	9.88	0.27
676.64	699.85	492.87	589.21	1138.84
1023.98	704.26	1439.92	1343.72	1281.55
557.95	330.30	210.09	507.46	199.49
205.80	277.38	1125.82	469.10	361.42
260.23	96.58	104.01	367.17	720.64
3785.19	3892.65	3270.76	2645.51	1847.03
1508.43	3092.70	1523.61	2189.93	1025.32
275.35	1517.69	1213.91	1012.65	661.98
987.21	1465.17	251.38	1113.29	239.73
2276.76	799.95	1747.15	455.57	821.72
1581.63	500.67	1004.79	429.55	661.42
2124.79	221.91	65.84	147.33	141.38
331.55	403.27	268.64	326.60	333.21
10388.92	6160.44	5458.11	4965.06	5983.14
9.38	839.70	866.22	769.94	502.68

7－24　农村居民家庭人平现金收入(2007年)

项　　目	全　市	芙蓉区	天心区	岳麓区	开福区
一、期内现金收入	8272.17	14822.77	10686.21	13424.15	12228.62
（一）工资性收入	3207.09	4238.12	4660.02	4058.18	4332.53
1.在非企业组织中劳动得到收入	287.39	1020.62	331.62	1342.50	366.64
2.在本乡地域内劳动得到收入	1736.47	2515.88	3883.83	2548.64	3038.85
3.外出从业得到收入	1183.23	701.61	444.57	167.03	927.04
（1）在乡外县内从业得到收入	322.42	553.23	318.99	51.68	307.76
（2）在县外省内从业得到收入	487.41	139.35	125.58	30.20	354.80
（3）在省外国内从业得到收入	373.40	9.03		85.15	264.48
（二）家庭经营现金收入	4045.74	2633.06	1893.41	7093.33	4201.54
1.第一产业现金收入	2519.79	765.50	1119.37	1597.18	2437.77
（1）农业现金收入	656.80	328.44	323.98	1181.32	271.86
①出售农产品收入	557.38	328.44	315.33	1171.18	168.02
②农业服务性收入	99.42		8.65	10.14	103.84
（2）林业现金收入	69.96		123.92	53.42	65.26
（3）牧业现金收入	1735.03	366.30	490.45	182.20	1992.12
（4）渔业现金收入	57.98	70.76	181.03	180.23	108.54
2.第二产业现金收入	544.85	4.52		727.05	537.30
（1）工业收入	295.80			463.82	35.96
（2）建筑业收入	249.05	4.52		263.23	501.34
3.第三产业现金收入	981.11	1863.05	774.05	4769.10	1226.48
（1）交通、运输、邮电业收入	313.12	394.61	172.80	195.54	194.54
（2）批零贸易业、饮食业收入	353.15	103.87		3857.00	371.15
（3）社会服务业收入	135.02	4.19	2.16	118.11	123.17
（4）文教卫生业收入	60.39	1.29	209.46	66.17	22.95
（5）其他行业收入	109.48	1359.08	388.54	532.28	482.15
（三）财产性收入	320.19	4662.19	3046.36	1229.71	2995.91
（四）转移性收入	699.15	3289.41	1086.42	1042.93	698.64
二、非收入现金所得	1219.63	2075.73	1022.56	2640.39	1801.69

单位:元

雨花区	长沙县	望城县	宁乡县	浏阳市
12892.10	10863.34	6658.97	7044.72	7765.15
4156.78	2482.31	2717.68	2615.57	4164.20
903.16	386.39	270.83	233.71	168.40
2229.64	1391.66	1008.27	1038.13	2714.26
1023.98	704.26	1438.58	1343.72	1281.55
557.95	330.30	208.75	507.46	199.49
205.80	277.38	1125.82	469.10	361.42
260.23	96.58	104.01	367.17	720.64
5446.03	7374.41	3308.16	3795.01	2667.98
1970.82	6096.97	1334.23	2832.96	1056.85
307.80	1080.99	392.01	740.29	516.68
196.70	865.59	303.12	618.84	486.62
111.09	215.40	88.90	121.45	30.06
385.51	77.12	8.68	73.22	77.17
1246.38	4814.08	882.18	1960.56	451.51
31.14	124.78	51.35	58.89	11.48
1419.38	522.73	769.41	155.93	772.99
65.91	297.81	72.00	59.53	668.96
1353.47	224.92	697.40	96.41	104.03
2055.83	754.71	1204.52	806.12	838.13
315.28	196.43	517.30	290.70	308.71
1250.86	440.38	304.44	301.97	138.68
246.31	55.03	224.09	71.40	194.81
5.91	5.86	0.28	30.73	151.77
235.29	52.17	156.72	84.33	43.03
2124.79	221.91	65.84	147.33	141.38
1164.50	784.71	567.28	486.82	791.59
6554.14	933.61	653.49	979.82	1435.62

7－25 农村居民家庭人平现金支出(2007年)

项　　目	全　市	芙蓉区	天心区	岳麓区	开福区
一、期内现金支出	7392.26	13587.34	8041.90	14132.10	9823.28
(一)生产费用支出	2036.28	1338.99	340.80	3166.48	1627.06
1.家庭经营费用支出	1854.42	1178.99	337.42	3138.97	1569.41
(1)第一产业生产费用支出	1306.80	266.55	275.32	76.57	1152.89
①农业生产费用支出	333.26	38.02	74.70	55.03	127.74
②林业生产费用支出	18.44		2.90		5.90
③牧业生产费用支出	928.64	163.09	170.20	20.03	927.22
④渔业生产费用支出	26.46	65.45	27.53	1.51	92.02
(2)第二产业生产费用支出	273.29			308.89	243.39
①工业生产费用支出	206.67			302.32	0.14
②建筑业生产费用支出	66.62			6.58	243.25
(3)第三产业生产费用支出	274.33	912.44	62.10	2753.51	173.13
①交通运输邮电业生产费用	59.73	64.39	27.20		65.11
②批零贸易餐饮业生产费用	145.16			2571.09	6.21
③社会服务业生产费用支出	22.83				9.66
④文教卫生业生产费用支出	20.03	0.85	32.43		
⑤其他行业生产费用支出	26.58	847.19	2.47	182.42	92.16
2.购置生产性固定资产支出	174.31	160.00	3.38	27.52	57.65
3.建造生产性固定资产雇工支出	7.55				
(二)税费支出	9.35	9.37	2.29	7.18	
(三)生活消费支出	4714.92	9092.54	6669.01	9938.60	6884.66
#服务性支出	1585.41	3444.34	1873.51	2418.66	1724.23
1.食品消费支出	1448.06	3005.79	1770.29	4153.99	1819.64
(1)购买食品支出	1170.48	2501.43	1407.61	3844.04	1591.34
(2)食品消费服务性支出	277.58	504.35	362.67	309.95	228.30
①在外饮食	270.34	504.35	362.15	309.23	225.13
②食品加工费	6.90		0.52	0.72	2.86
③其他服务	0.35				0.31
2.衣着	306.31	933.65	388.22	749.17	374.79
3.居住	914.55	1423.10	2591.53	735.77	2068.00
4.家庭设备、用品及服务	354.72	797.45	419.21	1396.27	691.85
5.交通和通讯	629.02	926.89	637.01	819.82	729.11
6.文化教育、娱乐用品及服务	615.43	1221.81	543.83	966.43	839.69
7.医疗保健	317.44	615.97	280.94	792.99	195.94
8.其他商品和服务	129.40	167.90	37.99	324.17	165.66
(四)财产性支出	8.89	18.92		181.21	132.63
(五)转移性支出	622.82	3127.51	1029.80	838.62	1178.93
二、非消费性支出	1929.61	2660.95	2539.38	3124.30	2831.00

单位:元

雨花区	长沙县	望城县	宁乡县	浏阳市
12454.75	9913.39	5640.10	6494.72	6725.57
1885.86	4349.51	883.25	2064.96	1374.87
1668.03	4157.82	826.21	1743.65	1244.41
471.78	3719.65	627.84	1299.03	531.04
33.32	473.86	235.77	446.42	262.93
170.78	16.74	1.96	32.31	8.49
267.68	3167.19	368.31	788.97	256.95
	61.85	21.80	31.33	2.67
724.03	216.92	33.41	100.69	577.61
	138.24	14.44	12.10	557.43
724.03	78.67	18.97	88.59	20.18
472.22	221.26	164.97	343.93	135.76
61.55	8.49	107.94	66.90	59.98
367.00	158.74	2.95	223.60	1.76
7.62	9.43	45.34	39.28	7.45
	0.10	0.23	0.66	63.14
36.05	44.50	8.51	13.50	3.43
217.83	170.90	43.72	315.06	130.13
	20.79	13.32	6.25	0.33
2.19	2.49	24.38	14.56	1.82
9150.93	4699.69	4264.06	3999.36	4747.98
3703.63	1529.61	1483.86	1136.74	1846.85
2728.91	1162.72	1330.99	1157.09	1630.41
1991.99	1044.86	1050.21	1081.05	1112.87
736.92	117.86	280.78	76.04	517.54
735.79	104.76	273.11	70.35	510.88
1.14	12.34	7.67	4.97	6.66
	0.76		0.73	
853.10	272.88	300.44	247.90	300.55
1711.79	893.42	825.88	765.90	938.21
482.79	445.76	318.13	318.07	255.33
1152.14	595.90	513.24	600.65	676.44
1526.80	799.77	531.66	557.26	508.62
573.05	439.27	278.25	261.27	281.75
122.34	89.96	165.47	91.22	156.66
0.11	15.21	0.03	0.91	0.18
1415.65	846.49	468.38	414.94	600.73
12883.42	1450.66	1120.13	1474.67	2212.65

7-26 农村居民家庭人平粮食收支情况(2007年)

项目	全市	芙蓉区	天心区	岳麓区	开福区
一、期内粮食收入合计	945.74	197.04	514.83	123.29	512.28
(一)家庭经营生产粮食	623.37	6.45	297.18	0.21	114.89
1.谷物	621.32	6.45	296.55		114.74
(1)小麦	0.45				
(2)水稻	606.61	6.45	293.45		111.83
(3)玉米	2.27		3.11		0.22
(4)其他	6.53				2.70
2.薯类	1.20		0.46	0.21	
3.豆类	0.85		0.17		0.14
(二)购入粮食	318.63	190.59	217.64	123.08	397.39
1.谷物	316.23	189.56	216.81	122.07	394.79
(1)小麦	154.70	98.54	96.23	19.30	262.15
(2)水稻	49.11	85.27	110.17	99.91	89.49
(3)玉米	103.73	3.44	6.53	1.17	25.67
2.薯类	0.13	0.06	0.22	0.06	1.43
3.豆类	2.28	0.97	0.62	0.95	1.17
(三)借入粮食					
(四)收回借出粮	3.74				
二、期内粮食支出合计	783.83	197.04	323.59	129.34	510.03
(一)主食用粮	294.56	97.98	207.07	114.87	246.67
1.谷物	291.11	96.96	206.23	113.86	244.08
(1)小麦	3.37	6.34	4.90	6.39	33.10
(2)水稻	235.91	84.86	191.91	104.60	175.29
(3)玉米	43.39	3.44	5.60	1.17	18.20
2.薯类	0.67	0.06	0.22	0.06	1.43
3.豆类	2.78	0.97	0.62	0.95	1.17
(二)出售粮食	163.58	1.29	4.92	0.21	16.91
1.谷物	163.01	1.29	4.29		16.77
2.薯类	0.24		0.46	0.21	
3.豆类	0.33		0.17		0.14
(三)种籽用粮食	5.74	1.95	2.50		2.13
(四)饲料用粮食	311.85	95.81	109.09	14.25	244.32

单位:公斤

雨花区	长沙县	望城县	宁乡县	浏阳市
230.93	1770.54	770.56	1314.89	388.60
86.46	915.22	695.78	870.70	320.71
86.46	914.81	690.51	869.78	317.91
			1.56	
0.68	851.29	687.97	864.87	316.42
45.38	2.58	1.20	1.26	1.30
40.40	28.66	1.34	2.08	0.18
	0.02	4.46	0.69	0.90
	0.39	0.81	0.22	1.90
144.47	855.32	69.35	444.19	58.60
143.53	852.02	68.16	441.79	55.80
40.85	578.33	28.96	141.39	10.96
95.98	53.55	24.40	68.11	30.58
1.85	215.90	12.25	222.03	1.06
0.12	0.11	0.18	0.11	0.06
0.82	3.19	1.00	2.29	2.74
		5.43		9.29
230.55	1309.88	633.69	1229.44	272.58
108.11	281.14	250.63	456.27	205.31
107.16	277.84	246.84	453.77	200.57
5.77	5.44	2.18	3.76	0.14
95.50	254.02	237.60	303.26	187.12
1.05	14.92	4.60	136.54	0.40
0.12	0.11	1.86	0.11	0.93
0.82	3.19	1.94	2.38	3.81
86.08	207.77	186.18	281.99	48.98
86.08	207.36	185.81	281.21	48.31
	0.02	0.24	0.61	0.03
	0.39	0.12	0.16	0.64
0.14	15.62	3.45	7.10	1.32
36.22	805.35	150.71	484.09	12.79

7－27　农村居民家庭人平主要实物消费量(2007年)

项　　目	全　市	芙蓉区	天心区	岳麓区	开福区
一、粮食消费量	294.56	97.98	207.07	114.87	246.67
二、油脂类消费量	13.42	19.04	16.87	21.05	24.06
1. 植物油	6.31	13.39	10.77	10.33	15.11
2. 动物油	7.11	5.65	6.09	10.72	8.95
三、烟叶消费量	0.10		0.25	0.07	0.05
四、豆制品	2.00	4.78	2.93	2.97	4.40
五、蔬菜及菜制品消费量	223.27	105.24	119.53	396.50	140.82
六、瓜类	8.84	16.86	4.80	15.30	5.22
七、水果类	24.92	39.55	17.71	31.98	16.14
八、消费茶叶	1.08	1.42	1.85	0.92	1.82
九、坚果消费量	2.04	0.15	2.03	0.91	0.39
十、肉禽及其制品	34.34	34.63	49.84	48.12	48.52
1. 猪肉	21.30	17.01	32.40	26.34	38.07
2. 牛肉	1.47	1.71	4.95	4.38	1.38
3. 羊肉	0.63	0.51	0.23	0.69	0.36
4. 家禽	7.38	9.87	8.08	12.04	7.35
5. 其他肉禽及制品	3.56	5.52	4.18	4.67	1.36
十一、蛋类及蛋制品	7.69	6.77	7.92	5.85	9.72
十二、奶和奶制品	2.46	7.95	3.75	5.61	3.11
十三、水产品	12.66	12.28	13.08	16.18	11.24
十四、食糖	1.27	1.19	1.25	1.74	1.45
十五、酒	10.07	14.88	15.25	48.46	15.58

单位:公斤

雨花区	长沙县	望城县	宁乡县	浏阳市
108.11	281.14	250.63	456.27	205.31
12.47	15.02	13.87	12.48	11.88
6.07	6.13	5.08	3.75	8.35
6.40	8.89	8.79	8.72	3.53
	0.10	0.01	0.14	0.13
4.28	1.72	2.45	1.30	2.13
109.86	177.14	200.94	337.66	161.06
20.60	17.04	7.99	7.28	5.32
28.29	36.28	18.01	19.10	27.48
0.62	1.91	0.91	1.31	0.46
1.00	2.27	2.12	1.07	3.07
27.45	39.98	29.23	39.37	27.45
15.43	23.60	17.18	26.41	16.16
1.35	1.79	0.95	1.90	0.91
0.26	0.80	1.04	0.37	0.62
6.14	10.55	7.16	8.26	4.66
4.26	3.24	2.91	2.43	5.09
5.82	10.29	8.24	7.92	5.88
7.37	2.25	1.47	1.53	3.25
14.89	14.29	15.04	14.82	8.25
1.77	1.42	1.27	1.28	1.09
14.51	11.27	9.41	9.58	7.11

7－28　农村居民家庭每百户耐用消费品拥有量(2007年)

项目	单位	全市	芙蓉区	天心区	岳麓区	开福区
1. 洗衣机	台	89	78	113	75	102
2. 电冰箱	台	67	78	88	65	84
3. 空调机	台	72	118	108	100	76
4. 抽油烟机	台	47	53	35	108	54
5. 吸尘器	台	8	3	8	25	8
6. 微波炉	台	24	35	33	45	36
7. 热水器	台	40	70	58	53	46
#太阳能热水器	辆	3	3			6
8. 自行车	台	59	60	90	8	34
#电动自行车	台	7	20		3	2
9. 摩托车	部	86	53	80	63	80
10. 汽车(生活用)	部	7	23	8	10	6
11. 固定电话机	部	79	65	83	78	70
12. 移动电话	台	168	215	195	188	168
#接入互联网的	台	11	3		20	
13. 彩色电视机	台	107	93	125	108	112
#接入有线电视网的	台	55	88	115	53	22
14. 黑白电视机	台	5				4
#接入有线电视网的	台	1				
15. 摄像机	架	3		18		
16. 影碟机	台	47	48	53	53	48
17. 照相机	台	12	13	33	15	14
18. 家用计算机	件	20	45	33	35	12
其中:接入互联网的	台	7		28	5	
19. 中高档乐器	件	1	5			

雨花区	长沙县	望城县	宁乡县	浏阳市
108	91	87	77	74
100	53	56	37	48
118	41	38	15	32
78	39	25	17	13
25		1	2	1
43	10	12	5	
53	39	17	17	9
15				
73	71	88	49	57
23	7	4	3	8
153	94	76	88	89
8	2	3	3	3
88	94	73	74	84
180	136	156	129	144
5	14		5	53
123	107	106	89	99
123	10	21	19	47
	11	19	3	8
		5	1	4
3	3			
53	74	49	27	19
	11	8	7	7
25	18	7	3	3
23	3	2	1	1
3	1			

7-29 农村居民抽样调查户人口与就业情况(2007年)

项目	全市	芙蓉区	天心区	岳麓区	开福区
一、家庭常住人口	3896	155	148	149	183
二、家庭常住人口年龄状况					
1.6岁及以下	180	8	5	10	3
2.7-15岁	261	5	9	4	16
3.16-18岁	220	10	8	8	12
4.19-22岁	401	20	17	21	20
5.23-25岁	250	16	10	10	7
6.26-30岁	260	11	13	8	13
7.31-40岁	578	10	19	20	23
8.41-50岁	795	36	33	37	45
9.51-60岁	593	34	27	19	27
10.60岁以上	358	5	7	12	17
三、在校学生人数	603	23	27	21	30
四、农村住户劳动力素质状况					
(一)整半劳动力数	2865	118	112	108	138
(二)劳动力文化程度					
1.不识字或识字很少	23	2	1		
2.小学程度	513	46	9	10	30
3.初中程度	1506	25	62	47	71
4.高中程度	609	40	26	30	30
5.中专	121	2	5	5	1
6.大专及以上	93	3	9	16	6
(三)劳动力受培训情况					
1.受过专业培训的人数	1258	24	46	44	23
2.未受过专业培训的人数	1607	94	66	64	115
五、农村住户劳动力就业状况					
(一)劳动力就业行业情况					
1.一产业就业劳动力	1257	15	39	21	49
2.非农产业就业劳动力	1559	103	62	68	81
(1)二产业就业劳动力	672	5	6	29	18
(2)三产业就业劳动力	887	98	56	39	63
(二)外出就业劳动力文化程度					
1.不识字或识字很少	1				
2.小学	52	4		1	2
3.初中	373	9	14	4	13
4.高中	169	14		2	3
5.中专	52	1		1	
6.大专及以上	34	2		3	1
(三)外出方式					
1.政府(单位)组织外出人数	34	2			
2.亲属介绍外出人数	334	6		2	12
3.自发外出	37				1

单位:人

雨花区	长沙县	望城县	宁乡县	浏阳市
176	751	749	768	817
10	29	27	42	46
9	41	64	55	58
11	43	44	42	42
18	75	94	71	65
15	44	51	45	52
11	57	44	54	49
22	83	124	125	152
38	161	152	153	140
19	136	89	114	128
23	82	60	67	85
31	118	135	106	112
134	555	541	593	566
1	1	4	4	10
12	83	112	49	162
56	258	299	382	306
39	154	96	135	59
12	41	17	17	21
14	18	13	6	8
105	164	307	234	311
29	391	234	359	255
36	381	225	304	187
98	174	316	287	370
29	69	156	137	223
69	105	160	150	147
		1		
2	2	17	5	19
7	34	113	97	82
6	31	38	59	16
	18	10	15	7
5	7	7	4	5
1	21		1	9
19	27	109	84	75
	14	9	12	1

8 城市建设、环境保护

长沙统计年鉴

8－1 1997－2007年城市公共交通情况

指标	单位	1997年	1998年	1999年	2000年	2001年
一、公共汽车						
年末营运车辆数	辆	770	907	921	1150	1248
年末营运线网长度	公里	577	610	617.5	704	750
年末营运线路条数	条	54	54	54	61	66
二、出租汽车						
营运车辆数	辆	4611	4542	4305	5755	7192
三、全年客运总量	万人次	24730	26252	29310	33812	36321

8－1 续表

指标	单位	2002年	2003年	2004年	2005年	2006年	2007年
一、公共汽车							
年末营运车辆数	辆	1351	1785	2357	2507	2722	3252
年末营运线网长度	公里	813	1127	1460	867	867	899
年末营运线路条数	条	73	82	97	97	98	119
二、出租汽车							
营运车辆数	辆	6672	6257	6278	6279	6280	7344
三、全年客运总量	万人次	34962	57656	76106	78161	83779	91967

注：全年客运总量包含公共汽车和出租车，其中2006年城市公交客运总量为58986万人次，2007年为70321万人次。

8－2　1997－2007年城市房屋发展状况及住房水平

指　　标	单位	1997年	1998年	1999年	2000年	2001年
一、城市房屋建筑面积	万 m^2	4387.06	4665.79	4962.69	5283.28	5635.3
#住宅	万 m^2	2271.86	2412.62	2639.37	2839.76	3097.4
二、城市人均住房建筑面积	m^2/人	14.55	17.48	17.95	18.6	19.55
三、私房户数	户	52814	53227	54627	55580	58193
四、年末私房建筑面积	万 m^2	290.48	293	307.43	202.86	246.61

8－2 续表

指　　标	单位	2002年	2003年	2004年	2005年	2006年	2007年
一、城市房屋建筑面积	万 m^2	6132.4	6624.9	7352	8223	9021.62	9939.52
#住宅	万 m^2	3447.2	3771.81	4268.3	4776	5280.36	5883.72
二、城市人均住房建筑面积	m^2/人	21.5	23.22	25.3	27.2	28.3	28.9
三、私房户数	户	60345	67603	72631	76480	73624	
四、年末私房建筑面积	万 m^2	321.77	282.05	303.03	289.98	278.3	

注：2007年因统计制度发生变化，私房户数、年末私房建筑面积指标无法收集。

8-3 1997-2007年城市自来水、液化气、用电供应情况

指　　标	单位	1997年	1998年	1999年	2000年	2001年
一、自来水						
年末水厂个数	个	6	6	6	6	6
年末供水管道长度	公里	940	983	1007	1087	1120
年末供水总量	万吨	34600	36071	35815	37399	39872
#生活用水	万吨	19958	20280	20515	21246	22262
年末水厂生产能力	万吨/日	104	107	107	132	157
二、液化气						
供气总量	吨	32685	45510	64800	65700	70200
#生活用	吨	31609	43880	62896	63796	68806
用气人口	万人	78.3	92.8	100.1	106.52	137.8
液化气储气能力	吨	2800	3700	3700	3700	3700
三、供电						
全市用电总量	万度	379048	391000	418301	480160	529409
#工业用电	万度	190771	181900	205316	221763	281711
城乡居民生活用电	万度	109368	121400	124350	136507	143681
其中:市区用电总量	万度	208492	226780	261536	313975	343137
#工业用电	万度	93112	91240	111046	131522	156001
#居民生活用电	万度	78001	89528	94258	105952	119738

8-3 续表

指　　标	单位	2002年	2003年	2004年	2005年	2006年	2007年
一、自来水							
年末水厂个数	个	6	6	6	6	6	6
年末供水管道长度	公里	1188	1292	1338	1450	1529	1659
年末供水总量	万吨	36748	38845	39819	41969	43328	32840
#生活用水	万吨	24199	29369	30105	31540	32441	22988.39
年末水厂生产能力	万吨/日	165	165	165	165	165	167
二、液化气							
供气总量	吨	72306	75668	91500	92600	85000	84000
#生活用	吨	70870	74911	90584	91600	80300	79500
用气人口	万人	140.31	142.20	149.05	151.05	138.03	119.91
液化气储气能力	吨	3800	3800	3800	3800	3800	4000
三、供电							
全市用电总量	万度	591319	696000	722087	923856	1039585	1153430
#工业用电	万度	310605	354800	375058	384129	345094	368754
城乡居民生活用电	万度	235649	360300	276637	282458	423066	456961
其中:市区用电总量	万度	375933	439000	430300	501464	602611	637260
#工业用电	万度	175375	201500	194500	193501	200408	167545
#居民生活用电	万度	163622	154200	215800	205719	277750	247098

说明:2007年城市污水处理厂处理的生活污水量为18579.35万吨。

8－4　1997－2007年城市缺房户情况

指　　标	单位	1997年	1998年	1999年	2000年	2001年
一、年末缺房户	户	26908	25157	20636	25840	14880
1. 无房户	户	9418	9380	7637	9552	5486
2. 拥挤户	户	11032	9487	8407	6569	2408
3. 不方便户	户	6458	6290	4592	9719	6986
二、年末危险住宅	万 m^2	57.26	45.45	34.19	24.23	35.41

8－4 续表

指　　标	单位	2002年	2003年	2004年	2005年	2006年	2007年
一、年末缺房户	户	16564	15463	14059	10804	10559	11285
1. 无房户	户	6108	5701	5183	3983	3885	4154
2. 拥挤户	户	3048	2630	2391	1837	1795	1920
3. 不方便户	户	7408	7132	6485	4984	4879	5211
二、年末危险住宅	万 m^2	35.41	33.29	31.73	27.73	26.15	22.24

8-5 1998-2007年城市环境卫生基本情况

指 标	单位	1998年	1999年	2000年	2001年	2002年	2003年	2004年	2005年	2006年	2007年
一、完成工作量											
收运垃圾	万吨	77.24	77.55	81	86.4	87	131.7	77	77	77.5	85.6
收运粪便	万吨	1.82	1.18	1.1	1.6	3	3	3	3		
清扫街道	万 m^2	450	473	540	566	912	1200	1741	1912	2689	3033
二、环卫专用设备											
垃圾运输车	辆	142	147	156	148	160	173	219	182	199	180
真空吸粪车	辆	9	7	9	7	8	1	8	8	9	9
洒水车	辆	28	30	27	29	31	35	65	77	85	104
三、环卫设备											
公共厕所	座	454	454	462	461	431	388	422	455	516	545
#本年新建	座	11	4	10	2	7	13	35	33	61	29
垃圾站	个	480	493	504	504	494	458	487	576	637	545
#本年新建	个	32	7	11	4	5	15	32	42	61	25

说明：1. 2003年以前的收运垃圾量含建筑垃圾，从2004年起按照有关部门要求，收运垃圾量调整为生活垃圾无害处理量。

2. 随着城市卫生条件的改善，已全部改为水冲式厕所，2006年起无收运粪便数据。

8－6 1998－2007年城市路灯、道路、下水道及桥梁情况

指　　标	单位	1998年	1999年	2000年	2001年	2002年	2003年	2004年	2005年	2006年	2007年
一、路灯											
路灯盏数	盏	13032	14600	16259	17309	26411	37215	43215	53468	64938	69731
#汞钠灯	盏	9901	11718	12999	13310	18295	26696	35611	42205	50951	54254
路灯线路长度	公里	461	788	1256	1638	2862	4486	5520	8239	1785	1912
二、道路											
年末实有道路长度	公里	973	985	998	1098	1150	1188	1323	1415	1466	1552
年末实有道路面积	万 m^2	831	858	928	1099	1575	1980	2385	2795	3002	3131
三、年末实有永久性桥梁	座	67	69	71	71	73	73	76	77	77	87
四、年末实有下水道长度	公里	626	636	636	648	648	770	800	895	1046	1046

说明:2006年起路灯线路长度改以回路长度计算。

8－7 1998－2007年城市园林、绿化情况

指　　标	单位	1998年	1999年	2000年	2001年	2002年	2003年	2004年	2005年	2006年	2007年
城市园林绿化覆盖面积	公顷	5056	5074	5508	5846	6094	6720	6949	7368	7876	6571
城市园林绿地面积	公顷	4303	4319	5152	5541	5712	5712	5907	6244	6706	5656
年末实有苗圃面积	公顷	55	55	58	58	58	85	322	322	322	332
公共绿地面积	公顷	837	838	889	1006	1085	1229	1240	1381	1590	1892
公园处数	处	10	10	10	11	12	14	14	18	19	21
公园面积	公顷	575	575	575	576	717	904	904	1143	1210	1302
#水域面积	公顷	69	69	69	69	69	69	69	69	74	66

说明:2007年城市园林绿化覆盖面积、城市园林绿地面积等指标统计口径调整为建成区口径。

8－8 1996－2007年城市环境污染和治理情况

指　　标	单位	1996年	1997年	1998年	1999年	2000年	2001年
一、工业废水排放总量	万吨	6110.0	6607.0	6222.0	6037.6	5532.9	4992.2
工业废水排放达标量	万吨	4745.0	4130.0	4198.0	4381.9	4212.6	3956.9
二、工业废气排放总量	万标 m^3	1978627	2209200	2422925	2405157	2624324	3252834
三、工业粉尘排放量	万吨	0.77	10.63	8.17	8.20	7.81	4.81
工业粉尘去除量	万吨	2.02	4.00	8.06	8.93	11.19	9.32
四、工业固体废物产生量	万吨	75.75	116.56	137.60	133.91	137.53	133.95
# 综合利用	万吨	47.85	81.90	99.00	96.00	101.79	120.83
五、工业锅炉数	台	457	441	445	433	407	392
# 达标数	台	422	382	391	386	359	321
六、工业炉窑数	台	374	488	514	496	465	477
# 达标数	台	260	213	237	251	232	149

8－8 续表

指　　标	单位	2002年	2003年	2004年	2005年	2006年	2007年
一、工业废水排放总量	万吨	4310.7	4006.7	4047.0	4065.0	4073.0	4377.0
工业废水排放达标量	万吨	3556.8	3510.0	3552.0	3562.0	3482.0	3704.0
二、工业废气排放总量	万标 m^3	2762532	2501271	2679022	3078324	2891585	2933547
三、工业粉尘排放量	万吨	7.11	7.22	9.39	10.06	10.35	10.29
工业粉尘去除量	万吨	13.37	13.34	11.03	11.83	10.58	19.15
四、工业固体废物产生量	万吨	111.83	112.72	107.70	109.70	111.69	107.30
# 综合利用	万吨	105.64	99.67	94.00	98.40	102.94	101.96
五、工业锅炉数	台	351	318	324	307	273	229
# 达标数	台	285	245	257	243	267	222
六、工业炉窑数	台	430	371	262	222	226	251
# 达标数	台	150	309	124	117	118	194

说明:2006年工业危险废物产生量0.11万吨,2007年为0.10万吨,利用率为100%;2006年医疗废物产生量为623.54吨,2007年为710.8吨,处置利用率达100%。本数据来源为市环保局提供。

9 农　业

长沙统计年鉴

9－1 历年农、林、牧、渔业总产值

（按现行价格计算） 单位：万元

年 份	合 计	农 业	林 业	牧 业	渔 业	服务业
1978	97658					
1980	99524					
1983	133455					
1984	139627					
1985	165803					
1986	180977					
1987	212304					
1988	274536					
1989	307534					
1990	365244					
1991	368160					
1992	409372					
1993	480104	237282	16083	205582	21157	
1994	725156	351689	17108	328777	27582	
1995	868362	426578	28951	375241	37592	
1996	1011363	509820	40193	416774	44576	
1997	1114485	561705	41906	460042	50832	
1998	1137969	596651	43425	446164	51729	
1999	1146402	635440	41800	413206	55956	
2000	1167935	628013	43598	442543	53781	
2001	1239985	672704	47407	464641	55233	
2002	1302245	700436	57148	486981	57680	
2003	1371608	694002	70917	527412	61035	18242
2004	1720668	825189	73635	734973	68050	18821
2005	1871313	926445	76257	771539	75967	21105
2006	2023640	1038879	76920	803182	81589	23070
2007	2310742	1142661	92617	958825	92181	24459

注：2003年开始农林牧渔服务业从规模以下工业中划归农业统计，同时种植业中的农民家庭兼营商品性工业产值划入规模以下工业中。

（按不变价格计算）

单位：万元

年 份	合 计	农 业	林 业	牧 业	渔 业	服务业
		（按1952年不变价格计算）				
1949	17020	15081	390	1356	193	
1952	21728	18337	734	2084	573	
1957	27743	22819	504	4001	419	
		（按1957年不变价格计算）				
1957	27743	22819	504	4001	419	
1962	24328	21436	527	2084	281	
1965	29799	24251	663	4499	386	
1970	38426	31441	639	6115	231	
1971	43127	35736	1137	5982	272	
		（按1970年不变价格计算）				
1971	43127	35736	1137	5982	272	
1972	62622	50111	1576	10618	317	
1973	66813	54094	1730	10637	352	
1974	67157	54138	1777	10849	393	
1975	67676	54516	1675	11096	389	
1976	70920	57176	1536	11753	455	
1977	73598	59758	1771	11603	466	
1978	73800	58941	1911	12475	473	
1979	78000	61738	1726	13968	568	
1980	77400	59996	1789	14927	688	
		（按1980年不变价格计算）				
1980	98260	73690	3079	20109	1382	
1981	102770	76279	3380	21494	1617	
1982	115532	85345	3406	24870	1911	
1983	125664	93427	3253	26879	2105	
1984	129025	92077	3588	30767	2593	
1985	139379	93056	3819	39692	2812	
1986	147691	97645	3586	43193	3267	
1987	152161	100216	4491	43812	3642	
1988	159036	100182	4570	50212	4072	
1989	163414	102263	5623	51134	4394	
1990	167152	104672	4217	53793	4470	
		（按1990年不变价格计算）				
1990	393694	222433	12668	143383	15210	
1991	407495	231266	13740	145338	17151	
1992	419479	222100	14341	163178	19860	
1993	442505	219393	15467	184955	22690	
1994	470439	227779	16548	201545	24567	
1995	500336	236182	23768	212214	28172	
1996	542354	267499	31460	213555	29840	
1997	584737	290795	35970	223452	34520	
1998	605182	293536	36341	238917	36388	
1999	623902	321588	34528	229693	38093	
2000	653582	336044	37905	238238	41395	
2001	692224	357291	37281	252324	45328	
2002	723725	375476	41428	259782	47039	
2003	746034	339273	57973	276659	53887	
2004	800454	361818	56654	305791	57070	
		（按可比价格计算）				
2005	1841526	882440	76519	791928	70443	20196
2006	1980239	993076	77333	804386	82818	22626
2007	2157017	1103004	83672	857989	87634	24718

注：根据湖南省统计局制定的2004年农林牧渔业综合统计报表制度规定，从2004年开始取消不变价计算农林牧渔服务业产值，改用可比价计算产值，用农产品价格指数缩减法计算农业发展速度。

9-2 历年粮食总产量

单位:吨

年 份	合 计	稻 谷	小 麦	薯 类	杂 粮	大 豆
1949	742990	694100	2835	30400	10980	4675
1950	836155	774735	3165	37490	11290	9475
1951	924745	858455	3965	47375	10720	4230
1952	941680	879335	4900	36270	14185	6990
1953	959055	892065	6345	39730	13800	7115
1954	855385	784730	7735	44225	13730	4965
1955	1026360	925905	12220	69045	14845	4345
1956	982635	919265	9565	42550	9210	2045
1957	1002970	911700	4480	69455	13155	4180
1958	1054150	947910	8155	82070	10645	5370
1959	962480	861870	8325	70490	14745	7050
1960	657725	622300	7280	21100	6420	625
1961	607360	543910	7650	45385	9605	810
1962	833095	729930	11180	74505	15465	2015
1963	920345	853725	5960	40875	18485	1300
1964	936420	872145	5265	39790	17200	2020
1965	1010075	929350	7675	55745	13895	3410
1966	1145640	1098985	6355	29465	7265	3570
1967	1198540	1127455	9465	48510	9910	3200
1968	1252535	1189595	6660	46560	7195	2525
1969	1166505	1100210	6735	51155	6510	1895
1970	1308655	1249270	9515	40930	6040	2900
1971	1536300	1468475	8905	47170	7480	4270
1972	1453085	1370820	8100	61575	8200	4390
1973	1562770	1487460	7040	60010	5400	2860
1974	1550020	1493725	6245	43145	4035	2870
1975	1546080	1478850	8410	50855	5220	2745
1976	1543550	1471275	14965	49300	4835	3175
1977	1537670	1465765	11240	53105	4710	2850
1978	1898070	1829940	15135	44545	3300	5150
1979	1960495	1892480	13060	44880	5000	5075

单位:吨

年份	合计	稻谷	小麦	薯类	杂粮	大豆
1980	2028640	1970115	7885	42590	3565	4485
1981	1931885	1878290	8575	35120	5525	4375
1982	2334880	2269795	8630	44360	4735	7360
1983	2558240	2487825	7335	51200	4860	7020
1984	2443660	2373670	6565	48105	7915	7405
1985	2449215	2386240	5210	45600	5215	6950
1986	2518856	2458199	5550	37918	9536	7653
1987	2554153	2469708	5487	45653	24970	8335
1988	2535020	2453928	6436	42982	23901	7773
1989	2588563	2499928	7733	47108	24606	9188
1990	2641261	2542642	6094	50715	31949	9861
1991	2693046	2586304	7760	53322	33903	11757
1992	2548991	2440907	8370	53100	33969	12645
1993	2450080	2349086	7318	50828	26659	16189
1994	2534843	2412841	5801	62742	37218	16241
1995	2448028	2325133	4928	77917	24793	15257
1996	2737179	2597117	6905	77701	40598	14858
1997	2928132	2757668	9551	85889	58636	16388
1998	2618000	2443065	10211	90492	57497	16735
1999	2750152	2503557	9372	100343	121111	15769
2000	2623327	2405899	5324	98682	98444	14978
2001	2503041	2299943	6859	97099	86043	13097
2002	2119788	1908942	5245	116868	72908	15825
2003	2163732	1939536	3091	121342	82360	17403
2004	2520412	2300549	3498	125934	74045	16386
2005	2622817	2386731	3598	131021	82366	19101
2006	2689300	2446838	3594	130454	87792	20622
2007	2679690	2399952	3152	163987	88095	24504

9-3 历年耕地面积

单位:千公顷

年份	合计	水田	旱地	每一农业人口占有耕地(亩)
1949	274.27	253.77	20.50	
1950	278.19	255.97	22.22	1.60
1951	282.98	258.87	24.11	1.60
1952	287.05	264.09	22.96	1.62
1953	291.23	265.75	25.48	1.62
1954	292.94	265.89	27.05	1.62
1955	297.80	266.27	31.53	1.63
1956	298.36	265.45	32.91	1.62
1957	295.05	260.49	34.56	1.61
1958	276.36	247.11	29.25	1.54
1959	271.76	241.87	29.89	1.56
1960	266.09	234.82	31.27	1.58
1961	261.71	235.12	26.59	1.55
1962	263.38	234.45	28.93	1.53
1963	261.97	235.25	26.72	1.47
1964	264.50	235.60	28.90	1.45
1965	265.87	235.99	29.88	1.41
1966	264.43	234.05	30.38	1.36
1967	263.07	231.56	31.51	1.32
1968	257.48	231.51	25.97	1.26
1969	260.65	231.72	28.93	1.22
1970	261.79	231.55	30.24	1.19
1971	261.47	231.93	29.54	1.18
1972	260.93	231.17	29.76	1.16
1973	260.49	230.51	29.98	1.14
1974	260.03	229.66	30.37	1.14
1975	258.92	228.44	30.48	1.09
1976	257.33	227.44	29.89	1.08
1977	257.11	227.22	29.89	1.06
1978	255.91	226.27	29.64	1.05
1979	255.49	225.86	29.63	1.05

9－3 续表 单位:千公顷

年份	合计	水田	旱地	每一农业人口占有耕地(亩)
1980	254.80	225.85	28.95	1.04
1981	254.31	225.74	28.57	1.03
1982	253.96	225.77	28.19	1.02
1983	253.30	225.11	28.19	1.01
1984	251.97	224.80	27.17	1.02
1985	250.05	223.64	26.41	1.00
1986	249.58	223.65	25.93	0.97
1987	249.04	223.33	25.71	0.96
1988	248.44	222.91	25.53	0.94
1989	248.20	222.69	25.51	0.92
1990	247.93	222.47	25.46	0.91
1991	248.07	222.58	25.49	0.91
1992	247.89	220.03	27.86	0.90
1993	246.89	219.37	27.52	0.90
1994	246.00	218.36	27.64	0.90
1995	245.77	218.18	27.59	0.89
1996	244.68	217.20	27.48	0.89
1997	244.07	216.70	27.37	0.88
1998	242.99	215.73	27.26	0.88
1999	242.14	215.26	26.88	0.87
2000	242.32	215.26	27.06	0.87
2001	242.53	215.48	27.05	0.87
2002	239.99	214.73	25.26	0.87
2003	237.10	215.20	21.90	0.86
2004	246.79	224.31	22.48	0.89
2005	246.90	220.43	26.47	0.88
2006	…	…	…	…
2007	262.20	226.24	35.96	1.01

注:2006 年开展第二次全国农业普查,农业年报 A301 表免报,因此缺耕地面积等指标。

9-4 历年牲猪、水产品生产情况

年　份	全年出栏肉猪(万头)	年末牲猪存栏(万头)	每一农业人口出栏肉猪(头)	水产品产量(吨)	#鱼　类(吨)	#虾贝类(吨)
1950	31.14	36.44	0.12	4945	4945	
1951	34.83	39.44	0.13	4865	4865	
1952	39.97	46.42	0.15	5335	5335	
1953	43.40	48.64	0.16	5840	5840	
1954	48.56	39.24	0.18	7320	7320	
1955	45.69	41.77	0.17	6300	6300	
1956	46.70	81.19	0.17	7105	7105	
1957	72.89	123.12	0.26	7195	7175	20
1958	73.25	102.37	0.27	6635	6580	55
1959	49.19	88.98	0.19	7055	6730	325
1960	37.64	66.15	0.15	6270	5780	490
1961	15.44	37.05	0.06	4180	4125	55
1962	14.09	55.42	0.05	3875	3575	300
1963	31.27	82.81	0.12	3815	3490	325
1964	73.35	79.57	0.27	5050	4355	700
1965	68.20	76.22	0.24	7620	6170	1450
1966	55.80	101.08	0.19	8130	6805	1325
1967	80.36	104.46	0.27	3950	3925	25
1968	92.58	104.17	0.30	4220	4190	30
1969	92.69	96.31	0.29	5950	5585	365
1970	80.19	129.80	0.24	5370	5365	5
1971	97.24	150.42	0.29	5845	5835	10
1972	147.12	162.80	0.44	5350	5205	145
1973	151.93	166.88	0.44	5535	5445	90
1974	155.31	166.56	0.45	6380	6375	5
1975	132.83	165.53	0.37	6490	6480	10
1976	149.60	182.02	0.42	7415	7340	75
1977	146.23	171.03	0.40	7555	7425	130
1978	147.47	170.29	0.40	7755	7575	180
1979	154.09	199.79	0.42	9995	9510	485
1980	184.47	185.29	0.50	11865	11185	680
1981	162.53	185.15	0.44	13195	12045	1150
1982	171.95	209.23	0.46	15520	14175	1345
1983	186.52	238.51	0.49	17025	16100	925
1984	230.25	245.42	0.62	21310	21140	170
1985	273.91	265.86	0.74	23265	22785	480
1986	306.75	283.68	0.81	27050	26572	478
1987	331.33	294.08	0.87	29983	29464	519
1988	370.10	307.93	0.93	33426	32983	443
1989	378.68	313.48	0.94	36079	35585	494
1990	399.12	328.75	0.98	36669	36184	485
1991	415.00	336.04	1.02	41276	40726	550
1992	480.11	358.38	1.17	47762	47198	564
1993	537.38	396.32	1.31	53917	53234	683
1994	560.84	385.31	1.37	56256	55128	1128
1995	592.63	369.33	1.43	61664	60719	679
1996	601.34	346.91	1.50	67887	66601	710
1997	608.33	355.90	1.53	75529	73663	851
1998	622.75	345.52	1.54	77425	75451	954
1999	596.75	322.08	1.52	82195	80965	771
2000	621.28	350.78	1.58	85191	83744	1015
2001	655.78	364.91	1.67	89965	88334	1208
2002	658.26	367.07	1.69	92874	90875	1502
2003	683.13	391.77	1.77	94235	91553	2104
2004	756.66	415.30	1.96	100128	97790	1805
2005	801.54	432.77	2.08	104201	101355	2249
2006	807.05	418.46	…	108831	106399	1864
2007	832.20	431.99	2.13	109949	107340	1738

9-5 农村基层组织情况与农业生产条件(2007年)

指标	单位	全市	芙蓉区	天心区
一、农村基层组织情况				
1. 乡镇个数	个	114	1	1
#镇个数	个	83		1
2. 村(居)民委员会个数	个	1504	17	24
#村委员会个数	个	1261	15	13
二、乡村人口与从业人员				
1. 乡村户数	万户	126.05	1.11	1.88
(1)农业户	万户	110.16	1.10	1.05
(2)非农业户	万户	15.89	0.01	0.83
2. 乡村人口数	万人	426.74	4.51	4.97
#农业人口	万人	390.64	3.88	3.03
3. 乡村劳动力资源数	万人	276.52	3.78	1.80
#劳动年龄内	万人	259.33	3.25	1.66
4. 乡村从业人员数	万人	257.90	3.37	1.57
#劳动年龄内	万人	242.95	3.23	1.46
按性别分				
(1)男	万人	145.37	1.85	0.86
(2)女	万人	112.53	1.52	0.71
按国民经济行业分				
(1)农业从业人员	万人	124.69	0.25	0.60
(2)工业从业人员	万人	48.79	0.80	0.13
(3)建筑业从业人员	万人	29.33	0.55	0.38
(4)交运运输、仓储及邮政从业人员	万人	9.37	0.41	0.08
(5)信息传输、计算机服务和软件从业人员	万人	1.73	0.07	0.02
(6)批零零售业从业人员	万人	15.75	0.20	0.14
(7)住宿和餐饮业从业人员	万人	7.27	0.34	0.11
(8)其他从业人员	万人	20.97	0.75	0.11
三、农村基础设施				
1. 自来水受益村数	个	441	15	13
2. 通汽车村数	个	1261	15	13
3. 通电话村数	个	1261	15	13
4. 通电村数	个	1261	15	13
5. 有邮路及农村投递线路的村	个	1261	15	13
6. 通汽车的乡镇数	个	114	1	1
四、农业主要能源及物资消耗				
(一)农村电气化情况				
1. 农村用电量(不包括县办工业和城镇生活用电)	万千瓦小时	210531.18	3557.00	7800.00

岳麓区	开福区	雨花区	长沙县	望城县	宁乡县	浏阳市
2	3	2	20	19	33	33
1	3	1	16	16	20	25
40	57	43	269	216	425	413
35	30	39	228	177	392	332
3.10	3.40	2.51	23.91	18.92	35.24	35.98
3.00	2.70	2.22	20.70	16.54	30.74	32.11
0.10	0.70	0.29	3.21	2.38	4.50	3.87
8.60	9.79	8.12	76.08	67.01	119.85	127.81
8.10	8.08	7.22	67.72	61.48	111.42	119.71
4.91	6.25	4.92	50.00	42.09	84.82	77.95
4.64	5.78	3.56	43.18	39.95	82.05	75.26
4.73	5.01	4.26	46.55	39.34	79.38	73.69
4.59	4.01	3.05	41.64	37.69	75.20	72.08
2.62	3.23	2.31	25.07	23.21	44.59	41.63
2.11	1.78	1.95	21.48	16.13	34.79	32.06
1.65	1.18	2.05	24.04	18.91	41.19	34.82
1.12	0.86	0.46	8.14	4.40	13.92	18.96
0.76	0.99	0.47	4.72	7.60	8.78	5.08
0.14	0.90	0.20	1.40	1.09	2.73	2.42
0.03	0.06	0.05	0.19	0.27	0.56	0.48
0.24	0.31	0.51	1.89	1.85	6.09	4.52
0.21	0.28	0.26	1.66	0.75	2.27	1.39
0.58	0.43	0.26	4.51	4.47	3.84	6.02
35	26	39	116	52	60	85
35	30	39	228	177	392	332
35	30	39	228	177	392	332
35	30	39	228	177	392	332
35	30	39	228	177	392	332
2	3	2	20	19	33	33
5001.00	9972.00	7317.18	109693.00	16724.00	22954.00	27513.00

9－5 续表

指　　　标	单 位	全 市	芙蓉区	天心区
2. 乡办水电站	个	32		
装机容量	千瓦	17240		
发电量	万千瓦小时	5714		
3. 村及村以下办水电站个数	个	29		
装机容量	千瓦	4358		
发电量	万千瓦小时	742		
(二)农用化肥施用量				
1. 按实物量计算	吨	510284		2200
(1)氮 肥	吨	237762		730
(2)磷 肥	吨	122902		520
(3)钾 肥	吨	54998		180
(4)复合肥	吨	94622		770
2. 按折纯量计算	吨	151197		498
(1)氮 肥	吨	64144		
(2)磷 肥	吨	17254		69
(3)钾 肥	吨	27383		89
(4)复合肥	吨	42416		340
(三)农用塑料薄膜使用量	吨	4758	96	18
#地膜使用量	吨	3932	50	18
地膜覆盖面积	公顷	48939	556	298
(四)农用柴油使用量	吨	45498	72	125
(五)农药使用量(实物量)	吨	10137	20	5
五、耕地面积情况				
(一)年初实有耕地面积	千公顷	262.85	0.42	0.76
(二)年内增加的耕地面积	千公顷	0.95		
#新开荒地	千公顷	0.60		
园地改耕地	千公顷	0.09		
(三)年内减少的耕地面积	千公顷	1.60	0.05	0.01
国家建设占地	千公顷	0.82	0.05	0.01
其它建设占地	千公顷	0.66		
退耕还湖	千公顷	0.03		
(四)年末实有耕地面积	千公顷	262.20	0.37	0.75
#常用耕地面积	千公顷	254.31	0.37	0.75
1. 水 田	千公顷	226.24	0.06	0.56
2. 旱 地	千公顷	35.96	0.31	0.19
#水浇地	千公顷	3.76		
(五)年末耕地中国有单位的面积	千公顷	0.12		

岳麓区	开福区	雨花区	长沙县	望城县	宁乡县	浏阳市
			2		5	25
			1050		2200	13990
			212		502	5000
					11	18
					608	3750
					292	450
2151	6786	5714	94581	85628	196224	117000
874	4049	2139	39565	52344	93061	45000
519	889	1895	17964	24661	46454	30000
514	668	415	11189	5934	24098	12000
244	1180	1265	25863	2689	32611	30000
430	1911	1653	28192	18345	64019	36149
	931	633	8704	10469	31257	12150
68	116	248	2514	3699	6040	4500
252	333	203	5491	2967	12048	6000
110	531	569	11483	1210	14674	13499
213	101	69	675	879	1312	1395
149	77	45	554	867	972	1200
2009	1250	500	8512	9624	10790	15400
535	419	120	7980	1900	9654	24693
10	116	68	2850	1908	3060	2100
1.36	3.15	1.63	57.59	40.57	94.61	62.76
			0.37	0.14	0.13	0.31
			0.14	0.14	0.10	0.22
			0.06		0.03	
0.08	0.03	0.12	0.32	0.59	0.19	0.21
0.08	0.03	0.12	0.32		0.10	0.11
				0.50	0.06	0.10
					0.03	
1.28	3.12	1.51	57.64	40.12	94.55	62.86
1.28	3.09	1.50	57.64	40.12	93.80	55.76
0.84	2.58	0.92	50.86	36.34	80.20	53.88
0.44	0.54	0.59	6.78	3.78	14.35	8.98
0.41	0.05	0.04			3.26	
				0.07		0.05

9-6 主要农产品生产情况(2007年)

指　　标	单　位	全　市	芙蓉区	天心区
农作物总播种面积	**千公顷**	**631.43**	**1.96**	**2.14**
一、粮食作物播种面积	千公顷	394.87	0.26	0.78
单　产	公斤/亩	453.11	492.82	447.78
总产量	吨	2683816	1922	5239
(一)谷物播种面积	千公顷	353.94	0.26	0.77
单　产	公斤/亩	467.32	492.82	440.00
总产量	吨	2481046	1922	5082
1.稻谷播种面积	千公顷	339.67	0.26	0.76
单　产	公斤/亩	472.08	492.82	441.84
总产量	吨	2405294	1922	5037
(1)早稻播种面积	千公顷	150.49	0.09	0.28
单　产	公斤/亩	418.84	423.70	370.95
总产量	吨	945478	572	1558
#杂交稻面积	千公顷	67.47		
单　产	公斤/亩	426.67		
总产量	吨	431816		
优质稻面积	千公顷	109.43	0.09	0.27
单　产	公斤/亩	415.68	423.70	370.37
总产量	吨	682318	572	1500
(2)中稻与一季晚稻播种面积	千公顷	41.26	0.06	0.20
单　产	公斤/亩	550.52	583.33	446.67
总产量	吨	340714	525	1340
#杂交稻面积	千公顷	30.21		
单　产	公斤/亩	559.54		
总产量	吨	253554		
优质稻面积	千公顷	29.76	0.06	0.19
单　产	公斤/亩	535.87	583.33	456.14
总产量	吨	239211	525	1300
(3)晚稻播种面积	千公顷	147.92	0.11	0.28
单　产	公斤/亩	504.37	500.00	509.29
总产量	吨	1119102	825	2139
#杂交稻面积	千公顷	89.24		
单　产	公斤/亩	418.88		
总产量	吨	560709		
优质稻面积	千公顷	115.07	0.11	0.27
单　产	公斤/亩	499.06	500.00	518.52
总产量	吨	861401	825	2100
2.小麦播种面积	千公顷	1.16		
单　产	公斤/亩	181.15		
总产量	吨	3152		
3.玉米播种面积	千公顷	10.53		0.01

岳麓区	开福区	雨花区	长沙县	望城县	宁乡县	浏阳市
4.74	**11.50**	**5.07**	**149.44**	**119.75**	**187.87**	**148.96**
1.50	5.66	0.17	89.19	79.11	133.56	84.64
460.22	372.47	465.10	444.46	447.12	453.03	473.14
10355	31623	1186	594621	530571	907596	600703
1.42	5.37	0.17	81.90	68.05	123.29	72.71
450.00	356.91	465.10	450.10	458.72	463.71	509.59
9585	28749	1186	552947	468236	857558	555781
1.42	5.37	0.17	77.68	66.93	120.35	66.73
450.00	356.91	465.10	456.02	460.30	467.35	521.16
9585	28749	1186	531353	462123	843683	521656
0.67	1.92	0.08	41.47	33.25	57.37	15.36
443.98	343.13	440.00	410.00	427.89	424.00	413.00
4462	9882	528	255041	213410	364870	95155
0.06	0.26		19.33	12.40	24.30	11.12
440.00	171.54		430.07	436.83	425.00	419.00
396	669		124700	81250	154912	69889
0.41	1.66	0.08	28.67	29.61	39.10	9.54
443.58	370.00	440.00	411.95	416.14	425.00	395.00
2728	9213	528	177160	184830	249262	56525
0.08	0.45	0.03	0.67	1.75	5.63	32.39
460.00	516.89	471.11	546.97	543.85	494.67	562.00
552	3489	212	5497	14276	41775	273048
0.01	0.31		0.67	0.75	3.26	25.21
453.33	500.00		546.97	531.47	501.39	569.00
68	2325		5497	5979	24518	215167
0.05	0.13	0.03	0.66	1.38	4.16	23.10
461.33	596.92	471.11	548.99	542.32	500.00	542.00
346	1164	212	5435	11226	31200	187803
0.67	3.00	0.06	35.54	31.93	57.35	18.98
454.83	341.73	495.56	508.00	489.48	508.04	539.00
4571	15378	446	270815	234437	437038	153453
0.12	0.27		17.33	19.10	40.00	12.42
440.00	451.85		50.63	485.69	508.00	542.02
792	1830		13160	139149	304800	100978
0.36	2.73	0.06	28.33	23.48	46.80	12.93
455.19	330.84	495.56	498.06	491.14	509.00	516.00
2458	13548	446	211650	172978	357318	100078
			0.25		0.67	0.24
			144.00		188.66	198.89
			540		1896	716
			3.67	1.00	1.33	4.52

9－6 续表 1

指标	单位	全市	芙蓉区	天心区
单　产	公斤/亩	398.40		253.33
总产量	吨	62928		38
#杂交玉米播种面积	千公顷	8.30		0.01
单　产	公斤/亩	410.59		253.33
总产量	吨	51119		38
4.高粱播种面积	千公顷	0.41		
单　产	公斤/亩	511.22		
总产量	吨	3144		7
5.其他谷物播种面积	千公顷	2.17		
单　产	公斤/亩	200.55		
总产量	吨	6528		
(1)其它春夏收杂粮播种面积	千公顷	1.15		
单　产	公斤/亩	218.26		
总产量	吨	3765		
①大麦播种面积	千公顷	0.19		
单　产	公斤/亩	237.54		
总产量	吨	677		
②其他春夏收杂粮播种面积	千公顷	0.96		
单　产	公斤/亩	214.44		
总产量	吨	3088		
(2)其它秋收杂粮播种面积	千公顷	1.02		
单　产	公斤/亩	180.59		
总产量	吨	2763		
①荞麦播种面积	千公顷	0.10		
单　产	公斤/亩	222		
总产量	吨	333		
②其他秋收杂粮播种面积	千公顷	0.92		
单　产	公斤/亩	176.09		
总产量	吨	2430		
(二)豆类播种面积	千公顷	11.91		0.01
单　产	公斤/亩	217.09		740.00
总产量	吨	38783		111
1.大豆播种面积	千公顷	5.80		0.01
单　产	公斤/亩	267.09		733.33
总产量	吨	23237		110
2.绿豆播种面积	千公顷	1.18		
单　产	公斤/亩	186.44		
总产量	吨	3300		
3.蚕豌豆播种面积	千公顷	3.85		
单　产	公斤/亩	149.80		
总产量	吨	8651		1
4.红小豆播种面积	千公顷	0.09		
单　产	公斤/亩	239.26		
总产量	吨	323		

岳麓区	开福区	雨花区	长沙县	望城县	宁乡县	浏阳市
			352.01	372.00	473.98	420.00
			19378	5580	9456	28476
			3.27	0.33	0.71	3.98
			381.61	392.12	474.08	425.01
			18718	1941	5049	25373
			0.06	0.05	0.09	0.21
			1251.11	396.00	434.07	358.10
			1126	297	586	1128
			0.24	0.07	0.85	1.01
			152.78	224.76	151.92	251.16
			550	236	1937	3805
			0.06	0.06	0.33	0.70
			191.11	226.67	182.02	236.95
			172	204	901	2488
			0.03	0.05	0.03	0.08
			186.67	241.33	222.22	260.00
			84	181	100	312
			0.03	0.01	0.30	0.62
			195.56	153.33	178.00	233.98
			88	23	801	2176
			0.18	0.01	0.52	0.31
			140.00	213.33	132.82	283.23
			378	32	1036	1317
				0.01	0.08	0.01
				213.33	203.33	380.00
				32	244	57
			0.18		0.44	0.30
			140		120	280
			378		792	1260
	0.12		2.62	1.16	3.06	4.94
	352.78		202.90	180.92	223.01	225.09
	635		7974	3148	10236	16679
	0.10		1.17	0.56	1.41	2.55
	388.00		296.30	174.64	294.99	252.00
	582		5200	1467	6239	9639
			0.20	0.08	0.39	0.51
			186.00	178.33	184.96	189.02
			558	214	1082	1446
	0.02		1.09	0.46	0.98	1.30
	176.67		97.98	188.84	155.03	175.03
	53		1602	1303	2279	3413
			0.01		0.06	0.02
			106.67		297.78	130.00
			16		268	39

9－6 续表 2

指　　标	单　位	全　市	芙蓉区	天心区
5. 其他杂豆播种面积	千公顷	0.99		
单　产	公斤/亩	220.34		
总产量	吨	3272		
(三)薯类播种面积(按折粮计算)	千公顷	29.02		
单　产	公斤/亩	376.72		
总产量	吨	163987		46
1. 红薯播种面积	千公顷	17.51		
单　产	公斤/亩	417.78		
总产量	吨	109729		40
2. 马铃薯播种面积	千公顷	11.51		
单　产	公斤/亩	314.27		
总产量	吨	54258		6
#夏马铃薯播种面积	千公顷	2.89		
单　产	公斤/亩	394.97		
总产量	吨	17122		6
二、油料播种面积	千公顷	18.37		0.02
单　产	公斤/亩	122.39		90.00
总产量	吨	33725		27
1. 花生果播种面积	千公顷	3.81		
单　产	公斤/亩	205.70		
总产量	吨	11756		
2. 油菜籽播种面积	千公顷	13.13		0.02
单　产	公斤/亩	99.89		90.00
总产量	吨	19673		27
#双低油菜籽播种面积	千公顷	11.88		
单　产	公斤/亩	99.45		
总产量	吨	17722		
3. 芝麻播种面积	千公顷	0.33		
单　产	公斤/亩	136.97		
总产量	吨	678		
4. 其他油料播种面积	千公顷	1.10		
单　产	公斤/亩	98.06		
总产量	吨	1618		
三、棉花播种面积	千公顷	0.94		
单　产	公斤/亩	92.55		
总产量	吨	1305		
四、麻类播种面积	千公顷	0.18		
单　产	公斤/亩	194.44		
总产量	吨	525		

岳麓区	开福区	雨花区	长沙县	望城县	宁乡县	浏阳市
			0.15	0.06	0.22	0.56
			265.78	182.22	111.52	255.00
			598	164	368	2142
0.08	0.17		4.67	9.90	7.21	6.99
641.67	878.04		481.08	398.57	368.03	269.37
770	2239		33700	59187	39802	28243
0.07	0.07		2.67	6.59	3.74	4.37
648.57	799.05		616.73	427.12	448.98	245.00
681	839		24700	42221	25188	16060
0.01	0.10		2.00	3.31	3.47	2.62
593.33	933.33		300.00	341.71	280.77	310.00
89	1400		9000	16966	14614	12183
	0.06		0.24	0.98	0.70	0.91
	1242.22		300.00	384.90	371.43	392.67
	1118		1080	5658	3900	5360
	0.18		6.19	1.94	3.93	6.11
	140.74		84.79	119.38	157.61	138.35
	380		7873	3474	9291	12680
			0.42	0.16	2.18	1.05
			126.98	134.17	213.94	230.98
			800	322	6996	3638
	0.18		5.47	1.78	1.70	3.98
	140.74		81.00	118.05	88.00	121.01
	380		6646	3152	2244	7224
	0.18		4.97	1.78	1.20	3.75
	140.74		81.01	118.05	87.22	117.00
	380		6039	3152	1570	6581
			0.04		0.05	0.24
			115		68	155
			69		51	558
			0.26			0.84
			91.79			100.00
			358			1260
			0.02		0.37	0.55
			76.67		74.95	104.97
			23		416	866
				0.01	0.02	0.15
				120.00	113.33	210.22
				18	34	473

9－6 续表 3

指　　　标	单　位	全　市	芙蓉区	天心区
#苎麻播种面积	千公顷	0.18		
单　产	公斤/亩	194.44		
总产量	吨	525		
五、甘蔗播种面积	千公顷	0.32		
单　产	公斤/亩	3457.29		
总产量	吨	16595		
六、烟叶播种面积	千公顷	8.76		
单　产	公斤/亩	141.07		
总产量	吨	18536	10	
1.烤烟播种面积	千公顷	7.98		
单　产	公斤/亩	139.03		
总产量	吨	16642	10	
2.晒(土)烟播种面积	千公顷	0.78		
单　产	公斤/亩	161.88		
总产量	吨	1894		
七、药材播种面积	千公顷	3.39		
单　产	公斤/亩	453.39		
总产量	吨	23055		
八、蔬菜播种面积(含菜用瓜)	千公顷	126.85	1.60	1.20
单　产	公斤/亩	2062.17	2877.00	1784.44
总产量	吨	3923788	69048	32120
九、瓜果类播种面积	千公顷	5.58		0.08
单　产	公斤/亩	1567.90		3692.50
总产量	吨	131233	220	4431
(1)西瓜播种面积	千公顷	4.42		0.05
单　产	公斤/亩	1680.48		5756.00
总产量	吨	111416	80	4317
(2)甜瓜播种面积	千公顷	0.91		0.02
单　产	公斤/亩	1182.93		186.67
总产量	吨	16147	90	56
(3)草莓播种面积	千公顷	0.25		0.01
单　产	公斤/亩	978.67		386.67
总产量	吨	3670	50	58
十、其它农作物播种面积	千公顷	72.18	0.10	0.06
1.青饲料播种面积	千公顷	27.76		0.01
2.绿肥播种面积	千公顷	30.02		0.01
3.其他农作物播种面积	千公顷	14.40	0.10	0.04
4.其他农作物产量	吨	1210.53		
莲子(肉莲)	吨	501.70		
菱角	吨	679.95		
荸荠	吨	28.88		
附:国有单位粮食播种面积	千公顷	0.10		
单　产	公斤/亩	473.33		
总产量	吨	710		

岳麓区	开福区	雨花区	长沙县	望城县	宁乡县	浏阳市
				0.01	0.02	0.15
				120.00	113.33	210.22
				18	34	473
				0.04	0.03	0.25
				3000.00	1877.78	3720.00
				1800	845	13950
			0.07	0.01	2.79	5.89
			127.62	166.67	140.02	141.56
			134	25	5860	12507
			0.01	0.01	2.22	5.74
			126.67	166.67	130.99	142.00
			19	25	4362	12226
			0.06		0.57	0.15
			127.78		175.20	124.89
			115		1498	281
			0.13	0.22	0.97	2.07
			1615.38	84.85	473.81	410.02
			3150	280	6894	12731
3.22	5.44	4.44	23.80	28.15	32.02	26.98
2544.49	2097.76	2930.93	2330.00	1988.12	1859.51	1900.00
122899	171177	195200	831810	839483	893121	768930
0.01	0.02	0.08	1.36	0.51	0.98	2.54
1180.00	533.33	1250.00	1773.38	1659.22	1360.68	1466.48
177	160	1500	36177	12693	20002	55873
0.01	0.01	0.03	0.88	0.45	0.91	2.08
1180.00	933.33	1111.11	2010.00	1705.48	1358.97	1590.00
177	140	500	26532	11512	18550	49608
			0.37	0.05	0.04	0.43
			1381.08	1482.67	1741.67	957.98
			7665	1112	1045	6179
	0.01	0.05	0.11	0.01	0.03	0.03
	133.33	1333.33	1200.00	460.00	904.44	191.11
	20	1000	1980	69	407	86
0.02	0.20	0.38	28.68	9.76	13.20	19.78
0.02	0.09		6.67	4.66	7.90	8.41
	0.05	0.38	15.73	4.20	3.70	5.95
	0.06		6.28	0.90	1.60	5.42
			8.00	768.00	420.00	14.53
			6.00	361.00	130.00	4.70
				407.00	270.00	2.95
			2.00		20.00	6.88
						0.10
						473.33
						710

9-7 茶叶、水果生产情况(2007年)

指标	单位	全市	芙蓉区	天心区
一、茶叶产量	吨	21767	1	1
红毛茶、红碎茶原料	吨	8428		
绿毛茶	吨	8792		1
乌龙毛茶	吨	28		
紧压茶原料	吨	30		
其它茶	吨	4489	1	
二、水果产量	吨	263581	329	4579
1. 园林水果	吨	126482	109	180
柑	吨	18488		14
桔	吨	61190	82	145
橙	吨	1048		
柚	吨	3519		6
桃	吨	7511		
猕猴桃	吨	808		
李子	吨	8359		
梨	吨	5960		
葡萄	吨	10719	3	3
红枣(干枣应折成鲜枣)	吨	560	2	
鲜柿子(柿饼应折成鲜柿)	吨	5032		
枇杷	吨	349		
其他园林水果	吨	2898	22	12
2. 瓜果类水果(西瓜、甜瓜、草莓)	吨	137099	220	4399
三、年末茶园面积	千公顷	12.29	0.01	
#当年采摘	千公顷	10.42	0.01	
四、年末果园面积	千公顷	15.09	0.01	0.04
#柑桔园面积	千公顷	7.49	0.01	0.03
桃园面积	千公顷	1.64		
猕猴桃园面积	千公顷	0.32		
梨园面积	千公顷	1.20		
葡萄园面积	千公顷	0.72		0.01
柑桔树	万株	1554.29	0.18	2.20
梨树	万株	269.15		

岳麓区	开福区	雨花区	长沙县	望城县	宁乡县	浏阳市
16	8	1	15000	610	4380	1750
			7758		72	598
16	8	1	5752	610	1585	819
			10		18	0
					25	5
			1480		2680	328
7008	2360	1450	54964	26867	53224	112800
6230	2200	1361	19964	14174	25337	56927
		58		196	3420	14800
604	2125	500	8000	11426	16108	22200
			50	33	215	750
4	38	11	350	216	94	2800
8	12	21	2080	335	1355	3700
					58	750
5		1	3160	533	2140	2520
2			1950	438	1750	1820
5580		650	3375	643	170	295
			150		8	400
22		22	400	23	3	4562
1			60	28	10	250
4	25	78	380	291	6	2080
778	160	89	35000	12693	27887	55873
0.03	0.02		5.40	1.05	3.58	2.20
0.02	0.02		4.09	1.04	3.14	2.10
0.30	0.04	0.07	4.05	1.62	4.16	4.80
0.05	0.03	0.03	1.30	0.89	2.65	2.50
0.02		0.02	0.28	0.09	0.33	0.90
					0.02	0.30
			0.43	0.04	0.33	0.40
0.23			0.18	0.10	0.13	0.07
2.56	30.00	0.85	90.00	250.00	78.50	1100.00
			26.00		23.15	220.00

9－8 畜牧业生产情况(2007年)

指标	单位	全市	芙蓉区	天心区
一、当年出栏猪头数	万头	876.55	7.82	7.50
1. 出栏肉猪	万头	832.20	7.82	7.20
2. 出口中仔猪	万头	44.35		0.30
二、当年出售和自宰的牛	万头	15.81	0.01	0.02
#黄牛	万头	13.32		0.02
水牛	万头	2.48		
良种及改良乳牛	万头	0.01	0.01	
三、当年出售和自宰的肉用羊	万只	91.13		0.04
#山羊	万只	91.13		0.04
四、当年出售和自宰的肉用驴	匹	130		
五、当年出售和自宰的家禽(鸡鸭鹅)	万羽	6065.20	8.36	10.00
六、当年出售和自宰的肉用兔	万只	20.64		
七、当年出售和自宰的鹌鹑	羽	485674	150000	
八、当年出售和自宰的肉鸽	羽	108080	18000	
九、当年出售和自宰的狗	只	154811	1700	1200
十、当年肉类总产量	吨	686281	5546	4691
1. 猪肉产量	吨	560464	5318	4446
(1)肉猪肉产量	吨	554863	5318	4368
(2)出口中仔猪肉产量	吨	5601		78
2. 牛肉产量	吨	19667		25
#黄牛	吨	16500		25
水牛	吨	3167		
3. 羊肉产量	吨	12002		8
4. 驴肉产量	吨	13		
5. 禽肉产量	吨	92269	167	200
6. 兔肉产量	吨	307		
7. 其他肉产量	吨	1559	61	12

岳麓区	开福区	雨花区	长沙县	望城县	宁乡县	浏阳市
20.18	20.30	9.80	263.00	136.70	230.10	181.15
20.18	20.30	9.80	249.55	126.40	209.80	181.15
			13.45	10.30	20.30	
	0.09	1.20	4.20	0.85	6.50	2.94
	0.06	1.10	3.30	0.49	6.20	2.15
	0.03	0.10	0.90	0.36	0.30	0.79
	0.06	0.09	4.50	1.29	18.10	67.05
	0.06	0.09	4.50	1.29	18.10	67.05
						130
12.84	115.00	9.42	302.80	588.70	3820.00	1198.08
			0.48	0.51	3.75	15.90
		267954		9000	2730	55990
			8380	9600	20100	52000
	1130	1425	40406	11800	23650	73500
14117	15660	8546	181360	96265	204818	155278
13924	13804	6762	170475	86183	136370	123182
13924	13804	6762	169694	84689	133122	123182
			781	1494	3248	
	111	1560	5250	921	8125	3675
	73	1430	4125	492	7675	2680
	38	130	1125	429	450	995
	9	14	675	196	2715	8385
						13
193	1725	142	4542	8831	57300	19169
			7	7	55	238
	11	68	411	127	253	616

9－8 续表

指标	单位	全市	芙蓉区	天心区
十一、当年牛奶产量	吨	6015	548	
十二、当年蜂蜜产量	吨	715		
十三、当年蜂蜡产量	公斤	35686		
十四、当年禽蛋产量	吨	52127	190	220
十五、当年兔毛产量	吨	1		
十六、大牲畜存栏总头数	头	289690	361	100
#从事劳役的	头	128275		20
1. 牛存栏	头	289007	361	100
(1)黄牛	头	229600		70
#从事农事劳役的牛	头	96371		10
菜牛	头	79051		
能繁母牛	头	108126		10
当年生仔牛	头	43740		
(2)水牛	头	55227		30
#从事农事劳役的	头	31264		10
能繁母牛	头	16708		8
当年生仔牛	头	4686		
(3)乳牛	头	4180	361	
#能繁母牛	头	1728	260	
当年生仔牛	头	621	95	
2. 马存栏	匹	202		
#能繁母马	匹	59		
当年生仔马	匹	25		
3. 驴存栏	头	329		
#能繁母驴	头	61		
当年生仔驴	头	39		
4. 骡存栏	头	152		
#当年生仔骡	头	19		
十七、生猪存栏	万头	431.99	3.42	6.00
#能繁母猪	万头	49.16	0.15	0.58
十八、羊存栏	万只	71.98		0.04
山羊存栏	万只	71.98		0.04
#能繁母羊	万只	34.18		0.02
十九、养蜂箱数	箱	39225		
二十、兔存栏	万只	16.07		
#长毛兔	万只			
二十一、家禽存笼	万羽	2714.96	1.50	4.60
附:国有单位牲畜存栏情况				
大牲畜存栏	头	10		
猪存栏	万头	0.38		
羊存栏	万只			

岳麓区	开福区	雨花区	长沙县	望城县	宁乡县	浏阳市
57	104		2348	1268	1200	490
			6	10	38	661
					1273	34413
38	630	780	7022	16900	16794	9553
			1			
	617	606	75000	18050	120813	74143
	423	16		11568	52807	63441
	617	606	75000	18050	120770	73503
	353	596	52500	9456	109532	57093
	260	7		5238	44230	46626
		576		2739	65300	10436
	55	20	34800	3939	37830	31472
	11	20	17600	810	15700	9599
	193	10	20949	7352	10448	16245
	163	9		6330	8577	16175
	60			4178	4815	7647
	43			1027	1685	1931
	71		1551	1242	790	165
	40			960	366	102
	31			281	185	29
					43	159
					17	42
					9	16
						329
						61
						39
						152
						19
6.00	9.65	5.15	135.90	78.00	101.00	86.87
0.12	0.67	0.30	15.70	7.96	15.50	8.18
	0.02	0.09	6.00	3.32	20.01	42.50
	0.02	0.09	6.00	3.32	20.01	42.50
	0.01	0.01	0.49	2.30	7.10	24.25
			1980	1925	4120	31200
			0.85	0.64	4.70	9.88
4.65	20.20	6.03	297.80	417.40	1398.00	564.78
				10		
				0.01		0.37

9-9 渔业生产情况(2007年)

指标	单位	全市	芙蓉区	天心区
一、水产品总产量	吨	109949	805	2915
(一)淡水产品捕捞产量	吨	7363	20	
1. 鱼类(含鳝鱼、泥鳅)	吨	7087	20	
2. 甲壳类	吨	152		
3. 贝类	吨	73		
4. 其他类	吨	51		
#其他	吨	51		
(二)淡水产品养殖产量	吨	102586	785	2915
1. 鱼类(含鳝鱼、泥鳅)	吨	100253	724	2905
2. 甲壳类	吨	763		
3. 贝类	吨	750		
4. 其他类	吨	820	61	10
(1)珍珠	公斤	135152		
(2)龟	公斤	202300	200	
(3)鳖	公斤	171200	60000	10000
(4)牛蛙	吨	311		
(5)其它	吨	1	1	
二、淡水养殖面积合计	千公顷	35.08	0.07	0.27
(一)池塘养殖	千公顷	24.73	0.07	0.24
#精养池塘	千公顷	13.00	0.07	
(二)湖泊养殖	千公顷	1.79		
#粗养	千公顷	0.16		
(三)河沟养殖	千公顷	0.81		0.01
(四)水库养殖	千公顷	6.51		0.02
#粗养	千公顷	0.77		
(五)其他养殖	千公顷	1.24		
附:1. 稻田养鱼面积	千公顷	2.75		
2. 稻田养殖成鱼面积	千公顷	1.34		
成鱼产量	吨	777		
3. 养殖水面中鱼种池面积	千公顷	0.80		

岳麓区	开福区	雨花区	长沙县	望城县	宁乡县	浏阳市
1825	3550	1900	15600	28554	30600	24200
	68	18	600	2002	3620	1035
	68	18	596	1730	3620	1035
				152		
				73		
			4	47		
			4	47		
1825	3482	1882	15000	26552	26980	23165
1825	3482	1872	14881	25174	26940	22450
		10	115	513		125
				470		280
			4	395	40	310
				135000	152	
				193000	9100	
		200	4000	56000	15000	26000
				11	16	284
0.33	0.69	0.19	5.07	10.00	10.93	7.53
0.27	0.65	0.18	3.65	7.62	8.29	3.76
0.25	0.59	0.01	0.53	6.47	2.97	2.11
0.01			0.03	1.34	0.41	
			0.03	0.01	0.12	
			0.11	0.49	0.20	
0.05	0.04	0.01	1.19	0.55	1.67	2.98
0.02			0.34	0.01	0.40	
			0.09		0.36	0.79
				0.27	1.95	0.53
				0.26	0.64	0.44
				320	225	232
			0.18		0.34	0.28

9－10 农林牧渔业总产值(2007年)

指标	全市		芙蓉区	
	按现行价格计算	按可比价格计算	按现行价格计算	按可比价格计算
农林牧渔业总产值	**2310742.2**	**2157016.8**	**31743.3**	**27352.0**
一、农业产值	1142661.4	1103003.7	20313.9	18318.1
1. 谷物及其他作物	482788.3	446845.0	340.4	315.1
#粮食	446737.9	413578.3	328.3	303.7
(1)谷物	416190.7	385331.7	328.3	303.7
#小麦	461.5	218.6		
稻谷	404967.3	379966.8	328.3	303.7
玉米	9140.4	7459.8		
(2)薯类	17579.1	15706.4		
(3)油料	11874.0	9877.4		
#花生	5039.7	4262.3		
油菜籽	5646.8	4519.2		
(4)豆类	12968.2	12200.0		
#大豆	8662.9	7800.1		
(5)棉花	1534.5	1452.9		
(6)麻类	378.1	422.4		
(7)糖料	990.7	981.4		
(8)烟草	18543.7	17949.8	12.1	11.4
(9)其他农作物	2729.6	2923.0		
#饲料作物	1048.4	1440.7		
2. 蔬菜园艺作物	580041.2	579492.2	19887.9	17918.7
(1)蔬菜(含菜用瓜)	494376.2	502793.4	19130.0	17255.6
(2)花卉	12849.7	11504.9	113.7	99.5
(3)其他园艺作物	72815.2	65194.0	644.2	563.6
3. 水果、坚果、饮料和香料作物	71810.6	68925.0	85.6	84.3
(1)水果、坚果(含果用瓜)	38076.9	37398.3	84.4	83.2
#梨	1212.1	1212.1		
柑桔	9911.2	9553.4	8.9	8.6
(2)茶及其他饮料	33733.7	31526.6	1.2	1.1
#茶	33733.7	31526.6	1.2	1.1
4. 中药材	8021.4	7741.5		
二、林业产值	92616.6	83673.7	3.6	3.6
(一)林木的培育和种植	23129.2	22358.2	3.6	3.6
1. 育种育苗	19703.0	19140.7		

单位:万元

天心区		岳麓区		开福区		雨花区	
按现行价格计算	按可比价格计算	按现行价格计算	按可比价格计算	按现行价格计算	按可比价格计算	按现行价格计算	按可比价格计算
22215.2	**18754.6**	**50979.0**	**44900.0**	**62005.0**	**56700.0**	**53431.0**	**46862.0**
9675.8	9014.9	28220.6	25825.0	29928.8	28907.0	36425.0	33697.0
933.3	906.3	1590.9	1480.2	5724.2	5366.0	212.8	209.9
921.3	860.1	1590.4	1484.8	5598.1	5498.0	200.5	196.9
864.4	855.7	1509.7	1407.9	5094.8	4827.4	200.5	196.9
856.2	848.0	1509.7	1417.9	5094.8	4727.9	200.5	196.9
7.0	6.6						
4.7	4.3	80.7	71.7	263.8	203.1		
11.4	8.2			121.8	87.4		
11.1	7.9			117.4	77.4		
52.2	45.7			239.5	243.6		
50.6	44.9			224.1	198.9		
0.6	0.6	0.6	0.6	4.3	4.5	12.4	13.0
0.6	0.6	0.6	0.6	4.3	4.9		
8338.4	7716.5	23324.7	21086.9	23869.3	23215.1	34677.2	32307.7
7066.4	6603.5	15390.1	14474.8	23314.3	22721.2	31466.8	29498.7
190.8	166.9	1190.2	991.8	83.3	74.1	481.6	421.3
1081.2	946.0	6744.4	5620.4	471.8	419.9	2728.8	2387.7
404.2	392.1	3305.0	3257.9	335.3	325.9	1534.9	1376.3
399.3	392.1	3302.2	3255.3	271.5	267.6	1530.1	1371.9
19.3	18.6	3.2	3.1	236.0	236.8	67.8	
4.9	4.6	2.8	2.6	63.8	58.3	4.9	4.4
4.9	4.6	2.8	2.6	63.8	58.3	4.9	4.4
125.9	128.9	80.0	70.8	84.7	69.9	19.9	19.7
39.6	39.6			5.7	5.7	7.2	7.2
27.1	27.1						

9－10 续表 1

指　　标	全　市		芙　蓉　区	
	按现行价格计算	按可比价格计算	按现行价格计算	按可比价格计算
2. 造林	713.2	685.6	2.0	2.0
3. 抚育和管理	2712.9	2531.9	1.6	1.6
（二）竹木采运	22611.9	19630.5		
（三）林产品	46875.4	41684.9		
三、牧业产值	958824.5	857989.7	9840.1	7584.0
（一）牲畜饲养	43687.7	38704.0	153.4	133.9
1. 牛的饲养	27542.8	25337.4		
2. 羊的饲养	14422.2	12280.1		
3. 其他牲畜饲养	22.5	22.5		
4. 奶产品	1688.3	1666.4	153.4	133.9
#牛奶	1688.3	1666.4	153.4	133.9
5. 毛绒产品	11.8	11.8		
（二）猪的饲养	750901.3	675423.0	9144.1	6975.2
#肉猪	737722.1	675423.0	9144.1	6975.2
（三）家禽饲养	159187.5	138975.8	508.1	441.5
1. 肉禽	105088.8	90169.2	312.8	264.8
2. 禽蛋	54098.8	48806.3	195.3	176.7
（四）其他畜牧业	5048.0	4887.1	34.5	33.4
#兔	18.8	17.4		
四、渔业产值	92181.0	87634.4	1506.3	1371.8
1. 鱼类	84640.2	81385.0	892.8	855.7
2. 甲壳类	690.7	617.2		
3. 贝类	182.4	138.0		
4. 其他	6667.7	5494.2	613.5	516.2
五、农林牧渔服务业	24458.8	24717.6	79.5	76.6

单位:万元

天心区		岳麓区		开福区		雨花区	
按现行价格计算	按可比价格计算	按现行价格计算	按可比价格计算	按现行价格计算	按可比价格计算	按现行价格计算	按可比价格计算
2.0	2.0					2.0	2.0
10.5	10.5			5.7	5.7	5.2	5.2
				76.3	61.9	8.7	8.3
86.3	89.3	80.0	70.8	2.7	2.3	4.0	4.2
9959.7	7269.5	20785.6	17194.7	28257.4	24166.9	15761.5	11900.9
61.2	53.2	16.0	13.9	1036.6	986.1	2593.1	2232.0
54.0	46.9			1002.6	919.6	2581.5	2243.8
7.2	6.1			0.7	0.6	11.6	9.9
		16.0	16.0	33.3	30.9		
		16.0	16.0	33.3	30.9		
9360.6	6763.4	20533.6	16979.7	23748.3	20012.8	11833.5	8550.2
9273.6	6700.6	20533.6	16979.7	23748.2	20012.8	11833.5	8550.2
518.7	434.3	236.1	201.1	2173.0	1902.4	1309.2	1093.9
300.0	248.8	197.1	165.7	1414.5	1288.2	498.0	405.6
218.7	185.6	39.1	35.3	758.5	614.2	811.2	688.3
19.2	18.6			1299.5	1265.5	25.6	24.8
2384.9	2275.4	1733.8	1661.6	3697.0	3520.9	1194.6	1217.1
2294.9	2201.4	1733.8	1661.6	3697.0	3520.9	1186.9	1210.5
						6.3	5.4
90.0	74.0					1.3	1.2
68.9	65.9	159.0	147.9	37.1	35.5	30.0	27.3

9－10 续表 2

指　　　标	长　沙　县		望　城　县	
	按现行价格计算	按可比价格计算	按现行价格计算	按可比价格计算
农林牧渔业总产值	**533463.4**	**495922.0**	**374414.7**	**350632.7**
一、农业产值	268407.6	251992.0	189224.4	186152.9
1. 谷物及其他作物	103541.4	95595.0	87392.5	80432.1
#粮食	100129.2	92617.9	85382.3	78977.2
(1)谷物	93715.0	86588.7	78092.9	72154.5
#小麦	75.5	75.5	2.6	2.6
稻谷	90432.8	86431.3	77925.1	72544.8
玉米	2875.7	2875.7	85.9	85.9
(2)薯类	3592.7	3191.2	6372.8	5660.7
(3)油料	2411.5	2186.3	1094.4	784.9
#花生	343.2	290.3	138.1	116.8
油菜籽	1934.0	1785.3	917.2	677.8
(4)豆类	2821.6	2651.1	916.6	861.2
#大豆	1918.8	1728.5	541.3	487.6
(5)棉花	81.6	78.3		
(6)麻类			12.2	13.6
(7)糖料			87.5	86.6
(8)烟草	81.8	80.9	29.4	27.8
(9)其他农作物	837.3	896.7	786.7	842.6
#饲料作物	320.2	348.3	130.5	142.0
2. 蔬菜园艺作物	133376.4	126437.9	97020.2	101060.9
(1)蔬菜(含菜用瓜)	108864.9	101926.5	92549.5	97420.6
(2)花卉	3676.7	3676.7	670.6	546.0
(3)其他园艺作物	20834.7	20834.7	3800.1	3094.3
3. 水果、坚果、饮料和香料作物	31489.9	29959.0	4711.5	4557.0
(1)水果、坚果(含果用瓜)	10258.2	10112.6	2995.5	2953.0
#梨	452.4	452.4	101.6	101.6
柑桔	1405.7	1363.2	1296.1	1256.9
(2)茶及其他饮料	21231.7	19846.4	1715.9	1604.0
#茶	21231.7	19846.4	1715.9	1604.0
4. 中药材			100.2	102.9
二、林业产值	11666.8	10779.9	6874.3	5326.2
(一)林木的培育和种植	6811.0	6485.0	1684.6	1062.7
1. 育种育苗	6381.0	6381.0	1041.2	1041.2

单位:万元

宁乡县		浏阳市	
按现行价格计算	按可比价格计算	按现行价格计算	按可比价格计算
637634.0	**591526.0**	**544856.6**	**524367.5**
293993.8	290288.0	266471.5	258808.8
163074.3	150002.5	119978.5	112734.8
153268.3	141770.7	99319.5	91869.0
145424.7	134366.4	90960.4	84827.4
264.2	29.1	119.2	111.4
143239.8	133439.3	85380.1	80066.1
1497.8	145.6	4674.0	4346.0
4340.1	3855.1	2924.3	2720.3
3733.7	2677.8	4501.2	4141.0
3001.3	2538.3	1557.1	1316.9
653.0	482.5	2014.1	1488.3
3503.5	3291.9	5434.8	5106.5
2364.6	2130.1	3563.5	3210.1
		1452.9	1374.6
23.1	25.8	342.8	383.0
41.1	40.7	862.1	854.1
5490.5	5190.5	12929.9	12639.2
517.6	554.4	570.1	610.6
221.2	240.7	371.0	403.6
116775.6	126741.6	122771.5	123006.8
107834.3	119461.0	88759.9	93431.5
1341.2	1092.1	5101.7	4436.3
7600.1	6188.5	28909.9	25139.0
14143.9	13543.9	15800.3	15428.6
6323.9	6234.1	12911.8	12728.5
474.3	474.3	183.8	183.8
2198.7	2132.2	4675.5	4534.0
7820.0	7309.8	2888.5	2700.0
7820.0	7309.8	2888.5	2700.0
		7921.2	7638.6
18670.3	15775.0	55091.1	51499.7
1020.6	164.1	13556.9	12934.8
		12253.7	11691.4

9-10 续表 3

指　　标	长沙县		望城县	
	按现行价格计算	按可比价格计算	按现行价格计算	按可比价格计算
2. 造林	104.0	104.0	22.5	21.5
3. 抚育和管理	326.0	301.1	620.9	592.3
（二）竹木采运	1090.6	864.5	643.0	566.5
（三）林产品	3765.2	3129.3	4546.7	3104.7
三、牧业产值	238433.7	218800.8	143034.0	125959.8
（一）牲畜饲养	7773.2	7204.8	1832.7	1599.1
1. 牛的饲养	6537.0	6386.9	1316.9	1193.5
2. 羊的饲养	567.0	555.3	160.7	126.2
3. 其他牲畜饲养				
4. 奶产品	657.4	657.4	355.0	355.0
#牛奶	657.4	657.4	355.0	355.0
5. 毛绒产品	11.8	11.8		
（二）猪的饲养	217334.1	199423.5	115407.9	100235.3
#肉猪	213285.4	195674.7	112113.3	97489.8
（三）家禽饲养	12611.5	11481.9	25497.5	23839.6
1. 肉禽	5392.9	4952.1	8124.3	8124.3
2. 禽蛋	7218.6	6529.7	17373.2	15715.2
（四）其他畜牧业	714.9	690.6	295.9	285.9
兔	0.5	0.5	0.5	0.5
四、渔业产值	10715.2	10196.6	30701.7	28613.6
1. 鱼类	10524.4	10013.7	24659.7	23634.0
2. 甲壳类	145.9	145.9	446.9	386.6
3. 贝类			114.6	86.7
4. 其他	44.9	36.9	5480.6	4506.3
五、农林牧渔服务业	4240.0	4152.8	4580.3	4580.3

单位:万元

宁乡县		浏阳市	
按现行价格计算	按可比价格计算	按现行价格计算	按可比价格计算
172.0	164.1	408.7	390.0
848.6	762.1	894.4	853.4
6189.3	5212.3	14604.0	12917.0
11460.3	9636.5	26930.2	25647.8
295492.4	257135.0	197260.1	187978.1
14431.6	12703.9	15789.9	13777.1
11095.0	10055.3	4955.8	4491.4
3000.6	2356.0	10674.4	9226.0
		22.5	22.5
336.0	336.0	137.2	137.2
336.0	336.0	137.2	137.2
194613.6	170477.4	148925.6	146005.5
188864.8	164611.5	148925.6	146005.5
85643.4	73177.2	30690.0	26403.9
67505.8	56770.5	21343.4	17949.2
18137.5	16406.6	9346.7	8454.7
803.8	776.6	1854.6	1791.7
3.8	3.5	14.0	12.9
23149.4	22441.0	17098.1	16336.4
22920.0	22252.4	16730.7	16034.8
		91.6	79.3
		67.8	51.3
229.4	188.6	208.0	171.0
6328.2	5886.7	8935.8	9744.6

10 工　业

长沙统计年鉴

10－1　历年工业总产值

单位:万元

年　份	合　计	# 大中型企业	# 国有工业	#集体工业	# 乡办工业	轻工业	重工业
	按 1952 年不变价格计算						
1949	5791	…	433		…	4896	895
1950	9002	…	1630	39	…	7921	1081
1951	14892	…	4057	129	…	12945	1947
1952	20409	…	10400	201	…	17076	3333
1953	28847	…	14602	378	…	24199	4648
1954	30875	…	17846	714	…	24523	6352
1955	35450	…	19311	2234	…	28742	6708
1956	45732	…	36351	7660	…	35686	10046
1957	49355	…	39277	9360	…	39189	10166
	按 1957 年不变价格计算						
1957	46096	…	36541	8845		36868	9228
1958	80433	…	58213	22109	4659	59711	20722
1959	105816	…	75554	30262	4455	68870	36946
1960	120489	…	86411	34078	3508	68554	51935
1961	63898	…	46444	17333	1051	46572	17326
1962	53339	…	38507	14580	467	40256	13083
1963	54016	…	40829	12992	178	38672	15344
1964	64857	…	49533	15219	290	45358	19499
1965	79691	…	58891	20797	1277	51868	27823
1966	96285	…	68584	27701	3073	62743	33542
1967	87318	…	59683	27635	3151	57524	29794
1968	78585	…	51981	26604	3382	54247	24338
1969	97375	…	68078	29297	2194	60575	36800
1970	140654	…	104311	36343	2948	78545	62109
1971	150535	…	111997	38538	3577	81623	68912
	按 1970 年不变价格计算						
1971	132575	…	96260	36315	3577	72794	59781
1972	154173	48387	113309	40864	3627	86545	67628
1973	163927	50018	118714	45213	4691	93632	70295
1974	128974	34209	89526	39448	5633	82062	46912
1975	163374	51074	113325	50049	7181	94128	69246
1976	147984	37453	97010	50974	9479	88653	59331
1977	190006	50228	125967	64039	11791	106133	83873
1978	238489	55004	153188	85301	14509	132376	106113
1979	274260	63033	178564	95696	17671	155407	118853
1980	302624	69477	192773	108551	19593	180677	121947
1981	312240	67577	193803	117076	20046	199146	113094

单位:万元

年 份	合 计	# 大中型企业	# 国有工业	#集体工业	# 乡办工业	轻工业	重工业
				按 1980 年不变价格计算			
1981	305989	65529	190040	114625	20357	197536	108453
1982	318933	68386	192110	124599	22348	204500	114433
1983	339270	80644	203733	135294	24694	213291	125979
1984	387985	108532	228587	158835	30208	239867	148118
1985	463521	139538	255540	207209	42044	279040	184481
1986	524318	179662	294463	218422	46225	301104	223214
1987	635046	227241	348228	271609	65890	364015	271031
1988	763387	275958	406300	329184	90309	418990	344397
1989	837404	307890	418981	369449	68336	465656	371748
1990	864295	332217	428900	388730	79207	481316	382979
				按 1990 年不变价格计算			
1990	1201241	519530	685839	461738	124188	680329	520912
1991	1389702	572449	751752	561615	167332	780430	609272
1992	1655135	646830	877163	716342	219372	856131	799004
1993	1923267	828288	907141	900189	345084	988828	934439
1994	2261762	917685	950930	664639	352342	1215599	1046163
1995(原规定)	2625906	888684	1072289	635231	388926	1458138	1167768
1995(新规定)	2465662	884923	1047582	887074	410523	1347777	1117885
1996	2874962	916152	1112524	1103270	492329	1465786	1409176
1997	3366581	1029812	1169371	1147896	518527	1655539	1711042
1998	3871568	1157742	1244845	1082559	490985	1812982	2058586
1999	4316798	1322056	1338019	990848		1990907	2325891
2000	4836651	1486342	1530512	914127		2235016	2601635
2001	5349642	1975827	1208526	1011082		2404381	2945261
2002	6079083	2522050	1318284			2412608	3666475
2003	7147780	2435058	1703105			2516350	4631430
				按当年价格计算			
2003	8034980	4075032	2273348			3438771	4596209
2004	10060596	4848325	2679230			4488562	5572034
2005	13006235	6193647	3151357			5802766	7203469
2006	16509547	7667315	3998824			5978281	10531266
2007	21546411	9933579	5289693			7461083	14085328

注:从 1999 年起国有工业数据包含国有及国有控股工业企业。

10－2 历年工业总产值指数

（以1949年为100）

年 份	工业总产值	# 国有工业	轻工业	重工业
1949	100	100	100	100
1950	155.4	376.4	161.8	120.8
1951	257.2	937.0	264.4	217.5
1952	352.4	2401.8	348.8	372.4
1953	498.1	3372.3	496.3	519.3
1954	533.2	4121.5	500.9	709.7
1955	612.2	4459.8	587.1	749.5
1956	789.1	8395.2	728.9	1122.5
1957	852.3	9070.9	800.4	1135.9
1958	1487.1	14451.0	1296.4	2550.5
1959	1956.4	18755.9	1495.3	4547.5
1960	2227.7	21451.0	1488.4	6392.4
1961	1181.4	11529.6	1011.2	2132.5
1962	986.2	9559.1	874.0	1610.3
1963	998.7	10135.6	839.6	1888.6
1964	1199.1	12296.3	984.8	2400.0
1965	1473.4	14619.4	1126.1	3424.6
1966	1780.2	17025.6	1362.3	4128.5
1967	1614.4	14815.9	1248.9	3667.2
1968	1453.0	12903.9	1177.8	2995.6
1969	1800.4	16900.0	1315.2	4529.5
1970	2600.6	25894.7	1705.3	7544.6
1971	2783.3	27802.8	1772.2	8481.9
1972	3236.5	32726.1	2106.9	9595.6
1973	3441.3	34287.3	2279.4	9974.1
1974	2707.5	25857.0	1997.8	6656.3
1975	3429.7	32730.7	2291.5	9825.1
1976	3106.6	28018.7	2158.2	8418.3
1977	3988.8	36382.0	2583.7	11900.6
1978	5006.7	44180.5	3280.2	15302.0

10－2 续表 1　　(以 1949 年为 100)

年　份	工业总产值	# 国有工业	轻工业	重工业
1979	5757.7	51499.1	3860.0	17181.1
1980	6353.2	55597.1	4477.1	17585.4
1981	6555.0	55894.1	4934.7	16308.7
1982	6832.3	56502.9	5108.7	17208.0
1983	7268.0	59921.5	5328.3	18944.2
1984	8311.6	67231.5	5992.2	22273.4
1985	9929.8	75158.8	6970.8	27741.5
1986	11232.2	86606.8	7522.0	33566.0
1987	13604.2	102420.0	9093.6	40756.5
1988	16353.6	119500.0	10466.6	51789.0
1989	17939.4	123387.3	11764.7	56626.4
1990	18514.8	126305.5	12159.6	58332.8
1991	21419.6	138444.2	13948.7	68227.5
1992	25510.7	161540.1	15301.7	89446.2
1993	29643.5	167061.0	17673.5	104562.7
1994	34860.7	175125.0	21720.7	117057.9
1995	40473.3	181107.4	26043.1	130636.7
1996	47191.9	192334.7	28334.9	164732.8
1997	55261.7	202162.5	31990.1	199985.6
1998	63550.9	215210.6	35029.2	240582.7
1999	70859.3	237359.0	38462.1	271858.5
2000	79362.4	271506.4	43191.8	303937.8
2001	87774.8	214490.1	46474.4	344057.6
2002	99712.2	234008.7	46613.8	428351.1
2003	120950.9	302339.2	48618.2	541007.4
2004	151430.5	367946.9	63461.3	655863.3
2005	192771.0	484954.0	80215.1	847375.4
2006	251951.7	614921.7	101632.5	1129551.4
2007	328819.1	813425.8	126840.5	1510749.0

10－2 续表 2

（以上年为 100）

年　份	工业总产值	# 国有工业	轻工业	重工业
1950	155.4	376.4	161.8	120.8
1951	165.4	248.9	163.4	180.1
1952	137.0	256.3	131.9	171.2
1953	141.3	140.4	141.7	139.5
1954	107.0	122.2	101.3	136.7
1955	114.8	108.2	117.2	105.6
1956	129.0	188.2	124.2	149.8
1957	107.9	108.0	109.8	101.2
1958	174.5	159.3	162.0	224.5
1959	131.6	129.8	115.3	178.3
1960	113.9	114.4	99.5	140.6
1961	53.0	53.7	67.9	33.4
1962	83.5	82.9	86.4	75.5
1963	101.3	106.0	96.1	117.3
1964	120.1	121.3	117.3	127.1
1965	122.9	118.9	114.4	142.7
1966	120.8	116.5	121.0	120.6
1967	90.7	87.0	91.7	88.8
1968	90.0	87.1	94.3	81.7
1969	123.9	131.0	111.7	151.2
1970	144.4	153.2	129.7	168.8
1971	107.0	107.4	103.9	110.0
1972	116.3	117.7	118.9	113.1
1973	106.3	104.8	108.2	103.9
1974	78.7	75.4	87.6	66.7
1975	126.7	126.6	114.7	147.6
1976	90.6	85.6	94.2	85.7
1977	128.4	129.8	119.7	141.4
1978	125.5	121.6	124.7	126.5
1979	115.0	116.6	117.4	112.0
1980	110.3	108.0	110.2	102.6
1981	103.2	100.5	110.2	92.1
1982	104.2	101.1	103.5	105.5
1983	106.4	106.1	104.3	110.1
1984	114.4	112.2	112.5	117.6
1985	119.5	111.8	116.3	124.6

10－2 续表3

（以上年为100）

年份	工业总产值	# 国有工业	轻工业	重工业
1986	113.1	115.2	107.9	121.0
1987	121.1	118.3	120.9	121.4
1988	120.2	116.7	115.1	127.1
1989	109.7	103.1	111.1	107.9
1990	103.2	102.4	103.4	103.0
1991	115.7	109.6	114.7	117.0
1992	119.1	116.7	109.7	131.1
1993	116.2	103.4	115.5	116.9
1994	117.6	104.8	122.9	112.0
1995	116.1	112.8	119.9	111.6
1996	116.6	106.2	108.8	126.1
1997	117.1	105.1	112.9	121.4
1998	115.0	111.0	109.5	120.3
1999	111.5	110.3	109.8	113.0
2000	112.0	112.8	112.3	111.8
2001	110.6	79.0	107.6	113.2
2002	113.6	109.1	100.3	124.5
2003	121.3	129.2	104.3	126.3
2004	125.2	121.7	130.5	121.2
2005	127.3	131.8	126.4	129.2
2006	130.7	126.8	126.7	133.3
2007	130.5	132.3	124.8	133.7

10－3 全部工业总产值

单位：万元

指标	2007年		2006年	
	企业单位数（个）	按当年价格计算	企业单位数（个）	按当年价格计算
一、全社会工业总产值	51880	21546411	52424	16509547
按是否国有控股分：				
国有及国有控股	123	5289693	138	3998824
其它经济	51757	16256718	52286	12510723
二、主营业务收入500万元以上	2047	17326728	1920	12717585
# 大型	12	5449790	12	3856891
中型	138	4483789	124	3810424
# 轻工业	687	6195178	653	4907431
重工业	1360	11131550	1267	7810154
三、年销售收入500万元以下非国有	49833	4219683	50504	3791962

注：全社会工业总产值对应的企业单位数含个体工业单位数。

10-4 规模以上工业主要产品产量

产　品	单　位	2007年	2006年	2007年为2006年的%
一、纺织工业产品				
化学纤维	吨		2190.00	
#合成纤维	吨		2190.00	
纱	吨	47024.67	29323.00	160.37
布	万米	180.10	172.00	104.71
#纯化纤布	万米	180.10	172.00	104.71
印染布	万米	1427.00	1828.00	78.06
针棉织品折用纱线量	吨	3537.37	3904.00	90.61
毛巾	万条	8421.50	8448.00	99.69
皮革服装	万件	34.72	28.74	120.80
服装	万件	2537.02	2363.00	107.36
二、轻工产品				
家用电冰箱	万台	36.39	36.61	99.40
家用洗衣机	万台	61.94	17.24	359.27
机制纸及纸板	吨	135370.00	178392.00	75.88
家具	万件	46.11	44.90	102.69
日用陶瓷	万件	6525.14	4289.00	152.14
合成洗涤剂	吨	157978.61	133665.00	118.19
肥皂	吨	5804.54	8647.00	67.13
牙膏	万只	1151.57	1169.73	98.45
酱油	吨	81091.00	83827.00	96.74

10－4 续表 1

产　　品	单　位	2007 年	2006 年	2007 年为 2006 年的%
卷烟	万箱	132.53	128.38	103.23
饮料酒	千升	154579.00	252685.00	61.17
＃白酒	千升	6090.00	9395.00	64.82
啤酒	千升	147596.00	240820.00	61.29
糕点	吨	688.40	672.00	102.44
乳制品	吨	38314.00	45859.00	83.55
塑料制品	万吨	12.33	14.16	87.09
皮鞋	万双	1179.40	1804.70	65.35
胶鞋	万双			
食用植物油	吨	64782.36	45745.00	141.62
配混合饲料	万吨	80.21	78.50	102.18
三、石油化工产品				
硫酸	万吨	2.65	3.67	72.12
合成氨	万吨		3.27	
农用化肥	万吨	2.19	3.98	55.08
＃氮肥	万吨		2.41	
磷肥	万吨	2.19	1.57	139.62
化学农药(原药)	吨	10222.00	9670.00	105.71
油漆	吨	74516.37	64512.00	115.51
建筑涂料	吨	5426.00	6060.00	89.54
颜料	吨	49821.72	50258.00	99.13
合成纤维聚合物	吨		1438.00	
化学原料药	吨	10222.00		
中成药	吨	7229.00	5788.00	124.90

10－4 续表 2

产　品	单　位	2007 年	2006 年	2007 年为 2006 年的%
四、机械产品				
泵	万台	0.53	0.79	67.03
风机	万台	0.61	0.55	77.09
交流电动机	万千瓦	175.40	156.70	111.93
变压器	万千伏安	50.92	82.24	61.92
轴承	万套		102.26	
电子束管(显像管)	万只	678.16	730.47	92.84
集成电路	万块	10.12	20.81	48.63
终端显示设备	台	52562.00	39226.00	134.00
汽车	辆	89567.00	71701.00	124.92
金属切削机床	台	2014.00	1424.00	141.43
# 数控机床	台	2014.00	1424.00	141.43
工业锅炉	蒸发量吨	3003.88	2847.00	105.51
矿山设备	吨	57940.91	39732.27	145.83
起重设备	吨	198635.00	118183.00	168.07
混凝土机械	台	8040.00	4444.00	180.92
铲土运输机械	台	1520.00	872.00	174.31
摩托车	台	23170.00	23997.00	96.55
五、冶金、电力、煤炭工业产品				
发电量	万千瓦小时	86843.00	26282.80	330.42
# 水电	万千瓦小时	9320.00	7254.00	128.48
原煤	万吨	354.73	330.38	107.37
锌	吨	765.00	830.00	92.17
钢材	吨	20841.00	28074.80	74.23
铜材	吨	6133.00	14367.00	42.69
铝材	吨	157263.00	124077.00	126.75
六、建材工业产品				
水泥	万吨	1014.54	814.42	124.57
人造板	立方米	25878.00	46637.00	55.49

10－5　1997－2007 年工业企业主要经济指标

指　　标	1997 年	1998 年 *	1999 年	2000 年	2001 年
企业单位数(个)	3360	602	672	657	744
# 亏损企业	835	273	241	223	230
工业总产值(当年价格)	3302576	2656096	3098178	3301641	3700281
工业总产值(90 年不变价格)	2427963	2017204	2471464	2779138	3191784
工业销售产值(当年价格)	3167123	2560872	3007318	3229826	3636080
工业增加值(当年价格)	1142219	990023	1071758	1178774	1325474
流动资产合计	2074862	1889708	2097902	2456692	2742156
存货	875954	713805	726300	849283	917658
# 产成品	334872	238900	259808	313282	314616
流动资产平均余额	1960894	1854156	2048376	2324274	2647381
固定资产合计	1994228	1905649	2113116	2364939	2416425
固定资产原价合计	2331723	2337912	2590306	2909204	3153749
# 生产经营用	1666457	1781283	2097570	2468448	2597481
固定资产净值平均余额	1530494	1582335	1756358	1888985	2076331
资产总计	4566876	4277157	4722014	5406433	5891896
流动负债合计	2189213	1954242	2101611	2306733	2551023
负债合计	2841077	2666746	2859586	3148273	3328496
产品销售收入	2960591	2531715	2916883	3212467	3538980
产品销售成本	2127291	1714194	1963016	2171292	2399290
产品销售费用	121909	111048	150292	164677	204212
产品销售税金及附加	267858	322040	348163	370445	356460
产品销售利润	393677	363206	455412	506053	579018
利润总额	76455	99866	176898	211786	240180
亏损企业亏损额	93683	94747	79032	55843	60056
利税总额	524612	595522	717684	789784	833951
应交增值税	180299	173616	192623	207553	237311

注:从 1998 年起工业企业主要经济指标为规模以上工业企业主要经济指标。

单位:万元

2002 年	2003 年	2004 年	2005 年	2006 年	2007 年
895	1096	1464	1691	1920	2047
258	226	263	217	165	133
4441769	5643301	7699353	9733713	12717585	17326728
4122195	5476719				
4391451	5578889	7594852	9551244	12673496	17105805
1603271	2031020	2718925	3523338	4411148	5845815
3077790	3772809	4574168	5102554	6357110	7761100
1073247	1291700	1607995	1838326	2267629	2564681
387805	443290	478979	507981	718122	1010958
2975927	3366167	4246640	5078993	6008890	6901332
2673026	2775924	3283857	3955661	4259095	5181152
3496219	3817462	4300092	5051470	5542976	6435469
3015917	3343715	3829472	4704942	4378555	
2298696	2411178	2748064	3167717	3820512	4112795
6629858	7582870	9251983	10675036	12728342	15679718
2729096	3220482	3871544	4505124	4881277	5891835
3637202	4148846	5014353	5802134	6722111	8464062
4296915	5679012	7490187	9351579	12350206	17518483
2944484	3842496	5428851	6753573	8770195	12115525
256901	318318	393043	505709	646888	
356106	402640	580931	648061	714015	899198
759425	1115558	558645	688131	1172544	1756969
332138	470195	569891	640280	950519	1704861
66425	60483	80676	62222	48274	161573
936369	1157914	1498648	1770675	2236963	3396882
248126	285078	347826	482333	572429	792824

10－6 主营业务收入500万元以上工业企业主要经济指标(2007年)

指标	企业单位数(个)	#亏损企业(个)	工业总产值(当年价格)	#新产品产值	工业销售产值(当年价格)
总计	**2047**	**133**	**17326728.2**	**2812489.6**	**17105804.7**
一、按登记注册类型分组					
内资企业	1898	101	14992998.9	2655349.7	14783972.5
国有企业	51	14	2423084.7	158441.3	2414743.3
中央企业	10	1	2048973.5	51086.5	2045387.5
地方企业	41	13	374111.2	107354.8	369355.8
集体企业	85	7	294987.4	1936.7	291730.8
股份合作企业	57	1	194365.9	3840.1	190906.2
联营企业	4		8002.6		7925.5
集体联营企业	4		8002.6		7925.5
国有与集体联营					
其他联营企业					
有限责任公司	338	39	4076390.0	921715.2	3924190.0
国有独资公司	8	2	237557.9	62193.9	238270.1
其他有限责任公司	330	37	3838832.1	859521.3	3685919.9
股份有限公司	73	6	2972468.9	1091293.2	2988451.9
私营企业	1284	34	5001342.4	478123.2	4943360.8
私营独资企业	398	6	941587.4	9245.7	933535.4
私营合伙企业	173		290425.3		288565.9
私营有限责任公司	616	23	3428891.8	461890.1	3389088.6
私营股份有限公司	97	5	340437.9	6987.4	332170.9
其他企业	6		22357.0		22664.0
港、澳、台商投资企业	64	10	692817.1	89227.3	682852.2
合资经营企业(港或澳、台资)	36	7	315581.6	4657.8	308825.9
合作经营企业(港或澳、台资)	2		3760.4		3779.6
港、澳、台商独资经营企业	23	2	364656.5	84569.5	361615.7
港、澳、台商投资股份有限公司	3	1	8818.6		8631.0
外商投资企业	85	22	1640912.2	67912.6	1638980.0
中外合资经营企业	42	7	959249.9	55951.7	924642.2
中外合作经营企业	4	1	25876.8		25990.2
外资企业	37	13	649573.4	10453.9	682863.3
外商投资股份有限公司	2	1	6212.1	1507.0	5484.3
二、按经济组织类型分组					
独资企业	594	42	4673889.4	264647.1	4684488.5
国有企业	51	14	2423084.7	158441.3	2414743.3
集体企业	85	7	294987.4	1936.7	291730.8
私营独资企业	398	6	941587.4	9245.7	933535.4

单位:万元

#出口交货值	工业增加值（生产法）	资产总计	流动资产小计	#应收帐款	存货	#产成品	流动资产年平均余额
1405293.6	**5845814.8**	**15679717.6**	**7761099.5**	**1896352.4**	**2564681.4**	**1010957.6**	**6901332.0**
995929.7	5214171.3	13839541.0	6830730.5	1604694.2	2321555.2	936140.9	6056386.5
28968.1	1380105.3	3314997.4	1372456.9	132627.8	548913.0	64260.6	1138821.5
4121.3	1283571.7	2548857.2	1021436.7	30347.4	468223.5	26157.4	781282.7
24846.8	96533.6	766140.2	351020.2	102280.4	80689.5	38103.2	357538.8
19065.9	102042.9	117568.5	48620.2	16379.5	20129.2	11282.1	47090.2
10602.9	58438.1	97627.1	42873.6	13899.9	12653.6	7947.7	41386.7
	2962.2	3259.6	1466.5	311.5	667.6	203.8	1462.6
	2962.2	3259.6	1466.5	311.5	667.6	203.8	1462.6
281571.5	1295499.0	4700167.8	2605868.0	589901.8	674820.0	277794.6	2220339.1
32684.0	66632.2	563944.7	203539.1	51455.2	63677.5	29998.0	221615.0
248887.5	1228866.8	4136223.1	2402328.9	538446.6	611142.5	247796.6	1998724.1
253088.2	818167.1	2974568.0	1517541.5	440662.9	628986.0	369615.5	1412757.6
402633.1	1550094.6	2621103.8	1236070.1	409189.6	432954.2	204291.9	1188512.5
104870.6	330287.6	381533.2	158626.2	51761.4	55101.4	28367.8	159604.5
57895.5	117028.7	120533.9	45002.5	17317.3	16514.9	10075.6	43813.9
227425.8	999302.5	1934826.9	964510.0	315442.8	340446.1	153237.7	917087.8
12441.2	103475.8	184209.8	67931.4	24668.1	20891.8	12610.8	68006.3
	6862.1	10248.8	5833.7	1721.2	2431.6	744.7	6016.3
36974.9	226508.1	576830.3	373657.3	117648.2	70914.5	22282.6	345483.5
27142.9	107000.3	296351.3	170278.2	34952.9	35903.1	12764.6	158402.1
2204.6	2131.1	4741.9	1618.7	393.4	420.2	241.6	1773.2
7627.4	113176.5	268131.3	199053.5	81851.2	33576.5	8615.3	182497.6
	4200.2	7605.8	2706.9	450.7	1014.7	661.1	2810.6
372389.0	405135.4	1263346.3	556711.7	174010.0	172211.7	52534.1	499462.0
277620.2	201826.0	563583.0	251959.0	77280.6	69245.0	16414.3	207999.3
3240.0	7552.5	31869.5	21978.6	6235.8	4969.8	1019.6	21112.7
91200.1	193374.9	656979.7	277091.0	90172.6	97996.9	35100.2	264685.9
328.7	2382.0	10914.1	5683.1	321.0			5664.1
251732.1	2118987.2	4739210.1	2055847.8	372792.5	755717.0	147626.0	1792699.7
28968.1	1380105.3	3314997.4	1372456.9	132627.8	548913.0	64260.6	1138821.5
19065.9	102042.9	117568.5	48620.2	16379.5	20129.2	11282.1	47090.2
104870.6	330287.6	381533.2	158626.2	51761.4	55101.4	28367.8	159604.5

10－6 续表1

指　　标	企业单位数（个）	# 亏损企业（个）	工业总产值（当年价格）	#新产品产值	工业销售产值（当年价格）
港、澳、台商独资经营企业	23	2	364656.5	84569.5	361615.7
外资企业	37	13	649573.4	10453.9	682863.3
合作、合伙企业	246	2	544788.0	3840.1	539831.4
股份合作企业	57	1	194365.9	3840.1	190906.2
集体联营企业	4		8002.6		7925.5
国有与集体联营					
其他联营企业					
私营合伙企业	173		290425.3		288565.9
合作经营企业(港或澳、台资)	2		3760.4		3779.6
中外合作经营企业	4	1	25876.8		25990.2
其他企业	6		22357.0		22664.0
股份有限公司	175	13	3327937.5	1099787.6	3334738.1
股份有限公司(内资)	73	6	2972468.9	1091293.2	2988451.9
私营股份有限公司	97	5	340437.9	6987.4	332170.9
外商投资股份有限公司	2	1	6212.1	1507.0	5484.3
港、澳、台商投资股份有限公司	3	1	8818.6		8631.0
有限责任公司	1032	76	8780113.3	1444214.8	8546746.7
国有独资公司	8	2	237557.9	62193.9	238270.1
其他有限责任公司	330	37	3838832.1	859521.3	3685919.9
私营有限责任公司	616	23	3428891.8	461890.1	3389088.6
合资经营企业(港或澳、台资)	36	7	315581.6	4657.8	308825.9
中外合资经营企业	42	7	959249.9	55951.7	924642.2
三、在总计中:亏损企业	133	133	1304920.7	186025.4	1309119.0
在总计中:国有控股企业	123	33	5289692.8	1337990.5	5331037.2
在总计中:农村工业	1155	35	3715250.1	131742.3	3674389.7
在总计中:轻工业	687	47	6195178.2	286529.3	6155556.3
以农产品为原料	478	25	4633792.0	157455.7	4592558.7
以非农产品为原料	209	22	1561386.2	129073.6	1562997.6
重工业	1360	86	11131550.0	2525960.3	10950248.4
采掘工业	90	1	254468.6		252849.7
原料工业	559	22	2873593.3	283718.6	2857837.9
加工工业	711	63	8003488.1	2242241.7	7839560.8
在总计中:大型企业	12	3	5449789.7	1485379.3	5383221.8
中型企业	138	21	4483788.8	915659.8	4436380.1
小型企业	1897	109	7393149.7	411450.5	7286202.8

单位:万元

#出口交货值	工业增加值（生产法）	资产总计	流动资产小计	#应收帐款	存货	#产成品	流动资产年平均余额
7627.4	113176.5	268131.3	199053.5	81851.2	33576.5	8615.3	182497.6
91200.1	193374.9	656979.7	277091.0	90172.6	97996.9	35100.2	264685.9
73943.0	194974.7	268280.8	118773.6	39879.1	37657.7	20233.0	115565.4
10602.9	58438.1	97627.1	42873.6	13899.9	12653.6	7947.7	41386.7
	2962.2	3259.6	1466.5	311.5	667.6	203.8	1462.6
57895.5	117028.7	120533.9	45002.5	17317.3	16514.9	10075.6	43813.9
2204.6	2131.1	4741.9	1618.7	393.4	420.2	241.6	1773.2
3240.0	7552.5	31869.5	21978.6	6235.8	4969.8	1019.6	21112.7
	6862.1	10248.8	5833.7	1721.2	2431.6	744.7	6016.3
265858.1	928225.1	3177297.7	1593862.9	466102.7	650892.5	382887.4	1489238.6
253088.2	818167.1	2974568.0	1517541.5	440662.9	628986.0	369615.5	1412757.6
12441.2	103475.8	184209.8	67931.4	24668.1	20891.8	12610.8	68006.3
328.7	2382.0	10914.1	5683.1	321.0			5664.1
	4200.2	7605.8	2706.9	450.7	1014.7	661.1	2810.6
813760.4	2603627.8	7494929.0	3992615.2	1017578.1	1120414.2	460211.2	3503828.3
32684.0	66632.2	563944.7	203539.1	51455.2	63677.5	29998.0	221615.0
248887.5	1228866.8	4136223.1	2402328.9	538446.6	611142.5	247796.6	1998724.1
227425.8	999302.5	1934826.9	964510.0	315442.8	340446.1	153237.7	917087.8
27142.9	107000.3	296351.3	170278.2	34952.9	35903.1	12764.6	158402.1
277620.2	201826.0	563583.0	251959.0	77280.6	69245.0	16414.3	207999.3
306756.9	267405.1	1952330.6	587008.0	164355.1	182247.4	91692.3	588078.0
275410.1	2180859.6	6663330.1	3001612.6	589452.4	1195006.6	442432.3	2715844.0
341128.8	1185608.5	1983796.9	867855.2	284071.0	305008.6	128833.3	801342.8
169350.4	2454492.5	4941360.4	2411595.4	415734.8	996652.4	299532.2	2192904.2
134110.6	2007330.3	3440520.9	1799651.5	247703.5	747667.8	129626.1	1502257.3
35239.8	447162.2	1500839.5	611943.9	168031.3	248984.6	169906.1	690646.9
1235943.2	3391322.3	10738357.2	5349504.1	1480617.6	1568029.0	711425.4	4708427.8
	95837.7	133229.1	43178.3	12556.5	9182.4	6999.7	45409.5
330244.2	957528.0	2646818.4	742195.6	184434.5	184207.8	86862.4	693678.0
905699.0	2337956.6	7958309.7	4564130.2	1283626.6	1374638.8	617563.3	3969340.3
611490.5	2294849.9	5695250.6	3317116.5	640757.8	1192704.1	372202.3	2629568.8
362454.1	1222374.1	4856980.3	2297526.6	613515.8	759110.1	363155.1	2273834.7
431349.0	2328590.8	5127486.7	2146456.4	642078.8	612867.2	275600.2	1997928.5

10－6 续表2

指　　标	企业单位数（个）	# 亏损企业（个）	工业总产值（当年价格）	#新产品产　值	工业销售产值（当年价格）
四、按工业行业大类分组					
（一）采矿业	90	1	254468.6		252849.7
1. 煤炭开采和洗选业	26	1	144788.4		143994.6
3. 黑色金属矿采选业	11		21433.1		21293.4
4. 有色金属矿采选业	5		16361.2		16254.5
5. 非金属矿采选业	48		71885.9		71307.2
（二）制造业	1930	127	16316742.8	2812489.6	16100104.8
1. 农副食品加工业	104	5	736081.7	12951.1	725116.7
2. 食品制造业	58	4	568565.6	40814.9	565612.4
3. 饮料制造业	45	3	370883.4		362157.1
4. 烟草制品业	3		1370448.3	50874.5	1371686.3
5. 纺织业	34	3	237623.0	2176.7	235377.1
6. 纺织服装、鞋、帽制造业	41	3	302258.5		298009.7
7. 皮革、毛皮、羽毛（绒）及其制品业	15	1	92874.8		88508.6
8. 木材加工及木、竹、藤、棕、草制品业	39	3	90402.7	3347.0	89816.4
9. 家具制造业	26	1	71277.6	550.0	70696.1
10. 造纸及纸制品业	78	1	196686.7		196753.2
11. 印刷业和记录媒介的复制	48	4	302759.8	269.1	304561.3
12. 文教体育用品制造业	5		28432.4	139.2	28008.9
13. 石油加工、炼焦及核燃料加工业	9	1	38798.7	132.0	39259.1
14. 化学原料及化学制品制造业	451	8	1590392.8	107321.9	1563300.2
15. 医药制造业	60	1	689462.8	75037.4	679070.4
16. 化学纤维制造业	1	1	893.9		893.9
17. 橡胶制品业	8		38515.8	8790.0	38235.8
18. 塑料制品业	76	6	428675.3	12893.1	422930.5
19. 非金属矿物制品业	184	11	903985.1	27929.7	887757.1
20. 黑色金属冶炼及压延加工业	23	1	82078.5		81217.4
21. 有色金属冶炼及压延加工业	49	6	809203.6	261482.0	808273.4
22. 金属制品业	54	5	392761.4	56341.8	379325.5
23. 通用设备制造业	169	10	999427.3	367846.6	976658.2
24. 专用设备制造业	85	9	3064167.7	1197382.5	3008445.6
25. 交通运输设备制造业	105	16	1118669.3	281091.8	1094272.6
26. 电气机械及器材制造业	74	9	801774.5	98547.3	826701.6
27. 通信设备、计算机及其他电子设备制造业	34	12	678972.7	139963.7	657221.0
28. 仪器仪表及文化、办公用机械制造业	33	2	248858.7	65447.3	239397.1
29. 工艺品及其他制造业	18	1	56309.7	1160.0	55341.1
30. 废弃资源和废旧材料回收加工业	1		5500.5		5500.5
（三）电力、燃气及水的生产和供应业	27	5	755516.8		752850.2
1. 电力、热力的生产和供应业	6	1	590952.3		590819.2
2. 燃气生产和供应业	6	1	90384.3		89414.5
3. 水的生产和供应业	15	3	74180.2		72616.5

单位:万元

#出口交货值	工业增加值（生产法）	资产总计	流动资产小计	#应收帐款	存货	#产成品	流动资产年平均余额
	95837.7	133229.1	43178.3	12556.5	9182.4	6999.7	45409.5
	58665.1	88008.0	30631.1	8737.8	5230.0	4429.1	32540.1
	6484.9	7239.7	2004.2	329.1	849.6	379.8	1838.3
	5594.4	9179.8	1891.0	888.4	348.9	212.4	2634.1
	25093.3	28801.6	8652.0	2601.2	2753.9	1978.4	8397.0
1405293.6	5504801.4	13862092.8	7437264.2	1837015.1	2542493.8	1000060.1	6603634.8
18870.0	175776.1	368994.9	155097.4	34542.7	35933.3	17422.4	141523.2
2112.8	175943.5	312549.3	189629.7	44094.2	37817.1	10172.5	182172.5
12305.9	135091.0	273162.7	111425.9	31075.2	38185.1	9404.1	97704.2
3358.2	1063057.1	1323962.5	828547.0	8459.4	438598.2	13506.4	623911.2
58006.3	71100.1	171955.4	100649.5	10262.8	53877.5	21006.6	91090.4
3002.4	84819.4	105499.3	56925.1	10146.1	33571.5	25655.1	52949.7
24212.1	28122.9	29553.6	16882.6	1520.6	6699.0	2416.6	15599.3
	31437.6	91768.3	15757.5	5022.5	7438.1	4686.7	13676.3
1313.4	20665.7	36283.6	20193.6	2468.7	6337.2	3353.5	18857.0
2004.0	61251.5	107254.0	46111.6	21544.2	13760.4	6018.1	42619.0
1443.4	108959.2	346383.7	188750.4	49824.7	44497.4	7363.5	155111.1
295.0	8033.9	12040.6	3693.2	1132.4	1899.0	832.6	3253.5
	12366.7	32412.9	16553.6	3191.3	2492.4	867.3	15257.6
384566.8	524868.4	1127916.1	602039.1	170200.3	208986.3	84419.1	589543.0
1342.2	205722.0	624408.8	196279.9	71931.5	66919.6	40066.5	200419.7
	84.6	9590.9	2113.1	155.0	390.5	248.7	2375.0
13776.4	13456.3	26308.6	15304.3	4089.2	5720.2	4931.5	13510.6
9058.9	124730.6	400230.7	188862.6	34549.4	118582.3	95747.5	251160.2
27327.4	257998.1	739906.7	273180.5	82754.0	94997.1	46519.3	254531.4
1340.6	20197.5	39410.5	13257.9	1444.6	6487.3	1701.4	11525.7
3921.8	215351.1	401499.0	195269.4	49242.1	61235.9	31366.7	183520.8
6454.7	110849.0	200282.9	106122.0	22600.6	33198.8	16727.6	96132.5
78799.0	292399.5	893526.4	485322.0	149278.2	148084.3	49735.8	456509.8
357378.5	1025151.6	3461747.6	2399169.5	648114.0	695614.1	300735.9	1938879.0
68088.8	287580.2	975738.8	378807.8	75838.2	151766.6	103265.8	381929.3
41383.5	212669.0	702475.5	359084.9	119484.0	123864.2	61973.1	343011.5
274647.2	127662.6	686886.6	253127.2	93741.7	63996.5	23895.8	232561.6
288.6	86093.0	321798.2	202379.0	87524.0	37097.0	13266.2	179174.7
9995.7	20697.6	22675.6	10359.1	1414.7	4446.9	2753.8	9105.0
	2665.6	15869.1	6368.8	1368.8			6020.0
	245175.7	1684395.7	280657.0	46780.8	13005.2	3897.8	252287.7
	199216.3	1231606.5	175940.6	17139.3	4076.5	2583.1	144925.4
	18014.5	148851.9	39168.1	6192.9	7503.7	1128.5	34938.2
	27944.9	303937.3	65548.3	23448.6	1425.0	186.2	72424.1

10－6 续表 3

指　　标	固定资产合　　计	固定资产原　　价	累计折旧	#本年折旧	固定资产净值年平均余额
总　　计	**5181152.2**	**6435469.4**	**2271834.4**	**542676.2**	**4112795.4**
一、按登记注册类型分组					
内资企业	4543638.6	5412605.0	1788814.7	413597.3	3544983.6
国有企业	1489502.6	1803485.1	647584.1	89901.9	974060.8
中央企业	1301896.2	1523863.0	513431.4	67501.0	826049.0
地方企业	187606.4	279622.1	134152.7	22400.9	148011.8
集体企业	57106.2	71671.5	26527.2	6350.5	43985.5
股份合作企业	36413.8	51498.9	19312.5	5628.0	33312.9
联营企业	1786.1	2453.4	1158.5	382.1	1280.3
集体联营企业	1786.1	2453.4	1158.5	382.1	1280.3
国有与集体联营					
其他联营企业					
有限责任公司	1143388.3	1395604.2	462265.8	105577.4	1044070.2
国有独资公司	271510.6	332642.1	107117.7	19136.8	229576.3
其他有限责任公司	871877.7	1062962.1	355148.1	86440.6	814493.9
股份有限公司	841866.8	905156.8	303185.1	86392.1	565347.4
私营企业	970062.3	1177932.9	327490.0	118884.4	879464.5
私营独资企业	189031.7	237438.6	60859.1	19305.3	175706.5
私营合伙企业	65829.1	77246.4	15345.4	6035.2	63697.1
私营有限责任公司	648722.3	781327.8	230908.3	86395.1	576339.1
私营股份有限公司	66479.2	81920.1	20377.2	7148.8	63721.8
其他企业	3512.5	4802.2	1291.5	480.9	3462.0
港、澳、台商投资企业	138995.3	218216.9	91076.9	19952.5	129056.8
合资经营企业(港或澳、台资)	86117.4	138696.1	55749.3	14325.9	83819.9
合作经营企业(港或澳、台资)	2979.7	3634.1	780.1	126.0	2961.8
港、澳、台商独资经营企业	45627.7	70096.0	32256.3	5056.1	38864.5
港、澳、台商投资股份有限公司	4270.5	5790.7	2291.2	444.5	3410.6
外商投资企业	498518.3	804647.5	391942.8	109126.4	438755.0
中外合资经营企业	249061.0	315451.8	133682.8	51385.0	194192.9
中外合作经营企业	8272.7	8421.2	3597.1	717.7	5195.9
外资企业	236925.7	474625.0	252574.1	55221.5	234981.1
外商投资股份有限公司	4258.9	6149.5	2088.8	1802.2	4385.1
二、按经济组织类型分组					
独资企业	2018193.9	2657316.2	1019800.8	175835.3	1467598.4
国有企业	1489502.6	1803485.1	647584.1	89901.9	974060.8
集体企业	57106.2	71671.5	26527.2	6350.5	43985.5
私营独资企业	189031.7	237438.6	60859.1	19305.3	175706.5

单位:万元

负债合计	流动负债合计	长期负债合计	所有者权益合计	#实收资本	主营业务收入	#主营业务成本	主营业务税金及附加
8464062.4	**5891834.6**	**2107205.2**	**7215655.2**	**2873385.0**	**17518482.7**	**12115525.2**	**899198.0**
7338523.3	4901942.2	1992510.0	6501017.7	2278906.9	15253006.6	10388647.2	873132.7
1860126.2	689780.5	1067712.3	1454871.2	294006.5	2406675.9	1189407.2	533135.6
1300310.7	290967.5	1007335.3	1248546.5	186457.6	2044247.9	901395.7	529674.4
559815.5	398813.0	60377.0	206324.7	107548.9	362428.0	288011.5	3461.2
63417.4	40752.6	8465.0	54151.1	37412.3	283197.6	218942.3	6709.4
46135.6	35542.4	2396.8	51491.5	25140.7	181494.8	125393.1	7651.4
1246.5	886.2	355.8	2013.1	1425.0	7552.3	5778.8	124.5
1246.5	886.2	355.8	2013.1	1425.0	7552.3	5778.8	124.5
2659329.0	1952347.9	573714.9	2040838.8	611632.4	4155444.0	2866757.7	120879.9
402015.4	242010.2	83761.6	161929.3	98863.4	227656.0	167976.8	1354.5
2257313.6	1710337.7	489953.3	1878909.5	512769.0	3927788.0	2698780.9	119525.4
1482704.7	1298935.1	169056.6	1491863.3	565660.5	3310116.1	2368837.3	86482.2
1220456.3	878618.2	170808.6	1400647.5	739760.5	4887860.1	3596242.0	117430.6
166223.5	110940.3	26742.7	215309.7	141484.3	900227.5	645607.9	33338.0
54643.6	32731.7	9420.5	65890.3	45743.7	279690.9	191249.6	15990.7
907607.2	676244.0	108737.5	1027219.7	507286.2	3360173.2	2501231.8	59946.8
91982.0	58702.2	25907.9	92227.8	45246.3	347768.5	258152.7	8155.1
5107.6	5079.3		5141.2	3869.0	20665.8	17288.8	719.1
309633.9	269376.1	26962.2	267196.4	115688.8	649598.3	472148.3	7753.0
151501.3	118737.7	20980.1	144850.0	57668.9	274195.6	199380.7	3635.1
634.6	544.3	85.7	4107.3	2850.0	3612.1	1888.1	356.6
153685.9	147101.4	5826.4	114445.4	51658.5	363333.7	264250.5	3683.9
3812.1	2992.7	70.0	3793.7	3511.4	8456.9	6629.0	77.4
815905.2	720516.3	87733.0	447441.1	478789.3	1615877.8	1254729.7	18312.3
326781.2	287805.6	37300.6	236801.8	137019.8	922571.8	736762.1	8631.0
17266.4	16429.1	356.8	14603.1	10912.0	23636.1	16287.2	306.3
464023.0	408745.0	50075.6	192956.7	327830.0	663453.9	496866.6	9175.9
7834.6	7536.6		3079.5	3027.5	6216.0	4813.8	199.1
2707476.0	1397319.8	1158822.0	2031734.1	852391.6	4616888.6	2815074.5	586042.8
1860126.2	689780.5	1067712.3	1454871.2	294006.5	2406675.9	1189407.2	533135.6
63417.4	40752.6	8465.0	54151.1	37412.3	283197.6	218942.3	6709.4
166223.5	110940.3	26742.7	215309.7	141484.3	900227.5	645607.9	33338.0

10－6 续表4

指　　标	固定资产合　计	固定资产原　价	累计折旧	#本年折旧	固定资产净值年平均余额
港、澳、台商独资经营企业	45627.7	70096.0	32256.3	5056.1	38864.5
外资企业	236925.7	474625.0	252574.1	55221.5	234981.1
合作、合伙企业	118793.9	148056.2	41485.1	13369.9	109910.0
股份合作企业	36413.8	51498.9	19312.5	5628.0	33312.9
集体联营企业	1786.1	2453.4	1158.5	382.1	1280.3
国有与集体联营					
其他联营企业					
私营合伙企业	65829.1	77246.4	15345.4	6035.2	63697.1
合作经营企业(港或澳、台资)	2979.7	3634.1	780.1	126.0	2961.8
中外合作经营企业	8272.7	8421.2	3597.1	717.7	5195.9
其他企业	3512.5	4802.2	1291.5	480.9	3462.0
股份有限公司	916875.4	999017.1	327942.3	95787.6	636864.9
股份有限公司(内资)	841866.8	905156.8	303185.1	86392.1	565347.4
私营股份有限公司	66479.2	81920.1	20377.2	7148.8	63721.8
外商投资股份有限公司	4258.9	6149.5	2088.8	1802.2	4385.1
港、澳、台商投资股份有限公司	4270.5	5790.7	2291.2	444.5	3410.6
有限责任公司	2127289.0	2631079.9	882606.2	257683.4	1898422.1
国有独资公司	271510.6	332642.1	107117.7	19136.8	229576.3
其他有限责任公司	871877.7	1062962.1	355148.1	86440.6	814493.9
私营有限责任公司	648722.3	781327.8	230908.3	86395.1	576339.1
合资经营企业(港或澳、台资)	86117.4	138696.1	55749.3	14325.9	83819.9
中外合资经营企业	249061.0	315451.8	133682.8	51385.0	194192.9
三、在总计中:亏损企业	838401.3	1047922.1	437321.0	105776.6	483504.1
在总计中:国有控股企业	2527757.8	2995780.0	1078623.5	184670.1	1758892.8
在总计中:农村工业	828720.7	1017496.1	267720.8	85206.8	737410.0
在总计中:轻工业	1595056.3	2145016.6	857272.7	178574.0	1309463.0
以农产品为原料	997820.6	1374413.7	587197.2	110949.2	796745.3
以非农产品为原料	597235.7	770602.9	270075.5	67624.8	512717.7
重工业	3586095.9	4290452.8	1414561.7	364102.2	2803332.4
采掘工业	72668.2	104121.2	33127.9	6941.0	70617.6
原料工业	1575221.3	1784392.0	487848.0	116349.6	1137383.4
加工工业	1938206.4	2401939.6	893585.8	240811.6	1595331.4
在总计中:大型企业	1462836.1	1952082.1	771056.2	161401.5	1277752.3
中型企业	1640966.6	2139937.7	848070.3	187919.1	1280349.0
小型企业	2077349.5	2343449.6	652707.9	193355.6	1554694.1

单位:万元

负债合计	流动负债合计	长期负债合计	所有者权益合计	#实收资本	主营业务收入	#主营业务成本	主营业务税金及附加
153685.9	147101.4	5826.4	114445.4	51658.5	363333.7	264250.5	3683.9
464023.0	408745.0	50075.6	192956.7	327830.0	663453.9	496866.6	9175.9
125034.3	91213.0	12615.6	143246.5	89940.4	516652.0	357885.6	25148.6
46135.6	35542.4	2396.8	51491.5	25140.7	181494.8	125393.1	7651.4
1246.5	886.2	355.8	2013.1	1425.0	7552.3	5778.8	124.5
54643.6	32731.7	9420.5	65890.3	45743.7	279690.9	191249.6	15990.7
634.6	544.3	85.7	4107.3	2850.0	3612.1	1888.1	356.6
17266.4	16429.1	356.8	14603.1	10912.0	23636.1	16287.2	306.3
5107.6	5079.3		5141.2	3869.0	20665.8	17288.8	719.1
1586333.4	1368166.6	195034.5	1590964.3	617445.7	3672557.5	2638432.8	94913.8
1482704.7	1298935.1	169056.6	1491863.3	565660.5	3310116.1	2368837.3	86482.2
91982.0	58702.2	25907.9	92227.8	45246.3	347768.5	258152.7	8155.1
7834.6	7536.6		3079.5	3027.5	6216.0	4813.8	199.1
3812.1	2992.7	70.0	3793.7	3511.4	8456.9	6629.0	77.4
4045218.7	3035135.2	740733.1	3449710.3	1313607.3	8712384.6	6304132.3	193092.8
402015.4	242010.2	83761.6	161929.3	98863.4	227656.0	167976.8	1354.5
2257313.6	1710337.7	489953.3	1878909.5	512769.0	3927788.0	2698780.9	119525.4
907607.2	676244.0	108737.5	1027219.7	507286.2	3360173.2	2501231.8	59946.8
151501.3	118737.7	20980.1	144850.0	57668.9	274195.6	199380.7	3635.1
326781.2	287805.6	37300.6	236801.8	137019.8	922571.8	736762.1	8631.0
1545354.4	845263.1	522336.3	406976.2	525997.6	1256644.8	1034294.3	12108.5
3714490.3	2195121.9	1324311.2	2948839.8	1007743.1	5643394.8	3562655.2	648354.8
993307.4	707885.9	183648.9	990489.5	585110.5	3563467.6	2656431.5	95265.7
1917316.9	1454644.2	346430.4	3024043.5	1168160.6	6143970.2	3861512.8	602510.0
1105271.2	907775.6	119733.4	2335249.7	666240.7	4599630.6	2741679.4	582046.4
812045.7	546868.6	226697.0	688793.8	501919.9	1544339.6	1119833.4	20463.6
6546745.5	4437190.4	1760774.8	4191611.7	1705224.4	11374512.5	8254012.4	296688.0
66362.8	51640.5	12818.2	66866.3	42871.4	245532.4	180836.9	9243.9
1923856.1	640406.4	1134113.2	722962.3	388122.6	2774531.0	2109168.4	150729.5
4556526.6	3745143.5	613843.4	3401783.1	1274230.4	8354449.1	5964007.1	136714.6
2849288.6	1806719.3	948279.1	2845962.0	375383.6	5708450.3	3431003.4	551851.2
2813534.2	2219975.5	476402.5	2043446.1	1225475.6	4612142.1	3326818.2	161901.1
2801239.6	1865139.8	682523.6	2326247.1	1272525.8	7197890.3	5357703.6	185445.7

10－6 续表 5

指　　标	固定资产合　计	固定资产原　价	累计折旧	#本年折旧	固定资产净值年平均余额
四、按工业行业大类分组					
（一）采矿业	72668.2	104121.2	33127.9	6941.0	70617.6
1. 煤炭开采和洗选业	42383.6	66929.1	24781.1	4062.5	41921.5
3. 黑色金属矿采选业	4228.3	5525.3	1297.0	299.2	4252.9
4. 有色金属矿采选业	6219.9	8053.5	2184.1	596.5	6004.4
5. 非金属矿采选业	19836.4	23613.3	4865.7	1982.8	18438.8
（二）制造业	3867578.6	4922493.1	1864868.8	467543.5	3189832.5
1. 农副食品加工业	119164.8	149579.5	35869.0	12782.4	111941.0
2. 食品制造业	78406.7	119589.4	55533.3	9555.2	72201.3
3. 饮料制造业	133486.6	185375.1	77318.7	17523.6	113756.6
4. 烟草制品业	335314.4	427390.9	225959.7	14752.9	191255.0
5. 纺织业	40591.4	57961.1	25487.9	11630.8	38612.0
6. 纺织服装、鞋、帽制造业	35259.1	46396.9	12825.1	3267.9	33909.8
7. 皮革、毛皮、羽毛（绒）及其制品业	10886.3	14345.5	3987.2	1076.8	9878.6
8. 木材加工及木、竹、藤、棕、草制品业	64324.6	48843.5	24068.7	1712.3	18649.8
9. 家具制造业	10914.2	14989.3	4504.3	1185.8	13017.1
10. 造纸及纸制品业	46976.4	59877.7	18732.8	5968.9	45654.3
11. 印刷业和记录媒介的复制	123896.6	202379.5	83013.3	21882.3	105067.9
12. 文教体育用品制造业	859.2	2137.4	1289.0	1041.8	2406.9
13. 石油加工、炼焦及核燃料加工业	14573.9	16167.7	2200.3	619.5	13877.1
14. 化学原料及化学制品制造业	326607.9	380307.4	124035.3	28999.3	262132.1
15. 医药制造业	193762.7	240348.7	77472.5	27196.6	193614.2
16. 化学纤维制造业	6495.1	7665.6	1170.5	380.5	6685.3
17. 橡胶制品业	8384.0	10802.9	2457.6	772.2	9527.5
18. 塑料制品业	126825.6	175304.7	55345.8	10820.6	120250.8
19. 非金属矿物制品业	321006.0	449370.1	156003.5	30138.9	323889.4
20. 黑色金属冶炼及压延加工业	18997.0	23744.2	5772.8	2214.9	18828.1
21. 有色金属冶炼及压延加工业	105040.4	137482.1	51650.6	22307.6	112042.4
22. 金属制品业	51747.8	71359.6	27526.1	8253.2	46637.8
23. 通用设备制造业	264110.2	338414.8	125849.9	32347.1	205407.9
24. 专用设备制造业	492520.0	523801.1	151700.0	60030.6	417132.7
25. 交通运输设备制造业	491674.7	504626.2	167496.7	46161.6	303822.8
26. 电气机械及器材制造业	206834.1	261380.2	83735.5	33154.7	157388.6
27. 通信设备、计算机及其他电子设备制造业	172486.2	375561.6	239510.9	54631.2	183571.7
28. 仪器仪表及文化、办公用机械制造业	51805.2	59776.1	20855.1	5461.3	44384.6
29. 工艺品及其他制造业	6840.5	8818.9	2484.4	700.5	6501.7
30. 废弃资源和废旧材料回收加工业	7787.0	8695.4	1012.3	972.5	7787.5
（三）电力、燃气及水的生产和供应业	1240905.4	1408855.1	373837.7	68191.7	852345.3
1. 电力、热力的生产和供应业	953269.7	1070805.5	277767.9	52518.6	622524.4
2. 燃气生产和供应业	100187.7	94420.8	8814.0	2390.3	74196.0
3. 水的生产和供应业	187448.0	243628.8	87255.8	13282.8	155624.9

单位:万元

负债合计	流动负债合　计	长期负债合　计	所有者权益合计	#实收资本	主营业务收　入	#主营业务成　本	主营业务税金及附加
66362.8	51640.5	12818.2	66866.3	42871.4	245532.4	180836.9	9243.9
49823.2	44060.7	5307.0	38184.8	20946.9	138293.8	102908.6	4557.5
2974.9	1528.6	1115.0	4264.8	3485.0	20630.3	15399.3	991.0
5677.2	2171.5	2920.9	3502.6	2390.0	15869.0	12530.0	583.3
7887.5	3879.7	3475.3	20914.1	16049.5	70739.3	49999.0	3112.1
6982824.5	5540664.0	985143.3	6879268.3	2712628.2	16521243.6	11338326.0	886131.5
154859.5	113945.6	26724.1	214135.4	91957.0	770431.9	599461.2	12360.1
156661.6	136164.0	8939.2	155887.7	76849.6	570900.7	403831.3	8700.9
160539.9	131924.1	24416.2	112622.8	87694.1	353499.5	250092.3	14730.0
106059.7	97839.6	7201.6	1217902.8	169790.0	1366883.0	331277.2	526181.4
108300.4	84420.2	13132.8	63655.0	25453.0	219687.2	167757.8	4408.6
61721.7	46544.9	9326.2	43777.6	24821.8	284477.3	220085.3	3792.2
17312.2	15470.6	740.0	12241.4	5381.9	86617.4	66010.8	1244.1
33703.7	25785.1	4412.6	58064.6	47967.2	86335.4	61221.0	2142.9
19187.0	14029.2	3679.2	17096.6	8909.3	69065.0	50746.6	1197.8
54813.8	36278.8	8444.3	52440.2	28798.2	189847.0	142698.6	4505.0
163763.6	145271.9	10175.6	182620.1	94046.4	290860.5	214415.4	2132.2
1967.2	1791.2	61.0	10073.4	1810.0	25488.4	16042.3	341.8
13567.0	12195.0	1172.0	18845.9	10424.5	38715.3	31438.9	536.1
599529.4	484158.3	52157.3	528386.7	194341.4	1527426.1	1110744.5	64464.6
224112.3	153595.7	41160.6	400296.5	135203.1	703378.1	467030.9	6881.9
10957.7	4621.0	6336.7	-1366.8	2300.0	877.1	1637.0	0.3
15403.3	13634.8	1350.0	10905.3	5518.0	36572.8	25645.5	1260.0
215200.4	144655.7	60052.5	185030.3	120783.7	417790.9	315664.0	10588.1
433838.7	338240.6	87040.1	306068.0	152220.3	845855.4	696781.4	10192.7
16418.8	11927.7	3685.9	22991.7	10255.4	77461.0	65901.0	1319.4
199997.9	97932.2	20188.7	201501.1	100347.3	787052.3	625595.6	80681.1
115465.7	107221.8	2631.5	84817.2	50620.0	372378.4	284449.3	13036.7
513081.9	436000.1	64823.3	380444.5	206225.3	967812.4	729254.5	6858.2
1933633.9	1501675.2	331450.2	1528113.7	218266.1	3316349.2	2217028.7	26320.3
593982.0	512377.1	55917.1	381756.8	268379.0	1341663.4	926150.9	59386.9
480330.0	435352.3	30159.5	222145.5	287192.8	800403.1	560871.7	5237.9
374503.9	275665.8	82839.0	312382.7	221727.8	674543.6	565953.8	13982.3
187146.5	156301.9	26222.6	134651.7	57601.7	238621.8	148105.7	2041.0
7584.4	5643.6	703.5	15091.2	7183.3	54748.9	39342.5	1607.0
9180.4			6688.7	560.0	5500.5	3090.3	
1414875.1	299530.1	1109243.7	269520.6	117885.4	751706.7	596362.3	3822.6
1136706.4	149345.3	984723.7	94900.1	26588.0	590926.9	489782.5	2944.7
99235.8	66975.8	32259.9	49616.1	22608.2	88736.3	59825.6	408.8
178932.9	83209.0	92260.1	125004.4	68689.2	72043.5	46754.2	469.1

10－6 续表 6

指　　标	营业费用	管理费用	#劳动、待业保险费	养老保险和医疗保险费	财务费用
总　计	**846605.6**	**869432.8**	**82524.4**	**135142.9**	**189823.4**
一、按登记注册类型分组					
内资企业	696789.5	756587.2	74584.6	119618.3	157251.0
国有企业	48311.5	150653.6	3663.7	18757.1	8462.7
中央企业	27880.6	105018.7	777.3	10251.8	783.8
地方企业	20430.9	45634.9	2886.4	8505.3	7678.9
集体企业	8240.3	14093.2	1794.3	3279.8	2010.4
股份合作企业	6088.8	8245.4	1750.0	1878.4	1214.4
联营企业	218.4	379.0	139.8	158.4	105.5
集体联营企业	218.4	379.0	139.8	158.4	105.5
国有与集体联营					
其他联营企业					
有限责任公司	246402.8	253671.2	12048.9	28563.8	68343.4
国有独资公司	7725.0	30138.2	295.1	3903.2	12280.1
其他有限责任公司	238677.8	223533.0	11753.8	24660.6	56063.3
股份有限公司	171334.8	130901.1	3428.7	8744.9	39417.5
私营企业	214674.8	198042.9	51656.3	58050.0	37642.6
私营独资企业	22797.8	30912.8	12576.1	13274.6	8310.6
私营合伙企业	8078.1	8712.3	6467.0	6403.7	2308.9
私营有限责任公司	167722.3	146521.3	30185.0	34664.9	23807.2
私营股份有限公司	16076.6	11896.5	2428.2	3706.8	3215.9
其他企业	1518.1	600.8	102.9	185.9	54.5
港、澳、台商投资企业	29478.9	32783.0	2225.3	3456.0	4967.1
合资经营企业(港或澳、台资)	10523.6	15786.1	1168.3	2059.3	2501.1
合作经营企业(港或澳、台资)	210.6	267.1	171.4	168.8	49.3
港、澳、台商独资经营企业	18606.3	16477.4	717.6	1001.9	2291.8
港、澳、台商投资股份有限公司	138.4	252.4	168.0	226.0	124.9
外商投资企业	120337.2	80062.6	5714.5	12068.6	27605.3
中外合资经营企业	43057.0	40148.2	2887.2	5919.0	18557.1
中外合作经营企业	2678.4	1354.8	101.0	84.3	337.5
外资企业	74096.6	37942.4	2721.3	6053.3	8411.3
外商投资股份有限公司	505.2	617.2	5.0	12.0	299.4
二、按经济组织类型分组					
独资企业	172052.5	250079.4	21473.0	42366.7	29486.8
国有企业	48311.5	150653.6	3663.7	18757.1	8462.7
集体企业	8240.3	14093.2	1794.3	3279.8	2010.4
私营独资企业	22797.8	30912.8	12576.1	13274.6	8310.6

单位：万元

#利息支出	利润总额	亏损企业亏损额	利税总额	本年应付工资总额	本年应交增值税	工业中间投入合计	全部从业人员年平均人数(人)
152862.5	**1704860.7**	**161572.6**	**3396882.4**	**885157.4**	**792823.7**	**12273737.1**	**359205**
123296.0	1638398.6	47811.2	3193613.5	787496.6	682082.2	10460909.8	322295
9449.7	348965.2	15239.3	1106455.8	110618.2	224355.0	1267334.4	29239
2500.3	353141.6	2025.9	1091037.5	71608.0	208221.5	973623.3	11012
6949.4	-4176.4	13213.4	15418.3	39010.2	16133.5	293711.1	18227
1359.4	20676.1	1402.9	38332.1	28736.6	10946.6	203891.1	13123
1047.2	10381.1	27.1	23749.0	12526.0	5716.5	141644.3	6141
103.2	720.4		1171.7	701.1	326.8	5367.2	316
103.2	720.4		1171.7	701.1	326.8	5367.2	316
58336.1	556042.7	23391.6	806966.7	226998.8	130044.1	2910935.1	81670
9442.1	-10286.5	16402.4	-4282.3	19608.9	4649.7	175575.4	13351
48894.0	566329.2	6989.2	811249.0	207389.9	125394.4	2735359.7	68319
23729.8	310110.8	2183.7	521661.6	122949.1	125068.6	2279370.4	40184
29236.1	390943.7	5566.6	691992.4	284185.0	183618.1	3634865.9	151232
6985.1	81081.1	197.6	152829.9	75279.0	38410.8	649710.6	45288
1797.3	23309.4		52365.5	31486.6	13065.4	186462.0	19244
17954.0	257506.7	4924.4	437958.7	159709.8	120505.2	2550094.5	76380
2499.7	29046.5	444.6	48838.3	17709.6	11636.7	248598.8	10320
34.5	558.6		3284.2	781.8	2006.5	17501.4	390
4770.7	75372.9	3249.0	116885.7	28442.9	33759.8	500068.8	13078
1941.6	29428.5	2599.8	45976.1	12896.6	12912.5	221493.8	6118
49.3	327.6		822.9	628.6	138.7	1768.0	405
2727.9	45317.2	644.8	69457.6	14164.8	20456.5	271936.5	6226
51.9	299.6	4.4	629.1	752.9	252.1	4870.5	329
24795.8	-8910.8	110512.4	86383.2	69217.9	76981.7	1312758.5	23832
12657.2	15638.8	46883.0	53223.2	37495.9	28953.4	786377.3	12232
20.0	2016.5	1188.8	2694.8	1774.2	372.0	18696.3	645
12118.6	-26108.0	61533.5	30476.7	29693.0	47408.8	503607.3	10817
	-458.1	907.1	-11.5	254.8	247.5	4077.6	138
32640.7	469931.6	79018.1	1397552.1	258491.6	341577.7	2896479.9	104693
9449.7	348965.2	15239.3	1106455.8	110618.2	224355.0	1267334.4	29239
1359.4	20676.1	1402.9	38332.1	28736.6	10946.6	203891.1	13123
6985.1	81081.1	197.6	152829.9	75279.0	38410.8	649710.6	45288

10－6 续表 7

指　　标	营业费用	管理费用	#劳动、待业保险费	养老保险和医疗保险费	财务费用
港、澳、台商独资经营企业	18606.3	16477.4	717.6	1001.9	2291.8
外资企业	74096.6	37942.4	2721.3	6053.3	8411.3
合作、合伙企业	18792.4	19559.4	8732.1	8879.5	4070.1
股份合作企业	6088.8	8245.4	1750.0	1878.4	1214.4
集体联营企业	218.4	379.0	139.8	158.4	105.5
国有与集体联营					
其他联营企业					
私营合伙企业	8078.1	8712.3	6467.0	6403.7	2308.9
合作经营企业(港或澳、台资)	210.6	267.1	171.4	168.8	49.3
中外合作经营企业	2678.4	1354.8	101.0	84.3	337.5
其他企业	1518.1	600.8	102.9	185.9	54.5
股份有限公司	188055.0	143667.2	6029.9	12689.7	43057.7
股份有限公司(内资)	171334.8	130901.1	3428.7	8744.9	39417.5
私营股份有限公司	16076.6	11896.5	2428.2	3706.8	3215.9
外商投资股份有限公司	505.2	617.2	5.0	12.0	299.4
港、澳、台商投资股份有限公司	138.4	252.4	168.0	226.0	124.9
有限责任公司	467705.7	456126.8	46289.4	71207.0	113208.8
国有独资公司	7725.0	30138.2	295.1	3903.2	12280.1
其他有限责任公司	238677.8	223533.0	11753.8	24660.6	56063.3
私营有限责任公司	167722.3	146521.3	30185.0	34664.9	23807.2
合资经营企业(港或澳、台资)	10523.6	15786.1	1168.3	2059.3	2501.1
中外合资经营企业	43057.0	40148.2	2887.2	5919.0	18557.1
三、在总计中:亏损企业	95341.4	98770.1	5832.0	15616.8	39692.8
在总计中:国有控股企业	187956.3	307397.7	5393.4	32218.7	58062.5
在总计中:农村工业	120812.5	128051.1	34670.1	40770.4	33030.7
在总计中:轻工业	347633.7	319981.2	29575.1	51339.1	42501.3
以农产品为原料	231363.8	225200.6	17873.2	35537.7	23067.6
以非农产品为原料	116269.9	94780.6	11701.9	15801.4	19433.7
重工业	498971.9	549451.6	52949.3	83803.8	147322.1
采掘工业	5938.3	14114.8	1671.8	4176.1	3218.4
原料工业	58623.1	97946.5	30612.1	32305.9	26655.3
加工工业	434410.5	437390.3	20665.4	47321.8	117448.4
在总计中:大型企业	291658.0	281577.2	4422.7	21165.9	60796.0
中型企业	274221.1	261454.4	17633.1	37034.1	66231.1
小型企业	280726.5	326401.2	60468.6	76942.9	62796.3

单位:万元

#利息支出	利润总额	亏损企业亏损额	利税总额	本年应付工资总额	本年应交增值税	工业中间投入合计	全部从业人员年平均人数(人)
2727.9	45317.2	644.8	69457.6	14164.8	20456.5	271936.5	6226
12118.6		61533.5	30476.7	29693.0	47408.8	503607.3	10817
3051.5	37313.6	1215.9	84088.1	47898.3	21625.9	371439.2	27141
1047.2	10381.1	27.1	23749.0	12526.0	5716.5	141644.3	6141
103.2	720.4		1171.7	701.1	326.8	5367.2	316
1797.3	23309.4		52365.5	31486.6	13065.4	186462.0	19244
49.3	327.6		822.9	628.6	138.7	1768.0	405
20.0	2016.5	1188.8	2694.8	1774.2	372.0	18696.3	645
34.5	558.6		3284.2	781.8	2006.5	17501.4	390
26281.4	338998.8	3539.8	571117.5	141666.4	137204.9	2536917.3	50971
23729.8	310110.8	2183.7	521661.6	122949.1	125068.6	2279370.4	40184
2499.7	29046.5	444.6	48838.3	17709.6	11636.7	248598.8	10320
		907.1		251.8	247.5	4077.6	138
51.9	299.6	4.4	629.1	752.9	252.1	4870.5	329
90888.9	858616.7	77798.8	1344124.7	437101.1	292415.2	6468900.7	176400
9442.1		16402.4		19608.9	4649.7	175575.4	13351
48894.0	566329.2	6989.2	811249.0	207389.9	125394.4	2735359.7	68319
17954.0	257506.7	4924.4	437958.7	159709.8	120505.2	2550094.5	76380
1941.6	29428.5	2599.8	45976.1	12896.6	12912.5	221493.8	6118
12657.2	15638.8	46883.0	53223.2	37495.9	28953.4	786377.3	12232
36311.9		161572.6		78344.5	38380.9	1075896.5	39262
43145.9	578178.4	39230.5	1562584.2	235141.1	336051.0	3444884.2	75257
26855.0	289551.9	5460.2	533548.3	258413.8	148730.7	2678372.3	141135
32029.4	620999.6	54296.3	1611827.7	249927.7	388318.1	4129003.8	102254
18367.2	528603.5	13515.1	1432525.2	186220.3	321875.3	2948337.0	72427
13662.2	92396.1	40781.2	179302.5	63707.4	66442.8	1180666.8	29827
120833.1	1083861.1	107276.3	1785054.7	635229.7	404505.6	8144733.3	256951
2410.1	18424.1	6441.1	39293.4	28534.5	11625.4	170256.3	21541
23685.2	218391.4	18145.9	501998.3	173587.1	132877.4	2048942.7	86817
94737.8	847045.6	82689.3	1243763.0	433108.1	260002.8	5925534.3	148593
49544.6	916540.6	51437.3	1782917.7	251810.3	314525.9	3469465.7	60026
54855.3	240748.3	85492.0	584307.7	222432.2	181658.3	3443073.0	91239
48462.6	547571.8	24643.3	1029657.0	410914.9	296639.5	5361198.4	207940

10－6 续表 8

指　　标	营业费用	管理费用	#劳动、待业保险费	养老保险和医疗保险费	财务费用
四、按工业行业大类分组					
（一）采矿业	5938.3	14114.8	1671.8	4176.1	3218.4
1. 煤炭开采和洗选业	2586.7	10399.3	680.5	3091.6	1805.5
3. 黑色金属矿采选业	489.9	430.1	235.2	249.4	138.0
4. 有色金属矿采选业	374.2	654.4	145.2	183.6	58.8
5. 非金属矿采选业	2487.5	2631.0	610.9	651.5	1216.1
（二）制造业	832559.6	825403.4	80529.9	128475.3	178531.8
1. 农副食品加工业	37500.6	29450.9	2356.2	4589.7	5720.5
2. 食品制造业	28211.3	28983.4	2359.9	4634.3	2728.5
3. 饮料制造业	31202.4	11982.1	1247.3	2348.7	1493.4
4. 烟草制品业	23658.9	83791.9	616.2	8050.2	
5. 纺织业	14307.6	6660.2	2434.9	3665.9	2958.1
6. 纺织服装、鞋、帽制造业	19239.3	13186.7	638.7	1595.9	1060.5
7. 皮革、毛皮、羽毛(绒)及其制品业	1382.7	7481.7	381.1	585.6	837.3
8. 木材加工及木、竹、藤、棕、草制品业	3113.1	2878.8	1468.7	1689.5	519.6
9. 家具制造业	3130.2	3002.2	549.2	662.6	766.5
10. 造纸及纸制品业	5508.7	5941.7	2643.1	3042.5	2059.4
11. 印刷业和记录媒介的复制	8570.1	17417.0	1348.4	2800.4	1372.0
12. 文教体育用品制造业	1769.1	1077.3	487.6	696.9	436.3
13. 石油加工、炼焦及核燃料加工业	2147.7	1882.1	54.0	186.2	319.1
14. 化学原料及化学制品制造业	46496.0	63461.0	26246.0	27051.1	16778.7
15. 医药制造业	90231.5	46037.0	8057.9	8301.5	8007.1
16. 化学纤维制造业	38.4	83.0	0.6	11.7	631.4
17. 橡胶制品业	2827.7	2806.7	45.1	176.4	645.7
18. 塑料制品业	12174.3	18368.6	1239.7	3216.9	5336.8
19. 非金属矿物制品业	22326.6	34185.3	3287.7	6431.4	11886.5
20. 黑色金属冶炼及压延加工业	1574.4	1564.6	126.3	212.6	748.5
21. 有色金属冶炼及压延加工业	22128.4	30673.8	2520.0	2832.9	9672.7
22. 金属制品业	11644.4	19635.0	1010.2	2772.3	2288.9
23. 通用设备制造业	43690.1	58527.1	6184.2	11507.9	9216.3
24. 专用设备制造业	221303.9	160666.7	4131.9	10890.0	41992.1
25. 交通运输设备制造业	44690.6	53841.9	3262.3	5671.1	19795.4
26. 电气机械及器材制造业	74408.3	57047.1	4582.5	7718.4	7093.1
27. 通信设备、计算机及其他电子设备制造业	34593.3	40360.7	2248.0	4640.2	21985.1
28. 仪器仪表及文化、办公用机械制造业	22544.2	20572.1	92.5	1013.7	3018.8
29. 工艺品及其他制造业	2145.8	3157.6	909.7	1478.8	140.2
30. 废弃资源和废旧材料回收加工业		679.2			471.5
（三）电力、燃气及水的生产和供应业	8107.7	29914.6	322.7	2491.5	8073.2
1. 电力、热力的生产和供应业	2479.9	12953.1	33.6	333.8	499.2
2. 燃气生产和供应业	1489.9	7669.0	60.2	850.4	3325.0
3. 水的生产和供应业	4137.9	9292.5	228.9	1307.3	4249.0

单位:万元

#利息支出	利润总额	亏损企业亏损额	利税总额	本年应付工资总额	本年应交增值税	工业中间投入合计	全部从业人员年平均人数(人)
2410.1	18424.1	6441.1	39293.4	28534.5	11625.4	170256.3	21541
1731.3	8302.4	6441.1	19789.4	18983.5	6929.5	93052.8	16643
130.6	1784.1		3541.8	1196.6	766.7	15714.9	808
58.7	1281.6		2859.9	994.4	995.0	11761.8	665
489.5	7056.0		13102.3	7360.0	2934.2	49726.8	3425
143992.3	1580613.6	151810.2	3211185.8	820359.3	744440.7	11556382.1	329554
4504.1	60035.2	409.2	87165.6	23168.5	14770.3	575075.9	9629
2542.2	52272.1	778.6	100721.2	25191.9	39748.2	432370.3	9576
1129.3	25658.8	7688.3	55668.0	16451.9	15279.2	251071.6	6816
6.1	275549.7		978644.8	39528.3	176913.7	484304.9	3602
2077.6	12999.3	3363.4	28950.8	12976.1	11542.9	178065.8	7858
788.3	20667.0	149.5	39789.8	18833.2	15330.6	232769.7	8889
683.9	6244.7	85.4	13268.8	4768.3	5780.0	70531.9	2903
439.5	5752.6	105.5	10605.0	7664.2	2709.5	61674.6	3432
524.2	6266.9	272.9	9478.3	4331.5	2013.6	52625.5	2544
1560.9	11758.8	25.8	22698.2	13685.8	6434.4	141869.6	7019
1587.9	34858.6	927.1	52793.4	13325.9	15802.6	209603.2	6562
348.2	2820.4		4031.9	922.7	869.7	21268.2	311
185.3	2003.9	27.1	5251.5	1724.6	2711.5	29143.5	593
13910.8	94653.7	854.8	213354.8	120569.7	54236.5	1119760.9	69699
4579.8	67508.6	907.1	107743.2	25390.8	33352.7	517093.5	10854
631.4		1510.9		55.5	3.0	812.3	15
664.6	3679.1		6745.8	2852.0	1806.7	26866.2	1559
4968.0	41789.0	399.7	71534.9	14987.9	19157.8	323102.5	7592
10516.9	55270.6	3814.8	106931.2	53292.9	41467.9	687454.9	28441
247.2	3974.7	1300.1	8472.1	1971.6	3178.0	65059.0	1334
8989.8	32464.1	10553.3	150485.8	18220.9	37340.6	631193.1	7757
1341.1	17573.0	3659.3	42638.9	18350.7	12029.2	293941.6	7191
8827.5	68443.4	2033.5	108672.4	63126.4	33370.8	740398.6	25209
35344.9	631262.8	4352.5	763440.0	174123.8	105856.9	2144873.0	42295
7233.3	43745.1	6876.9	137245.0	52032.6	34113.0	865202.1	22939
10093.0	4074.4	40427.1	36713.7	38593.8	27401.4	616506.9	13920
17213.0		61131.6		32775.7	18290.0	569600.1	11486
2960.5	38087.5	126.4	50845.3	15463.2	10716.8	173482.5	5717
93.0	4565.8	29.4	8386.0	5603.8	2213.2	37825.3	3662
	1243.0		1243.0	375.1		2834.9	150
6460.1	105823.0	3321.3	146403.2	36263.6	36757.6	547098.7	8110
1313.1	84521.1	2025.9	119555.6	23217.8	32089.8	423825.8	4097
3359.9	15668.0	208.4	17654.3	5273.2	1577.5	73947.3	1224
1787.1	5633.9	1087.0	9193.3	7772.6	3090.3	49325.6	2789

10－7 国有及国有控股工业企业主要经济指标(2007 年)

指标	企业单位数(个)	# 亏损企业(个)	工业总产值(当年价格)	#新产品产值	工业销售产值(当年价格)	#出口交货值
总计	**123**	**33**	**5289692.8**	**1337990.5**	**5331037.2**	**275410.1**
在总计中:亏损企业	33	33	367156.0	118785.5	360611.4	22932.8
在总计中:中央企业	10	1	2048973.5	51086.5	2045387.5	4121.3
地方企业	113	32	3240719.3	1286904.0	3285649.7	271288.8
在总计中:轻工业	37	11	1701955.1	51143.6	1697481.7	18865.5
以农产品为原料	24	9	1542196.3	50874.5	1539011.9	18865.5
以非农产品为原料	13	2	159758.8	269.1	158469.8	
重工业	86	22	3587737.7	1286846.9	3633555.5	256544.6
采掘工业	2	1	53453.2		52730.0	
原料工业	20	5	880020.6	129989.8	884870.9	777.0
加工工业	64	16	2654263.9	1156857.1	2695954.6	255767.6
在总计中:大型企业	8	2	3793599.0	1058635.7	3853226.5	200066.5
中型企业	36	10	1150947.4	276384.6	1146627.9	68679.6
小型企业	79	21	345146.4	2970.2	331182.8	6664.0
按工业行业大类分组						
(一)采矿业	2	1	53453.2		52730.0	
1. 煤炭开采和洗选业	2	1	53453.2		52730.0	
(二)制造业	111	30	4594402.1	1337990.5	4637596.5	275410.1
1. 农副食品加工业	3	1	18568.6		17553.9	
2. 食品制造业	1		6117.0		5658.2	
3. 饮料制造业	5	2	18621.6		18749.3	779.3
4. 烟草制品业	2		1365346.0	50874.5	1366540.6	3358.2
5. 纺织业	2	2	17443.3		16896.5	12978.4
6. 纺织服装、鞋、帽制造业	4	1	42437.1		40638.5	828.0
7. 皮革、毛皮、羽毛及其制品业						
8. 木材加工及木、竹、藤、棕、草制品业	1					
9. 家具制造业						
10. 造纸及纸制品业	1	1	4272.0		4272.0	
11. 印刷业和记录媒介的复制	6	2	57472.4	269.1	57404.9	921.6
12. 文教体育用品制造业						
13. 石油加工、炼焦及核燃料加工业	1		2798.0		2798.0	
14. 化学原料及化学制品制造业	8		153451.7	33435.1	152115.1	46618.4
15. 医药制造业	4		29473.5		29061.9	
16. 化学纤维制造业						
17. 橡胶制品业						
18. 塑料制品业	2	1	86266.1		86223.9	
19. 非金属矿物制品业	7	1	220734.4		208187.8	11968.7
20. 黑色金属冶炼及压延加工业						
21. 有色金属冶炼及压延加工业	6	3	252963.8	129989.8	258273.3	777.0
22. 金属制品业	5	1	49755.6		46481.1	2229.9
23. 通用设备制造业	13	3	166394.2	62794.1	162225.6	11881.6
24. 专用设备制造业	10	4	1293733.0	769696.6	1377358.6	132368.8
25. 交通运输设备制造业	13	2	574747.8	236841.3	562005.5	30354.2
26. 电气机械及器材制造业	6	2	103714.2	5662.0	98925.0	2351.6
27. 通信设备、计算机及其他电子设备制造业	8	4	114158.2	48342.2	113045.4	17968.8
28. 仪器仪表及文化、办公用机械制造业	2		14028.1	85.8	11716.4	25.6
29. 工艺品及其他制造业	1		1905.5		1465.0	
(三)电力、燃气及水的生产和供应业	10	2	641837.5		640710.7	
1. 电力、热力的生产和供应业	5	1	588852.3		588719.2	
2. 燃气生产和供应业						
3. 水的生产和供应业	5	1	52985.2		51991.5	

单位：万元

工业增加值（当年价格）	资产合计	流动资产	#应收账款	存　货	#产成品	流动资产年平均余额	固定资产合　计	固定资产原　价
2180859.6	6663330.1	3001612.6	589452.4	1195006.6	442432.3	2715844.0	2527757.8	2995780.0
80646.6	1134868.7	294375.6	79149.8	69304.3	41507.0	308445.9	554460.7	485988.6
1283571.7	2548857.2	1021436.7	30347.4	468223.5	26157.4	781282.7	1301896.2	1523863.0
897287.9	4114472.9	1980175.9	559105.0	726783.1	416274.9	1934561.3	1225861.6	1471917.0
1171854.0	2048375.4	1103426.3	63492.6	560915.4	107472.4	953188.6	580905.5	796119.5
1121990.9	1577305.9	937863.2	35798.2	465748.5	24234.2	719887.9	383210.5	535624.8
49863.1	471069.5	165563.1	27694.4	95166.9	83238.2	233300.7	197695.0	260494.7
1009005.6	4614954.7	1898186.3	525959.8	634091.2	334959.9	1762655.4	1946852.3	2199660.5
17894.2	57325.6	21758.4	7287.5	3472.6	3213.0	23789.6	21574.4	40589.0
267566.5	1468845.7	242560.8	40228.3	19336.5	14269.7	209611.8	1067472.6	1192424.4
723544.9	3088783.4	1633867.1	478444.0	611282.1	317477.2	1529254.0	857805.3	966647.1
1745453.7	3554899.4	1882569.7	317071.8	854276.4	245245.5	1568181.8	1164349.0	1597190.6
330360.2	2068503.2	832761.1	207413.2	284763.4	177064.4	898170.6	800732.5	913860.1
105045.7	1039927.5	286281.8	64967.4	55966.8	20122.4	249491.6	562676.3	484729.3
17894.2	57325.6	21758.4	7287.5	3472.6	3213.0	23789.6	21574.4	40589.0
17894.2	57325.6	21758.4	7287.5	3472.6	3213.0	23789.6	21574.4	40589.0
1942313.8	5139250.6	2757333.9	548009.8	1186981.7	436635.8	2491955.9	1391670.8	1685864.0
3593.2	128096.1	49339.9	15735.1	2696.9	1455.2	41024.8	20513.8	27765.2
1528.0	3295.7	1498.0	119.0	1085.1	805.5	1201.1	634.7	2847.2
7700.6	22425.0	10501.7	1358.4	7730.6	1027.9	9875.0	2083.1	10342.2
1060367.1	1305336.1	826606.9	8331.2	437867.7	12775.9	621426.3	318630.1	413766.9
10242.1	31066.5	14406.5	163.8	5028.6	3461.8	14881.5	9630.9	16383.6
14105.6	18924.3	14147.7	4367.7	3736.3	3092.9	11896.6	4228.2	7598.4
	48355.6	3951.2	2175.8	1775.4	1775.4	2440.1	44404.4	25303.3
1001.4	4601.9	2664.7	819.9	912.9	531.8	2499.0	1025.1	611.2
19397.1	61619.4	22067.0	4384.1	5584.1	205.6	20624.8	27877.0	58681.6
881.7	1013.0	701.1	113.7	92.1	92.1	1013.0	36.3	120.4
35215.9	276972.0	151903.1	30826.7	61959.8	22839.1	162413.8	97686.7	111363.3
12919.2	49177.5	12842.2	3214.6	2384.7	1027.1	12315.3	13680.1	17393.7
19048.5	183048.9	98928.8	6671.7	92218.6	82134.4	159307.0	23755.3	47749.1
53810.8	235100.2	103282.9	36153.6	49129.4	30491.9	83386.3	65110.8	124771.7
59603.0	127688.5	40224.5	8717.5	10936.3	9070.7	37431.2	34301.1	51997.3
12775.1	57397.0	41021.4	8735.5	9715.5	2508.6	40628.3	10759.2	24820.5
43588.1	347526.4	170877.1	59287.0	45199.3	11295.7	157846.7	111172.9	137869.6
397500.0	1132706.5	753077.5	264272.9	297649.5	155824.2	659115.4	170634.0	180660.9
131137.1	635778.4	218322.1	21014.1	96111.6	74904.0	238813.3	364121.7	326959.6
18595.6	114726.8	66580.3	23090.3	16325.6	7785.2	65813.1	20283.4	20726.1
33187.4	322742.8	147251.1	46546.5	34806.9	11501.6	141996.5	47582.6	67096.7
5508.3	27398.2	6391.2	1909.0	3289.5	1283.9	5507.3	3459.4	10825.5
608.0	4253.8	747.0	1.7	745.3	745.3	499.5	60.0	210.0
220651.6	1466753.9	222520.3	34155.1	4552.3	2583.5	200098.5	1114512.6	1269327.0
199643.9	1227592.2	175006.1	16295.2	4067.9	2583.1	144039.5	951169.9	1068414.6
21007.7	239161.7	47514.2	17859.9	484.4	0.4	56059.0	163342.7	200912.4

10－7 续表1

指　　标	累计折旧	#本年折旧	固定资产净值平均余额	流动负债合计	长期负债合计	所有者权益合计
总　　计	**1078623.5**	**184670.1**	**1758892.8**	**2195121.9**	**1324311.2**	**2948839.8**
在总计中:亏损企业	117838.7	21749.9	208172.4	332814.2	453144.0	183982.9
在总计中:中央企业	513431.4	67501.0	826049.0	290967.5	1007335.3	1248546.5
地方企业	565192.1	117169.1	932843.8	1904154.4	316975.9	1700293.3
在总计中:轻工业	379401.6	43924.3	408624.0	344423.2	168716.0	1527622.6
以农产品为原料	287196.9	29079.3	243892.7	200813.9	30480.8	1343242.9
以非农产品为原料	92204.7	14845.0	164731.3	143609.3	138235.2	184379.7
重工业	699221.9	140745.8	1350268.8	1850698.7	1155595.2	1421217.2
采掘工业	19036.7	2183.6	21424.8	37940.5	2297.0	17013.6
原料工业	334064.5	59574.7	698342.0	223339.6	991075.9	178796.9
加工工业	346120.7	78987.5	630502.0	1589418.6	162222.3	1225406.7
在总计中:大型企业	614840.9	102917.1	1001675.3	949005.1	661362.7	1850241.4
中型企业	335859.8	64876.4	563577.1	946331.0	232777.5	803593.3
小型企业	127922.8	16876.6	193640.4	299785.8	430171.0	295005.1
按工业行业大类分组						
(一)采矿业	19036.7	2183.6	21424.8	37940.5	2297.0	17013.6
1.煤炭开采和洗选业	19036.7	2183.6	21424.8	37940.5	2297.0	17013.6
(二)制造业	716469.6	118422.6	986291.6	1935432.8	254584.4	2757597.8
1.农副食品加工业	7341.4	2780.3	15937.2	26516.0	11997.1	88974.6
2.食品制造业	2212.5	313.0	1860.2	1001.7		2294.0
3.饮料制造业	8263.9	205.5	8196.4	11586.2	6347.5	4491.3
4.烟草制品业	224445.6	14512.9	177700.3	96211.0	7201.6	1201915.8
5.纺织业	10753.3	6530.0	9607.7	24646.7	2610.0	3809.8
6.纺织服装、鞋、帽制造业	3520.1	458.3	4315.7	12384.1	2163.0	4089.2
7.皮革、毛皮、羽毛及其制品业						
8.木材加工及木、竹、藤、棕、草制品业	19101.1	1.0	700.0	15329.1		33026.5
9.家具制造业						
10.造纸及纸制品业	148.0	37.3	474.1	3512.5	50.0	1039.4
11.印刷业和记录媒介的复制	31471.2	4059.5	27658.9	29234.4	120.9	31264.1
12.文教体育用品制造业						
13.石油加工、炼焦及核燃料加工业	84.1	10.0	64.8	213.3		799.7
14.化学原料及化学制品制造业	35277.7	4798.5	76981.1	154154.8	8577.4	110983.3
15.医药制造业	3713.6	2242.4	13977.9	14082.1	10000.0	25095.4
16.化学纤维制造业						
17.橡胶制品业						
18.塑料制品业	23994.8	1322.7	25077.9	50419.0	48173.3	80321.0
19.非金属矿物制品业	68644.6	6543.0	86714.2	128206.5	6738.8	100154.9
20.黑色金属冶炼及压延加工业						
21.有色金属冶炼及压延加工业	17721.8	4726.2	48760.1	21828.7	10.9	32853.0
22.金属制品业	14921.7	1470.5	13117.4	35269.7	1000.0	21117.2
23.通用设备制造业	50828.6	6680.9	81656.1	224214.0	41289.9	82021.8
24.专用设备制造业	46420.2	29276.9	131180.7	522451.0	37773.0	481456.2
25.交通运输设备制造业	101885.3	27266.0	204030.4	375502.9	28819.6	226439.7
26.电气机械及器材制造业	9113.2	1071.4	11787.0	71086.2	1946.1	39658.6
27.通信设备、计算机及其他电子设备制造业	29090.8	3231.3	38202.4	101207.0	36935.5	174210.2
28.仪器仪表及文化、办公用机械制造业	7366.1	735.0	8232.1	16375.9	2829.8	8192.5
29.工艺品及其他制造业	150.0	150.0	59.0			3389.6
(三)电力、燃气及水的生产和供应业	343117.2	64063.9	751176.4	221748.6	1067429.8	174228.4
1.电力、热力的生产和供应业	277476.8	52343.6	621313.9	147739.2	983323.7	93891.9
2.燃气生产和供应业						
3.水的生产和供应业	65640.4	11720.3	129862.5	74009.4	84106.1	80336.5

单位:万元

#实收资本	主营业务收　　入	#主营业务成　　本	主营业务税金及附加	其他业务利　　润	营业费用	管理费用	财务费用	#利息支出
1007743.1	**5643394.8**	**3562655.2**	**648354.8**	**41890.0**	**187956.3**	**307397.7**	**58062.5**	**43145.9**
172854.5	319606.0	270118.4	3006.2	4191.0	13808.2	39740.6	15189.2	14260.5
186457.6	2044247.9	901395.7	529674.4	-10270.2	27880.6	105018.7	783.8	2500.3
821285.5	3599146.9	2661259.5	118680.4	52160.2	160075.7	202379.0	57278.7	40645.6
330870.9	1694666.1	590128.5	531396.8	-1272.3	37681.4	113055.7	7641.6	5884.8
211534.0	1537523.2	473789.9	528927.3	-6608.7	32386.1	99885.3	1307.8	2120.3
119336.9	157142.9	116338.6	2469.5	5336.4	5295.3	13170.4	6333.8	3764.5
676872.2	3948728.7	2972526.7	116958.0	43162.3	150274.9	194342.0	50420.9	37261.1
7005.6	49872.0	43333.0	667.6	-289.8	453.9	6904.4	752.7	750.6
114568.1	872140.5	722114.6	38795.5	25156.1	17440.8	34147.1	5846.3	6696.5
555298.5	3026716.2	2207079.1	77494.9	18296.0	132380.2	153290.5	43821.9	29814.0
293052.7	3891119.2	2348573.8	548611.5	-1563.6	109196.8	171171.0	17101.9	16438.1
547820.4	1410027.4	943616.1	96582.2	36989.8	59975.6	101234.4	34296.7	20411.0
166870.0	342248.2	270465.3	3161.1	6463.8	18783.9	34992.3	6663.9	6296.8
7005.6	49872.0	43333.0	667.6	-289.8	453.9	6904.4	752.7	750.6
7005.6	49872.0	43333.0	667.6	-289.8	453.9	6904.4	752.7	750.6
918695.9	4954087.7	2998688.0	644452.2	41500.7	181863.7	279964.1	53271.5	39932.2
18585.9	37535.8	33061.6	185.0	121.2	1893.2	4706.3	799.5	777.5
1500.0	5413.9	4317.4	329.0		248.9	271.2	-0.2	-0.2
1612.0	19543.0	13300.0	66.2	799.1	1017.4	2116.6	424.0	422.6
167270.0	1361929.1	329382.6	526093.9	-10961.6	23433.0	83018.8	-1449.4	6.1
279.0	16088.4	12811.5	1611.2	15.1	97.4	1404.0	780.3	178.1
3818.1	32628.0	29379.9	348.3	1617.6	1102.9	1847.8	13.3	2.6
35764.7								
1009.0	4236.0	3882.9	9.9		218.7	120.5	30.9	30.9
14645.4	57537.5	49228.5	234.8	1191.8	1124.9	6050.5	684.2	651.6
200.0	2798.0	2598.4	7.4	76.1	188.2	72.8	-2.3	-2.3
36550.6	156270.2	118184.5	521.8	276.3	4275.6	12115.5	5610.9	5198.2
9573.4	20396.4	9808.7	173.2	4138.2	3693.2	2195.7	240.8	239.2
55545.5	85502.9	69953.8	1951.4	60.5	1257.0	3146.7	2621.1	2563.5
31771.5	201460.7	173236.4	876.0	2538.4	6198.5	11074.9	4350.4	4157.6
41442.2	249027.0	202856.6	35707.2	25033.1	13428.0	19193.1	4577.4	4615.8
18349.9	43236.5	36998.4	357.6	218.9	2085.7	5027.8	277.9	340.1
63459.2	159811.3	119824.5	620.3	686.0	9954.7	20419.5	4766.9	4699.8
85281.5	1436086.3	1107830.3	18167.5	8264.6	70760.8	48535.4	10271.9	8526.1
191045.7	839793.3	510491.4	56204.8	1954.3	24838.9	33132.4	14757.3	3335.5
20683.4	87601.1	68436.0	249.9	3286.0	5752.0	9114.4	1741.2	1701.2
113379.6	125652.6	98763.1	658.3	1399.5	9130.8	13705.9	2648.5	2378.2
6319.3	10139.7	3726.2	31.2	144.2	877.5	2407.3	102.0	102.8
610.0	1400.0	615.3	47.3	641.4	286.4	287.0	24.9	7.3
82041.6	639435.1	520634.2	3235.0	679.1	5638.7	20529.2	4038.3	2463.1
25888.0	587856.9	487162.9	2934.9	-8.4	2463.9	12793.5	497.2	1311.1
56153.6	51578.2	33471.3	300.1	687.5	3174.8	7735.7	3541.1	1152.0

10－7 **续表 2** 单位:万元

指　　标	利润总额	亏损企业亏损额	利税总额	本年应交增值税	全部从业人员年平均人数(人)
总　　计	**578178.4**	**39230.5**	**1562584.2**	**336051.0**	**75257**
在总计中:亏损企业	－39230.5	39230.5	－20983.4	15240.9	19696
在总计中:中央企业	353141.6	2025.9	1091037.5	208221.5	11012
地方企业	225036.8	37204.6	471546.7	127829.5	64245
在总计中:轻工业	287977.1	5449.3	1014197.6	194823.7	14788
以农产品为原料	273691.2	4815.8	991414.0	188795.5	10517
以非农产品为原料	14285.9	633.5	22783.6	6028.2	4271
重工业	290201.3	33781.2	548386.6	141227.3	60469
采掘工业	－6393.7	6441.1	－3945.1	1781.0	8221
原料工业	75750.4	14824.5	154296.3	39750.4	7401
加工工业	220844.6	12515.6	398035.4	99695.9	44847
在总计中:大型企业	528606.3	8858.1	1347095.7	269877.9	35210
中型企业	40665.4	22151.0	183956.4	46708.8	29534
小型企业	8906.7	8221.4	31532.1	19464.3	10513
按工业行业大类分组					
(一)采矿业	－6393.7	6441.1	－3945.1	1781.0	8221
1.煤炭开采和洗选业	－6393.7	6441.1	－3945.1	1781.0	8221
(二)制造业	497797.7	30141.3	1442384.6	300134.7	60887
1.农副食品加工业	103.2	221.4	1330.1	1041.9	514
2.食品制造业	181.7		890.8	380.1	127
3.饮料制造业	653.9	623.1	1373.5	653.4	548

10－7 续表 3

单位:万元

指　　标	利润总额	亏损企业亏损额	利税总额	本年应交增值税	全部从业人员年平均人数(人)
4. 烟草制品业	274000.6		976712.6	176618.1	3425
5. 纺织业	－3185.3	3185.3	401.2	1975.3	1706
6. 纺织服装、鞋、帽制造业	277.7	140.8	3822.3	3196.3	1598
7. 皮革、毛皮、羽毛及其制品业					
8. 木材加工及木、竹、藤、棕、草制品业					18
9. 家具制造业					
10. 造纸及纸制品业	－25.8	25.8	57.4	73.3	162
11. 印刷业和记录媒介的复制	1307.6	619.4	5760.6	4218.2	2189
12. 文教体育用品制造业					
13. 石油加工、炼焦及核燃料加工业	7.6		57.3	42.3	14
14. 化学原料及化学制品制造业	5430.8		7992.8	2040.2	3923
15. 医药制造业	3321.7		5394.6	1899.7	680
16. 化学纤维制造业					
17. 橡胶制品业					
18. 塑料制品业	8974.7	11.3	13404.6	2478.5	1272
19. 非金属矿物制品业	5618.3	2795.6	15621.7	9127.4	5821
20. 黑色金属冶炼及压延加工业					
21. 有色金属冶炼及压延加工业	－6288.3	10003.0	35555.9	6137.0	1666
22. 金属制品业	－1157.4	2179.3	794.6	1594.4	2303
23. 通用设备制造业	9938.9	1689.8	16039.2	5480.0	7799
24. 专用设备制造业	168041.5	2807.4	244759.5	58550.5	14278
25. 交通运输设备制造业	18792.3	1972.3	91457.3	16460.2	5989
26. 电气机械及器材制造业	2532.2	2036.8	5464.3	2682.2	1923
27. 通信设备、计算机及其他电子设备制造业	6288.3	1830.0	12077.4	5130.8	4232
28. 仪器仪表及文化、办公用机械制造业	2883.7		3252.5	337.6	517
29. 工艺品及其他制造业	99.8		164.4	17.3	183
(三)电力、燃气及水的生产和供应业	86774.4	2648.1	124144.7	34135.3	6149
1. 电力、热力的生产和供应业	84258.1	2025.9	119159.7	31966.7	4071
2. 燃气生产和供应业					
3. 水的生产和供应业	2516.3	622.2	4985.0	2168.6	2078

10-8 大中型工业企业主要经济指标(2007年)

指标	企业单位数(个)	#亏损企业(个)	工业总产值(当年价格)	工业销售产值(当年价格)	工业增加值(当年价格)
总计	**150**	**24**	**9933578.5**	**9819601.9**	**3517224.0**
一、按登记注册类型分组					
内资企业	26	7	2384118.2	2380124.1	1370548.4
国有企业	20	7	2298393.2	2294748.8	1341468.8
集体企业	6		85725.0	85375.3	29079.6
股份合作企业					
联营企业					
有限责任公司	38	7	2498212.4	2381345.3	835302.4
国有独资公司	5	2	230328.7	231733.1	63664.9
其他有限责任公司	33	5	2267883.7	2149612.2	771637.5
股份有限公司	21	1	2694203.5	2717304.0	716307.5
私营企业	34		1039725.1	1023733.6	281362.7
私营独资企业	6		89182.3	86352.3	24769.3
私营合伙企业	1		17242.7	17242.7	5837.8
私营有限责任公司	25		886982.1	877429.6	239621.4
私营股份有限公司	2		46318.0	42709.0	11134.2
其他企业					
港、澳、台商投资企业	10	1	316694.9	312688.7	113658.8
合资经营企业(港或澳、台资)	5		154918.4	153837.5	58788.6
合作经营企业(港或澳、台资)					
港、澳、台商独资经营企业	5	1	161776.5	158851.2	54870.2
港、澳、台商投资股份有限公司					
外商投资企业	21	8	1000624.4	1004406.2	200044.2
中外合资经营企业	9	3	565120.6	534272.4	73862.7
中外合作经营企业					
外资企业	12	5	435503.8	470133.8	126181.5
外商投资股份有限公司					
二、按组织类型分组:					
独资企业	58	16	3635701.4	3629733.8	1650232.1
国有企业	20	7	2298393.2	2294748.8	1341468.8
集体企业	6		85725.0	85375.3	29079.6
私营独资企业	6		89182.3	86352.3	24769.3
港、澳、台商独资经营企业	5	1	161776.5	158851.2	54870.2
外资企业	21	8	1000624.4	1004406.2	200044.2
合作、合伙企业	6		172161.1	171080.2	64626.4
股份有限公司	23	1	2740521.5	2760013.0	727441.7
股份有限公司	21	1	2694203.5	2717304.0	716307.5
私营股份有限公司	2		46318.0	42709.0	11134.2

单位:万元

资产合计	应收账款	产成品	流动资产年平均余额	本年折旧	固定资产净值年平均余额	负债合计	所有者权益合计
10552230.9	**1254273.6**	**735357.4**	**4903403.5**	**349320.6**	**2558101.3**	**5662822.8**	**4889408.1**
2628702.7	108106.8	62416.8	1017539.6	82362.8	881746.3	1293299.4	1335403.3
2592869.6	104560.8	58863.0	1007268.9	80761.8	867873.8	1279460.7	1313408.9
35833.1	3546.0	3553.8	10270.7	1601.0	13872.5	13838.7	21994.4
3513516.6	450200.2	208868.8	1704438.6	72883.2	692519.2	1986372.0	1527144.6
532144.1	50387.0	29855.5	213048.3	17530.7	210029.2	386186.8	145957.3
2981372.5	399813.2	179013.3	1491390.3	55352.5	482490.0	1600185.2	1381187.3
2662428.1	412106.8	359009.6	1321019.9	77598.2	469679.8	1345926.0	1316502.1
579251.4	101982.8	60471.2	327498.6	25399.6	141347.5	262632.5	316618.9
47420.0	8929.4	3108.0	30695.0	1091.6	10936.7	26567.7	20852.3
5586.8	817.6	706.0	1663.0	168.0	2703.1	3353.0	2233.8
474962.4	86881.8	54613.8	282967.9	23664.0	114724.4	197796.2	277166.2
51282.2	5354.0	2043.4	12172.7	476.0	12983.3	34915.6	16366.6
323634.7	79869.1	9513.5	225258.7	11042.3	43462.2	183335.1	140299.6
132306.6	11778.0	5431.2	92946.6	9084.3	21590.2	66335.2	65971.4
191328.1	68091.1	4082.3	132312.1	1958.0	21872.0	116999.9	74328.2
844697.4	102007.9	35077.5	307648.1	80034.5	329346.3	591257.8	253439.6
301510.5	33922.1	5215.0	98356.4	33163.3	132405.8	189313.6	112196.9
543186.9	68085.8	29862.5	209291.7	46871.2	196940.5	401944.2	141242.7
3712148.2	287135.2	104684.6	1488194.8	165446.9	1243901.3	2028124.8	1684023.4
2592869.6	104560.8	58863.0	1007268.9	80761.8	867873.8	1279460.7	1313408.9
35833.1	3546.0	3553.8	10270.7	1601.0	13872.5	13838.7	21994.4
47420.0	8929.4	3108.0	30695.0	1091.6	10936.7	26567.7	20852.3
191328.1	68091.1	4082.3	132312.1	1958.0	21872.0	116999.9	74328.2
844697.4	102007.9	35077.5	307648.1	80034.5	329346.3	591257.8	253439.6
137893.4	12595.6	6137.2	94609.6	9252.3	24293.3	69688.2	68205.2
2713710.3	417460.8	361053.0	1333192.6	78074.2	482663.1	1380841.6	1332868.7
2662428.1	412106.8	359009.6	1321019.9	77598.2	469679.8	1345926.0	1316502.1
51282.2	5354.0	2043.4	12172.7	476.0	12983.3	34915.6	16366.6

10－8 续表 1

指标	企业单位数(个)	#亏损企业(个)	工业总产值(当年价格)	工业销售产值(当年价格)	工业增加值(当年价格)
港、澳、台商投资股份有限公司					
外商投资股份有限公司					
有限责任公司	77	10	4105233.5	3946884.8	1207575.1
国有独资公司	5	2	230328.7	231733.1	63664.9
其他有限责任公司	33	5	2267883.7	2149612.2	771637.5
私营有限责任公司	25		886982.1	877429.6	239621.4
合资经营企业(港或澳、台资)	5		154918.4	153837.5	58788.6
中外合资经营企业	9	3	565120.6	534272.4	73862.7
二、在总计中:亏损企业	24	24	907460.7	921712.0	153555.9
在总计中:国有控股企业	44	12	4944546.4	4999854.4	2075813.9
在总计中:农村工业	30	2	720232.2	711470.3	195162.2
在总计中:轻工业	57	8	3119732.9	3113727.5	1545851.5
以农产品为原料	39	4	2601322.6	2580098.6	1419489.6
以非农产品为原料	18	4	518410.3	533628.9	126361.9
重工业	93	16	6813845.6	6705874.4	1971372.5
采掘工业	2	1	72771.5	72042.8	24639.9
原料工业	16	2	1350285.2	1352609.1	385679.5
加工工业	75	13	5390788.9	5281222.5	1561053.1
三、在总计中:大型企业	12	3	5449789.7	5383221.8	2294849.9
中型企业	138	21	4483788.8	4436380.1	1222374.1
四、按工业行业大类分组					
(一)采矿业	2	1	72771.5	72042.8	24639.9
#煤炭开采和洗选业	2	1	72771.5	72042.8	24639.9
(二)制造业	144	23	9189938.2	9077659.7	3274456.5
1. 农副食品加工业					
2. 食品制造业	8	1	265936.0	264527.6	83913.9
3. 饮料制造业	5	1	149098.2	143747.0	56322.3
4. 烟草制品业	1		1365346.0	1366540.6	1060367.1
5. 纺织业	7	2	113883.1	113007.8	34087.2
6. 纺织服装、鞋、帽制造业	6		185817.1	183412.8	48482.4
7. 皮革、毛皮、羽毛(绒)及其制品业	2		51813.6	47947.5	14225.4
8. 木材加工及木、竹、藤、棕、草制品业					
9. 家具制造业	1		16825.4	16833.5	3651.6
10. 造纸及纸制品业	1		11323.7	11323.7	3334.4
11. 印刷业和记录媒介的复制	4		152871.6	153025.0	60411.1
12. 文教体育用品制造业					
13. 石油加工、炼焦及核燃料加工业					
14. 化学原料及化学制品制造业	9	1	462910.6	458285.6	88155.5
15. 医药制造业	7		227991.2	223581.4	62980.3
16. 化学纤维制造业					
17. 橡胶制品业	1		13090.0	13645.0	3776.8
18. 塑料制品业	3	1	98565.6	98763.5	23412.1
19. 非金属矿物制品业	14	2	441414.9	427639.7	109539.8
20. 黑色金属冶炼及压延加工业					
21. 有色金属冶炼及压延加工业	4	1	488149.6	494190.4	124054.3
22. 金属制品业	3		47980.0	42588.6	17932.1
23. 通用设备制造业	13	1	519419.4	512230.2	139531.2
24. 专用设备制造业	10	1	2679228.6	2626454.0	915863.2
25. 交通运输设备制造业	17	2	791982.6	777683.3	187274.0
26. 电气机械及器材制造业	12	4	443359.1	466793.4	103534.7
27. 通信设备、计算机及其他电子设备制造业	10	5	537907.5	516001.4	87491.4
28. 仪器仪表及文化、办公用机械制造业	5	1	122120.6	116564.6	44788.1
29. 工艺品及其他制造业	1		2903.8	2873.1	1327.6
30. 废弃资源和废旧材料回收加工业					
(三)电力、燃气及水的生产和供应业	4		670868.8	669899.4	218127.6
1. 电力、热力的生产和供应业	2		563411.9	563411.9	191741.8
2. 燃气生产和供应业	1		64298.9	63329.5	9842.3
3. 水的生产和供应业	1		43158.0	43158.0	16543.5

单位:万元

资产合计	应收账款	产成品	流动资产年平均余额	本年折旧	固定资产净值年平均余额	负债合计	所有者权益合计
4422296.1	582782.1	274128.8	2178709.5	138794.8	961239.6	2439817.0	1982479.1
532144.1	50387.0	29855.5	213048.3	17530.7	210029.2	386186.8	145957.3
2981372.5	399813.2	179013.3	1491390.3	55352.5	482490.0	1600185.2	1381187.3
474962.4	86881.8	54613.8	282967.9	23664.0	114724.4	197796.2	277166.2
132306.6	11778.0	5431.2	92946.6	9084.3	21590.2	66335.2	65971.4
301510.5	33922.1	5215.0	98356.4	33163.3	132405.8	189313.6	112196.9
1094068.6	122515.2	71993.9	387881.6	88288.5	341298.1	845836.0	248232.6
5623402.6	524485.0	422309.9	2466352.4	167793.5	1565252.4	2969567.9	2653834.7
414810.2	57784.4	25002.7	165504.9	16034.6	134883.5	254050.8	160759.4
2945799.3	168874.3	183303.4	1429609.2	87340.2	602609.1	980574.1	1965225.2
2226464.6	95191.1	62682.1	1045147.6	57443.7	396688.7	524438.4	1702026.2
719334.7	73683.2	120621.3	384461.6	29896.5	205920.4	456135.7	263199.0
7606431.6	1085399.3	552054.0	3473794.3	261980.4	1955492.2	4682248.7	2924182.9
63231.9	7332.0	3258.3	24133.3	2596.2	26942.2	40837.5	22394.4
1410445.8	58446.9	31034.2	332633.4	78700.2	816878.4	1089758.7	320687.1
6132753.9	1019620.4	517761.5	3117027.6	180684.0	1111671.6	3551652.5	2581101.4
5695250.6	640757.8	372202.3	2629568.8	161401.5	1277752.3	2849288.6	2845962.0
4856980.3	613515.8	363155.1	2273834.7	187919.1	1280349.0	2813534.2	2043446.1
63231.9	7332.0	3258.3	24133.3	2596.2	26942.2	40837.5	22394.4
63231.9	7332.0	3258.3	24133.3	2596.2	26942.2	40837.5	22394.4
9383231.0	1213060.0	729535.7	4676614.8	286250.1	1798193.4	4697082.1	4686148.9
176574.3	28717.1	1805.8	119144.6	4038.7	39991.4	95790.5	80783.8
101626.9	7077.3	1697.7	39575.5	5940.8	47890.7	55669.9	45957.0
1305336.1	8331.2	12775.9	621426.3	14512.9	177700.3	103420.3	1201915.8
96071.6	4019.8	14534.5	55924.9	9007.4	21450.1	66148.1	29923.5
56994.3	5869.2	18611.3	36593.2	1687.8	16505.6	34839.0	22155.3
17863.1	620.9	1439.9	11222.5	350.5	4470.1	13239.5	4623.6
8797.3	582.4	514.7	5730.8	174.7	1894.7	5832.6	2964.7
10979.9	6093.4		6717.6	201.8	2055.1	5321.4	5658.5
141225.4	7956.1	2078.8	81478.8	12182.9	41451.6	65638.5	75586.9
541669.4	65341.3	33557.9	275142.0	8327.0	107964.5	268374.8	273294.6
256711.6	23128.5	13653.9	63235.0	11082.1	55236.9	85294.8	171416.8
16598.8	2968.2	3670.8	9517.0	389.4	3430.7	10784.6	5814.2
204859.0	7148.0	82992.2	170827.1	2194.1	32424.1	105879.8	98979.2
430111.1	45202.5	35796.9	137634.6	15973.4	187484.6	274087.9	156023.2
274986.7	24491.4	20015.4	108554.8	15765.3	76849.9	127543.6	147443.1
43023.0	2626.6	4483.1	31322.2	578.8	10112.7	30571.1	12451.9
559893.2	106287.3	30314.9	306450.4	20467.6	104465.2	336878.6	223014.6
3207081.9	612424.2	288904.1	1813078.0	52712.4	357394.4	1794007.8	1413074.1
706302.6	38166.7	86695.5	256815.7	35576.5	237959.1	439107.3	267195.3
441408.5	80133.7	49789.2	224570.6	20609.7	91790.4	348591.5	92817.0
596261.7	74248.2	17756.2	189973.5	53024.6	163384.7	319474.9	276786.8
184083.5	61553.6	8421.9	110064.0	1375.6	14540.8	108951.7	75131.8
4771.1	72.4	25.1	1615.7	76.1	1745.8	1633.9	3137.2
1105768.0	33881.6	2563.4	202655.4	60474.3	732965.7	924903.2	180864.8
791484.2	13223.4	2563.4	130220.3	49752.6	565456.2	708383.0	83101.2
121362.8	3726.4		24308.7	2110.3	68182.4	85782.1	35580.7
192921.0	16931.8		48126.4	8611.4	99327.1	130738.1	62182.9

10－8 续表2

指　　标	主营业务收　入	#主营业务成　本	主营业务税金及附加	营业费用	管理费用
总　　计	**10320592.4**	**6757821.6**	**713752.3**	**565879.1**	**543031.6**
一、按登记注册类型分组					
内资企业	2339334.1	1130203.4	533021.8	45187.0	137877.3
国有企业	2259870.6	1068565.2	531272.2	42112.3	134993.4
集体企业	79463.5	61638.2	1749.6	3074.7	2883.9
股份合作企业					
联营企业					
有限责任公司	2613151.9	1683542.7	86800.7	183935.6	168992.8
国有独资公司	221289.6	162820.5	1315.4	7373.6	29054.7
其他有限责任公司	2391862.3	1520722.2	85485.3	176562.0	139938.1
股份有限公司	3049883.6	2193032.9	79262.7	158312.9	115744.4
私营企业	1017680.5	770024.2	8400.6	73746.4	45136.8
私营独资企业	84826.7	71041.1	237.5	2031.8	3714.8
私营合伙企业	16062.5	13643.0	25.7	1124.4	342.4
私营有限责任公司	871082.3	656433.3	6923.2	64106.0	39190.0
私营股份有限公司	45709.0	28906.8	1214.2	6484.2	1889.6
其他企业					
港、澳、台商投资企业	305651.5	206414.4	281.4	14176.9	17065.0
合资经营企业(港或澳、台资)	140562.9	98417.9	121.1	2699.8	6528.0
合作经营企业(港或澳、台资)					
港、澳、台商独资经营企业	165088.6	107996.5	160.3	11477.1	10537.0
港、澳、台商投资股份有限公司					
外商投资企业	994890.8	774604.0	5985.1	90520.3	58215.3
中外合资经营企业	529570.7	438923.9	823.9	24001.9	29498.4
中外合作经营企业					
外资企业	465320.1	335680.1	5161.2	66518.4	28716.9
外商投资股份有限公司					
二、按组织类型分组:					
独资企业	3584140.2	2083845.0	539404.7	149216.2	210344.4
国有企业	2259870.6	1068565.2	531272.2	42112.3	134993.4
集体企业	79463.5	61638.2	1749.6	3074.7	2883.9
私营独资企业	84826.7	71041.1	237.5	2031.8	3714.8
港、澳、台商独资经营企业	165088.6	107996.5	160.3	11477.1	10537.0
外资企业	994890.8	774604.0	5985.1	90520.3	58215.3
合作、合伙企业	156625.4	112060.9	146.8	3824.2	6870.4
股份有限公司	3095592.6	2221939.7	80476.9	164797.1	117634.0
股份有限公司	3049883.6	2193032.9	79262.7	158312.9	115744.4
私营股份有限公司	45709.0	28906.8	1214.2	6484.2	1889.6
港、澳、台商投资股份有限公司					
外商投资股份有限公司					

单位:万元

财务费用	#利息支出	利润总额	亏损企业亏损总额	利税总额	本年应付工资总额	本年应交增值税	全部从业人员年平均人数(人)
127027.1	**104399.9**	**1157288.9**	**136929.3**	**2367225.4**	**474242.5**	**496184.2**	**151265**
5185.2	6028.1	357530.5	10783.8	1109909.4	108492.1	219357.1	27982
4735.8	5736.2	349388.9	10783.8	1096835.4	98083.3	216174.3	24108
449.4	291.9	8141.6		13074.0	10408.8	3182.8	3874
53338.1	46057.7	461999.4	19701.5	623878.8	148983.7	75078.7	48139
11841.1	9036.6	-10604.7	16402.4	-5097.8	18651.2	4191.5	13119
41497.0	37021.1	472604.1	3299.1	628976.6	130332.5	70887.2	35020
36750.8	21671.8	284670.5	976.8	478209.3	109496.1	114276.1	33427
6028.3	5388.6	66980.9		111167.6	44265.1	35786.1	19450
1023.7	1023.5	6060.5		11248.0	5061.0	4950.0	2785
40.5		881.7		1549.3	1380.0	641.9	460
4098.1	3638.4	53690.5		89731.7	36837.1	29118.0	15470
866.0	726.7	6348.2		8638.6	987.0	1076.2	735
2308.0	3225.3	49916.8	471.6	66962.6	13882.6	16764.4	6242
415.4	732.2	23003.9		30705.9	4913.1	7580.9	2127
1892.6	2493.1	26912.9	471.6	36256.7	8969.5	9183.5	4115
23416.7	22028.4	-63809.2	104995.6	-22902.3	49122.9	34921.8	16025
16395.6	11312.4	-23779.4	46162.0	-15157.2	25003.9	7798.3	7778
7021.1	10716.0	-40029.8	58833.6	-7745.1	24119.0	27123.5	8247
31518.2	31573.1	326694.7	116251.0	1134511.8	171645.5	268412.4	50907
4735.8	5736.2	349388.9	10783.8	1096835.4	98083.3	216174.3	24108
449.4	291.9	8141.6		13074.0	10408.8	3182.8	3874
1023.7	1023.5	6060.5		11248.0	5061.0	4950.0	2785
1892.6	2493.1	26912.9	471.6	36256.7	8969.5	9183.5	4115
23416.7	22028.4	-63809.2	104995.6	-22902.3	49122.9	34921.8	16025
455.9	732.2	23885.6		32255.2	6293.1	8222.8	2587
37616.8	22398.5	291018.7	976.8	486847.9	110483.1	115352.3	34162
36750.8	21671.8	284670.5	976.8	478209.3	109496.1	114276.1	33427
866.0	726.7	6348.2		8638.6	987.0	1076.2	735

10－8 续表 3

指　　标	主营业务收　　入	#主营业务成　　本	主营业务税金及附加	营业费用	管理费用
有限责任公司	4154367.8	2877317.8	94668.9	274743.3	244209.2
国有独资公司	221289.6	162820.5	1315.4	7373.6	29054.7
其他有限责任公司	2391862.3	1520722.2	85485.3	176562.0	139938.1
私营有限责任公司	871082.3	656433.3	6923.2	64106.0	39190.0
合资经营企业(港或澳、台资)	140562.9	98417.9	121.1	2699.8	6528.0
中外合资经营企业	529570.7	438923.9	823.9	24001.9	29498.4
二、在总计中:亏损企业	876001.0	709693.1	4971.1	80087.2	72564.8
在总计中:国有控股企业	5301146.6	3292189.9	645193.7	169172.4	272405.4
在总计中:农村工业	660265.5	513036.1	9445.2	31818.0	24162.0
在总计中:轻工业	3110258.4	1609681.3	548171.1	196169.5	178806.2
以农产品为原料	2589559.0	1226280.6	543620.3	139020.8	143923.9
以非农产品为原料	520699.4	383400.7	4550.8	57148.7	34882.3
重工业	7210334.0	5148140.3	165581.2	369709.6	364225.4
采掘工业	68070.2	57328.9	1562.4	588.4	6971.0
原料工业	1323166.1	1069802.0	81799.4	21865.9	47124.4
加工工业	5819097.7	4021009.4	82219.4	347255.3	310130.0
三、在总计中:大型企业	5708450.3	3431003.4	551851.2	291658.0	281577.2
中型企业	4612142.1	3326818.2	161901.1	274221.1	261454.4
四、按工业行业大类分组					
(一)采矿业	68070.2	57328.9	1562.4	588.4	6971.0
1. 煤炭开采和洗选业	68070.2	57328.9	1562.4	588.4	6971.0
(二)制造业	9586041.8	6170283.4	708856.1	559802.3	511905.4
1. 农副食品加工业					
2. 食品制造业	278057.5	197219.4	1600.7	12305.9	14798.6
3. 饮料制造业	138511.3	96949.5	9528.2	17887.7	5807.9
4. 烟草制品业	1361929.1	329382.6	526093.9	23433.0	83018.8
5. 纺织业	104398.5	76752.1	2004.6	11420.5	4174.3
6. 纺织服装、鞋、帽制造业	175068.2	129537.0	2500.2	15918.3	10004.0
7. 皮革、毛皮、羽毛(绒)及其制品业	47947.5	44447.7		460.9	648.3
8. 木材加工及木、竹、藤、棕、草制品业					
9. 家具制造业	17375.9	14837.8	120.5	807.9	391.6
10. 造纸及纸制品业	11323.7	10336.3	28.7		615.1
11. 印刷业和记录媒介的复制	142632.6	99796.0	179.5	2400.8	9410.3
12. 文教体育用品制造业					
13. 石油加工、炼焦及核燃料加工业					
14. 化学原料及化学制品制造业	461099.7	379425.1	2597.3	18426.3	23137.2
15. 医药制造业	251779.2	160828.8	1898.4	53661.9	15455.5
16. 化学纤维制造业					
17. 橡胶制品业	12323.2	10119.1	43.4	525.5	597.1
18. 塑料制品业	99337.5	79336.8	2036.7	1571.2	4964.6
19. 非金属矿物制品业	388347.0	332394.7	1717.3	8449.6	17080.2
20. 黑色金属冶炼及压延加工业					
21. 有色金属冶炼及压延加工业	481591.2	377661.5	76222.5	15682.0	21942.7
22. 金属制品业	44547.3	36819.6	408.8	668.1	3358.4
23. 通用设备制造业	507536.7	370709.0	1444.0	32213.1	35492.7
24. 专用设备制造业	2946368.7	1933729.9	20429.7	207810.9	141149.7
25. 交通运输设备制造业	1030817.3	672065.9	56533.9	35082.8	39677.4
26. 电气机械及器材制造业	435090.9	293766.2	2560.5	59515.6	37926.2
27. 通信设备、计算机及其他电子设备制造业	529689.0	453810.2	551.7	27891.4	31529.8
28. 仪器仪表及文化、办公用机械制造业	116138.5	68269.3	344.3	13384.7	9992.6
29. 工艺品及其他制造业	4131.3	2088.9	11.3	284.2	732.4
30. 废弃资源和废旧材料回收加工业					
(三)电力、燃气及水的生产和供应业	666480.4	530209.3	3333.8	5488.4	24155.2
1. 电力、热力的生产和供应业	562151.0	464600.4	2783.6	2402.3	11910.1
2. 燃气生产和供应业	61827.6	38034.5	306.2	616.9	6516.0
3. 水的生产和供应业	42501.8	27574.4	244.0	2469.2	5729.1

单位:万元

财务费用	#利息支出	利润总额	亏损企业亏损总额	利税总额	本年应付工资总额	本年应交增值税	全部从业人员年平均人数(人)
74247.2	61740.7	514914.4	65863.5	729159.2	215737.8	119575.9	73514
11841.1	9036.6	-10604.7	16402.4	-5097.8	18651.2	4191.5	13119
41497.0	37021.1	472604.1	3299.1	628976.6	130332.5	70887.2	35020
4098.1	3638.4	53690.5		89731.7	36837.1	29118.0	15470
415.4	732.2	23003.9		30705.9	4913.1	7580.9	2127
16395.6	11312.4	-23779.4	46162.0	-15157.2	25003.9	7798.3	7778
32589.1	31158.8	-136929.3	136929.3	-110784.4	54013.5	21173.8	27407
51398.6	36849.1	569271.7	31009.1	1531052.1	209192.7	316586.7	64744
6113.2	5538.6	52637.3	363.0	98536.7	43401.1	36454.2	19453
17393.1	11356.6	363733.0	45183.2	1184762.7	117439.5	272858.6	38281
7607.6	5737.2	363534.2	10722.1	1155321.3	94902.9	248166.8	27490
9785.5	5619.4	198.8	34461.1	29441.4	22536.6	24691.8	10791
109634.0	93043.3	793555.9	91746.1	1182462.7	356803.0	223325.6	112984
887.1	885.0	-2496.4	6441.1	1710.1	8721.2	2644.1	9485
13340.9	13638.5	119856.5	12756.9	257272.9	47948.7	55617.0	13871
95406.0	78519.8	676195.8	72548.1	923479.7	300133.1	165064.5	89628
60796.0	49544.6	916540.6	51437.3	1782917.7	251810.3	314525.9	60026
66231.1	54855.3	240748.3	85492.0	584307.7	222432.2	181658.3	91239
887.1	885.0	-2496.4	6441.1	1710.1	8721.2	2644.1	9485
887.1	885.0	-2496.4	6441.1	1710.1	8721.2	2644.1	9485
121204.5	100169.0	1058042.4	130488.2	2230036.3	434695.7	463137.8	136052
1379.9	1441.1	26284.4	471.6	51627.2	11910.9	23742.1	4468
402.1	222.1	-961.4	7065.2	13111.6	7976.4	4544.8	2588
-1449.4	6.1	274000.6		976712.6	39185.1	176618.1	3425
1759.9	894.7	3963.0	3185.3	11456.2	5849.4	5488.6	3899
322.9	309.6	14790.2		25789.7	10472.8	8499.3	4187
291.2	140.2	2127.2		6098.6	1900.4	3971.4	1256
8.2	8.2	1203.0		2026.3	542.6	702.8	320
16.6	16.5	490.4		877.8	895.0	358.7	358
218.5	587.3	21931.6		31831.3	7460.6	9720.2	2936
8392.3	7870.0	21323.5	127.5	38501.0	19437.1	14580.2	8446
4065.1	1567.4	24137.3		41474.2	9978.0	15438.5	4629
486.0	510.4	550.9		1008.8	1338.4	414.5	338
2596.8	2553.0	11533.4	106.6	17033.6	3340.0	3463.5	2022
7517.4	7001.3	18437.0	3031.1	39759.6	21129.8	19605.3	10466
7119.0	6867.0	11669.9	9961.3	100535.2	6853.3	12642.8	3200
23.2	196.1	3612.1		5853.2	5636.4	1832.3	2608
4945.3	4911.3	26617.1	1491.0	41395.3	31916.0	13334.2	12115
39865.3	34360.8	608072.7	2417.0	723398.4	158730.0	94896.0	35003
16702.7	4931.8	30228.0	4063.8	112113.4	32705.3	25351.5	13139
3882.6	7408.7	-16130.0	38824.4	427.4	21272.2	13996.9	7930
20973.8	16122.8	-49278.7	59653.4	-41215.2	26978.9	7511.8	9518
1676.3	2239.2	23223.6	90.0	29985.0	8573.7	6417.1	2823
8.8	3.4	216.6		235.1	613.4	7.2	378
4935.5	3345.9	101742.9		135479.0	30825.6	30402.3	5728
-818.1		86080.0		116403.2	21431.0	27539.6	3432
3319.4	3345.9	13212.2		14641.3	4480.3	1122.9	761
2434.2		2450.7		4434.5	4914.3	1739.8	1535

10－9 规模以上工业企业主要能源按行业分组消费量(2007年)

行　　业	能源合计（吨标准煤）	原煤（吨）	洗精煤（吨）	其他洗煤（吨）	煤制品（吨）	焦炭（吨）	其他煤气（万立方米）	天然气（万立方米）
总　　计	**5808289**	**5357450**	**133850**	**690**	**29792**	**121236**	**623**	**13208**
采矿业	252661	266470			1	30		6
1. 煤炭开采和洗选业	199001	213329						
2. 黑色金属矿采选业	7287	5754						
3. 有色金属矿采选业	8429	9279						
4. 非金属矿采选业	37944	38108			1	30		6
制造业	5200679	4801794	133850	690	29791	121206	623	13202
1. 农副食品加工业	102535	85871			354	406		252
2. 食品制造业	92497	75062				619		477
3. 饮料制造业	100371	79795			512			1071
4. 烟草制品业	27451	9057						865
5. 纺织业	60729	70175						
6. 纺织服装、鞋、帽制造业	29042	23987			214			
7. 皮革、毛皮、羽毛(绒)及其制品业	13542	13214						
8. 木材加工及木、竹、藤、棕、草制品业	91825	14607						
9. 家具制造业	7684	6940						
10. 造纸及纸制品业	221233	275749			5669			
11. 印刷业和记录媒介的复制	38501	26034						53
12. 文教体育用品制造业	2784	13						
13. 石油加工、炼焦及核燃料加工业	5300	5122						
14. 化学原料及化学制品制造业	549693	608642	590	527	3228	10669		617
15. 医药制造业	143132	157123			45			6
16. 化学纤维制造业	331							
17. 橡胶制品业	13270	14373						
18. 塑料制品业	81726	71714			3			225
19. 非金属矿物制品业	1999384	2296775	98252		14783	7577		128
20. 黑色金属冶炼及压延加工业	36760	28558			1704	1831		
21. 有色金属冶炼及压延加工业	418613	314371	34858		16	1571		834
22. 金属制品业	99191	70939			332	1545		360
23. 通用设备制造业	229098	149068		163	735	53258		47
24. 专用设备制造业	244310	164866				39083	7	137
25. 交通运输设备制造业	151018	108145			37	231		233
26. 电气机械及器材制造业	98462	62982			2085	3635		1055
27. 通信设备、计算机及其他电子设备制造业	313534	47690	150				567	6756
28. 仪器仪表及文化、办公用机械制造业	16845	9706			2	781		31
29. 工艺品及其他制造业	10620	11216			72		49	55
30. 废弃资源和废旧材料回收加工业	1198							
电力、燃气及水的生产和供应业	354949	289186						
1. 电力、热力的生产和供应业	326228	280855						
2. 燃气生产和供应业	7239	5636						
3. 水的生产和供应业	21482	2695						

液化天然气（吨）	汽油（吨）	煤油（吨）	柴油（吨）	燃料油（吨）	液化石油气（吨）	其他石油制品（吨）	热力（百万千焦）	电力（万千瓦时）	其他燃料（吨标准煤）
48289	**165664**	**10949**	**232417**	**33944**	**3825**	**13936**	**233626**	**526493**	**143877**
5	1777	70	6403					40822	
	374	6	954					36347	
	693		307					1392	
	123		312					949	
5	587	64	4830					2134	
48284	161950	10879	218403	33944	3825	13936	233626	376278	143877
	5489	1	9296	810	2			11816	
150	4325		7226	4695	170		11	6835	
1313	5451	1	6590	54	1307			6391	
			2957					4909	
	1449	9	1156		50		761	5419	
2	814	1	3409					4573	
	388		370		10			2421	
	1492		1708					3424	72500
5	364		693					955	
	5009	9	2172	112	742			7690	
4201	1791	2	970	5	166			6100	
	1312		45					634	
	116		539			55		512	
2	16937	38	17171		41	1783		29951	4228
60	3540		8033	18			9	11190	
	9							259	
	401		651					1192	
	4093	10	2666	482	1	878		12842	3
11	22960	28	24212	402	370	29		95566	64636
	1356		352			2828		3867	2510
2233	13842	6322	25052	26754	837	975		31884	
	11902	3359	7268			267		7415	
120	15844	416	12483	19	25	518		21691	
	11014	304	20075	240	43	6603		25547	
1084	16554	303	17642	352	38		147	14542	
	7092	4	7488	1	23			11917	
39103	5745	62	36244				232698	42704	
	2459	10	1075					2881	
	202		133					1039	
			727					112	
	1937		7611					109393	
	66		5302					95842	
	110		1898					232	
	1760		411					13318	

10-10 规模以上工业企业能源购进、消费及库存(2007年)

能源名称	计量单位	年初库存量	购进实物量	消费量合计	#生产消费	#原材料	年末库存量
原煤	吨	82524	5339594	5357450	5341139	121872	59109
洗精煤	吨	2031	133850	133850	133550		1731
其他洗煤	吨	497	680	690	690	473	487
煤制品	吨	54	29782	29792	23613	70	35
焦炭	吨	818	120694	121236	120906	3721	245
其他煤气	万立方米		623	623	623		
天然气	万立方米		13069	13208	12801		
液化天然气	吨	22	48288	48289	48235		5
汽油	吨	967	165315	165664	148343	1476	456
煤油	吨	36	10930	10949	10899	244	14
柴油	吨	1358	233764	232417	220874	6292	2662
燃料油	吨	663	33806	33944	33671	4	525
液化石油气	吨	64	3780	3825	3776	33	19
其他石油制品	吨	116	13935	13936	13936	997	89
热力	百万千焦		233626	233626	233522		
电力	万千瓦时		701878	526493	517781		
其他燃料	吨标准煤		143877	143877	143877	6946	

11 运输和邮电

长沙统计年鉴

11-1 1995-2007年全社会客、货运输量

指 标	单位	1995年	2000年	2001年	2002年	2003年	2004年	2005年	2006年	2007年
一、货物运输量	万吨	6419	5910	7550	8766	10632	11066	10991	12478	16184
# 铁路	万吨	284	206	188	162	189	196	218	233	244
公路	万吨	5376	4972	6668	7929	9572	9831	9834	10905	13994
水运	万吨	758	729	691	671	867	1035	934	1334	1939
民用航空	万吨	1	3	3	4	4	4	5	6	7
# 交通系统	万吨	1190	822	778	615	663	675	682	588	692
非交通系统	万吨	2775	1999	3041	5535	6645	6806	10309	11890	15492
私人	万吨	2454	3089	3731	2616	3324	3585			
货物周转量	万吨公里	601306	1404785	1396492	799550	910771	1011770	1003793	1094995	1296332
# 公路	万吨公里	306737	308200	322125	434100	445990	446428	447386	480520	517363
水运	万吨公里	288791	1094511	1072216	58837	69841	124605	99596	142569	277565
二、旅客运输量	万人	8935	9052	8578	10032	10609	11580	10895	11863	11919
# 铁路	万人	785	981	1070	984	942	1187	1218	1243	1305
公路	万人	8021	7825	7242	8743	9351	10003	9228	10022	9934
水运	万人	44	43	44	45	17	9	7	3	
民用航空	万人	85	203	222	260	299	380	442	595	680
# 交通系统	万人	2623	2387	2529	2582	2586	3156	3515	4020	4289
非交通系统	万人	2318	1713	1723	3149	4120	4139	7380	7843	7630
私人	万人	3994	4952	4326	4301	3903	4285			
旅客周转量	万人公里	348951	348315	398125	739488	835591	978328	995729	1073632	1190289
# 公路	万人公里	267579	275029	322154	393873	457038	496035	469947	506305	540261
水运	万人公里	6325	3580	3094	4103	2362	1459	1211	467	

注:2005年起因非交通系统与私人数据分不开,故非交通系统数据包括了私人。

11－2 1995－2007年专业交通运输情况

指标	单位	1995年	2000年	2001年	2002年	2003年	2004年	2005年	2006年	2007年
货运量	万吨	1190	822	778	615	663	675	682	588	692
铁路	万吨	284	206	188	162	189	196	218	233	244
公路	万吨	371	215	226	276	328	334	333	274	353
水运	万吨	535	398	361	173	143	141	126	75	88
民用航空	万吨		3	3	4	4	4	5	6	7
货物周转量										
# 公路	万吨公里	12084	7650	7829	20895	21243	20536	19008	16321	17818
水运	万吨公里	283408	1084844	1057268	42238	44521	61435	56104	53786	93508
旅客运输量	万人	2623	2387	2528	2582	2586	3156	3515	4021	4289
铁路	万人	785	981	1070	984	942	1187	1218	1243	1305
公路	万人	1709	1184	1227	1325	1335	1584	1850	2181	2304
水运	万人	44	19	9	13	10	5	5	2	
民用航空	万人	85	203	222	260	299	380	442	595	680
旅客周转量										
# 公路	万人公里	100953	92507	106222	171049	192253	218301	214993	269418	279770
水运	万人公里	6325	1934	1513	2486	1992	1167	1019	361	

注:因2006年交通部门改制,部分专业运输企业变为非专业运输企业,导致专业运输企业公路货运量及周转量下降。

11－3 陆运工具情况

单位:辆

指标	2005年		2006年		2007年	
	全市	#私人	全市	#私人	全市	#私人
一、汽车	190684	126289	233388	163162	298280	221801
1. 载客汽车	149154	104718	188563	138760	239870	184369
2. 载货汽车	38759	20309	41492	23002	45384	26878
3. 其它汽车	2771	1262	3333	1400	13026	10554
二、摩托车	221983	215481	221008	215401	218738	213957
1. 普通	216528	210112	216475	210932	214406	209680
2. 轻便	5455	5369	4533	4469	4332	4277
三、农用运输车	14734	14734	17013	17013	—	—
1. 三轮	8905	8905	9783	9783	—	—
2. 四轮	5829	5829	7230	7230	—	—
四、拖拉机	8759	8759	10351	10351	12112	12112
1. 大型	20	20	439	439	725	725
2. 小型	8739	8739	9912	9912	11387	11387
五、挂车	607	155	648	140	751	154

注:本年制度已取消农用运输车指标。

11－4 市区专业运输部门旅客发送量(2007 年)

单位:万人

指 标	合 计	一季度	二季度	三季度	四季度
总 计	**3670.33**	**861.48**	**913.53**	**968.19**	**927.13**
铁 路	1303.07	276.16	345.25	365.31	316.35
公 路	1687.00	438.00	398.00	415.00	436.00
水 运					
民 航	680.26	147.32	170.28	187.88	174.78

11－5 公路里程与桥梁情况(2007 年)

指 标	单 位	合 计	国运公路	省运公路	市县公路	乡公路	专用公路
一、通车里程	公里	5666.26	404.06	707.61	1923.74	2625.69	5.16
# 晴雨里程	公里	5650.85	404.06	707.61	1908.33	2625.69	5.16
# 绿化里程	公里	3399.30	390.97	661.75	1431.80	914.79	
高级、次高级路面	公里	4183.28	404.06	695.32	1777.73	1301.01	5.16
中级路面	公里	1482.98		12.29	146.01	1324.68	
二、常年养护里程	公里	5607.90	370.10	699.87	1907.08	2625.69	5.16
三、桥梁	米	46646.73	8630.29	18425.63	10990.17	8600.64	
	座	1139	158	232	376	373	

注:本表数据未包括村路里程及改造情况。

11－6 邮电网点、邮路及设备情况(2007年)

指　　标	单　位	合　　计	市　区	长沙县	望城县	浏阳市	宁乡县
一、邮电局、所总计	处	1027	276	112	219	205	216
1. 自办局、所	处	247	68	53	35	39	53
2. 代 办 所	处	780	207	60	183	166	163
二、其他邮电服务点							
1. 公用电话	处	258339	157238	30327	39698	14944	16132
2. 邮筒信箱	个	1629	270	95	92	746	426
三、邮　　路							
1. 单程长度邮路	公里	69748	69748				
2. 农村投递线路	公里	13782		4330	920	4112	4420
四、邮政设备							
1. 自备火车箱	辆	9	9				
2. 汽 车	辆	219	157	18	16	16	12
五、主要电讯设备							
局用交换机容量	门	2850028	1641314	311591	270809	340797	285517
程　　控	门	2850028	1641314	311591	270809	340797	285517
用户电话交换机容量	门	152794	133965	9002	6189	2025	1614
程　　控	门	152794	133965	9002	6189	2025	1614

11－7 邮电业务总量(2007年)

指　标	单　位	合　计					
			市　区	长沙县	望城县	浏阳市	宁乡县
邮电业务总量(2000年不变价格)	万元	1454623	891246	163758	128851	127753	143015
邮电业务总量(当年价格)	万元	588244	382889	61680	47180	47789	48706
函　件	万件	2986	2485	175	176	55	95
机要文件	件	22	22				
包　件	万件	75	55	6	5	7	2
汇　票	万张	182	111	26	14	19	12
订销报纸期发数	万份	35	20	4	3	4	4
订销报纸累计数	万份	6399	3719	822	532	663	663
订销杂志期发数	万份	31	20	3	2	3	3
订销杂志累计数	万份	447	297	45	24	39	42
长途电话	万次	61645	48225	4516	3145	3208	2551
# 国际电话	万次	558	347	73	52	48	38
# 港澳台电话	万次	137	90	16	8	13	10
农村通话次数	万次	65453		17059	11480	18444	18472
国际互联网用户	户	737200	603839	39131	32688	24620	36921
年末移动电话用户数	户	4507900	2447623	600228	484582	512282	463184

11－8　长途话报、电路、电话线路、电话用户情况(2007年)

指　　标	单　位	合　　计	市　区	长沙县	望城县	浏阳市	宁乡县
一、长途电路	条	3075					
二、市内电话电缆长度	皮长公里	28054					
三、农村电话电缆长度	皮长公里	22954					
四、市话年末到达户数	户	2157394	1194743	259418	215465	259936	227832
五、农话年末到达户数	户	539900		109617	92034	195667	142582
六、全市电话中:其中住宅电话	户	544908	450124	38923	16870	3663	35328

注:1. 由于中国电信准备在国内上市,表中数据较上年变动大。2. 长途电路单位由“路”改“条”。

11－9　1998－2007年邮电通信网及邮电业务总量

指　　标	单位	1998年	1999年	2000年	2001年	2002年	2003年	2004年	2005年	2006年	2007年
邮电通信网											
年末邮电局、所	处	853	451	706	782	774	782	808	1008	1066	1027
年末邮路长度	公里	41006	40191	53435	55443	68991	48091	48647	53609	52368	69748
年末长话电路	路	52685	62640	79754	101160	128880	131755	143598	172350	146050	146050
邮电业务总量											
邮电业务总量	万元	210369	267068	349844	499322	695514	546699	650301	802762	1067203	1454623
函　　件	万件	5666	8738	8399	13901	17292	18000	3684	3919	3597	2986
报刊期发数	万份	136	155	171	183	164	84	73	86	64	35
电　　报	万张	32.67	18.90	14.29	7.10	3.00	2.00	0.74			
长途电话	万次	12984	14185	15349	24411	25105	28730	31183	38512	55040	61645
年末固定电话用户	万户	56.38	74.65	108.47	126.44	136.41	159.87	189.17	218.56	254.20	269.73
年末无线移动电话用户	万户	21.78	35.46	58.78	97.87	146.01	196.79	242.33	316.85	370.87	450.79
国际互联网用户	万户	0.93	2.00	14.60	22.44	55.87	58.09	60.94	63.93	88.29	73.72

注:1. 函件2004年比2003年下降较大,主要是邮送广告业务未再开展。2. 原年末市话电话、年末农话电话两个指标因电信部门不再分列,合并为年末固定电话用户。

12 国内外贸易、对外经济和旅游

长沙统计年鉴

12－1 历年社会消费品零售总额

单位:万元

年 份	全 市	市 区	县 区
1978	77191	45539	31652
1979	95027	56574	38453
1980	112891	66721	46170
1981	123518	73330	50188
1982	133437	77260	56177
1983	150016	88953	61063
1984	184280	113789	70491
1985	243928	159701	84227
1986	284219	187672	96547
1987	335287	222449	112838
1988	441905	299143	142762
1989	482953	331689	151264
1990	513871	363110	150761
1991	564467	404684	159783
1992	649946	469391	180555
1993	819319	592123	227196
1994	1147852	858308	289544
1995	1658020	1256370	401650
1996	1951814	1478084	473730
1997	2273476	1730180	543296
1998	2599228	1969477	629751
1999	2998120	2267977	730143
2000	3492966	2669100	823866
2001	4064366	3105442	958924
2002	4717720	3602472	1115247
2003	5413075	4090296	1322779
2004	6403344	4868325	1535019
2005	7434282	5683053	1751229
2006	8656061	6651826	2004236
2007	10370277	8029842	2340435

注:根据第一次全国经济普查结果对 1994－2004 年社会消费品零售总额进行了调整。

12-2 分行业社会消费品零售总额

单位:万元

年份	全市	批发零售贸易业	餐饮业	其他
1993	819319	610886	45708	162725
1994	1147852	859649	78355	209848
1995	1658020	1280314	100764	276942
1996	1951814	1485447	123176	343192
1997	2273476	1754880	162508	356088
1998	2599228	1956167	246606	396456
1999	2998120	2210101	339621	448399
2000	3492966	2570810	402656	519500
2001	4064366	3516625	508612	39129
2002	4717720	4063137	612654	41929
2003	5413075	4628513	736867	47696
2004	6403344	5457088	890904	55352
2005	7434282	6267246	1097791	69245
2006	8656061	7299777	1278593	77691
2007	10370277	8739580	1543620	87078

注:根据第一次全国经济普查结果对 1994-2004 年社会消费品零售总额进行了调整。

12－3 限额以上批发零售餐饮业和星级住宿业基本情况(2007年)

指　　标	法人企业数（个）	产业活动单位数（个）	年末从业人数（人）
总　　计	**645**	**1572**	**120665**
批发业	145	276	21493
内资企业	142	271	20105
国有企业	21	27	5681
集体企业	2	5	138
股份合作企业	1	1	21
联营企业	1	1	66
有限责任公司	49	147	6669
股份有限公司	16	30	3442
私营企业	50	58	4045
其他企业	2	2	43
外商投资企业	2	4	613
零售业	215	953	42111
内资企业	208	880	33673
国有企业	11	129	1715
集体企业	6	31	444
股份合作企业	2	137	858
联营企业	2	2	41
有限责任公司	61	186	13413
股份有限公司	13	142	6509
私营企业	107	220	9343
其他企业	6	33	1350
港、澳、台商投资企业	1	5	1929
外商投资企业	6	68	6509
住宿业	102	106	26312
内资企业	94	98	23873
国有企业	28	29	6098
集体企业	5	5	1267
股份合作企业	2	2	620
有限责任公司	20	21	5430
股份有限公司	10	10	4286
私营企业	27	29	5821
其他企业	2	2	351
港、澳、台商投资企业	6	6	1486
外商投资企业	2	2	953
餐饮业	183	237	30749
内资企业	173	196	22349
国有企业	11	17	2517
集体企业	3	3	322
股份合作企业	5	5	338
联营企业		1	190
有限责任公司	26	32	4253
股份有限公司	6	8	623
私营企业	109	117	13088
其他企业	13	13	1018
港、澳、台商投资企业	4	4	558
外商投资企业	6	37	7842

12－4 限额以上批发零售贸易业商品购进、销售、库存总额(2007 年)

单位:万元

指标	购进总额	#进口	销售总额	批发	#出口	零售	年末库存总额
总计	**10011787.2**	**98667.5**	**8452631.9**	**4810348.9**	**457028.8**	**3642283**	**888201.1**
一、批发业	6891158.5	85625.9	4537032.6	4269131.1	452238.3	267901.5	509263.7
1. 按登记注册类型分组							
内资企业	6674550.7	85625.9	4321884	4053982.5	451238.3	267901.5	490169.3
国有企业	1840897.8	67716	1400815.8	1383949.7	308390.6	16866.1	131446.5
集体企业	27085.8		50020.8	50020.8			1139.7
股份合作企业	13542.9		3499.5	3000.0		499.5	43.4
联营企业	10338.8		10563.4	10563.4			345.2
有限责任公司	966032.1	7239.1	1126012.5	1004268.8	109167.8	121743.7	85882.2
股份有限公司	2786734.9	4902.8	487231.3	422354.7	16652.1	64876.6	160341.7
私营企业	1013471.6	3479.0	1227062.8	1163637.2	14193.0	63425.6	108486.3
其他企业	16446.8	2289.0	16677.9	16187.9	2834.8	490.0	2484.3
外商投资企业	176607.8		173788.4	173788.4			9094.4
2. 按国民经济行业分组							
农畜产品批发	77425.4		102294.5	102294.5	1000.0		11403.6
食品、饮料及烟草制品批发	798276.8	607.1	954363.6	947074.8	102420.8	7288.8	103896.2
纺织、服装及日用品批发	194646.8	59940.1	357152.4	329040.2	165751.6	28112.2	8169.9
文化、体育用品及器材批发	271774.8		252789.1	232366.1	41797.2	20423.0	35934.9
医药及医疗器材批发	673936.9	763.6	721852.9	667394.7		54458.2	67917.4
矿产品、建材及化工产品批发	3837118.2	7191.8	995186.1	871252.2	12670.4	123933.9	215268.0
机械设备、五金交电及电子产品批发	718492.9	2286.3	794133.4	768849.1	52924.2	25284.3	41841.8
贸易经纪与代理	56948.4	4329.0	58323.6	58323.6	27806.2		1992.8
其他批发	262538.3	10508.0	300937.0	292535.9	47867.9	8401.1	22839.1

12－4 续表

指　　标	购进总额	#进口	销售总额	批发	#出口	零售	年末库存总额
二、零售业	3120628.7	13041.6	3915599.3	541217.8	4790.5	3374381.5	378937.4
1. 按登记注册类型分组							
内资企业	2743923.4	13041.6	3504969.4	539811.7	4790.5	2965157.7	327339.6
国有企业	35205.1		180950.1	49181.3		131768.8	10216.4
集体企业	10383.7		11254.8	681.7		10573.1	1108.4
股份合作企业	21278.3		12279.1			12279.1	4076.3
联营企业	7023.0		7182.5			7182.5	25.5
有限责任公司	1468363.3	1844.1	1571846.2	285428.3		1286417.9	165291.3
股份有限公司	317029.7		812276.0	113581.1	4790.5	698694.9	27128.3
私营企业	823813.1	11187.5	845117.0	85475.6		759641.4	108688.8
其他企业	60827.2	10.0	64063.7	5463.7		58600.0	10804.6
港、澳、台商投资企业	67144.2		70493.7	1406.1		69087.6	19038.9
外商投资企业	309561.1		340136.2			340136.2	32558.9
2. 按国民经济行业分组							
综合零售	1100517.1	1844.1	1206687.2	17344.9	4790.5	1189342.3	155224.9
食品、饮料及烟草制品专门零售	11691.4		12570.3	4556.6		8013.7	1587.4
纺织、服装及日用品专门零售	23587.9		30128.6	80.6		30048.0	1559.2
文化、体育用品及器材专门零售	86990.3		92307.1	27328.3		64978.8	22721.1
医药及医疗器材专门零售	209748.2	10.0	227746.2	22203.4		205542.8	18878.2
汽车、摩托车、燃料及零配件专门零售	1289977.0	6502.5	1928592.0	417441.2		1511150.8	129503.1
家用电器及电子产品专门零售	268675.6		291708.8	46147.3		245561.5	16905.3
五金、家具及室内装修材料专门零售	54861.2	4685.0	50193.2	450.2		49743.0	31209.0
无店铺及其他零售	74580.0		75665.9	5665.3		70000.6	1349.2

12－5　星级住宿业和限额以上餐饮业经营情况(2007 年)

单位:万元

指　　标	营业额	客房收入	餐费收入	商品销售收入	其他收入
总　　计	**528447.5**	**123121.0**	**352832.0**	**17471.4**	**35023.1**
一、住宿业	245344.1	109076.4	103417.4	7204.6	25645.7
1.按登记注册类型分组					
内资企业	210542.1	93413.9	90468.7	7026.9	19632.6
国有企业	56408.2	22396.3	21135.2	4576.0	8300.7
集体企业	11891.9	5409.9	5754.5	3.8	723.7
股份合作企业	7285.7	2639.9	3124.2		1521.6
有限责任公司	36948.4	18781.0	13827.4	991.6	3348.4
股份有限公司	46254.9	20429.7	21364.4	324.9	4135.9
私营企业	48949.7	21719.9	24712.6	1053.6	1463.6
其他企业	2803.3	2037.2	550.4	77.0	138.7
港、澳、台商投资企业	20400.9	10321.1	7279.6	142.1	2658.1
外商投资企业	14401.1	5341.4	5669.1	35.6	3355.0
2.按国民经济行业分组					
旅游饭店	232403.2	102994.8	98476.4	6359.9	24572.1
一般旅馆	12772.7	5913.4	4941.0	844.7	1073.6
其他住宿服务	168.2	168.2			
二、餐饮业	283103.4	14044.6	249414.6	10266.8	9377.4
1.按登记注册类型分组					
内资企业	234614.5	12864.6	202482.9	10025.6	9241.4
国有企业	12599.2	2015.1	9666.3	341.8	576.0
集体企业	3707.7	2172.6	1535.1		
股份合作企业	6807.0	356.0	6437.0	14.0	
联营企业	6194.1		409.4	219.6	5565.1
有限责任公司	58219.2	1965.8	53534.9	2051.4	667.1
股份有限公司	11615.8		11615.8		
私营企业	123011.1	6355.1	107629.5	6636.2	2390.3
其他企业	12460.4		11654.9	762.6	42.9
港、澳、台商投资企业	10041.2		9664.0	241.2	136.0
外商投资企业	38447.7	1180.0	37267.7		
2.按国民经济行业分组					
正餐服务	234125.7	13157.7	205176.1	6683.1	9108.8
快餐服务	38291.7		37018.1	1099.2	174.4
饮料及冷饮服务	2030.2		2030.2		
其他餐饮服务	86558.0	8869.0	51902.0	24845.0	942.0

12－6 限额以上连锁零售业、住宿业和餐饮业经营情况(2007年)

指标	单位	合计		直营店		加盟店	
		2007年	2006年	2007年	2006年	2007年	2006年
门店总数	个	2957	2724	2669	2476	288	248
营业面积	平方米	2013766	1875485	1993990	1858043	19776	17442
经营餐饮业务餐位数	个	39637	37582	38374	36383	1263	1199
从业人数	人	13440	12893	13440	12893		
商品购进总额	万元	3571238.5	3128379.1	3551296.8	3117524.2	19941.7	10854.9
#统一配送商品购进额	万元	3462547.6	3049997.5	3442605.9	3039142.6	19941.7	10854.9
商品销售额	万元	3689012.5	3256279.1	3669109.5	3244478.8	19903.0	11800.3
#零售额	万元	3360430.8	3007109.3	3340527.8	2995309.0	19903.0	11800.3
营业收入	万元	71941.0	56915.6	71941.0	56915.6		
#餐费收入	万元	71941.0	56915.6	71941.0	56915.6		

附表一:剔除石油系统数据

指标	单位	合计		直营店		加盟店	
		2007年	2006年	2007年	2006年	2007年	2006年
门店总数	个	975	831	687	583	288	248
营业面积	平方米	1022766	918985	1002990	901543	19776	17442
经营餐饮业务餐位数	个	27283	25716	26020	24517	1263	1199
从业人数	人	13440	12893	13440	12893		
商品购进总额	万元	944213.4	803749.1	924271.7	792894.2	19941.7	10854.9
#统一配送商品购进额	万元	835522.5	725367.5	815580.8	714512.6	19941.7	10854.9
商品销售额	万元	991855.9	886771.7	971952.9	874971.4	19903.0	11800.3
#零售额	万元	991855.9	886771.7	971952.9	874971.4	19903.0	11800.3
营业收入	万元	71941.0	56915.6	71941.0	56915.6		
#餐费收入	万元	71941.0	56915.6	71941.0	56915.6		

12－7 限额以上批发零售贸易企业财务状况(2007年)

指标	企业数(个)	#亏损企业数(个)	流动资产合计	#存货
总计	**360**	**99**	**2301396.4**	**745000.5**
一、批发业	145	35	1308639.2	397570.6
1.按登记注册类型分组				
内资企业	142	35	1280329.7	388201.5
国有企业	21	7	339500.6	102028.4
集体企业	2		7579.8	1024.2
股份合作企业	1		156.1	21.5
联营企业	1		1310.9	34.4
有限责任公司	49	15	319331.1	83559.4
股份有限公司	16	6	264534.7	135128.5
私营企业	50	7	343107.8	63920.8
其他企业	2		4808.7	2484.3
外商投资企业	2		28058.2	9303.9
2.按国民经济行业分组				
农畜产品批发	3		9032.2	2193.7
食品、饮料及烟草制品批发	21	6	313906.5	87170.1
纺织、服装及日用品批发	9	5	46478.3	2774.5
文化、体育用品及器材批发	12	1	90248.5	19859.8
医药及医疗器材批发	20	5	194139	57522.2
矿产品、建材及化工产品批发	26	5	348616.4	168623.3
机械设备、五金交电及电子产品批发	39	11	224259.4	34783.9
贸易经纪与代理	6	2	21511.2	1217.8
其他批发	9		60447.7	23425.3

单位:万元

年末资产负债					
固定资产原价	累计折旧	#本年折旧	资产总计	负债合计	所有者权益合计
1307292.8	**345723.5**	**62835.9**	**4013112.5**	**2643333.5**	**1369779**
825219.4	199584.7	35609.4	2460420.8	1485771.0	974649.8
822206.9	198810.1	35456.0	2426398.0	1452689.1	973708.9
287965.6	70854.4	11639.9	768209.7	377304.1	390905.6
13556.1	5153.3	349.2	84308.5	76057.8	8250.7
68.9	7.6		1632.1	766.1	866.0
202.6	2.1	2.1	1754.7	2024.7	-270.0
37143.2	12777.0	2471.7	404266.7	285397.3	118869.4
464782.3	105649.0	19588.5	784657.5	383185.5	401472.0
18363.4	4339.4	1392.0	376662.6	325760.2	50902.4
124.8	27.3	12.6	4906.2	2193.4	2712.8
3012.5	774.6	153.4	33670.7	32866.8	803.9
13527.7	5069.1	343.8	85917.5	75953.9	9963.6
137878.1	41167.7	7441.8	545076.4	235927.4	309149.0
9443.2	2594.7	578.0	60147.0	42411.0	17736.0
28005.0	14939.3	1690.5	118941.1	71266.7	47674.4
15735.0	3061.4	961.6	230667.4	198059.1	32608.3
588096.6	121544.7	20301.8	1068525.3	564751.3	503774.0
13357.6	4373.5	3090.0	246330.3	233423.0	12907.3
6105.8	2121.7	256.4	28733.0	6787.3	21945.7
13070.4	4712.6	945.5	76082.8	57191.3	18891.5

12－7 续表 1

指　　标	企业数(个)	#亏损企业数(个)	流动资产合计	#存货
二、零售业	215	64	992757.2	347429.9
1. 按登记注册类型分组				
内资企业	208	61	903662.4	321971.7
国有企业	11	2	10866.1	4197.5
集体企业	6	2	2990.1	562.6
股份合作企业	2	1	6158.6	3977.3
联营企业	2		345.3	90.5
有限责任公司	61	19	463802.6	95804.4
股份有限公司	13	4	195818.2	133623.4
私营企业	107	30	209635.7	74982.3
其他企业	6	3	14045.8	8733.7
港、澳、台商投资企业	1		6088.2	2776.6
外商投资企业	6	3	83006.6	22681.6
2. 按国民经济行业分组				
综合零售	39	11	440230.2	192328.7
食品、饮料及烟草制品专门零售	3	1	4864.0	1278.7
纺织、服装及日用品专门零售	8	4	4394.4	651.5
文化、体育用品及器材专门零售	13	3	27378.1	16873.6
医药及医疗器材专门零售	20	6	92873.3	18515.8
汽车、摩托车、燃料及零配件专门零售	87	26	323390.4	88842.1
家用电器及电子产品专门零售	23	5	60580.5	16009.7
五金、家具及室内装修材料专门零售	17	6	24970.4	11198.1
无店铺及其他零售	5	2	14075.9	1731.7

单位:万元

年末资产负债					
固定资产原价	累计折旧	#本年折旧	资产总计	负债合计	所有者权益合计
482073.4	146138.8	27226.5	1552691.7	1157562.5	395129.2
380195.7	110577.4	22929.3	1368098.7	1060112.2	307986.5
9681.1	4640.1	456.7	16063.6	6941.7	9121.9
2760.3	624.6	133.2	5209.0	5250.0	-41.0
6448.5	142.7	32.8	12483.5	9422.4	3061.1
812.8	201.4	50.4	960.8	718.4	242.4
246222.0	68200.1	14633.5	729623.0	574520.6	155102.4
60364.3	21823.8	2995.5	307584.2	226551.6	81032.6
49133.3	12060.4	4475.0	270034.4	213014.7	57019.7
4773.4	2884.3	152.2	26140.2	23692.8	2447.4
141.8	40.9	23.6	6307.3	4431.8	1875.5
101735.9	35520.5	4273.6	178285.7	93018.5	85267.2
333728.1	107356.1	16699.8	813993.1	562310.5	251682.6
2475.4	711.9	137.1	9787.2	9551.8	235.4
2530.5	691.5	134.8	12003.8	4171.4	7832.4
9919.2	4856.6	496.8	35341.1	23929.3	11411.8
15713.9	4998.8	744.6	109647.8	94511.6	15136.2
79523.2	19564.4	5597.6	414276.3	346286.3	67990.0
2590.5	1032.8	462.5	77857.9	59496.0	18361.9
14256.1	1741.3	566.5	39192.4	28454.3	10738.1
21336.5	5185.4	2386.8	40592.1	28851.3	11740.8

12－7 续表2

指　　标	年末资			
	实收资本	国家资本	集体资本	法人资本
总　　计	**831397.1**	**502890.7**	**16819.1**	**146329.2**
一、批发业	608010.0	480729.6	8706.6	69696.3
1.按登记注册类型分组				
内资企业	607510.0	480729.6	8706.6	69196.3
国有企业	154847.1	143437.8		10009.3
集体企业	3736.1		3736.1	
股份合作企业	300.0			300.0
联营企业	500.0		70.0	367.4
有限责任公司	65958.9	21315.8	2240.9	23462.9
股份有限公司	345323.9	315476.0	1503.0	18694.9
私营企业	36444.0	500.0	1156.6	16261.8
其他企业	400.0			100.0
外商投资企业				
2.按国民经济行业分组				
农畜产品批发	4694.1		3694.1	1000.0
食品、饮料及烟草制品批发	68121.3	49564.6		16804.3
纺织、服装及日用品批发	9008.6	1558.7	403.0	4305.7
文化、体育用品及器材批发	11729.8	4059.8	1180.0	3290.0
医药及医疗器材批发	23481.6	5127.0	600.0	13523.3
矿产品、建材及化工产品批发	443183.1	415215.8	2142.8	3668.0
机械设备、五金交电及电子产品批发	24064.2	1907.7	616.7	9161.9
贸易经纪与代理	14024.8	116.0		12780.0
其他批发	9702.5	3180.0	70.0	5163.1

单位:万元

产负债			损益及分配		
个人资本	港澳台资本	外商资本	营业收入合计	#主营业务收入	主营业务成本
103986.9	**1375.5**	**59995.7**	**9456020.5**	**9392718.4**	**8530086.2**
48877.5			6373956.5	6363257.9	5857376.3
48877.5			6186996.6	6176420.5	5683193.8
1400.0			1304351.2	1298950.3	1139612.3
			46487.0	46408.5	42282.7
			4304.2	4304.2	4065.7
62.6			10583.0	10562.4	10312.1
18939.3			1023650.2	1021708.6	952375.0
9650.0			2751528.9	2748408.2	2534650.6
18525.6			1029414.2	1029400.4	984466.3
300.0			16677.9	16677.9	15429.1
			151609.3	151486.8	138962.5
			91295.7	91217.2	85870.6
1752.4			774904.1	769802.3	640658.4
2741.2			196639.2	196243.7	187949.0
3200.0			222432.6	222352.6	195289.8
4231.3			639765.6	638017.1	606439.3
22156.5			3350441.3	3349091.5	3106620.6
12377.9			782805.3	781003.9	752503.0
1128.8			44176.0	44176.0	34885.5
1289.4			271496.7	271353.6	247160.1

12－7续表3

指　　标	年末资			
	实收资本	国家资本	集体资本	法人资本
二、零售业	223387.1	22161.1	8112.5	76632.9
1.按登记注册类型分组				
内资企业	161015.9	22161.1	8112.5	76432.9
国有企业	4587.4	4277.4		
集体企业	1552.0		1522.0	
股份合作企业	1000.0			1000.0
联营企业	182.6			182.6
有限责任公司	76616.5	14208.7	475.5	46757.8
股份有限公司	22176.4	3675.0	2900.0	7140.0
私营企业	51465.6		1515.0	20852.5
其他企业	3435.4		1700.0	500.0
港、澳、台商投资企业	875.5			
外商投资企业	61495.7			200.0
2.按国民经济行业分组				
综合零售	108051.6	14757.1	4948.8	17551.6
食品、饮料及烟草制品专门零售	502.5	40.0	402.5	50.0
纺织、服装及日用品专门零售	813.8		73.0	260.0
文化、体育用品及器材专门零售	4721.9	3440.3		780.0
医药及医疗器材专门零售	13081.5	775.1		8464.2
汽车、摩托车、燃料及零配件专门零售	57291.4	3148.6	106.6	20320.8
家用电器及电子产品专门零售	12240.1		793.6	7438.0
五金、家具及室内装修材料专门零售	10790.0			7852.0
无店铺及其他零售	15894.3		1788.0	13916.3

单位:万元

产负债			损益及分配		
个人资本	港澳台资本	外商资本	营业收入合计	#主营业务收入	主营业务成本
55109.4	1375.5	59995.7	3082064.0	3029460.5	2672709.9
54309.4			2751497.4	2710829.2	2405632.3
310.0			31610.9	31610.9	25645.8
30.0			11004.7	11004.7	9850.8
			10685.5	10685.5	8164.3
			7358.7	7358.7	7004.2
15174.5			1501791.6	1472671.8	1306655.8
8461.4			360403.4	354727.7	303213.6
29098.1			804946.0	800198.8	724138.3
1235.4			23696.6	22571.1	20959.5
	875.5		13555.5	13529.3	9583.8
800.0	500.0	59995.7	317011.1	305102.0	257493.8
10598.4	200.0	59995.7	1109073.0	1065658.4	888209.7
10.0			11692.3	11219.0	10120.5
180.8	300.0		20968.7	20952.5	15906.2
501.6			81741.8	81589.9	62913.7
2966.7	875.5		206199.1	205929.6	174225.8
33715.4			1238240.4	1233132.2	1157265.7
4008.5			293600.8	291595.6	269969.0
2938.0			47942.7	47929.3	40850.9
190.0			72605.2	71454.0	53248.4

12－7 续表 4

指　　标		损	益	
	#运杂费	主营业务税金及附加	主营业务利　润	其他业务利　润
总　　计	**42002.8**	**21145.6**	**841486.6**	**62603.6**
一、批发业	35035.0	12101.9	493779.7	9899.9
1. 按登记注册类型分组				
内资企业	31953.7	12096.7	481130.0	9589.2
国有企业	6870.1	4546.2	154791.8	4013.4
集体企业	442.2	138.6	3987.2	79.0
股份合作企业		13.6	224.9	
联营企业		0.9	249.4	9.4
有限责任公司	5992.0	1540.6	67793.0	3082.1
股份有限公司	13457.9	4152.4	209605.2	1196.2
私营企业	3877.5	1688.7	43245.4	1209.1
其他企业	1314.0	15.7	1233.1	
外商投资企业	3056.1		12524.3	142.1
2. 按国民经济行业分组				
农畜产品批发	467.4	189.2	5157.4	247.0
食品、饮料及烟草制品批发	4004.7	1838.0	127305.9	2823.3
纺织、服装及日用品批发	4460.2	28.9	8265.8	487.3
文化、体育用品及器材批发	1425.9	918.9	26143.9	1216.9
医药及医疗器材批发	342.2	695.2	30882.6	1559.8
矿产品、建材及化工产品批发	16629.8	6655.3	235815.6	1501.2
机械设备、五金交电及电子产品批发	1744.3	684.7	27816.2	1537.2
贸易经纪与代理	2535.5	701.8	8588.7	4.0
其他批发	3425.0	389.9	23803.6	523.2

单位:万元

及分配					
营业费用	管理费用	#税　金	#差旅费	#工会经费	财务费用
408402.7	268345.0	8397.2	8080.4	1535.2	43884.0
206175.5	132341.3	3980.3	5082.1	812.5	24804.6
198197.8	131765.4	3973.8	4879.7	812.5	24748.2
41460.3	49998.8	1191.2	1044.3	316.8	9971.2
1073.1	1792.3	3.8	20.6	11.3	913.5
39.9	169.6				0.7
113.2	229.5	1.0	9.6	1.6	
37019.9	16878.0	489.6	762.5	119.9	3181.3
93942.8	50047.7	1938.5	1657.3	315.0	6816.4
23848.1	12490.9	348.2	1381.4	47.4	3763.9
700.5	158.6	1.5	4.0	0.5	101.2
7875.2	490.7	1.3	196.2		2.3
1363.5	2267.9	9.0	26.8	9.3	1317.3
31872.4	38939.2	953.2	1457.6	233.6	4492.2
3912.2	2788.2	67.9	120.3	18.4	1501.9
7698.7	10724.0	262.8	167.5	96.8	715.4
18911.9	8594.0	177.8	656.9	37.8	798.8
104686.9	55566.7	2207.3	2100.4	362.6	12631.5
19820.9	7392.5	142.2	432.8	29.0	2444.9
6932.6	1439.2	111.2	92.2	6.5	260.7
10976.4	4629.6	48.9	27.6	18.5	641.9

12－7 续表 5

指标	损益			
	#运杂费	主营业务税金及附加	主营业务利润	其他业务利润
二、零售业	6967.8	9043.7	347706.9	52703.7
1. 按登记注册类型分组				
内资企业	6075.7	8960.2	296236.7	37735.9
国有企业	152.4	28.8	5936.3	414.9
集体企业	19.6	23.0	1130.9	564.8
股份合作企业	7.8	18.7	2502.5	20.2
联营企业	11.3	4.6	349.9	0.6
有限责任公司	1449.2	4631.4	161384.6	19122.9
股份有限公司	1824.4	1940.1	49574.0	9947.9
私营企业	2597.8	2242.6	73817.9	7528.5
其他企业	13.2	71.0	1540.6	136.1
港、澳、台商投资企业	870.0	0.8	3944.7	23.7
外商投资企业	22.1	82.7	47525.5	14944.1
2. 按国民经济行业分组				
综合零售	2367.6	5341.3	172107.4	39227.2
食品、饮料及烟草制品专门零售	79.0	14.7	1083.8	423.5
纺织、服装及日用品专门零售	55.3	95.3	4951.0	499.1
文化、体育用品及器材专门零售	84.8	304.5	18371.7	532.2
医药及医疗器材专门零售	1354.8	464.2	31239.6	1009.7
汽车、摩托车、燃料及零配件专门零售	2545.5	1562.4	74304.1	1227.8
家用电器及电子产品专门零售	174.9	460.3	21166.3	8489.6
五金、家具及室内装修材料专门零售	227.4	486.8	6591.6	1043.1
无店铺及其他零售	78.5	314.2	17891.4	251.5

单位:万元

及	分	配			
营业费用	管理费用	#税　金	#差旅费	#工会经费	财务费用
202227.2	136003.7	4416.9	2998.3	722.7	19079.4
171678.3	113225.5	4008.8	2867.5	665.2	18583.3
3203.8	2668.7	50.0	59.0	28.4	111.7
782.9	899.6	23.9	3.2	4.6	76.9
1619.3	1133.9	10.1	15.5	1.8	727.0
169.4	102.3			0.6	0.2
89211.0	71480.6	1889.6	1170.1	398.8	11872.6
28728.4	15187.9	844.7	338.9	136.8	1865.5
46537.0	20795.3	1147.9	1272.6	94.2	3807.9
1426.5	957.2	42.6	8.2		121.5
1444.6	648.6	3.7	43.3		
29104.3	22129.6	404.4	87.5	57.5	496.1
92363.6	79787.5	2259.5	695.6	373.7	8489.7
823.9	626.6	24.0	7.3	8.6	20.0
4461.9	1201.0	41.1	105.2	4.4	87.8
10546.4	6364.4	397.6	88.8	30.9	522.7
18639.7	7771.0	447.0	268.3	50.0	882.1
36726.2	22887.6	526.8	1306.3	111.1	7177.7
22113.6	5252.6	507.0	181.0	50.4	420.1
5316.3	1786.7	194.0	94.1	9.0	776.8
11235.6	10326.3	19.9	251.7	84.6	702.5

12－7 续表 6

指　　标	损益及			
	#利息支出	营业利润	利润总额	应交所得税
总　　计	**25680.2**	**183458.5**	**188315.5**	**77024.0**
一、批发业	16429.3	140358.2	139842.5	57742.2
1. 按登记注册类型分组				
内资企业	16423.1	136007.8	135483.8	57736.6
国有企业	6777.9	57374.9	57681.4	18132.7
集体企业	913.5	287.3	512.6	37.5
股份合作企业		14.7	14.7	4.9
联营企业		-83.9	22.7	
有限责任公司	1878.6	13795.9	15231.1	2970.5
股份有限公司	5689.5	59994.5	58478.9	35583.3
私营企业	1163.6	4351.6	3479.1	997.4
其他企业		272.8	63.3	10.3
外商投资企业		4298.2	4309.8	
2. 按国民经济行业分组				
农畜产品批发	919.4	455.7	677.7	55.7
食品、饮料及烟草制品批发	2919.7	54825.4	53868.1	18394.7
纺织、服装及日用品批发	239.8	550.8	1232.9	360.6
文化、体育用品及器材批发	2.6	8222.7	9557.8	303.4
医药及医疗器材批发	443.3	4137.7	4559.0	993.4
矿产品、建材及化工产品批发	11056.9	64431.7	63249.0	36677.5
机械设备、五金交电及电子产品批发	190.4	-304.9	-1011.3	722.6
贸易经纪与代理	129.8	-39.8	-48.1	6.9
其他批发	527.4	8078.9	7757.4	227.4

单位:万元

分配		工资、福利费、增值税			全部从业人员年平均人数(人)
劳动、失业保险费	住房公积金和住房补贴	本年应付工资总额	本年应付福利费总额	本年应交增值税	
9770.0	**3474.3**	**118195.3**	**13748.2**	**127313.6**	**69142.0**
4039.9	2813.0	55288.7	5346.6	86779.1	30956.0
4020.7	2684.1	52933.7	5314.6	85149.2	29712.0
1802.2	1313.1	18391.2	1326.1	25676.2	4658.0
6.2	20.4	653.3	65.6	85.2	168.0
		89.8	12.6	135.6	21.0
25.5		113.3	4.2	1.2	89.0
1125.7	240.7	9468.4	1309.1	14938.3	3867.0
720.9	1089.8	18477.8	1948.3	38547.5	17444.0
334.7	17.0	5695.3	643.3	5645.5	3438.0
5.5	3.1	44.6	5.4	119.7	27.0
19.2	128.9	1502.7		1577.5	469.0
9.9	24.9	1431.6	97.6	91.4	871.0
1647.3	1062.8	16771.5	1034.2	24654.0	4447.0
100.2	53.9	1679.3	290.1	157.4	659.0
501.0	175.0	4019.5	482.2	3964.7	895.0
293.5	13.9	4675.3	779.4	5502.6	2904.0
926.7	1235.2	19047.8	2097.5	42910.8	17038.0
407.4	8.8	5291.1	459.4	6982.6	3080.0
19.2	10.5	423.3	40.3	87.0	267.0
134.7	228.0	1949.3	65.9	2428.6	795.0

12－7 续表7

指标	损益及			
	#利息支出	营业利润	利润总额	应交所得税
二、零售业	9250.9	43100.3	48473.0	19281.8
1. 按登记注册类型分组				
内资企业	9164.6	30485.5	36086.9	15277.4
国有企业	42.4	367.0	330.4	0.2
集体企业	71.6	－63.7	－98.4	
股份合作企业	393.9	－957.5	－1083.6	12.5
联营企业		78.6	78.6	25.9
有限责任公司	6117.1	7943.3	10786.5	7760.7
股份有限公司	818.1	13740.1	14753.7	5084.4
私营企业	1720.5	10206.2	11789.2	2341.9
其他企业	1.0	－828.5	－469.5	51.8
港、澳、台商投资企业		1875.2	1875.5	
外商投资企业	86.3	10739.6	10510.6	4004.4
2. 按国民经济行业分组				
综合零售	6033.5	30693.8	34832.7	13936.3
食品、饮料及烟草制品专门零售	18.5	36.8	345.1	
纺织、服装及日用品专门零售	60.1	－300.6	－541.8	193.1
文化、体育用品及器材专门零售	141.9	1470.4	1230.1	618.8
医药及医疗器材专门零售	752.7	4956.5	6658.3	1167.7
汽车、摩托车、燃料及零配件专门零售	1714.0	8740.4	8263.4	2917.4
家用电器及电子产品专门零售	84.2	1869.6	1843.8	262.5
五金、家具及室内装修材料专门零售	387.8	－245.1	－274.5	173.9
无店铺及其他零售	58.2	－4121.5	－3884.1	12.1

单位:万元

分配		工资、福利费、增值税			
劳动、失业保险费	住房公积金和住房补贴	本年应付工资总额	本年应付福利费总额	本年应交增值税	全部从业人员年平均人数(人)
5730.1	661.3	62906.6	8401.6	40534.5	38186.0
5305.1	547.8	51675.0	5970.6	32588.4	30887.0
276.4	100.3	2134.4	212.4	217.6	1467.0
171.0		348.8	8.1	201.2	397.0
81.1		1660.0	45.0	13.2	858.0
		65.4	4.4	49.5	41.0
2617.4	268.0	22535.5	2809.6	17711.3	12356.0
1628.7	146.9	8660.5	1044.0	7187.1	6523.0
515.2	32.6	14758.6	1821.8	7104.7	8629.0
15.3		1511.8	25.3	103.8	616.0
169.4		969.7	22.9	541.4	507.0
255.6	113.5	10261.9	2408.1	7404.7	6792.0
3769.6	328.1	32355.5	4946.4	21385.9	22116.0
226.0	17.9	435.1	60.8	106.2	362.0
55.1		1011.5	47.6	739.1	431.0
284.4	101.0	3979.0	431.6	1918.3	1408.0
457.9	2.5	7879.9	657.1	3334.6	4617.0
446.3	192.6	8731.4	1086.2	7485.5	4472.0
239.6	19.2	4569.7	669.3	2323.0	2829.0
161.8		1147.7	248.1	274.2	873.0
89.4		2796.8	254.5	2967.7	1078.0

12－8 星级住宿业和限额以上餐饮业企业财务状况(2007 年)

指　　标	企业数(个)	#亏损企业数(个)	流动资产合计	#存货
总　　计	**285**	**139**	**279042.5**	**21295.9**
一、住宿业	102	69	226951.5	12668.7
1. 按登记注册类型分组				
内资企业	94	64	207088.5	10903.0
国有企业	28	19	38158.6	2781.8
集体企业	5	2	13300.7	456.1
股份合作企业	2	1	3437.6	421.3
有限责任公司	20	16	18664.7	2648.3
股份有限公司	10	5	92523.1	1785.5
私营企业	27	20	39948.9	2773.7
其他企业	2	1	1054.9	36.3
港、澳、台商投资企业	6	5	15026.0	1049.2
外商投资企业	2		4837.0	716.5
2. 按国民经济行业分组				
旅游饭店	98	65	217708.2	11696.9
一般旅馆	3	3	9051.8	900.5
其他住宿服务	1	1	191.5	71.3
二、餐饮业	183	70	52091.0	8627.2
1. 按登记注册类型分组				
内资企业	173	68	46274.0	5759.2
国有企业	11	9	2777.1	661.9
集体企业	3	1	556.6	364.7
股份合作企业	5	3	808.5	58.3
有限责任公司	26	12	13732.8	960.0
股份有限公司	6	2	708.0	157.8
私营企业	109	37	26564.8	3262.2
其他企业	13	4	1126.2	294.3
港、澳、台商投资企业	4	1	1483.2	379.4
外商投资企业	6	1	4333.8	2488.6
2. 按国民经济行业分组				
正餐服务	172	66	43626.3	5921.1
快餐服务	5	1	5493.0	2640.1
饮料及冷饮服务	2		123.7	23.0
其他餐饮服务	4	3	2848.0	43.0

单位:万元

年末资产负债					
固定资产原价	累计折旧	#本年折旧	资产总计	负债合计	所有者权益合计
878263.3	**271531.4**	**50331.8**	**1045613.5**	**689694.5**	**355919.0**
752215.6	240591.0	42605.4	858230.1	559161.5	299068.6
604124.9	195549.0	34011.3	727865.4	469183.5	258681.9
195134.1	76957.1	15539.3	179983.8	99715.9	80267.9
28181.1	11922.1	1108.5	41492.0	27126.3	14365.7
8476.3	5704.4	1467.1	6220.5	1826.1	4394.4
122641.2	28891.0	4905.2	130688.0	98005.9	32682.1
191269.0	60082.2	5797.6	264730.7	176709.0	88021.7
56041.6	11432.0	4992.6	101682.5	64872.9	36809.6
2381.6	560.2	201.0	3067.9	927.4	2140.5
92237.9	26364.8	1760.0	87807.0	69929.5	17877.5
55852.8	18677.2	6834.1	42557.7	20048.5	22509.2
723719.9	235855.6	40936.1	814357.8	529015.8	285342.0
28495.5	4735.4	1669.3	43680.6	29954.2	13726.4
0.2			191.7	191.5	0.2
126047.7	30940.4	7726.4	187383.4	130533.0	56850.4
92613.9	19582.4	5671.2	149006.8	108279.5	40727.3
17675.9	2198.2	589.7	19124.8	12180.3	6944.5
1061.5	314.2	43.2	1773.3	1607.9	165.4
3894.4	383.7	94.6	4396.4	3162.2	1234.2
21659.9	7184.0	1384.9	39631.4	41743.2	-2111.8
4831.8	442.6	316.9	5245.8	2979.8	2266.0
41287.5	8546.3	3074.4	75447.1	45670.6	29776.5
2202.9	513.4	167.5	3388.0	935.5	2452.5
3293.8	493.9	15.0	9283.0	5682.1	3600.9
30140.0	10864.1	2040.2	29093.6	16571.4	12522.2
87952.0	18777.9	5497.9	146051.4	104880.0	41171.4
31890.1	11529.1	2095.3	32356.7	18623.2	13733.5
2016.9	387.0	79.9	1833.6	1600.8	232.8
4188.7	246.4	53.3	7141.7	5429.0	1712.7

12－8 续表 1

指　　标	年末资			
	实收资本	国家资本	集体资本	法人资本
总　　计	**418884.5**	**159671.8**	**6165.0**	**163669.7**
一、住宿业	358181.4	154091.8	4976.0	136218.9
1. 按登记注册类型分组				
内资企业	282151.3	142841.8	4976.0	97011.3
国有企业	102417.6	96622.1	290.0	4896.2
集体企业	6069.1		3766.0	2303.1
股份合作企业	10050.0	10000.0		50.0
有限责任公司	55735.2	18590.0	920.0	31275.2
股份有限公司	85224.9	17629.7		50136.7
私营企业	20984.7			8150.1
其他企业	1669.8			200.0
港、澳、台商投资企业	66930.1	11250.0		30207.6
外商投资企业	9100.0			9000.0
2. 按国民经济行业分组				
旅游饭店	354181.4	154091.8	4976.0	133218.9
一般旅馆	4000.0			3000.0
其他住宿服务				
二、餐饮业	60703.1	5580.0	1189.0	27450.8
1. 按登记注册类型分组				
内资企业	55009.5	5580.0	1189.0	26706.3
国有企业	7040.7	5580.0	429.0	1031.7
集体企业	2758.7			2353.7
股份合作企业	195.0			
有限责任公司	10910.0		660.0	7431.8
股份有限公司	546.5			469.9
私营企业	31190.9		100.0	14554.2
其他企业	2367.7			865.0
港、澳、台商投资企业	906.2			507.1
外商投资企业	4787.4			237.4
2. 按国民经济行业分组				
正餐服务	54456.6	5580.0	1089.0	26862.8
快餐服务	4892.4			388.0
饮料及冷饮服务	100.0			
其他餐饮服务	1254.1		100.0	200.0

单位:万元

产负债			损益及分配		
个人资本	港澳台资本	外商资本	营业收入合计	#主营业务收入	主营业务成本
57138.7	**26504.2**	**5735.1**	**559648.6**	**540041.2**	**219913.5**
36212.9	26022.5	659.3	258368.8	242325.7	70985.1
36112.9	550.0	659.3	223028.6	207338.8	64005.2
	50.0	559.3	67499.7	56121.4	18098.6
			11921.1	11872.7	2312.9
			8841.3	8534.7	2417.7
4350.0	500.0	100.0	34970.4	34778.0	9455.3
17458.5			46527.7	45254.6	14936.7
12834.6			50533.7	48171.7	16261.1
1469.8			2734.7	2605.7	522.9
	25472.5		20180.1	20011.3	4713.0
100.0			15160.1	14975.6	2266.9
35212.9	26022.5	659.3	245733.5	229690.4	67911.9
1000.0			12467.1	12467.1	3068.1
			168.2	168.2	5.1
20925.8	481.7	5075.8	301279.8	297715.5	148928.4
20776.8		757.4	222142.5	218578.2	116768.8
			12257.9	11828.4	5112.2
405.0			3750.7	3750.7	861.0
195.0			6808.0	6738.0	1921.9
2741.7		76.5	55941.4	55905.3	31127.5
76.6			8576.5	8576.5	6223.0
15855.8		680.9	122477.0	119466.3	64356.5
1502.7			12331.0	12313.0	7166.7
	399.1		9787.7	9787.7	5599.3
149.0	82.6	4318.4	69349.6	69349.6	26560.3
19591.7	481.7	851.4	220242.0	218993.4	116740.9
280.0		4224.4	72194.0	72178.3	28261.3
100.0			576.0	576.0	352.0
954.1			8267.8	5967.8	3574.2

12－8 续表2

指　　标	损			益
	主营业务税金及附加	主营业务利　润	其他业务利　润	营业费用
总　　计	**26866.9**	**293260.8**	**3051.0**	**160180.4**
一、住宿业	12992.3	158348.3	1905.1	71573.6
1.按登记注册类型分组				
内资企业	11117.0	132216.6	1592.2	63757.0
国有企业	2916.3	35106.5	273.1	16308.0
集体企业	623.6	8936.2	5.0	3153.3
股份合作企业	390.0	5727.0	75.3	3988.9
有限责任公司	1773.4	23549.3	258.2	13378.7
股份有限公司	2499.4	27818.5	825.5	7347.5
私营企业	2748.4	29162.2	115.7	18040.5
其他企业	165.9	1916.9	39.4	1540.1
港、澳、台商投资企业	1104.7	14193.6	312.9	5340.6
外商投资企业	770.6	11938.1		2476.0
2.按国民经济行业分组				
旅游饭店	12302.5	149476.0	1905.1	66491.0
一般旅馆	681.4	8717.6		4897.5
其他住宿服务	8.4	154.7		185.1
二、餐饮业	13874.6	134912.5	1145.9	88606.8
1.按登记注册类型分组				
内资企业	10257.6	91551.8	1082.1	60169.2
国有企业	645.0	6071.2	124.0	3856.5
集体企业	201.2	2688.5		968.8
股份合作企业	90.9	4725.2	24.8	4204.5
有限责任公司	2565.8	22212.0	148.2	15207.5
股份有限公司	380.5	1973.0	0.9	1546.5
私营企业	5685.5	49424.3	764.6	31770.3
其他企业	688.7	4457.6	19.6	2615.1
港、澳、台商投资企业	142.2	4046.2		1506.7
外商投资企业	3474.8	39314.5	63.8	26930.9
2.按国民经济行业分组				
正餐服务	10349.3	91903.2	1069.9	58994.0
快餐服务	3392.0	40525.0	49.6	27211.6
饮料及冷饮服务	23.0	201.0	25.8	168.0
其他餐饮服务	110.3	2283.3	0.6	2233.2

单位:万元

及	分	配			
管理费用	#税　金	#差旅费	#工会经费	财务费用	#利息支出
145026.2	**7251.9**	**815.9**	**889.6**	**20056.0**	**11828.4**
111613.9	4167.5	587.1	680.3	14032.6	10623.1
74497.9	4088.1	569.8	669.7	11423.6	8178.8
22500.2	1090.3	109.3	121.8	1158.8	361.6
3151.5	70.7	5.6	4.4	1084.7	965.8
1973.9	246.5	11.7	31.4	240.9	204.1
12322.0	259.1	71.3	32.4	1598.7	748.5
18673.5	1875.2	291.5	236.3	5707.8	5637.2
15548.7	546.3	77.0	233.3	1560.2	194.4
328.1		3.4	10.1	72.5	67.2
31598.1	79.4	14.8	8.6	1485.9	1323.4
5517.9		2.5	2.0	1123.1	1120.9
107911.5	4073.7	587.1	680.3	13240.8	9907.0
3702.4	93.8			791.8	716.1
33412.3	3084.4	228.8	209.3	6023.4	1205.3
27430.9	956.3	228.8	207.9	4527.2	1035.4
2809.5	125.9	54.3	32.0	133.1	26.1
1713.7			0.2	123.4	
367.3	12.2	0.2		47.1	
6498.4	106.3	47.4	38.2	757.1	428.4
1111.4	10.4	33.3	5.4	57.5	29.3
13617.6	641.4	87.2	127.6	3230.9	481.8
1313.0	60.1	6.4	4.5	178.1	69.8
1361.3	182.0			791.7	
4620.1	1946.1		1.4	704.5	169.9
28308.1	1069.2	219.7	199.7	5199.9	965.3
4972.9	1983.1	8.2	9.6	766.6	234.5
30.0	30.0				
101.3	2.1	0.9		56.9	5.5

12－8 续表 3

指　　标	损益及分配					工资、福利费		全部从业人员年平均人数(人)
	营业利润	利润总额	应交所得税	劳动、失业保险费	住房公积金和住房补贴	本年应付工资总额	本年应付福利费总额	
总　　计	**－28950.8**	**－47578.1**	**5263.9**	**3032.7**	**693.3**	**75328.0**	**6965.8**	**47426.0**
一、住宿业	－36966.7	－53582.7	2700.0	2159.0	463.5	40051.0	4404.7	22812.0
1. 按登记注册类型分组								
内资企业	－15869.7	－15819.6	1711.9	1870.4	463.5	34547.2	4146.2	20132.0
国有企业	－4587.4	－5673.0	401.8	515.4	163.9	10741.0	864.4	6151.0
集体企业	1551.7	717.5			9.4	1474.3	103.8	1178.0
股份合作企业	－401.4	－230.6		25.3	1.7	1633.5	15.0	718.0
有限责任公司	－3491.9	－3662.5		492.7	79.2	5941.1	440.0	3490.0
股份有限公司	－3084.8	－2283.0	1307.3	792.7	183.4	6305.4	1764.2	3226.0
私营企业	－5871.5	－4703.1	2.8	33.3	25.9	7866.0	898.1	5019.0
其他企业	15.6	15.1		11.0		585.9	60.7	350.0
港、澳、台商投资企业	－23918.1	－40643.8	164.9	9.4		3268.0	248.0	1728.0
外商投资企业	2821.1	2880.7	823.2	279.2		2235.8	10.5	952.0
2. 按国民经济行业分组								
旅游饭店	－36262.2	－52875.8	2700.0	2151.9	463.5	37951.2	4301.2	21247.0
一般旅馆	－674.1	－676.5		7.1		2074.5	101.5	1540.0
其他住宿服务	－30.4	－30.4				25.3	2.0	25.0
二、餐饮业	8015.9	6004.6	2563.9	873.7	229.8	35277.0	2561.1	24614.0
1. 按登记注册类型分组								
内资企业	506.6	－1167.9	630.9	455.2	192.6	25717.0	2509.2	19507.0
国有企业	－603.9	－589.5	53.0	60.0	36.2	1866.8	244.3	1302.0
集体企业	－117.4	－109.4	1.0			247.6	62.5	196.0
股份合作企业	131.1	28.2				311.8	19.9	235.0
有限责任公司	－102.8	－32.4	250.7	123.2	145.3	5428.0	653.5	3917.0
股份有限公司	－741.5	－1093.5	1.3	24.6	6.6	752.7	91.9	481.0
私营企业	1570.1	522.0	284.1	246.6	4.5	15512.3	1416.0	12164.0
其他企业	371.0	106.7	40.8	0.8		1597.8	21.1	1212.0
港、澳、台商投资企业	386.5	386.5	0.0	13.2		467.0		366.0
外商投资企业	7122.8	6786.0	1933.0	405.3	37.2	9093.0	51.9	4741.0
2. 按国民经济行业分组								
正餐服务	471.1	－1207.4	396.9	440.3	164.6	25647.6	2459.0	19511.0
快餐服务	7623.5	7308.2	2156.6	428.4	65.2	9168.8	77.4	4735.0
饮料及冷饮服务	28.8	23.4				141.1		126.0
其他餐饮服务	－107.5	－119.6	10.4	5.0		319.5	24.7	242.0

12－9 商品交易市场情况(2007 年)

指 标	市场数(个)	拥有摊位数(个)	出租摊位数(个)	成交额(万元)
总 计	**353**	**67541**	**58878**	**6054081**
工业品综合市场	12	10376	9626	1696851
农产品综合市场	110	14820	12562	509813
纺织品服装鞋帽市场	34	6358	5604	143853
食品饮料烟酒市场	5	577	545	18356
药材药品及医疗器材市场	1	540	343	9860
家具市场	4	431	431	59360
小商品市场	8	1142	1068	7174
文化、音像、书报杂志市场	8	2771	2462	197544
旧货市场	3	153	146	2290
机动车市场	7	2900	2751	462457
金属材料市场	3	1057	997	914613
木材市场	2	658	658	24050
建筑装饰材料市场	25	7130	5582	629088
粮油市场	3	320	320	32540
干鲜果品市场	3	586	586	141820
水产品市场	4	174	159	26010
蔬菜市场	32	3490	3337	349893
肉食禽蛋市场	2	50	50	3440
计算机市场	3	1560	1543	304400
通讯器材市场	2	230	230	24713
其它市场	82	12218	9878	495956

续表

亿元商品交易市场情况(2007 年)

指 标	摊位数量(个)	成交额(万元)
总 计	**25683**	**5446422**
按商品类值分组		
食品、饮料、烟酒类	6103	1142514
服装、鞋帽、针纺织品类	1084	102360
化妆品类	257	83615
日用品类	982	117612
五金、电料类	1071	204669
体育、娱乐用品类	10	305
书报杂志类	266	9703
电子出版物及音像制品类	3604	374614
家用电器和音像器材类	577	300287
中西药品类	164	21596
文化办公用品类	2123	373653
家具类	794	357789
通讯器材类	241	25062
木材及制品类	461	19948
石油及制品类	196	8065
化工材料及制品类	153	18140
金属材料类	695	632940
建筑及装潢材料类	3346	936749
机电产品及设备类	946	304419
汽车类	2853	515451
种子饲料类	7	668
棉麻类	3	256
其他类	1466	146047
补充资料:		
市场个数	45	

12－10 三资企业利用外资情况(2007年)

单位:万美元

项目	项目个数		合同外资		实际利用外资	
	2007年	2006年	2007年	2006年	2007年	2006年
外商直接投资合计	**227**	**206**	**232853**	**176295**	**150407**	**120258**
中外合资企业	57	65	27656	36869	24965	19568
中外合作企业	8	13	10963	11070	3983	3994
外资企业	162	127	196236	124972	121459	93259
外商投资股份制		1	－2002	3384		3437

12－11 利用外资按行业和主要国别(地区)分(2007年)

单位:万美元

项目	项目个数		合同外资		实际利用外资	
	2007年	2006年	2007年	2006年	2007年	2006年
总计	**227**	**206**	**232853**	**176295**	**150407**	**120258**
一、按行业分						
# 1.农、林、牧、渔业	9	8	11044	11457	6490	1419
2.制造业	128	117	117084	75815	54139	47109
3.电力、燃气及水的生产和供应业	7	4	7448	18280	4526	9653
4.建筑业	7	9	10449	19093	5257	6244
5.交通运输、仓储和邮政业	1	1	1153	84	408	1273
6.信息传输、计算机服务和软件业	7	8	4843	1807	1432	2458
7.批发零售和餐饮业	15	17	8122	11215	2836	2660
8.房地产业	32	29	67424	30839	60047	41299
9.租赁和商务服务业	10	4	2192	2308	10739	7403
10.居民服务和其他服务业	2		1357		1368	63
11.文化、体育和娱乐业	2	5	639	1150	407	677
二、按主要国别(地区)分						
# 香港	118	101	117436	74899	56116	46445
美国	29	13	18265	13485	6943	8323
瑞典			10279		4500	13
韩国	1	14	25	18647	7427	7461
台湾省	21	17	12536	10190	15269	9781
加拿大	8	9	17170	1121	5954	1762
意大利	2	1	139		3520	45
英属维尔京群岛	16	14	39945	13654	19891	14737
毛里求斯	2	4	338	4522	11843	9325
印度尼西亚		2		5742	3350	2320

12-12 对外贸易进出口总值

单位:万美元

项目	2003年	2004年	2005年	2006年	2007年
进出口总额	**204406**	**245422**	**268315**	**293034**	**407151**
# 市归口	122963	162314	200456	234157	359894
1.出口	109811	136653	159521	193025	260641
# 市归口	47319	70929	100669	140357	223294
2.进口	94595	108769	108794	100009	146510
# 市归口	75644	91385	99787	93800	136600

12-13 主要进出口商品总值(2007年)

单位:万美元

指标	总值		2007年比上年增长(%)	
	出口	进口	出口	进口
一、机电产品	104419	99566	89.2	44.9
# 金属制品	16667	4681	61.4	268.1
机械产品	32429	32863	119.3	53.8
电器及电子产品	30096	19588	68.6	21.1
运输设备	22136	36100	137.5	52
仪器仪表	1334	5842	7.2	3.9
二、高新技术产品	10887	12493	19.2	9
# 生物技术	38		43.4	
生命科学技术	3677	1456	67.2	-8.1
光电技术	552	1533	25.8	-0.5
计算机与通信技术	884	2175	83.7	506.8
电子技术	5117	2826	-7.5	-0.5
计算机集成制造技术	310	3896	-8.9	-21.2
航空航天技术	235	558	250.8	203.9
三、农产品	20448	4479	18.7	1.5

12－14 进出口商品主要产销国别(地区)总值(2007年)

单位:万美元

国家(地区)	总值		2007年比上年增长(%)	
	出口	进口	出口	进口
合 计	**168576**	**126251**	**28.9**	**46.1**
#日 本	13765	43368	16.2	44.8
韩 国	11313	12315	51.4	3.2
美 国	32468	8799	20.4	15.3
香 港	18189	866	-4.9	220.4
德 国	12544	28175	40.7	52.4
英 国	6178	4412	45.2	57.7
瑞 典	922	7012	34.8	51.1
意大利	5518	6449	25.4	247.1
荷 兰	10960	781	62.1	62.4
印 度	13865	279	109.1	-79.6
加拿大	6950	627	21.3	121.2
俄罗斯	8327	33	31.1	36.1
印 尼	6673	1397	64.5	487.8
挪 威	2261	1885	16.8	33.7
台 湾	4088	3770	23.3	197.1
西班牙	3977	2800	4	33.7
泰 国	4527	977	38.1	29.3
法 国	3181	1847	55.9	352.1
新加坡	2869	459	-9.3	-7.6

12－15 对外承包工程、劳务合作按国别(地区)分组(2007年)

国别(地区)	签合同额(万美元)	实际完成营业额(万美元)	全年外派劳务(人次)	年末在外人数(人)
合计	**82159**	**60662**	**7602**	**17177**
#菲律宾	3070	2437	206	310
韩国	1050	1025	192	260
阿联酋	1090	860	138	205
巴基斯坦	648	1120	125	212
越南	1884	2665	418	2460
印尼	328	435	148	160
马来西亚	910	1624	417	518
泰国	723	620	175	165
印度	2231	1290	282	260
日本	2250	1745	480	442
新加坡	1070	1680	335	436
沙特	11211	532	83	72
柬埔寨	320	510	212	205
德国	3210	2645	292	940
英国	2070	2182	227	287
俄罗斯	2635	2075	252	365
荷兰	1180	1212	121	210
法国	1565	1278	145	255
美国	8035	1670	232	345
巴西	2260	1260	150	228
加拿大	2576	1615	207	347
南非	1570	1050	159	162
乌干达	767	1380	80	170
尼日利亚	1165	1100	131	130
马里	2130	2716	85	310
利比里亚	2560	3150	112	405
塞拉利昂	1304	1378	70	165
澳大利亚	1482	976	158	210
新西兰	1247	840	112	145
斐济	1050	1058	118	150

12－16　旅游业基本情况

项　　目	单　位	2006 年	2007 年	2007 年比上年增长(%)
一、接待旅游者总人数	万人次	2620	2861.4	9.2
接待国内游客	万人次	2579	2811.3	9
接待海外游客	人次	406329	500586	23.2
外国人	人次	286320	344409	20.3
港澳台胞	人次	120009	156177	30.1
二、旅游业总收入(人民币)	亿元	222.6	258.97	16.3
国内旅游收入(人民币)	亿元	197.9	229.97	16.2
旅游创汇(美元)	万美元	30796	38630	25.4
三、接待海外旅游者人天数	人天	1695391	2213098	30.5
# 外国人	人天	1204507	1467518	21.8
四、旅行社总数	个	152	176	15.8
国际旅行社	个	18	19	5.6
国内旅行社	个	134	157	17.2
五、星级饭店总数	个	86	91	5.8
五星级	个	7	8	14.3
四星级	个	13	14	7.7
三星级	个	46	51	10.9
二星级	个	20	18	－10
星级饭店客房总数	间	12808	13997	9.3

12－17　接待国际游客按国别(地区)分

单位:人次

国别(地区)	2005 年	2006 年	2007 年
接待国际游客总数	255475	406329	500586
港澳台胞	92819	120009	156177
港澳同胞	52332	60644	90602
台　　胞	40487	59365	65575
外国人	162656	286320	344409
# 美　　国	46361	45294	53115
日　　本	19235	20136	25155
韩　　国	48627	170652	184872
加 拿 大	4012	4213	5051
西 班 牙	2091	1868	1094
马来西亚	5651	5720	8029
新 加 坡	5219	5384	7490
德　　国	4288	4367	6217
法　　国	3658	3546	4547
瑞　　典	795	691	459
英　　国	4215	4287	6008
澳大利亚	2448	2519	3650
俄 罗 斯	1206	2108	3099

13 服务业

13－1　服务业增加值(2007年)

单位:万元

	2007年	比上年增长(%)
服务业增加值合计	**10684306**	**16.4**
农林牧渔服务业	18003	10.8
交通运输、仓储和邮政业	871181	20.1
信息传输、计算机服务和软件业	753276	21.7
批发和零售业	2410273	15.8
住宿和餐饮业	623460	12.3
金融保险业	690694	18.8
房地产业	898688	16.2
租赁和商务服务业	709150	21.5
科学研究、技术服务和地质勘查业	395211	11.5
水利、环境和公共设施管理业	119107	9.3
居民服务和其它服务业	501162	20.2
教育	891892	11.1
卫生、社会保障和社会福利业	392362	10.1
文化、体育和娱乐业	584728	18.1
公共管理和社会组织	825119	17.4

13－2　限额以上服务业企业单位财务状况(2007年)

指　　标	企业数（个）	亏损企业数（个）	年末存货	固定资产原价	本年折旧
总　　计	**2174**	**796**	**6500729**	**9413465**	**1116191**
按国民经济行业分组					
农、林、牧、渔业	2	1	169	128	12
农、林、牧、渔服务业	2	1	169	128	12
交通运输、仓储和邮政业	93	29	42807	1566601	140534
铁路运输业	1		692	415745	8242
道路运输业	25	1	430	85312	14359
城市公共交通业	11	2	637	58129	8067
水上运输业	1		77	20628	1639
航空运输业	5	1	2670	815304	62327
装卸搬运和其他运输服务业	26	15	2745	28932	3891
仓储业	5		30410	17499	643
邮政业	19	10	5146	125052	41367
信息传输、计算机服务和软件业	79	17	41642	2498616	645366
电信和其他信息传输服务业	17	3	5196	2403308	629933
计算机服务业	21	5	1186	61949	13874
软件业	41	9	35260	33359	1559
批发和零售业	360	99	745001	1307293	62836
批发业	145	35	397571	825219	35609
零售业	215	64	347430	482073	27227
住宿和餐饮业	285	139	21296	878263	50332
住宿业	102	69	12669	752216	42605
餐饮业	183	70	8627	126048	7726
金融业	103	40		763138	45025
银行业	43	4		522741	35914
证券业	12	2		108486	4734
保险业	41	33		128858	4140
其他金融活动	7	1		3052	236

单位:万元

资产总计	实收资本	营业收入合计	# 主营业务收入	主营业务成本	主营业务税金及附加
80341504	**5668879**	**18596768**	**18244190**	**13995463**	**463871**
44187	8000	1338	1324	1118	15
44187	8000	1338	1324	1118	15
1773212	603597	644504	617769	507705	18781
367838	205100	66350	64448	47221	1954
110907	53406	82088	72971	56322	1280
73834	14322	47120	45103	38953	2245
11761	2945	15942	15942	10870	170
892850	92740	242133	240078	184865	7809
100607	60391	78657	76379	69564	2943
57300	9878	28485	22172	27401	139
158116	164816	83728	80675	72508	2243
3106789	889466	1051946	1000643	618765	27594
2758880	810694	870917	822846	492294	25370
94048	7562	21897	20010	11794	503
253861	71211	159132	157788	114677	1722
4013113	831397	9456021	9392718	8530086	21146
2460421	608010	6373957	6363258	5857376	12102
1552692	223387	3082064	3029461	2672710	9044
1045614	418885	559649	540041	219914	26867
858230	358181	258369	242326	70985	12992
187383	60703	301280	297716	148928	13875
50612234	54108	2337085	2253223	875237	138577
46662371		1514496	1438056	232717	109889
2809363		369020	365296	50830	19767
1066617	4000	441729	438366	590134	8572
73881	50108	11837	11504	1554	347

13－2 续表1

指标	企业数（个）	亏损企业数（个）	年末存货	固定资产原价	本年折旧
房地产业	778	365	5422494	564579	28724
房地产业	778	365	5422494	564579	28724
租赁和商务服务业	216	56	84729	451536	37729
租赁业	8	2	1258	4314	263
商务服务业	208	54	83472	447222	37466
科学研究、技术服务和地质勘查业	110	20	42598	560051	30392
研究与试验发展	16	5	12707	48564	5711
专业技术服务业	77	12	29422	490811	22628
科技交流和推广服务业	12	2	75	9934	1703
地质勘查业	5	1	394	10742	351
水利、环境和公共设施管理业	18	6	1223	118421	2271
水利管理业	2	2	46	10556	69
环境管理业	2	1	60	403	25
公共设施管理业	14	3	1117	107462	2177
居民服务和其他服务业	51	9	3025	28438	4325
居民服务业	32	5	2392	20290	3034
其他服务业	19	4	633	8147	1291
教育	7	1	150	13894	907
教育	7	1	150	13894	907
卫生、社会保障和社会福利业	17	5	2547	66005	9626
卫生	16	5	2547	62925	9605
社会福利业	1			3080	21
文化、体育和娱乐业	55	9	93050	596502	58113
新闻出版业	26	2	19232	136226	9256
广播、电视、电影和音像业	9		73454	417136	42702
文化艺术业	5			497	46
体育	2	1	100	11602	1007
娱乐业	13	6	266	31041	5102

单位:万元

资产总计	实收资本	营业收入合计	# 主营业务收入	主营业务成本	主营业务税金及附加
12140585	1783774	2606531	2598591	2100508	172727
12140585	1783774	2606531	2598591	2100508	172727
4388002	554008	693573	620253	279866	18951
12546	6058	8971	5616	4463	111
4375457	547950	684602	614637	275403	18840
1489012	125851	635934	625122	447369	17724
185097	35797	54620	50338	36146	1127
1259865	67232	564078	558490	399392	15963
15991	8001	8554	8526	5475	424
28059	14821	8683	7768	6356	211
196578	35548	18841	16366	6431	587
65591	9232	686	681	470	
930	168	552	364	223	14
130057	26148	17603	15321	5738	574
93013	8772	41483	38245	20464	1528
29937	6488	30014	28677	12517	1120
63076	2284	11470	9568	7947	408
30570	12237	11814	9445	1889	114
30570	12237	11814	9445	1889	114
122526	37327	42888	42722	22793	1712
118146	37327	38996	38830	20752	1688
4380		3892	3892	2041	24
1286070	305910	495161	487727	363317	17547
438744	20440	195708	191603	132910	3570
761796	257307	283720	280891	224940	13012
1455		1718	1573	425	59
34695	8263	817	609	157	24
49382	19900	13199	13051	4884	883

13－2 续表 2

指　　标	费用合计	营业利润	利润总额
总　　计	**3285578**	**1017228**	**938439**
按国民经济行业分组			
农、林、牧、渔业	496	－290	－1
农、林、牧、渔服务业	496	－290	－1
交通运输、仓储和邮政业	119260	－175	－2354
铁路运输业	14279	2896	2021
道路运输业	10063	14420	6673
城市公共交通业	5530	382	3538
水上运输业	3080	1822	1822
航空运输业	41632	7324	5460
装卸搬运和其他运输服务业	10191	－4048	－1788
仓储业	3452	－2509	673
邮政业	31034	－20462	－20754
信息传输、计算机服务和软件业	317814	26136	12816
电信和其他信息传输服务业	284978	6654	－6716
计算机服务业	5257	4344	4274
软件业	27580	15138	15258
批发和零售业	720632	183459	188316
批发业	363321	140358	139843
零售业	357310	43100	48473
住宿和餐饮业	325263	－28951	－47578
住宿业	197220	－36967	－53583
餐饮业	128043	8016	6005
金融业	940239	518378	487551
银行业	458230	688920	655640
证券业	134111	184380	186437
保险业	339455	－356412	－358852
其他金融活动	8442	1489	4326

单位:万元

应交所得税	本年应付工资总额	本年应付福利费总额	本年应交增值税	劳动、失业保险费	住房公积金和住房补贴	从业人员年平均人数(人)
453914	**897329**	**90446**	**143349**	**96704**	**41756**	**285681**
	186	13	23	14	11	74
	186	13	23	14	11	74
2439	82746	6337	149	13697	5797	27966
	9656	453		56	475	2971
1333	5420	681	32	320	163	1849
86	7071	890		1951	169	4986
641	2772	316		259		502
12	30469	2928	9	3126	3732	6179
97	4987	358	98	2194	127	2453
	666	83	11	358	22	358
271	21705	629		5433	1110	8668
30634	55508	7818	4973	5515	4279	13447
29365	41630	6722	24	4799	4026	9079
73	1694	243	129	254	61	806
1196	12185	853	4820	462	192	3562
77024	118195	13748	127314	9770	3474	69142
57742	55289	5347	86779	4040	2813	30956
19282	62907	8402	40535	5730	661	38186
5264	75328	6966		3033	693	47426
2700	40051	4405		2159	464	22812
2564	35277	2561		874	230	24614
209359	324509	23834		49369	20468	34799
159711	128521	9884		20631	15147	19040
48445	55833	954		1746	828	3457
186	139546	12961		26980	4440	12114
1016	607	34		10	52	188

13－2 续表 3

指　　标	费用合计	营业利润	利润总额
房地产业	357633	－21029	25130
房地产业	357633	－21029	25130
租赁和商务服务业	213176	219554	145614
租赁业	2314	－311	2128
商务服务业	210862	219865	143486
科学研究、技术服务和地质勘查业	112848	61777	73181
研究与试验发展	19443	－1877	4823
专业技术服务业	89695	62600	68228
科技交流和推广服务业	1716	934	26
地质勘查业	1994	119	104
水利、环境和公共设施管理业	10907	901	260
水利管理业	935	－720	－578
环境管理业	147	156	－5
公共设施管理业	9825	1464	843
居民服务和其他服务业	16529	2878	900
居民服务业	13419	2884	2178
其他服务业	3110	－6	－1278
教育	7073	2716	2349
教育	7073	2716	2349
卫生、社会保障和社会福利业	19141	－765	－3263
卫生	18856	－2306	－3263
社会福利业	285	1541	
文化、体育和娱乐业	124566	52638	55517
新闻出版业	39755	22058	25180
广播、电视、电影和音像业	75362	29772	30574
文化艺术业	813	285	276
体育	626	10	10
娱乐业	8011	512	－522

单位:万元

应交所得税	本年应付工资总额	本年应付福利费总额	本年应交增值税	劳动、失业保险费	住房公积金和住房补贴	从业人员年平均人数（人）
37296	65009	8630	366	3680	700	26808
37296	65009	8630	366	3680	700	26808
67020	50070	7498	222	1596	570	23092
3	544	83	11	27	35	317
67017	49526	7415	211	1569	535	22775
14802	77944	8773	6463	6966	4127	23146
67	8116	935	236	765	555	3291
14525	66797	7461	6023	5957	3479	18233
139	633	68	57	8		434
71	2398	308	148	236	94	1188
34	2900	287	35	43	97	1510
18	376	165		19	1	224
	78	10	7	1		27
17	2447	113	28	24	96	1259
237	9762	1005	93	391	85	5595
210	7837	737	63	281	61	4565
27	1926	268	30	110	24	1030
2	2310	241		28	29	1037
2	2310	241		28	29	1037
1015	6238	613		63	66	1825
1015	6199	563		63	66	1813
	38	50				12
8786	26623	4685	3711	2540	1359	9814
1362	18910	1938	3696	1870	994	5529
7329	3111	1154	7	615	76	1607
	394	28				187
	917	11				390
95	3292	1554	9	55	289	2101

13－3 限额以上服务业行政事业单位财务状况(2007年)

指　　标	单位数(个)	资产合计	固定资产原价
总　　计	**573**	**9441551**	**3197465**
按国民经济行业分组			
农、林、牧、渔业	2	140	66
农、林、牧、渔服务业	2	140	66
交通运输、仓储和邮政业	9	58387	41386
道路运输业	6	50572	36307
水上运输业	1	3745	3745
装卸搬运和其他运输服务业	1	3072	559
仓储业	1	998	775
信息传输、计算机服务和软件业	2	3199	2684
电信和其他信息传输服务业	1	1672	1656
计算机服务业	1	1528	1028
金融业	3	4584550	47187
银行业	1	4582183	45356
证券业	1	1351	982
保险业	1	1015	849
房地产业	3	7220	2609
房地产业	3	7220	2609
租赁和商务服务业	34	16426	6164
商务服务业	34	16426	6164
科学研究、技术服务和地质勘查业	83	233143	105107
研究与试验发展	34	129357	55824
专业技术服务业	32	68523	34436
科技交流和推广服务业	9	6396	4207
地质勘查业	8	28868	10640
水利、环境和公共设施管理业	34	41178	26740
水利管理业	10	11634	8301
环境管理业	9	8730	6929
公共设施管理业	15	20814	11510
居民服务和其他服务业	6	20564	8149
居民服务业	3	10290	1864
其他服务业	3	10274	6285
教育	226	2849094	1963375
教育	226	2849094	1963375
卫生、社会保障和社会福利业	102	1276607	750219
卫生	80	1251305	737095
社会保障业	4	4719	3651
社会福利业	18	20583	9474
文化、体育和娱乐业	69	351043	243781
新闻出版业	11	18091	6402
广播、电视、电影和音像业	17	224287	140465
文化艺术业	26	89626	82972
体育	13	10222	8375
娱乐业	2	8818	5567

单位:万元

本年收入合计	# 财政拨款	# 上级补助收入	# 事业收入	# 经营收入	本年支出合计	# 人员支出	# 公用支出
2120040	**585938**	**36154**	**1256465**	**119934**	**2112194**	**513290**	**1076526**
951	158	94	324		945	223	285
951	158	94	324		945	223	285
17636	4926	2804	4534	4942	17099	4615	6453
13646	4467	2804	4270	1675	15120	3541	6208
1745				1745	632	192	64
1293				1293	395	390	4
952	459		264	229	952	492	177
928	53	205	438	24	905	131	650
205		205			205	66	39
724	53		438	24	700	65	611
12467	3066			9401	67850	3569	6986
9401				9401	64810	2897	5833
1372	1372				1349	323	563
1694	1694				1691	349	590
3578	2718	860			3690	1067	2429
3578	2718	860			3690	1067	2429
18993	9850	444	2438	4581	19607	3646	5742
18993	9850	444	2438	4581	19607	3646	5742
137051	51653	5876	44152	26729	125415	28719	67691
72789	25158	4626	23048	14678	65952	15365	36576
46958	18263	649	17633	7876	43206	9647	22784
4739	2363	383	940	299	3843	1086	2094
12565	5870	218	2532	3877	12414	2621	6237
38212	21013	3719	9101	1609	37282	13378	11620
5941	3790	1088	633	43	5982	1889	2395
13398	5466	2007	4378	71	12705	5668	3520
18874	11757	624	4090	1495	18595	5821	5706
11039	3301	526	6542	114	10797	2740	6633
7152	1174	24	5602	81	7098	1057	5382
3887	2127	502	941	34	3699	1682	1251
982304	401934	14836	479170	19805	969019	259747	423068
982304	401934	14836	479170	19805	969019	259747	423068
732415	70493	2652	594177	35060	703762	168560	451099
711430	56213	1766	589166	35038	686565	164695	447788
1720	1314	60	103		1529	617	631
19265	12967	826	4909	22	15669	3248	2681
164468	16772	4139	115589	17670	155824	26897	93870
11844	630	270	4444	5785	8230	1521	4957
118403	2796	3121	103571	2678	115179	15235	76735
26793	10539	430	6886	7665	25553	6705	9858
6268	2711	318	688	477	6172	2951	2157
1160	96			1064	690	485	164

指　　标	# 福利费	# 劳务费	# 就业补助费	# 差旅费	# 工会经费	#各种设备及交通工具购置费
总　　计	**19250**	**29527**	**2025**	**25535**	**6458**	**84185**
按国民经济行业分组						
农、林、牧、渔业	4	39		5	2	7
农、林、牧、渔服务业	4	39		5	2	7
交通运输、仓储和邮政业	202	125	21	31	17	51
道路运输业	107	125	21	26	15	36
水上运输业	60					
装卸搬运和其他运输服务业				2	2	
仓储业	36			3		16
信息传输、计算机服务和软件业	44	118		13	1	104
电信和其他信息传输服务业	39					
计算机服务业	6	118		13	1	104
金融业	272	158		201	39	226
银行业	179	158			26	
证券业	44			105	6	67
保险业	49			96	7	159
房地产业	343	3		82	41	99
房地产业	343	3		82	41	99
租赁和商务服务业	182	6	7	294	33	173
商务服务业	182	6	7	294	33	173
科学研究、技术服务和地质勘查业	1684	3035	56	3231	475	6381
研究与试验发展	726	926	55	1239	192	1493
专业技术服务业	425	1728		1127	116	4157
科技交流和推广服务业	107	304	1	115	43	272
地质勘查业	425	77		750	124	459
水利、环境和公共设施管理业	462	571		341	148	993
水利管理业	106	28		103	34	82
环境管理业	65	409		120	36	436
公共设施管理业	291	134		118	79	476
居民服务和其他服务业	50	15		73	66	120
居民服务业	19	15		48	41	68
其他服务业	32			25	25	53
教育	10064	21709	916	16664	3112	57864
教育	10064	21709	916	16664	3112	57864
卫生、社会保障和社会福利业	4138	1727	1026	1710	1842	10926
卫生	4073	1697	802	1679	1802	10887
社会保障业	6	5	224	6	5	
社会福利业	59	25		25	35	39
文化、体育和娱乐业	1803	2022		2892	684	7242
新闻出版业	397	219		104	500	13
广播、电视、电影和音像业	568	1489		2331	103	5998
文化艺术业	562	311		219	53	1003
体育	256	3		222	21	192
娱乐业	21			16	6	36

单位:万元

对个人和家庭补助支出	# 助学金	# 抚恤和生活补助	本年收支结余	经营税金	从业人员年平均人数（人）
198292	**28383**	**6115**	**7846**	**4983**	**128601**
43	1	2	5		54
43	1	2	5		54
1068	4	22	537	147	1266
785	4	22	-1474	90	1021
			1113	8	50
			897		47
283				49	148
25		2	23	4	44
					27
25		2	23	4	17
779		11	-55383		603
726		11	-55409		482
2			23		62
50			3		59
191		7	-111	767	206
191		7	-111	767	206
3548		9	-615	277	927
3548		9	-615	277	927
16051	134	413	11636	1262	8585
8299	133	217	6837	422	4785
4216		54	3752	543	2466
381	1	42	896	2	346
3156		101	151	295	988
4002		298	930	220	3998
697		16	-41	105	579
1368		54	693	13	1778
1938		229	279	101	1641
928		41	241	12	665
233		6	54	1	196
695		36	187	11	469
129841	27964	3965	13286	1086	72004
129841	27964	3965	13286	1086	72004
37111	131	1248	28653	155	32133
28421	131	1048	24865	155	31146
58			191		160
8632		200	3596		827
4707	149	97	8644	1054	8116
291			3614	141	434
1249	18	4	3224	389	4015
2811	122	64	1240	443	2507
316	10	26	96	6	999
41		2	470	75	161

14 教育和科技

长沙统计年鉴

14－1 历年高等学校情况

单位:人

年 份	学校数(所)	招生数	毕业生数	在校学生数	校本部教职工数
1949	2	…	…	2685	1359
1950	2	…	428	2450	1558
1952	4	3240	973	6109	1604
1953	5	2836	1399	6490	2256
1955	6	2636	2054	8374	2834
1957	6	3448	1551	13557	3923
1958	10	8083	2494	18839	4407
1960	21	10354	2955	29104	6462
1962	12	3006	4528	25477	7756
1965	9	4973	5435	19412	8038
1966	8	196	1198	18972	8330
1970	7	2288	7688	5837	8486
1975	8	6357	5757	18390	13474
1976	8	5425	6590	16620	13953
1977	8	7168	5902	16544	14830
1978	8	6937	4619	18895	15778
1979	11	7369	4235	21549	16382
1980	11	6702	817	28491	16719
1981	10	7994	761	30720	12815
1982	11	6592	11459	25641	14168
1983	12	8498	7186	26600	15110
1984	14	9783	6346	30035	16193
1985	23	13831	6661	37182	18734
1986	21	11178	7632	40458	19886
1987	21	13121	11333	43114	20510
1988	22	14472	11103	46022	21902
1989	22	12550	12896	46444	21956
1990	21	12787	12726	46041	22297
1991	21	13327	12953	45810	22655
1992	21	15470	12404	48050	18244
1993	21	18769	11737	55810	18270
1994	21	18455	12857	61641	18531
1995	21	19532	15911	64866	18222
1996	21	20013	16365	67420	18205
1997	20	21444	17119	72020	18473
1998	20	23570	17484	78050	18408
1999	23	35823	19152	94493	19913
2000	23	49391	19777	125582	21165
2001	29	54329	21289	158158	24568
2002	30	73379	29094	201881	26331
2003	37	94527	48597	268613	29145
2004	39	107979	60985	329424	33950
2005	45	130337	79277	394399	37698
2006	45	132662	97149	418132	39378
2007	48	147825	108698	454288	47887

14－2 历年中等职业学校情况

单位：人

年份	学校数(所)	招生数	毕业生数	在校学生数	校本部教职工数
1949	16	…	…	2296	513
1950	19	638	311	4955	283
1952	12	2227	708	6069	887
1953	11	1532	1246	6305	966
1955	10	2307	1135	5445	872
1957	16	1573	2057	10006	1900
1958	28	10438	2131	17457	2046
1960	32	11685	1699	28055	2229
1962	15	112	1751	8302	1827
1965	21	3420	2734	7771	2188
1966	12	132	899	5756	1894
1970	8	540	187	676	922
1975	21	3647	2582	9871	2722
1976	21	2964	4040	8171	2878
1977	21	5162	5529	7519	4149
1978	23	5509	2342	9782	3853
1979	30	4497	302	14492	4149
1980	31	4737	5699	12641	4408
1981	31	5054	6512	11425	4928
1982	32	5687	4110	13436	5508
1983	33	6398	4696	14762	5658
1984	32	6521	5746	15621	5622
1985	32	8469	5869	18218	4851
1986	34	6841	6160	18366	4898
1987	39	8457	8701	18681	6111
1988	40	10427	6002	23037	6074
1989	39	9256	5994	26152	6915
1990	40	8140	8581	25626	7926
1991	42	9540	8613	26480	7118
1992	43	13091	8536	30554	6157
1993	43	19526	8352	39202	6399
1994	42	16944	7153	47272	6689
1995	42	18477	9508	55438	6352
1996	47	23704	14060	66195	7065
1997	46	27215	16186	76808	6856
1998	47	29772	20282	85987	6899
1999	40	21406	15752	70406	4395
2000	40	19334	24192	84113	5238
2001	40	19478	25748	77270	5378
2002	24	22100	25465	64948	2588
2003	105	45505	30059	107475	6041
2004	112	48194	30227	116187	5697
2005	104	43902	36938	112698	4858
2006	84	42673	41176	123870	5935
2007	81	43490	51593	113018	5855

注：2003 年开始，中等职业教育报表制度改革，现行报表制度包括前普通中专、职业高中。2002 年及以前年份的数据是中等专业学校情况。

14－3 历年普通中学情况

单位:人

年 份	学校数(所)	招生数	毕业生数	在 校 学生数	教职工数
1949	45	…	…	11347	1237
1950	38	4540	2352	10335	819
1952	40	7938	3387	23222	1289
1953	37	9950	5667	26384	1674
1955	37	11441	10172	31460	2199
1957	112	13864	10640	49484	3256
1958	164	25254	10224	49804	3105
1960	101	31992	12295	68205	3648
1962	129	22928	12152	51605	3933
1965	159	30945	17115	75367	5424
1966	293	21095	21298	71433	4598
1970	289	65230	29904	107921	6091
1975	567	136529	74396	237176	13796
1976	1473	198464	94903	331353	19991
1977	1148	192835	125324	372679	23992
1978	662	147133	159281	331109	22128
1979	676	116981	150239	268246	19564
1980	457	80492	52928	234707	19137
1981	466	82847	71738	215852	19292
1982	453	77146	58458	212388	18274
1983	438	65438	53829	199172	17887
1984	412	80035	56619	214658	18001
1985	422	80871	60933	221971	17916
1986	427	77229	53806	236055	18508
1987	433	87389	66953	245438	19421
1988	429	77029	67441	235257	19597
1989	429	82389	65762	238878	19915
1990	438	87892	72833	242065	20133
1991	422	86487	69188	243473	20309
1992	418	86754	68457	246662	20769
1993	421	88993	71579	248075	21347
1994	409	98763	70133	262655	21768
1995	391	106990	72276	284050	22231
1996	379	106047	78143	298924	23364
1997	379	108558	88071	309415	23737
1998	383	119832	95489	319792	24418
1999	379	131057	95136	345200	25946
2000	377	141865	97009	384192	26636
2001	368	149566	109141	413043	27330
2002	355	153589	124346	436307	27567
2003	358	132957	134525	432826	28429
2004	347	111583	144961	395687	27783
2005	339	102616	150972	345167	26814
2006	322	95515	130686	307095	25580
2007	310	99466	110263	292979	24888

14－4 历年小学情况

单位:人

年　份	学校数(所)	招生数	毕业生数	在校学生数	教职工数
1949	2640	…	…	147114	7810
1950	2378	…	…	154514	7881
1952	3685	79618	28137	309698	10697
1953	2787	61714	30528	315487	10753
1955	2487	95171	39718	340451	11270
1957	2737	95487	50993	440851	12179
1958	4073	102730	49306	517473	13467
1960	3768	106735	54607	541157	14664
1962	3475	95669	51696	401229	14214
1965	4755	116549	47117	593692	17203
1966	4485	80245	62524	574329	16919
1970	3575	132014	73946	464530	17310
1975	3668	138992	106360	727790	26935
1976	2693	144455	152006	703398	26093
1977	2787	134963	135165	673741	25873
1978	3231	136850	118693	680090	25719
1979	3069	133973	127970	685466	26752
1980	3244	122705	119369	673804	27056
1981	3272	126340	128653	667152	27046
1982	3253	110548	113744	649570	26687
1983	3268	102405	98641	641960	27525
1984	3276	98470	101218	629737	27503
1985	3270	92389	100920	616305	27098
1986	3257	91033	104750	601606	26521
1987	3260	91680	107676	583871	26929
1988	3241	98996	85465	578286	28119
1989	3243	97335	95557	576904	27973
1990	3212	92649	96433	570704	28193
1991	3201	93372	90896	563850	28290
1992	3181	100555	90813	568617	28363
1993	3135	108385	87421	567721	28982
1994	3048	112303	92437	602788	28792
1995	3014	116075	93875	623662	28283
1996	2925	112256	88836	646190	28765
1997	2779	85984	90517	642950	28373
1998	2710	56648	99459	599897	27902
1999	2486	43026	109414	535127	27221
2000	2154	43689	113714	466515	25133
2001	1830	50945	114425	399513	22187
2002	1719	54293	112215	342110	20548
2003	1580	59466	87744	313587	19762
2004	1433	63519	59049	318024	19330
2005	1272	63328	46516	338655	20475
2006	1217	68104	44977	366100	21593
2007	1162	69292	52844	382981	21954

14-5 历年高考录取人数

单位:人

年份	报名人数	大学录取人数			大学录取率(%)
		小计	本科	专科	
1978	54649	2491			4.56
1979	32487	1362			4.19
1980	25700	1711	1407	304	6.66
1981	8537	1136	937	199	13.31
1982	5779	1142	969	173	19.76
1983	6986	2273	862	1411	32.54
1984	7501	3049	1846	1203	40.65
1985	9480	4320	2213	2107	45.57
1986	9308	3799	2008	1791	40.81
1987	9618	4431	2388	2043	46.07
1988	10358	5219	2201	3018	50.39
1989	16418	2674	1113	1561	16.29
1990	19248	3242	1705	1537	16.84
1991	17941	3032	1419	1613	16.90
1992	17455	4504	2028	2476	25.80
1993	15317	5569	2265	3304	36.36
1994	14642	6061	2367	3694	41.39
1995	13006	6073	2573	3500	46.69
1996	13765	5886	2577	3309	42.76
1997	13864	6003	3002	3001	43.30
1998	15241	6855	3469	3386	44.98
1999	16207	10383	5720	4663	64.06
2000	18953	12037	6108	5929	63.51
2001	22893	15177	8319	6858	66.30
2002	28965	21179	10619	10560	73.12
2003	32482	26197	11540	14657	80.65
2004	37886	30726	13020	17706	81.10
2005	50750	38871	16131	22740	76.59
2006	53845	33922	16557	17365	63.00
2007	62871	42250	18966	23284	67.20

14-6 历 年 研 究 生 数

单位:人

年份	培养博士学位				培养硕士学位			
	机构(个)	招生人数	毕业人数	在学人数	机构(个)	招生人数	毕业人数	在学人数
1983	3	8		13	7	324	87	676
1984	3	7		22	7	389	31	1030
1985	4	24	1	44	7	751	224	1552
1986	4	36		80	7	645	342	1853
1987	5	47	10	112	9	670	424	2094
1988	6	73	14	174	9	587	750	1910
1989	4	62	22	212	9	518	637	1771
1990	6	70	42	237	9	578	621	1696
1991	6	92	62	260	9	540	606	1606
1992	7	89	43	282	9	567	445	1694
1993	7	114	102	337	9	702	513	1791
1994	8	191	78	431	9	899	497	2144
1995	7	205	73	544	9	878	564	2425
1996	8	219	90	676	10	1036	703	2779
1997	7	226	129	748	9	962	850	2789
1998	7	285	189	838	9	1198	829	3110
1999	7	479	196	1114	9	1559	1021	3708
2000	5	575	155	1534	6	2411	945	5158
2001	7	794	239	2142	10	3732	1383	8335
2002	5	899	285	2669	6	4075	1331	9501
2003	6	1350	371	3317	10	5983	2272	13390
2004	6	1553	493	4628	11	7585	3163	18214
2005	7	1602	577	5669	11	8237	3943	22657
2006	7	1645	773	6538	11	9463	5612	26663
2007	11	1687	948	7238	11	9988	7081	29670

14-7 历年技工学校情况

单位:人

年份	学校数(所)	招生数	毕业生数	在校学生数	教职工数
1979	23	3700	1552	4614	913
1980	26	2579	1739	6672	1362
1981	28	1784	4218	4179	1646
1982	27	192	3357	1693	1562
1983	24	1230	1787	1551	1471
1984	21	1181	227	2596	1246
1985	19	1337	1318	2931	1386
1986	23	2557	1390	4671	1658
1987	22	2809	1549	5792	1717
1988	22	3678	2402	7140	1837
1989	25	2894	2198	7283	1951
1990	25	3451	3197	8002	2075
1991	24	3973	3024	8989	2095
1992	28	4543	3321	10381	2245
1993	32	5140	3655	11785	2318
1994	31	5112	4264	12951	2398
1995	34	4742	5342	12575	2416
1996	41	5024	5840	13581	2412
1997	40	4850	5793	12686	2696
1998	41	3528	5566	10541	2642
1999	43	2819	4127	9331	2700
2000	43	3791	3407	7706	2418
2001	42	5562	2940	9870	2613
2002	30	5155	2968	12257	2158
2003	32	8262	3478	14942	2026
2004	33	8729	6215	14810	2069
2005	32	10676	4902	18845	2050
2006	32	9221	5841	18736	1876
2007	24	9634	6502	20208	1923

14-8 高考录取情况(2007年)

单位:人

项目	全市	市区	县(市)				
				长沙县	望城县	浏阳市	宁乡县
报名人数	62871	24229	38642	9991	4669	9472	14510
录取总人数	42250	16855	25395	7465	2853	5957	9120
总录取率(%)	67.20	69.56	65.72	74.72	61.11	62.89	62.85
录取总人数中							
本科	18966	8120	10846	2158	1182	3173	4333
专科	23284	8735	14549	5307	1671	2784	4787
录取总人数中							
文科	12338	4463	7875	1753	1016	1916	3190
理科	16893	6301	10592	1950	1188	3171	4283
职高对口	7934	3933	4001	3394	284	162	161
音乐	1452	708	744	132	89	253	270
美术	2937	1332	1605	192	194	344	875
体育	696	118	578	44	82	111	341
附:保送生(本科)	121	116	5		1	2	2
单招生	342	247	95	37	10	22	26
本科	188	160	28	5	5	3	15
专科	154	87	67	32	5	19	11

注:1. 录取总人数中:音乐含文、理音乐;美术含文、理美术;体育含文、理体育。

2. 录取总人数中不包括保送生和单招生人数。

14－9　大学基本情况(2007年)

单位:人

项　　目	学校数(所)	毕业生数	校本部教职工数	专　任教师数	招生人数	在校学生数
大学合计	48	108698	47887	27280	147825	454288
综合大学	14	27905	18243	9068	42849	136221
理工院校	13	29754	10098	6494	38367	116962
农业院校	2	8554	3044	1761	9071	31668
医药院校	1	1802	1008	731	3011	10753
师范院校	3	9952	5682	3109	14259	45804
财经院校	7	14367	3808	2378	16231	47893
林业院校	1	4616	2141	1332	6185	21196
其他院校	7	10776	3863	2407	16761	39255
成人高校普通本专科		972			1091	4536

14－10　成人高等学历教育基本情况(2007年)

单位:人

项　　目	合　计	小　计	# 职工大学	# 广播电视大　学	# 教育学院	# 管理干部学　院	普通高等学　校
学校数(所)		6	3	1	1	1	
在校学生数	86799	9270	2923	2646	783	2918	77529
本年招生数	33216	2273	1391	618	264		30943
本年毕业生数	37805	5888	1410	1834	825	1819	31917
教职员工数	1589	1589	462	660	98	369	
# 专任教师	879	879	255	297	81	246	

14－11 普通中学、小学情况(2007年)

单位:人

项目	学校数(所)	招生数	毕业生数	在校学生数	教职工数	专任教师数
普通中学	310	99466	110263	292979	24888	21407
市区	75	39547	38656	116050	9069	7279
县(市)	235	59919	71607	176929	15819	14128
合计中:教育和集体办	278	82008	91994	240631	21971	19099
民办	25	15313	15617	45315	2324	1837
其他部门办	7	2145	2652	7033	593	471
小学合计	1162	69292	52844	382981	21954	20674
市区	206	23007	19510	130713	7086	6484
县(市)	956	46285	33334	252268	14868	14190
合计中:教育和集体办	1157	66519	50222	367135	20700	19849
民办	4	1730	1850	10615	989	582
其他部门办	1	1043	772	5231	265	243

14－12 特殊教育学校情况(2007年)

单位:人

项目	盲、聋、哑学校	工读学校
学校数(所)	4	1
班数(个)	59	7
毕业生数	140	28
招生数	169	45
在校学生数	984	116
教职工数	201	42
专任教师数	138	38

14－13 幼儿园情况(2007年)

单位:人

项目	园数(所)	班数(个)	在园幼儿数	教职工数	#教师	#保健员
总计	**651**	**3584**	**104310**	**9968**	**4667**	**2128**
市区	270	1447	42651	6724	3035	1448
县(市)	381	2137	61659	3244	1632	680
长沙县	93	509	13382	770	393	146
望城县	57	322	8411	664	307	156
浏阳市	163	856	25882	1277	652	252
宁乡县	68	450	13984	533	280	126

14－14　大中型工业企业科技活动情况(2007年)

项　　目	合计	#国有	#大型	#中型
大中型工业企业个数(个)	149	20	12	137
# 有科技活动的企业个数	72	9	8	64
企业科技活动人员(人)	15543	1867	8984	6559
# 全时人员	8912	725	5583	3329
# 具有高、中级职称	6495	794	4062	2433
# 研究与试验发展人员	8827	598	5088	3739
企业办科技机构数(个)	92	14	24	68
企业办科技机构科技活动人员(人)	8535	442	4996	3539
# 博士毕业	141	11	50	91
# 硕士毕业	1181	44	691	490
科技活动经费筹集总额(万元)	277370.3	28240.7	179413.4	97956.9
企业资金	255120.6	25990.2	177014.5	78106.1
金融机构贷款	15554.5			15554.5
来自政府部门的资金	4094.0	2098.0	1111.0	2983.0
来自国外的资金	92.0		80.0	12.0
其他资金	2509.2	152.5	1207.9	1301.3
科技活动经费支出总额(万元)	283182.7	28524.2	193954.9	89227.8
# 内部支出	276217.3	25136.7	189040.3	87177.0
# 研究与试验发展经费	163347.1	5523.2	125265.5	38081.6
基础研究	209.0	209.0	209.0	
应用研究	398.7	398.7	398.7	
试验发展	161259.2	4884.9	123496.4	37762.8
# 新产品开发经费	181197.0	4335.9	135813.7	45383.3
# 劳务费	75073.3	8281.1	53542.0	21531.3
# 原材料费	92954.3	4063.4	63585.4	29368.9
新产品产值(万元)	2730959.6	93732.5	1715428.2	1015531.4
新产品销售收入(万元)	2673930.9	98629.2	1686272.9	987658.0
# 出口	452495.3	11425.6	340638.6	111856.7
科技活动项目个数(项)	1158	143	687	471
# 新产品开发	641	62	392	249
# 研究与试验发展	459	47	329	130
科技活动项目参加人员(人)	10943	1124	6313	4630
科技活动项目经费支出总额(万元)	194344.0	11473.3	145041.8	49302.2
专利申请数(件)	497	18	270	227
拥有发明专利数(件)	375	20	69	306

说明:2007年科研院校R&D经费支出为24.77亿元,2006年为22.66亿元。

14－15 大中型工业企业科技活动人员与经费情况(2007年)

项目	科技活动人员(人)	#高中级职称人员	科技活动经费筹集总额(万元)	科技活动经费支出总额(万元)	#新产品开发
总计	**15543**	**6495**	**277370.3**	**283182.7**	**181197.0**
按区县(市)分组:					
芙蓉区	1226	565	28273.9	30437.2	4608.9
天心区	308	159	2332.0	2507.6	1418.3
岳麓区	4360	3175	85236.1	99413.1	82023.3
开福区	213	113	4290.0	3890.0	2940.0
雨花区	1970	788	11698.6	12866.0	8682.6
长沙县	6038	1223	127733.6	116397.2	68987.1
望城县	877	292	6006.2	5464.6	2699.3
宁乡县	298	85	5550.0	5876.6	4129.1
浏阳市	253	95	6249.9	6330.4	5708.4
按企业规模分组:					
大型企业	8984	4062	179413.4	193954.9	135813.7
中型企业	6559	2433	97956.9	89227.8	45383.3
按登记注册类型分组:					
内资企业	15144	6340	272031.8	278756.1	178811.8
国有	1867	794	28240.7	28524.2	4335.9
集体	20	10	30.0	30.0	30.0
股份合作					
国有联营					
集体联营					
国有与集体联营					
其他联营					
国有独资公司	195	116	2300.4	1725.5	385.7
其他有限责任公司	5132	1102	78910.7	79963.8	57098.1
股份有限公司	6416	3844	131975.0	140884.3	99989.1
私营独资	24	11	387.8	397.8	109.8
私营合伙					
私营有限责任公司	1490	463	30187.2	27230.5	16863.2
私营股份有限公司					
其他内资					
港、澳、台商投资企业	360	145	5168.0	4076.1	2220.7
外商投资企业	39	10	170.5	350.5	164.5

14－15 续表

行业	科技活动人员(人)	#高中级职称人员	科技活动经费筹集总额(万元)	科技活动经费支出总额(万元)	#新产品开发
按工业行业大类分组：					
煤炭开采和洗选业					
石油和天然气开采业					
黑色金属矿采选业					
有色金属矿采选业					
非金属矿采选业					
其他采矿业					
农副食品加工业					
食品制造业	62	14	1792.0	1816.1	1076.7
饮料制造业					
烟草制品业	807	324	23806.3	24934.3	2459.3
纺织业	120	66	783.1	818.2	451.7
纺织服装、鞋、帽制造业	245	71	3258.0	3263.0	2900.5
皮革、毛皮、羽毛(绒)及其制品业					
木材加工及木、竹、藤、棕、草制品业					
家具制造业					
造纸及纸制品业					
印刷业和记录媒介的复制	85	6	277.0	977.0	277.0
文教体育用品制造业					
石油加工、炼焦及核燃料加工业					
化学原料及化学制品制造业	578	232	5225.5	4586.6	2878.9
医药制造业	313	145	7444.3	7604.6	5989.3
化学纤维制造业					
橡胶制品业					
塑料制品业	60	18	145.2	145.2	53.6
非金属矿物制品业	290	228	1073.8	1043.8	690.6
黑色金属冶炼及压延加工业					
有色金属冶炼及压延加工业	215	78	4083.7	5109.0	1745.8
金属制品业	184	37	2036.0	1662.0	604.0
通用设备制造业	1638	678	24049.1	18437.7	9572.1
专用设备制造业	7623	3574	150243.0	163946.1	131359.1
交通运输设备制造业	1157	354	36129.2	30674.7	9449.9
电气机械及器材制造业	600	187	4346.4	5328.1	3615.8
通信设备、计算机及其他电子设备制造业	969	269	5617.6	6890.6	4685.3
仪器仪表及文化、办公用机械制造业	517	178	5451.0	4336.6	1978.3
工艺品及其他制造业					
废弃资源和废旧材料回收加工业					
电力、热力的生产和供应业	80	36	1609.1	1609.1	1409.1
燃气生产和供应业					
水的生产和供应业					

14－16 大中型工业企业办科技机构情况(2007年)

项　　目	企业办科技机构(个)	企业办科技机构人员(人)	#博士	#硕士
总　　计	**92**	**8535**	**141**	**1181**
按区县(市)分组:				
芙蓉区	5	497	18	147
天心区	3	73		3
岳麓区	19	2501	18	347
开福区	2	42	2	9
雨花区	11	1201	15	86
长沙县	27	3537	51	532
望城县	11	286	1	6
宁乡县	9	298	22	30
浏阳市	5	100	14	21
按企业规模分组:				
大型企业	24	4996	50	691
中型企业	68	3539	91	490
按登记注册类型分组:				
内资企业	87	8216	136	1068
国有	14	442	11	44
集体				
股份合作				
国有联营				
集体联营				
国有与集体联营				
其他联营				
国有独资公司	2	195	7	28
其他有限责任公司	29	3358	24	446
股份有限公司	20	3544	51	433
私营独资	2	20		
私营合伙				
私营有限责任公司	20	657	43	117
私营股份有限公司				
其他内资				
港、澳、台商投资企业	4	315	5	113
外商投资企业	1	4		

14－16 续表

行　业	企业办科技机构（个）	企业办科技机构人员（人）	#博士	#硕士
按工业行业大类分组：				
煤炭开采和洗选业				
石油和天然气开采业				
黑色金属矿采选业				
有色金属矿采选业				
非金属矿采选业				
其他采矿业				
农副食品加工业	3	48		1
食品制造业				
饮料制造业	1	130	10	36
烟草制品业	2	37	1	2
纺织业	6	194	21	29
纺织服装、鞋、帽制造业				
皮革、毛皮、羽毛（绒）及其制品业				
木材加工及木、竹、藤、棕、草制品业				
家具制造业				
造纸及纸制品业	1	41		4
印刷业和记录媒介的复制				
文教体育用品制造业				
石油加工、炼焦及核燃料加工业	3	198	10	37
化学原料及化学制品制造业	6	102	5	16
医药制造业				
化学纤维制造业				
橡胶制品业	1	10		
塑料制品业	2	176	9	96
非金属矿物制品业				
黑色金属冶炼及压延加工业	3	191	2	19
有色金属冶炼及压延加工业	2	104		2
金属制品业	17	492	6	72
通用设备制造业	21	4889	40	616
专用设备制造业	9	403	12	90
交通运输设备制造业	4	151	13	18
电气机械及器材制造业	5	874	3	
通信设备、计算机及其他电子设备制造业	5	459	6	115
仪器仪表及文化、办公用机械制造业				
工艺品及其他制造业				
废弃资源和废旧材料回收加工业	1	36	3	28
电力、热力的生产和供应业				
燃气生产和供应业				
水的生产和供应业				

14－17 大中型工业企业科技活动新产品情况(2007 年)

项目	新产品产值(万元)	新产品销售收入(万元)	专利申请数(件)	拥有发明专利数(件)
总计	**2730959.6**	**2673930.9**	**497**	**375**
按区县(市)分组:				
芙蓉区	280222.4	281308.4	53	154
天心区	55995.2	55504.2		1
岳麓区	823416.8	807630.5	61	30
开福区	1662.0	1851.1	2	1
雨花区	140759.0	141182.5	26	33
长沙县	1318551.3	1283665.6	264	69
望城县	43487.1	43190.4	5	
宁乡县	34046.6	33121.4	72	35
浏阳市	32819.2	26476.8	14	52
按企业规模分组:				
大型企业	1715428.2	1686272.9	270	69
中型企业	1015531.4	987658.0	227	306
按登记注册类型分组:				
内资企业	2729164.7	2672198.4	491	355
国有	93732.5	98629.2	18	20
集体	500.0	500.0		
股份合作				
国有联营				
集体联营				
国有与集体联营				
其他联营				
国有独资公司	27772.7	25394.0	6	19
其他有限责任公司	912925.7	904392.1	222	34
股份有限公司	1344596.0	1271236.5	117	178
私营独资	1800.0	1780.0		
私营合伙				
私营有限责任公司	347837.8	370266.6	128	104
私营股份有限公司				
其他内资				
港、澳、台商投资企业	1347.8	1261.4	6	20
外商投资企业	447.1	471.1		

14－17 续表

行　　业	新产品产　值（万元）	新产品销售收入（万元）	专　利申请数（件）	拥有发明专 利 数（件）
按工业行业大类分组：				
煤炭开采和洗选业				
石油和天然气开采业				
黑色金属矿采选业				
有色金属矿采选业				
非金属矿采选业				
其他采矿业				
农副食品加工业	15.6	15.4	3	2
食品制造业				
饮料制造业	40339.5	46842.2	17	18
烟草制品业	39190.0	39170.0	11	2
纺织业	32140.0	31800.0	35	1
纺织服装、鞋、帽制造业				
皮革、毛皮、羽毛(绒)及其制品业				
木材加工及木、竹、藤、棕、草制品业				
家具制造业				
造纸及纸制品业	5097.2	5288.0		
印刷业和记录媒介的复制				
文教体育用品制造业				
石油加工、炼焦及核燃料加工业	48139.8	44802.3	17	41
化学原料及化学制品制造业	47116.0	39981.4	8	9
医药制造业				
化学纤维制造业				
橡胶制品业				
塑料制品业	29584.8	29126.5	43	138
非金属矿物制品业				
黑色金属冶炼及压延加工业	219498.1	214285.4		
有色金属冶炼及压延加工业	80.0	104.0	2	2
金属制品业	349689.2	375680.3	12	14
通用设备制造业	1510044.8	1451546.8	282	66
专用设备制造业	324273.3	304263.7	22	8
交通运输设备制造业	35735.5	37613.4	11	52
电气机械及器材制造业	48330.0	52180.0	8	3
通信设备、计算机及其他电子设备制造业	1685.8	1231.5	26	19
仪器仪表及文化、办公用机械制造业				
工艺品及其他制造业				
废弃资源和废旧材料回收加工业				
电力、热力的生产和供应业				
燃气生产和供应业				
水的生产和供应业				

14－18 大中型工业企业科技活动项目情况(2007年)

项目	科技活动项目数(项)	#新产品开发	参与项目人员(人)	项目经费支出(万元)
总计	**1158**	**641**	**10943**	**194344.0**
按区县(市)分组:				
芙蓉区	133	41	1005	13864.1
天心区	26	25	179	1514.9
岳麓区	293	275	2006	82308.1
开福区	12	9	167	3540.0
雨花区	180	49	1318	9096.9
长沙县	389	152	5409	70464.4
望城县	47	43	473	2738.6
宁乡县	54	30	234	4749.0
浏阳市	24	17	152	6068.0
按企业规模分组:				
大型企业	687	392	6313	145041.8
中型企业	471	249	4630	49302.2
按登记注册类型分组:				
内资企业	1130	628	10612	191387.5
国有	143	62	1124	11473.3
集体	1	1	15	30.0
股份合作				
国有联营				
集体联营				
国有与集体联营				
其他联营				
国有独资公司	64	12	88	1072.2
其他有限责任公司	275	123	4539	59376.7
股份有限公司	553	382	3708	101878.1
私营独资	5	3	20	287.8
私营合伙				
私营有限责任公司	89	45	1118	17269.4
私营股份有限公司				
其他内资				
港、澳、台商投资企业	23	10	298	2786.0
外商投资企业	5	3	33	170.5

14－18 续表

行　　业	科技活动项目数（项）	# 新产品开发	参与项目人员（人）	项目经费支出（万元）
按工业行业大类分组：				
煤炭开采和洗选业				
石油和天然气开采业				
黑色金属矿采选业				
有色金属矿采选业				
非金属矿采选业				
其他采矿业				
农副食品加工业				
食品制造业	22	9	43	1642.0
饮料制造业				
烟草制品业	96	17	644	9448.6
纺织业	34	30	67	661.9
纺织服装、鞋、帽制造业	19	11	213	3006.5
皮革、毛皮、羽毛(绒)及其制品业				
木材加工及木、竹、藤、棕、草制品业				
家具制造业				
造纸及纸制品业				
印刷业和记录媒介的复制	2	2	85	277.0
文教体育用品制造业				
石油加工、炼焦及核燃料加工业				
化学原料及化学制品制造业	106	33	434	3676.6
医药制造业	20	12	202	6549.3
化学纤维制造业				
橡胶制品业				
塑料制品业	2	1	60	145.2
非金属矿物制品业	34	22	260	775.6
黑色金属冶炼及压延加工业				
有色金属冶炼及压延加工业	19	9	179	3970.6
金属制品业	7	6	169	760.0
通用设备制造业	121	43	1031	9351.4
专用设备制造业	351	289	5225	131486.6
交通运输设备制造业	245	106	937	10568.3
电气机械及器材制造业	31	30	212	3712.4
通信设备、计算机及其他电子设备制造业	10	7	744	4914.6
仪器仪表及文化、办公用机械制造业	36	11	358	1988.3
工艺品及其他制造业				
废弃资源和废旧材料回收加工业				
电力、热力的生产和供应业	3	3	80	1409.1
燃气生产和供应业				
水的生产和供应业				

15 文化、体育、卫生

15－1 历年文化事业发展情况

单位：个

年　份	电影放映单　位	# 电影院影剧院	艺术表演团　体	艺术表演观众人数（万人）	公共图书馆	文化馆
1949	7	7	9	…	1	1
1950	6	…	9	…	1	2
1952	6	6	10	…	1	3
1955	6	…	12	…	1	6
1957	16	7	14	…	2	8
1960	24	…	14	…	3	7
1962	21	10	17	…	3	8
1965	102	13	19	…	4	10
1966	151	…	4	…	4	10
1970	138	…	4	…	4	10
1975	292	…	13	…	4	10
1976	370	18	13	…	5	10
1977	459	…	13	…	5	10
1978	484	31	13	351	5	10
1979	503	…	14	…	5	11
1980	510	38	14	506	5	11
1981	504	42	14	431	6	11
1982	506	33	14	432	6	11
1983	537	43	14	323	6	11
1984	780	41	14	271	6	11
1985	844	42	14	207	7	11
1986	822	42	14	186	7	11
1987	818	42	14	154	7	11
1988	817	50	12	87	7	11
1989	802	48	12	70	7	11
1990	807	47	12	118	7	11
1991	812	46	12	127	7	11
1992	771	48	12	61.9	7	11
1993	657	34	12	55	7	11
1994	641	32	12	125.3	7	11
1995	644	29	12	130.3	7	11
1996	589	30	12	146	7	11
1997	580	31	13	132	7	11
1998	581	32	13	171.1	7	11
1999	485	32	13	167.3	7	11
2000	458	20	13	121	7	11
2001	458	20	13	…	7	11
2002	…	…	12	57	7	10
2003	…	…	12	272	7	10
2004	…	…	12	210.2	7	10
2005	…	…	12	247	12	10
2006	…	…	12	115	12	10
2007	…	…	12	216.1	12	10

注：由于放映市场的变化，电影放映单位无法统计。

15－2 历年出版事业发展情况

年份	书籍		课本（万册）	杂志		报纸	
	种数（种）	总印数（万册）		种数（种）	总印数（万册）	种数（种）	总印数（万册）
1951	113	482		3	43		
1952	112	1626		4	245	17	6786
1954	110	589	1563	1	6	10	4503
1955	143	877	1853	2	52	10	5403
1957	267	975	2844	4	169	11	6530
1958	764	5467	3622	6	371	23	19317
1960	676	1361	5070	7	402	16	33318
1962	186	495	2735	2	150	12	6983
1965	233	2549	4568	2	211	7	17000
1970	132	10717	4242			6	10028
1975	185	7640	8618	4	1535	8	33861
1976	134	8373	5974	8	1643	8	38365
1977	88	7384	6606	8	2101	8	36931
1978	134	1983	12102	13	2680	3	30057
1979	317	4736	10614	26	3592	3	31120
1980	426	8563	11190	30	3182	5	20830
1981	568	13442	13002	41	2343	7	29838
1982	780	16082	13595	56	2189	11	33089
1983	985	15300	13882	61	2160	11	45705
1984	998	15818	14000	85	2836	23	55911
1985	1270	18850	16288	124	5149	35	59431
1986	1274	10532	19132	131	5247	38	53400
1987	1482	14073	18757	137	5931	40	60134
1988	2157	37293	23396	146	6037	31	55743
1989	2157	35055	19728	145	4968	31	37317
1990	1892	32135	21393	144	5144	28	40325
1991	1969	35086	21392	146	6349	32	47414
1992	2124	36436	20686	149	7700	32	37592
1993	2069	33503	19726	165	7899	36	57677
1994	2249	29597	18693	162	7288	36	47815
1995	2357	33677	20146	178	7636	36	55721
1996	2734	39390	21957	180	7700	33	43698
1997	2893	37512	22139	180	7515	36	48190
1998	3262	36375	22489	171	8695	30	54831
1999	3341	30680	21171	183	12271	31	62613
2000	3156	24844	18342	198	10404	44	62354
2001	2612	24851	18007	203	9867	46	69194
2002	2866	32556	23135	213	10844	46	71169
2003	3123	29554	19222	219	12391	44	87814
2004	3353	12345	18830	192	18958	37	78802
2005	3218	8228	21000	202	10925	38	75309
2006	3221	6832	20838	198	9622	38	78381
2007	2535	8231	22735	181	8143	37	75636

注：因新闻出版统计口径变化，从 2007 年开始，一套书只按一本书计算。

15－3 历年市、县属广播事业发展情况

年 份	市台平均日播音时间（时°分′）	市电台覆盖率（%）	县、区广播台、站（个）	市电视台每周播出时间（时°分′）	市电视台覆盖率（%）
1956			1		
1957			3		
1958	8°30′	…	3		
1960	6°30′	…	3		
1961	6°30′	…	3		
1962			…		
1965			3		
1970			4		
1975			4		
1976			4		
1977			4		
1978			5		
1979			5		
1980	8°30′	…	5		
1981	11°05′	89.70	5		
1982	11°05′	90	5		
1983	10°00′	46.10	5		
1984	10°30′	63	5		
1985	10°45′	76	5	16°	23.60
1986	11°25′	70	5	22°	23
1987	11°25′	67.10	5	56°	23
1988	11°25′	70	5	35°	50
1989	11°30′	…	5	56°	80
1990	11°30′	…	5	56°	90
1991	11°20′	…	5	56°	90
1992	11°30′	92.70	5	56°	95
1993	16°30′	95	5	56°	98
1994	16°45′	95	5	56°	98
1995	16°30′	95	5	42°	98
1996	36°30′	96	4	78°	95
1997	49°30′	95	4	125°30′	85.61
1998	36°30′	95	4	174°30′	88.39
1999	36°30′	95	4	238°00′	97.30
2000	37°40′	95	4	206°30′	97.30
2001	43°00′	96.50	4	456°	98.10
2002	54°30′	96.41	4	543°	97.23
2003	60°00′	96.46	4	817°	97.57
2004	64°00′	96.78	4	817°	97.82
2005	89°00′	96.88	4	858°	97.88
2006	82°12′	96.91	4	893°56′	97.90
2007	91°30′	96.93	4	916°00′	97.92

15－4 历年市、县训练体育干部、举办运动会情况

单位：人

年份	训练体育干部			举办运动会（次）	参赛人次
	合计	# 裁判员	# 社会体育指导员		
1978	815	455	100	46	…
1979	538	330		43	17168
1980	1367	385	650	64	19263
1981	1967	1030	424	115	38496
1982	1802	496	768	118	37696
1983	1045	515	252	99	47746
1984	1318	606	192	130	32596
1985	745	160	336	266	66424
1986	1390	425	655	280	74000
1987	2126	599	263	467	92404
1988	1468	579	125	428	69558
1989	2642	764	380	728	164013
1990	1278	800	267	1149	563139
1991	2233	1563	86	2357	503469
1992	1540	1161	22	444	83537
1993	941	277	34	144	57401
1994	938	539		128	79684
1995	2162	352	1387	283	148479
1996	2504	450	1343	384	194981
1997	1292	373	174	152	263015
1998	1401	548	99	219	75255
1999	2480	956	307	206	84579
2000	2165	785	136	163	116958
2001	1959	608	321	149	33203
2002	865	361	150	35	22700
2003	2223	1689	370	14	489300
2004	238	60	75	28	30000
2005	776	76	700	26	12000
2006	547	58	489	200	300000
2007	3285	60	3225	214	320000

15-5 历年卫生事业发展情况

年份	机构数（个）	# 医院、卫生院	床位数（张）	# 医院、卫生院	卫生工作人员（人）	# 卫生技术人员	# 执业医师和执业助理医师
1949	34	14	747	…	1468	1253	…
1952	522	38	1478	…	4167	2367	…
1957	993	41	3312	…	8412	4645	…
1962	992	…	8081	…	9171	7880	…
1963	986	122	8177	…	10070	7725	…
1965	1035	138	8454	5713	11235	8779	…
1966	993	152	9746	6613	11112	7944	…
1970	768	192	8165	4437	10451	7857	4130
1972	937	304	9276	7842	15749	11345	4949
1975	1066	313	11760	9705	18694	13854	6637
1976	1131	241	12132	11017	19687	14656	7233
1977	1192	316	12410	9941	20447	15416	7370
1978	1195	248	12976	11036	21583	16068	7247
1979	1205	323	13343	10851	23075	16722	8018
1980	1250	290	13356	11974	24637	18266	8435
1981	1337	284	13842	11179	26031	19044	8947
1982	1348	255	14000	11283	26755	19805	9305
1983	1330	317	14051	11521	27787	20979	9668
1984	1397	317	14385	11728	29053	22031	10286
1985	1403	291	13743	11503	29620	21611	10187
1986	1319	290	14940	12085	30196	22106	10034
1987	1388	285	15287	12640	30542	22813	10519
1988	1312	284	16158	13619	31960	23918	11386
1989	1397	300	17823	14281	32871	24606	11868
1990	1346	297	18349	14766	34190	26307	12423
1991	1258	300	19352	15705	34834	26546	12297
1992	1323	300	19968	16470	35549	27092	12225
1993	1009	303	20681	17031	34894	25543	11296
1994	1215	305	20878	17245	36473	26875	12210
1995	1100	205	21378	17594	37115	27553	12107
1996	1295	235	20991	17797	37434	27706	11825
1997	1218	246	20751	18240	38107	27966	11526
1998	1281	249	20569	17974	37954	28579	12070
1999	1216	256	21342	18492	38336	28840	12639
2000	1036	263	20590	17281	36225	27460	12345
2001	1086	265	22538	18998	35303	28187	12310
2002	1127	282	22487	20621	34795	27102	11172
2003	1291	282	23405	21024	38415	29909	11655
2004	1440	258	24360	22264	35937	28142	11412
2005	1519	260	27395	25501	37711	28943	12088
2006	1557	252	28845	27240	40681	31180	12692
2007	2259	265	31891	30046	47340	37402	14683

注:1. 2001 年(含)以前“执业医师和执业助理医师”指标统计口径为“医生”。2. 2007 年卫生系统新的报表制度将医务室、社区卫生服务中心、社区卫生服务站都统计到“卫生机构”中,故数据增加较大。

15-6 医疗机构诊疗人数(2007年)

类别	医疗机构数（个）	总诊疗人次数（万人次）	#门诊人次数
总计	**2259**	**1933.1**	**1371.8**
#医院合计	133	1053	895.3
#卫生院合计	132	227.2	205.4
#社区卫生服务机构	151	162.6	123.0
社区卫生服务中心	44	70.4	62.7
社区卫生服务站	107	92.2	60.3

15-7 医疗机构入院、出院人数(2007年)

单位:万人

类别	健康检查人数	入院人数	出院人数
总计	**209.4**	**81.9**	**84.3**
#医院合计	118.5	59.3	58.7
#卫生院合计	16.4	16.3	16.6
#社区卫生服务机构	45.3	0.3	1
社区卫生服务中心	24.9	0.1	0.1
社区卫生服务站	20.4	0.2	0.9

16 企业调查

长沙统计年鉴

16－1　企业家信心指数

（2007年本期）　　　　单位：%

指　　标	一季度	二季度	三季度	四季度
总体状况	**147.30**	**142.09**	**144.40**	**144.46**
一、按行业门类分				
1. 工　业	153.98	141.69	146.88	146.99
2. 建筑业	151.51	153.93	138.80	144.24
3. 交通运输、仓储及邮政业	92.01	85.92	78.67	106.75
4. 批发和零售业	146.02	132.37	133.14	130.91
5. 房地产业	146.85	154.54	158.78	167.36
6. 社会服务业	141.99	141.99	150.00	142.86
7. 信息传输、计算机服务和软件业	197.79	197.79	197.79	197.79
8. 住宿和餐饮业	123.82	137.53	142.53	142.53
二、按企业登记类型分				
1. 国有企业	145.60	145.90	148.33	149.87
2. 集体企业	110.88	134.53	139.80	142.70
3. 股份合作企业	114.29	114.29	128.57	128.57
4. 有限责任公司	155.88	129.03	128.24	129.67
5. 股份有限公司	151.52	165.65	164.77	172.17
6. 私营企业	116.70	112.68	136.58	140.14
7. 其他内资企业	100.00	100.00	100.00	100.00
8. 外商及港澳台商投资	183.76	151.28	158.50	177.81
三、按企业规模分				
大　　型	167.25	147.46	146.29	148.98
中　　型	140.12	140.45	140.59	149.42
小　　型	131.36	133.90	140.17	139.32
四、按特殊分组				
国家重点联系企业	165.57	182.86	180.45	173.86
国家试点企业集团成员	100.00	140.01	169.17	169.17
乡镇企业	131.60	140.05	143.48	141.90
上市公司	151.75	175.11	172.66	172.66
国有控股企业	154.13	140.32	139.65	142.75

注：企业景气指数的数据值介于0～200之间，以100作为临界值，大于100时表示经济处于景气状态，越接近200，状态越好；小于100时则表示处于不景气状态，越接近0，状态越差。

16－1 续表　　（2007 年预期）　　单位:%

指　　标	一季度	二季度	三季度	四季度
总体状况	**140.45**	**136.96**	**147.32**	**150.20**
一、按行业门类分				
1. 工 业	135.14	117.88	146.83	148.19
2. 建筑业	148.93	155.21	146.12	153.63
3. 交通运输、仓储及邮政业	91.42	85.92	85.34	106.17
4. 批发和零售业	140.93	137.45	131.78	133.65
5. 房地产业	150.53	155.25	162.05	168.07
6. 社会服务业	142.86	150.00	157.14	157.14
7. 信息传输、计算机服务和软件业	197.79	197.79	197.79	197.79
8. 住宿和餐饮业	133.82	147.53	142.53	148.88
二、按企业登记类型分				
1. 国有企业	153.71	148.94	150.48	151.31
2. 集体企业	124.01	137.44	134.53	142.70
3. 股份合作企业	114.29	128.57	114.29	142.86
4. 有限责任公司	121.96	96.71	131.04	129.70
5. 股份有限公司	153.05	166.72	168.90	179.19
6. 私营企业	125.18	127.89	129.48	145.54
7. 其他内资企业	200.00	200.00	200.00	200.00
8. 外商及港澳台商投资	166.70	169.74	158.50	178.78
三、按企业规模分				
大　　型	141.89	121.35	147.91	151.17
中　　型	145.02	143.98	142.76	145.25
小　　型	133.90	137.29	141.88	144.44
四、按特殊分组				
国家重点联系企业	168.06	186.11	180.36	179.51
国家试点企业集团成员	129.16	140.01	169.17	169.17
乡镇企业	140.05	151.38	163.04	162.37
上市公司	151.75	180.16	172.66	177.71
国有控股企业	136.30	121.80	139.97	143.11

16－2 企业景气指数

（2007 年本期）

单位：%

指标	一季度	二季度	三季度	四季度
总体状况	**134.85**	**149.75**	**145.18**	**143.98**
一、按行业门类分				
1. 工业	124.31	156.68	144.77	142.68
2. 建筑业	147.37	162.16	154.67	170.98
3. 交通运输、仓储及邮政业	76.68	58.72	65.39	72.59
4. 批发和零售业	150.38	148.89	133.13	148.03
5. 房地产业	141.16	143.73	122.84	156.86
6. 社会服务业	135.71	150.00	157.14	142.86
7. 信息传输、计算机服务和软件业	200.00	186.26	200.00	163.00
8. 住宿和餐饮业	132.99	116.64	137.99	110.01
二、按企业登记类型分				
1. 国有企业	135.21	142.23	143.32	153.57
2. 集体企业	110.11	141.93	151.67	124.81
3. 股份合作企业	128.57	114.29	128.57	114.29
4. 有限责任公司	123.17	154.24	123.71	133.30
5. 股份有限公司	150.93	170.45	164.01	160.69
6. 私营企业	141.91	116.52	103.54	143.03
7. 其他内资企业	200.00	200.00	200.00	200.00
8. 外商及港澳台商投资	150.85	128.47	155.04	157.01
三、按企业规模分				
大型	143.23	179.97	145.87	157.58
中型	131.01	147.11	153.32	146.16
小型	121.19	116.10	128.21	128.21
四、按特殊分组				
国家重点联系企业	160.14	187.60	174.94	187.51
国家试点企业集团成员	123.20	192.37	169.17	169.17
乡镇企业	153.32	166.70	150.85	154.35
上市公司	147.46	168.37	172.99	159.16
国有控股企业	126.61	154.23	132.63	141.69

16－2 续表 （2007 年预期） 单位:%

指　　标	一季度	二季度	三季度	四季度
总体状况	**141.66**	**148.29**	**151.94**	**143.10**
一、按行业门类分				
1. 工　业	136.93	145.88	174.61	145.98
2. 建筑业	169.53	161.92	152.58	163.03
3. 交通运输、仓储及邮政业	83.30	70.02	85.67	78.18
4. 批发和零售业	144.59	141.92	127.55	147.72
5. 房地产业	143.73	143.73	127.07	159.67
6. 社会服务业	135.71	157.14	142.86	135.71
7. 信息传输、计算机服务和软件业	197.79	184.05	197.79	160.79
8. 住宿和餐饮业	141.64	146.64	137.99	125.01
二、按企业登记类型分				
1. 国有企业	154.70	148.15	143.13	151.62
2. 集体企业	113.02	152.46	135.88	122.45
3. 股份合作企业	128.57	128.57	142.86	128.57
4. 有限责任公司	126.98	128.78	161.49	134.82
5. 股份有限公司	156.65	176.29	166.62	164.42
6. 私营企业	139.01	145.08	126.31	143.03
7. 其他内资企业	200.00	200.00	200.00	200.00
8. 外商及港澳台商投资	178.06	163.15	171.25	159.59
三、按企业规模分				
大　　型	148.10	154.25	173.46	157.59
中　　型	159.17	154.26	152.22	135.00
小　　型	128.81	131.36	133.33	133.33
四、按特殊分组				
国家重点联系企业	160.23	193.26	175.03	187.60
国家试点企业集团成员	152.36	169.17	169.17	192.37
乡镇企业	163.47	163.81	157.41	154.71
上市公司	153.51	178.09	172.66	163.82
国有控股企业	136.95	140.42	154.04	142.09

16－3 综合经营景气指数

(2007 年本期) 单位:%

指 标	一季度	二季度	三季度	四季度
生产总量	125.98	142.58	134.92	135.94
盈利(亏损)变化	112.68	130.53	137.58	118.32
流动资金	98.85	99.79	88.88	81.77
货款拖欠	127.60	106.20	107.51	99.60
劳动力需求	101.49	109.30	117.03	110.59
固定资产投资	113.59	109.40	117.91	115.97
产品订货	114.26	126.26	122.36	126.70
企业融资	85.39	88.71	84.40	77.42

16－3 续表 (2007 年预期) 单位:%

指 标	一季度	二季度	三季度	四季度
生产总量	144.89	134.44	140.92	123.73
盈利(亏损)变化	126.25	120.47	136.25	115.51
流动资金	88.90	96.33	97.43	82.52
货款拖欠	124.43	113.47	114.34	109.88
劳动力需求	119.61	106.58	108.03	107.57
固定资产投资	119.40	98.19	118.10	106.51
产品订货	123.47	123.30	122.98	114.53
企业融资	85.68	84.14	82.60	84.65

16－4 企业集团主要经济指标(2007年)

指标	单位数(个)	从业人员年末人数(人)	在岗职工(人)	其他从业人员(人)
总计	**48**	**431485**	**376363**	**55122**
按集团审批部门分				
国务院	2	4191	4157	34
国务院主管部门	3	27535	20772	6763
省级人民政府	19	285349	240291	45058
省级人民政府主管部门	12	42198	40685	1513
其他	11	65082	63328	1754
按控股情况分				
国有控股	32	350309	296142	54167
集体控股	4	35043	34861	182
私人控股	10	44102	43986	116
按主营行业分				
工业	24	235573	217454	18119
采矿业	3	95023	85765	9258
制造业	21	140550	131689	8861
建筑业	7	138483	105969	32514
交通运输、仓储和邮政业	1	3486	2533	953
批发和零售业	6	14643	14598	45
住宿和餐饮业	2	11448	10987	461
房地产业	2	1584	1007	577
其他	6	26268	23815	2453
租赁和商务服务业	1	231	231	
科学研究、技术服务和地质勘查业	1	3597	3563	34
文化、体育和娱乐业	3	15310	12891	2419
国际组织	1	7130	7130	
按登记注册类型分				
国有企业	13	145388	101662	43726
公司制企业	35	286097	274701	11396
国有独资企业	12	185472	175499	9973
其他有限责任公司	15	62468	61213	1255
股份有限公司	8	38157	37989	168

单位:万元

研究开发人员（人）	从业人员劳动报酬	在岗职工劳动报酬	其他从业人员劳动报酬	研究开发人员劳动报酬
10062	1040603	970527	70076	54388
240	12313	12168	145	1377
1149	130950	117865	13085	9058
4136	646412	593650	52762	16394
1911	83903	81974	1929	7107
2626	148293	146138	2155	20452
7048	857168	788578	68590	32325
243	55021	54673	348	1250
2771	123668	123559	109	20813
9228	703799	676055	27744	51641
53	229773	218437	11336	246
9175	474026	457618	16408	51395
534	188218	153760	34458	1228
	5978	5002	976	
105	38388	38385	3	388
	20933	20655	278	
	4138	3221	917	
195	79149	73449	5700	1131
	2353	2353		
195	10432	10287	145	1131
	47632	42077	5555	
	18732	18732		
2588	296392	241783	54609	12860
7474	744211	728744	15467	41528
1721	504606	490899	13707	6296
5040	172933	171507	1426	32156
713	66672	66338	334	3076

16－4 续表 1

指 标	单位数(个)	年末资产总计	固定资产	累计折旧	本年折旧
总 计	**48**	**25733384**	**9846324**	**3513169**	**601095**
按集团审批部门分					
国务院	2	329100	114232	26386	7242
国务院主管部门	3	3577755	1421215	663746	62010
省级人民政府	19	14865148	6473104	2248356	455044
省级人民政府主管部门	12	3871384	1396303	382547	41510
其他	11	3020173	428487	189308	34920
按控股情况分					
国有控股	32	21583403	9103109	3267668	551339
集体控股	4	1082319	325100	87911	20815
私人控股	10	2591590	371838	133202	27732
按主营行业分					
工业	24	20221153	8282510	2895812	510593
采矿业	3	3612501	1216260	529069	81061
制造业	21	16608652	7066250	2366743	429532
建筑业	7	2100824	480176	150192	20088
交通运输、仓储和邮政业	1	131121	30908	32238	5923
批发和零售业	6	1141107	356348	151745	21540
住宿和餐饮业	2	426679	232885	84214	11810
房地产业	2	451672	30253	6578	1209
其他	6	1260828	433244	192390	29932
租赁和商务服务业	1	204893	49664	14853	2599
科学研究、技术服务和地质勘查业	1	196214	94060	23591	5374
文化、体育和娱乐业	3	789897	276537	151120	21590
国际组织	1	69824	12983	2826	369
按登记注册类型分					
国有企业	13	7368502	2496456	927340	78604
公司制企业	35	18364882	7349868	2585829	522491
国有独资企业	12	12471067	6288039	2210856	450885
其他有限责任公司	15	3995456	585243	213917	43362
股份有限公司	8	1898359	476586	161056	28244

单位:万元

累计对外投资	本年对外投资	存货	流动资产年平均余额	年末负债合计	流动负债	银行借款
727291	**107904**	**4565689**	**12257903**	**14432066**	**10546974**	**5227083**
5070		39908	105215	151423	105496	83214
270857	19113	1227626	2067178	817948	755562	169904
301141	67600	2226176	6991221	9165018	6937452	3913835
47144	19392	415866	1354183	2429054	1370033	465153
101542	262	633728	1684906	1836206	1346014	592997
636521	96316	3779429	10042462	11845487	8714958	4261079
10051	10051	126988	354640	716232	377385	320290
78908	1537	416211	1477362	1403163	1096785	588990
676320	84945	3645509	9263867	10678442	7533872	4306353
75376	24000	668492	1931092	2091490	1625281	988671
600944	60945	2977017	7332775	8586952	5908591	3317682
20783	19743	317460	1412383	1714150	1386598	553950
		498		120152	33973	7865
11078	1679	128868	553865	718651	611994	244699
		59968	9668	278729	198192	4858
		259219	356512	365682	296294	219
19110	1537	154167	661608	556260	486051	109139
		18086	104890	60972	54921	26800
5070		37986	88563	97348	85341	43814
12503		75710	412955	365523	313372	36545
1537	1537	22385	55200	32417	32417	1980
306179	38992	1873230	4172317	3539872	2540333	671919
421112	68912	2692459	8085586	10892194	8006641	4555164
263389	49400	1785999	5240387	7473340	5615848	3375446
112446	1537	685067	2019468	2238376	1639956	730627
45277	17975	221393	825731	1180478	750837	449091

16－4 续表 2

指　　标	单位数（个）	年末股东（所有者）权益合计	年末少数股东权益	股　　本（实收资本）
总　　计	**48**	**11296136**	**3071976**	**2798935**
按集团审批部门分				
国务院	2	177677	53638	94554
国务院主管部门	3	2759807	147602	506315
省级人民政府	19	5694948	2241805	1494636
省级人民政府主管部门	12	1442330	429317	406674
其他	11	1183967	199614	266668
按控股情况分				
国有控股	32	9732734	2830935	2439565
集体控股	4	366087	12945	149096
私人控股	10	1188427	227075	168381
按主营行业分				
工业	24	9537529	2763483	2087203
采矿业	3	1521011	722911	675647
制造业	21	8016518	2040572	1411556
建筑业	7	386674	39496	318591
交通运输、仓储和邮政业	1	10969		7200
批发和零售业	6	422456	124408	100375
住宿和餐饮业	2	147950	76909	54276
房地产业	2	85990	10887	36325
其他	6	704568	56793	194965
租赁和商务服务业	1	143921	8558	49921
科学研究、技术服务和地质勘查业	1	98866	48235	16112
文化、体育和娱乐业	3	424374		98844
国际组织	1	37407		30088
按登记注册类型分				
国有企业	13	3828630	466326	927366
公司制企业	35	7467506	2605650	1871569
国有独资企业	12	4997727	2309623	1223116
其他有限责任公司	15	1751898	244388	389776
股份有限公司	8	717881	51639	258677

单位:万元

营业收入	营业成本	营业税金及附加	营业费用	利润总额	应交所得税	应交增值税	固定资产投资完成额
22298914	**17007840**	**1902652**	**615190**	**2180506**	**434701**	**829027**	**1572253**
190424	157148	2132	5444	-8767	1384	5495	9135
4018726	1221646	1661723	80809	741119	261944	482097	37881
13850769	12327242	189897	298227	669167	108523	288512	1018285
1868326	1465915	18945	94544	322489	30518	46296	410903
2216277	1693438	24860	136166	452285	30942	6627	96049
19337043	14733790	1869448	434219	1633938	389151	807618	1359634
753302	607962	16741	5485	89140	15363	11288	111524
2106507	1579295	13263	171210	453245	27897	9130	101095
16875555	12312507	1769831	486295	2025042	388757	786925	1434492
3270246	2825274	34170	47681	101599	47263	169289	257146
13605309	9487233	1735661	438614	1923443	341494	617636	1177346
2919363	2702478	98241	2708	30184	11579	342	94374
60473	46966	1991		575			
1193699	996065	9359	67296	33712	13382	24711	32648
155705	87181	6129	9601	21014	5711	1075	
57046	49490	3133	1905	-3107	305		
1037073	813153	13968	47385	73086	14967	15974	10739
46735	9741	2372	2154	30180	9955		
182197	150661	1948	4727	8547	1372	5938	9135
653749	510300	4553	40504	30146	2250	10036	1604
154392	142451	5095		4213	1390		
7075921	4054035	1711023	97653	956328	279800	495685	446350
15222993	12953805	191629	517537	1224178	154901	333342	1125903
10433982	9286249	135607	249120	474617	93810	248667	874671
3604096	2775723	35557	208139	592130	26911	65768	133986
1184915	891833	20465	60278	157431	34180	18907	117246

16－5　重点企业建立现代企业制度跟踪监测主要经济指标(2007年)

指　　标	单位数(个)	从业人员年末人数(人)	在岗职工(人)	其他从业人员(人)
总　　计	**6**	**84575**	**76177**	**8398**
按集团审批部门分				
国务院	1	3597	3563	34
国务院主管部门	1	19955	13243	6712
省级人民政府	3	50316	49619	697
省级人民政府主管部门	1	10707	9752	955
按控股情况分				
国有控股	6	84575	76177	8398
按主营行业分				
工业	4	78866	70502	8364
批发和零售业	1	2112	2112	
其他	1	3597	3563	34
科学研究、技术服务和地质勘查业	1	3597	3563	34
按登记注册类型分				
国有企业	3	34259	26558	7701
国有独资企业	3	50316	49619	697
按重点企业类型分				
中央管理企业	1	2112	2112	
520户国家重点企业	4	78866	70502	8364
现代企业制度原国家百户试点企业	1	3597	3563	34

单位:万元

研究开发人员（人）	从业人员劳动报酬			研究开发人员劳动报酬
		在岗职工劳动报酬	其他从业人员劳动报酬	
2773	**311383**	**295996**	**15387**	**14019**
195	10432	10287	145	1131
675	107183	94420	12763	6615
932	169950	168894	1056	2875
971	23818	22395	1423	3398
2773	311383	295996	15387	14019
2578	296193	280951	15242	12888
	4758	4758		
195	10432	10287	145	1131
195	10432	10287	145	1131
1841	141433	127102	14331	11144
932	169950	168894	1056	2875
	4758	4758		
2578	296193	280951	15242	12888
195	10432	10287	145	1131

16－5 续表 1

指　　标	单位数(个)	年末资产总　　计	固定资产	累计折旧	本年折旧
总　　计	**6**	**11165984**	**5911498**	**2034113**	**356685**
按集团审批部门分					
国务院	1	196214	94060	23591	5374
国务院主管部门	1	2804585	1077650	580119	40446
省级人民政府	3	6701402	4092153	1290484	309123
省级人民政府主管部门	1	1463783	647635	139919	1742
按控股情况分					
国有控股	6	11165984	5911498	2034113	356685
按主营行业分					
工业	4	10673597	5744799	1988102	345890
批发和零售业	1	296173	72639	22420	5421
其他	1	196214	94060	23591	5374
科学研究、技术服务和地质勘查业	1	196214	94060	23591	5374
按登记注册类型分					
国有企业	3	4464582	1819345	743629	47562
国有独资企业	3	6701402	4092153	1290484	309123
按重点企业类型分					
中央管理企业	1	296173	72639	22420	5421
520 户国家重点企业	4	10673597	5744799	1988102	345890
现代企业制度原国家百户试点企业	1	196214	94060	23591	5374

单位:万元

累计对外投资	本年对外投资资	存货	流动资产年平均余额	年末负债合计	流动负债	银行借款
443922	**40781**	**2159355**	**4861886**	**5548751**	**3804096**	**2164777**
5070		37986	88563	97348	85341	43814
262989	17247	1158633	1770784	413464	403173	300
175863	23534	856467	2523401	4159170	2992031	2120663
		106269	479138	878769	323551	
443922	40781	2159355	4861886	5548751	3804096	2164777
438852	40781	2084985	4619395	5220503	3491235	2064479
		36384	153928	230900	227520	56484
5070		37986	88563	97348	85341	43814
5070		37986	88563	97348	85341	43814
268059	17247	1302888	2338485	1389581	812065	44114
175863	23534	856467	2523401	4159170	2992031	2120663
		36384	153928	230900	227520	56484
438852	40781	2084985	4619395	5220503	3491235	2064479
5070		37986	88563	97348	85341	43814

16－5 续表 2

指　　标	单位数（个）	年末股东（所有者）权益合计	年末少数股东权益	股　　本（实收资本）
总　　计	**6**	**5617233**	**1645886**	**876550**
按集团审批部门分				
国务院	1	98866	48235	16112
国务院主管部门	1	2391121		430579
省级人民政府	3	2542232	1376666	279859
省级人民政府主管部门	1	585014	220985	150000
按控股情况分				
国有控股	6	5617233	1645886	876550
按主营行业分				
工业	4	5453094	1597651	821703
批发和零售业	1	65273		38735
其他	1	98866	48235	16112
科学研究、技术服务和地质勘查业	1	98866	48235	16112
按登记注册类型分				
国有企业	3	3075001	269220	596691
国有独资企业	3	2542232	1376666	279859
按重点企业类型分				
中央管理企业	1	65273		38735
520 户国家重点企业	4	5453094	1597651	821703
现代企业制度原国家百户试点企业	1	98865	48235	16112

单位:万元

营业收入	营业成本	营业税金及附加	营业费用	利润总额	应交所得税	应交增值税	固定资产投资完成额
9864363	**6808175**	**1661601**	**181888**	**1237182**	**304566**	**518602**	**914858**
182197	150661	1948	4727	8547	1372	5938	9135
3501103	848314	1609468	56756	714412	260509	453580	24900
5588246	5307979	46038	101451	304031	37728	35510	595865
592817	501221	4147	18954	210192	4957	23574	284958
9864363	6808175	1661601	181888	1237182	304566	518602	914858
9189618	6193700	1658815	163910	1235823	302688	505986	905723
492548	463814	838	13251	-7188	506	6678	
182197	150661	1948	4727	8547	1372	5938	9135
182197	150661	1948	4727	8547	1372	5938	9135
4276117	1500196	1615563	80437	933151	266838	483092	318993
5588246	5307979	46038	101451	304031	37728	35510	595865
492548	463814	838	13251	-7188	506	6678	
9189618	6193700	1658815	163910	1235823	302688	505986	905723
182197	150661	1948	4727	8547	1372	5938	9135

17 区县（市）主要经济和社会指标

长沙统计年鉴

17－1 区县(市)年末户籍户数和人口数(2007年)

单位:人

区县(市)	年末总户数(户)	年末总人口	男性	女性	非农业人口	未落常住户人口
全市	**1915885**	**6373561**	**3258991**	**3114570**	**2305611**	**32684**
市区合计	649076	2187488	1109579	1077909	1835561	32684
芙蓉区	117580	397760	200472	197288	358365	2166
天心区	122878	421136	213677	207459	373167	12585
岳麓区	112454	431013	220286	210727	341826	6500
开福区	147025	416085	205715	210370	328600	2588
雨花区	149139	521494	269429	252065	433603	8845
县(市)合计	1266809	4186073	2149412	2036661	470050	
长沙县	237048	764869	388442	376427	78904	
望城县	221623	712314	364786	347528	88878	
宁乡县	415553	1344911	691492	653419	153446	
浏阳市	392585	1363979	704692	659287	148822	
县辖镇合计	874224	2822094	1444720	1377374	321228	
长沙县	237048	764869	388442	376427	78904	
望城县	221623	712314	364786	347528	88878	
宁乡县	415553	1344911	691492	653419	153446	

17－2 2000—2007年分区县(市)年末常住人口

单位:人

区县(市)	2000年	2001年	2002年	2003年	2004年	2005年	2006年	2007年
全市	**6138719**	**6200800**	**6268778**	**6283499**	**6290000**	**6393000**	**6465000**	**6529200**
芙蓉区	390074	410289	417362	417794	419095	431600	440809	447418
天心区	396827	428547	437439	442319	443619	448100	455086	460588
岳麓区	409939	423318	438665	443720	444820	455300	464847	482435
开福区	423645	433394	442120	454530	455530	467600	474851	484299
雨花区	502388	524477	537598	546496	547796	570000	577828	623601
长沙县	774707	763529	769660	770218	770318	778300	786069	790656
望城县	686349	673420	677953	678439	678539	686000	692760	688188
宁乡县	1247218	1240705	1244885	1223679	1223879	1236700	1244280	1241231
浏阳市	1307572	1303121	1303096	1306304	1306404	1319400	1328470	1310784

17－3　区县(市)人口自然变动情况(2007年)

区县(市)	出生人口(人)	死亡人口(人)	自然增长人数(人)	出生率(‰)	死亡率(‰)	自然增长率(‰)
全　　市	**64312**	**37565**	**26747**	**10.14**	**5.92**	**4.22**
市区合计	20815	9247	11568	9.61	4.27	5.34
芙蓉区	3815	1360	2455	9.79	3.49	6.30
天心区	3410	1808	1602	8.02	4.25	3.77
岳麓区	4158	1526	2632	9.81	3.60	6.21
开福区	3985	2320	1665	9.58	5.58	4.00
雨花区	5447	2233	3214	10.64	4.36	6.28
县(市)合计	43497	28318	15179	10.42	6.78	3.64
长沙县	8286	5920	2366	10.90	7.79	3.11
望城县	7718	5393	2325	10.80	7.55	3.25
宁乡县	14222	9927	4295	10.61	7.41	3.20
浏阳市	13271	7078	6193	9.76	5.21	4.55

17－4　区县(市)人口机械增长情况(2007年)

区县(市)	迁入人数(人)	迁出人数(人)	机械增长人数(人)	机械增长率(‰)	自然、机械净增人数(人)	净增率(‰)
全　　市	**127478**	**96207**	**31271**	**4.93**	**58018**	**9.15**
市区合计	102877	75983	26894	12.41	38462	17.75
芙蓉区	15796	9318	6478	16.62	8933	22.92
天心区	21762	20554	1208	2.87	2810	6.64
岳麓区	27782	21573	6209	14.64	8841	20.85
开福区	9401	5988	3413	8.21	5078	12.21
雨花区	28136	18550	9586	18.72	12800	25.00
县(市)合计	24601	20224	4377	1.05	19556	4.69
长沙县	8963	2987	5976	7.86	8342	10.97
望城县	4639	4543	96	0.13	2421	3.38
宁乡县	5466	6471	－1005	－0.75	3290	2.45
浏阳市	5533	6223	－690	－0.51	5503	4.04

17－5　区县(市)劳动工资情况(2007年)

区县(市)	在岗职工			离开本单位仍保留劳动关系的职工		
	年平均人数(人)	工资总额(万元)	年平均工资(元/人)	年平均人数(人)	生活费总额(万元)	年平均生活费(元/人)
全　市	**769253**	**2151481.4**	**27968**	**66586**	**46695.9**	**7013**
芙蓉区	154117	426583.3	27679	14518	12234.6	8427
天心区	83816	229511	27383	9904	4616.8	4662
岳麓区	78754	244547.1	31052	2887	3461.6	11990
开福区	89828	268035.5	29839	14386	6813.3	4736
雨花区	130401	385546.4	29566	15091	13411.2	8887
长沙县	92614	254641.6	27495	427	235.5	5515
望城县	43594	99876.9	22911	4700	1345.3	2862
宁乡县	47405	104841.9	22116	2823	2425.5	8592
浏阳市	48724	137897.7	28302	1850	2152.1	11633

17－6 区县(市)生产总值(2007年)

单位:万元

指标	芙蓉区	天心区	岳麓区	开福区	雨花区	长沙县	望城县	宁乡县	浏阳市
地区生产总值	3276224	2025408	1916140	2094740	3677772	2859672	1453066	2072338	2527188
第一产业	18730	12927	30306	40171	32069	330139	220929	374610	328090
第二产业	495643	745287	720461	563726	1879781	1840348	865728	1125054	1567630
工业	348409	420852	540959	314068	1561445	1633683	650474	914660	1286497
建筑业	147234	324435	179502	249658	318336	206665	215254	210394	281133
第三产业	2761851	1267194	1165373	1490843	1765922	689185	366409	572674	631468
交通运输、仓储和邮政业	388232	26441	57163	79132	93234	101361	40652	40061	48848
信息传输、计算机服务和软件业	83997	114934	90841	72295	147058	40496	28705	27360	41011
批发和零售业	761358	279879	119473	401636	391491	98763	58235	143581	179618
住宿和餐饮业	198532	97806	62585	90408	92557	26950	19439	24806	30185
金融保险业	238327	86969	43402	122697	114457	27421	12106	20462	25617
房地产业	104118	88554	78369	131721	130290	92888	38512	58941	73628
租赁和商务服务业	278681	85883	42916	53795	190222	68677	2850	16561	7961
科学研究、技术服务和地质勘查业	94851	50110	61311	46844	165929	8103	1575	7362	6892
水利、环境和公共设施管理业	31387	21106	13479	39886	17339	3218	3424	3890	5153
居民服务和其它服务业	122510	51180	78114	45092	70620	66917	10355	89088	29977
教育	87783	121636	352478	48898	91340	73916	59850	21002	48735
卫生、社会保障和社会福利业	109085	45200	58936	85577	61658	20166	10832	10912	46672
文化、体育和娱乐业	93880	116926	20722	194872	93199	4202	9701	15074	19980
公共管理和社会组织	169110	80570	85584	77990	106528	56107	70173	93574	67191

17－7　区县(市)生产总值增长速度(2007年)

单位:%

指　　标	芙蓉区	天心区	岳麓区	开福区	雨花区	长沙县	望城县	宁乡县	浏阳市
地区生产总值	16.7	17.0	17.7	16.7	12.5	18.2	16.7	15.3	15.7
第一产业	-2.0	2.0	2.0	2.8	1.2	7.0	7.3	6.8	7.3
第二产业	14.5	14.8	22.2	12.8	10.0	22.1	20.1	18.3	18.2
工业	22.3	21.3	29.1	19.3	11.5	25.1	26.6	22.2	22.2
建筑业	3.3	5.9	5.7	5.8	3.0	4.2	3.9	3.8	2.8
第三产业	17.2	18.3	15.8	18.6	15.4	14.2	15.1	15.5	14.5
交通运输、仓储和邮政业	14.2	15.9	15.9	15.3	15.3	26.8	16.5	15.9	16.0
信息传输、计算机服务和软件业	15.3	29.3	25.6	21.6	18.6	15.2	11.9	27.5	35.6
批发和零售业	13.5	12.9	8.7	15.3	11.7	9.1	5.9	7.6	8.3
住宿和餐饮业	11.1	13.4	10.0	10.6	7.4	9.3	13.0	6.6	12.3
金融保险业	9.8	9.8	9.8	9.8	9.8	7.2	16.9	6.7	8.1
房地产业	9.2	9.1	2.0	36.4	15.7	18.7	11.2	7.3	10.7
租赁和商务服务业	47.8	29.3	21.4	28.6	19.9	15.6	19.2	29.3	28.6
科学研究、技术服务和地质勘查业	15.4	14.7	17.1	26.5	16.9	11.9	19.8	19.6	16.6
水利、环境和公共设施管理业	14.2	16.8	14.7	27.4	20.0	13.0	15.0	21.1	12.4
居民服务和其它服务业	45.1	28.2	27.5	22.0	28.9	16.8	15.3	28.8	37.2
教育	24.4	22.8	16.5	17.5	8.1	6.6	17.6	18.3	12.4
卫生、社会保障和社会福利业	18.4	22.8	16.6	19.2	17.6	11.7	16.9	18.1	16.6
文化、体育和娱乐业	32.4	23.2	25.3	20.4	27.1	12.5	19.0	27.6	47.2
公共管理和社会组织	12.3	19.4	17.7	17.9	11.6	10.1	23.7	17.5	13.2

17-8 区县(市)主营业务收入500万元以上工业产值(2007年)

单位:万元

区县(市)	工业总产值	#国有及国有控股	#集体	轻工业	重工业
全　市	**17326728.2**	**5289692.8**	**294987.4**	**6195178.2**	**11131550.0**
芙蓉区	974506.8	267506.2	9744.4	316713.8	657793.0
天心区	1159876.6	735677.2	69929.6	147522.0	1012354.6
岳麓区	2066865.7	1535081.4	656.6	184784.7	1882081.0
开福区	804903.4	49100.9	21455.3	533201.3	271702.1
雨花区	2487954.6	1839094.9	42892.3	1665141.7	822812.9
长沙县	4574358.7	636857.4	22293.5	828956.7	3745402.0
望城县	1388308.7	161168.5	44472.8	687824.9	700483.8
宁乡县	1983573.8	55381.5	59296.6	1008578.1	974995.7
浏阳市	1886379.9	9824.8	24246.3	822455.0	1063924.9

17-9 区县(市)主营业务收入500万元以上工业主要经济指标(2007年)

单位:万元

区县(市)	资产	负债	销售收入	利润	利税	增加值
全　市	**15679717.6**	**8464062.4**	**17518482.7**	**1704860.7**	**3396882.4**	**5845814.8**
芙蓉区	722198.3	309544.1	967705.8	45771.1	175137.3	283153.4
天心区	1409869.5	1171606.4	1137614.7	119898.7	176123.6	342969.1
岳麓区	2196323.1	1228589.9	2187487.8	234086.0	344953.8	615197.4
开福区	841538.0	349766.7	797121.8	60182.3	94876.2	206876.4
雨花区	2599306.3	846535.7	2426952.8	311129.3	1063677.5	1362868.1
长沙县	4804723.7	2837484.2	4898545.6	495678.0	691253.1	1305899.9
望城县	1299078.3	905472.1	1310236.9	78921.1	212542.8	432622.4
宁乡县	871415.0	343632.2	1961472.2	243021.4	391334.1	607226.6
浏阳市	935265.4	471431.1	1831345.1	116172.8	246984.0	689001.5

17-10 区县(市)全社会固定资产投资主要指标完成情况(2007年)

单位:万元

区县(市)	合计	城镇固定资产投资	农村农户固定资产投资
全　市	**14451811**	**13264416**	**586897**
芙蓉区	1112186	1004180	33735
天心区	2357069	2316826	23517
岳麓区	1623759	1566704	54055
开福区	2388502	2338756	36971
雨花区	1649272	1583673	48504
长沙县	1317825	1219650	60582
望城县	1211945	1088143	80568
宁乡县	1462783	1205699	104803
浏阳市	1273470	885785	144162

17-11 区县(市)财政收入(2007 年)

单位:万元

指标	全市	市本级	芙蓉区	天心区	岳麓区	开福区	雨花区	长沙县	望城县	宁乡县	浏阳市
上划中央"两税"	486275	136257	28572	21027	10452	21648	25734	105676	23423	24267	89219
上划所得税	431807	91391	44079	48912	19030	40643	97646	48778	11495	16069	13764
一般预算收入	1745761	860087	114267	102501	80764	109138	126789	131923	76365	52421	91506
增值税	140000	44215	9524	7009	3484	7216	8578	27493	7797	7631	17053
营业税	573025	120585	65936	57649	56472	62743	79212	53887	27758	20912	27871
企业所得税	99142	76461	2542	2693	583	2224	8545	3449	739	1177	729
企业所得税退税											
个人所得税	68783	53645	2212	2536	1283	2116	3042	2042	528	647	732
资源税	797	3						49	196	375	174
城市维护建设税	113326	92168						6864	2269	2127	9898
耕地占用税	24095	1348	858	1688	3086	3100	2358	2229	4353	1675	3400
契税	165395	140271			5		24	7229	11796	2470	3600
烟叶税	3881									881	3000
国有资产经营收益	55235	2443	13285	22257	7644	5156	4450				
行政性收费收入	258145	219110	1422	1472	3339	1854	1209	11368	7673	5498	5200
罚没收入	43540	18488	1225	2240	2477	984	1253	2549	3064	3860	7400
专项收入	63525	48691						4703	1704	1809	6618
其他收入	20530	105	5982	1304	472	840	11827				

17－12　区县(市)财政支出(2007年)

单位:万元

指　　标	全市	市本级	芙蓉区	天心区	岳麓区	开福区	雨花区	长沙县	望城县	宁乡县	浏阳市
一般预算支出	2181733	871783	134646	125192	105075	139066	147024	208244	127568	141267	181868
一般公共服务支出	364129	111713	16212	32457	24238	42068	24642	31090	23362	25243	33104
科学技术	74914	50197	6984	1549	1447	1984	1784	3903	1401	1660	4005
交通运输	51447	15467	431	453	20	9018	516	10258	2094	6022	7168
农林水事务	147679	32755	2705	1352	2013	11840	2855	25934	22982	19006	26237
环境保护	25413	18703	321	250	255	274	477	2078	590	1249	1216
城乡社区事务	433968	197699	42775	42815	34128	19288	49447	19734	8236	7718	12128
文化体育与传媒	31331	19931	1134	220	450	432	740	1981	2662	1142	2639
教育支出	313728	87416	29054	17390	12775	16857	24492	35828	22623	29506	37787
医疗卫生支出	85072	27962	5155	4474	3812	4230	4838	9043	8694	8306	8558
工业商业金融等事务	120599	49921	3373	3456	3765	6655	10400	21028	3734	9473	8794
社会保障和就业	246630	97429	9463	8562	10509	16500	8753	25174	20978	20167	29095
国防支出	6404	2261	807	880	353		670	1001	432		
公共安全	173654	109076	6646	6060	4358	4405	4656	12632	7740	7850	10231
外交支出	347	347									
其他支出	106418	50906	9586	5274	6952	5515	12754	8560	2040	3925	906

17－13 区县(市)社会消费品零售总额(2007年)

单位:万元

指标	全市	芙蓉区	天心区	岳麓区	开福区	雨花区	长沙县	望城县	宁乡县	浏阳市
2007年合计	**10370277.3**	**2304551.2**	**1228639.5**	**732052.4**	**1811431.9**	**1953167.0**	**646578.7**	**299711.6**	**688955.0**	**705190.0**
按销售单位所在地分组										
市	8482046.2	2304551.2	1228639.5	732052.4	1811431.9	1953167.0				452204.2
县	817099.0						388598.6	128652.4	299848.0	
县以下	1071132.1						257980.1	171059.2	389107.0	252985.8
按行业分组										
批发零售贸易业	8739580.0	1928786.6	944656.0	530649.8	1595231.6	1670233.3	577196.7	259388.9	621807.0	611630.1
限额以上	3554902.1	641177.6	497510.5	188662.6	913322.8	832450.0	271020.8	23418.9	102971.5	84367.4
限额以下企业和个体户	5184677.9	1287609.0	447145.5	341987.2	681908.8	837783.3	306175.9	235970.0	518835.5	527262.7
餐饮业	1543619.5	345800.6	277105.5	201402.6	203738.3	266074.4	65789.5	31253.7	62100.0	90354.9
限额以上	384642.6	84600.6	107972.5	20308.8	88947.3	52679.9	15071.3	4526.7	3500.9	7034.6
限额以下企业和个体户	1158976.9	261200.0	169133.0	181093.8	114791.0	213394.5	50718.2	26727.0	58599.1	83320.3
其它	87077.8	29964.0	6878.0		12462.0	16859.3	3592.5	9069.0	5048.0	3205.0
2006年合计	8656061.2	1931736.4	1002695.8	618813.0	1465507.2	1633073.2	549482.7	260774.6	593926.0	600052.3

17－14　区县(市)限额以上批发零售贸易业商品购进、销售、库存总额(2007年)

单位:万元

	全　市	芙蓉区	天心区	岳麓区	开福区	雨花区	长沙县	望城县	宁乡县	浏阳市
法人企业(个)	360	104	47	16	63	65	24	5	22	14
产业活动单位(个)	1229	280	58	32	206	508	30	45	54	16
从业人数(人)	63604	17863	6055	1911	14042	16447	3141	473	2370	1302
购进总额	10011787.2	1980029.5	687974.9	407115.2	4391937.0	1725197.4	629927.9	10705.4	59723.1	119176.8
#进口	98667.5	25411.3	55016.0		4555.0	10206.2				3479.0
销售总额	8452631.9	2199475.9	768266.7	449619.5	2219784.0	1794575.7	624423.2	11485.9	239918.7	145082.3
批发	4810348.9	1603350.3	307773.2	332911.5	987675.6	920781.6	383378.4	3373.9	162414.5	108689.9
#出口	457028.8	348094.3	63395.8		2834.8	20097.7				22606.2
零售	3642283.0	596125.6	460493.5	116708.0	1232108.4	873794.1	241044.8	8112.0	77504.2	36392.4
年末库存总额	888201.1	230962.4	38917.2	38172.8	311266.2	188152.8	55742.8	3092.2	8303.9	13590.8

17－15　区县(市)星级住宿业和限额以上餐饮业经营情况(2007年)

单位:万元

	全　市	芙蓉区	天心区	岳麓区	开福区	雨花区	长沙县	望城县	宁乡县	浏阳市
法人企业(个)	285	73	37	20	57	49	12	8	12	17
产业活动单位数(个)	343	82	73	21	58	56	14	9	13	17
年末从业人数(人)	57061	12887	12954	2690	10963	10040	3338	1351	738	2100
营业额	528447.5	141461.3	117594.4	27179.5	103672.9	85944.4	23333.5	9924.5	5249.8	14087.2
客房收入	123121.0	44871.3	16845.6	5188.6	18876.5	24131.1	5265.8	3454.1	401.9	4086.1
餐费收入	352832.0	83607.2	96902.1	17567.4	74154.9	50789.5	13303.2	4450.7	4318.0	7739.0
商品销售收入	17471.4	1066.8	2769.6	3600.4	2443.3	3070.0	2767.0	375.7	439.8	938.8
其他收入	35023.1	11916.0	1077.1	823.1	8198.2	7953.8	1997.5	1644.0	90.1	1323.3

17－16 区县(市)限额以上批发零售贸易企业财务状况(2007年)

单位:万元

	全 市	芙蓉区	天心区	岳麓区	开福区	雨花区	长沙县	望城县	宁乡县	浏阳市
企业数(个)	360	104	47	16	63	65	24	5	22	14
#亏损企业数(个)	99	31	16	6	15	18	7		3	3
流动资产合计	2301396.4	823268.0	177060.4	113341.2	557327.7	458203.2	133351.3	2661.5	9098.0	27085.1
#存货	745000.5	261430.4	32134.4	39555.1	221718.6	137928.6	43155.4	723.0	3851.3	4503.7
固定资产原价	1307292.8	251964.4	94278.6	10474.6	618266.2	281943.6	31780.5	1665.2	4281.0	12638.7
累计折旧	345723.5	80325.1	30314.7	2247.1	141221.5	79621.0	6818.3	367.1	1246.2	3562.5
#本年折旧	62835.9	12290.7	6618.8	643.0	27091.2	13389.4	1953.7	51.2	178.6	619.3
资产总计	4013112.5	1293163.5	295597.4	138375.0	1291307.3	766840.5	171567.9	4130.2	13148.3	38982.4
负债合计	2643333.5	920595.1	209219.2	117895.5	725794.3	505319.5	143549.5	2037.9	7289.2	11633.3
所有者权益合计	1369779.0	372568.4	86378.2	20479.5	565513.0	261521.0	28018.4	2092.3	5859.1	27349.1
#实收资本	831397.1	172664.5	69343.4	18109.8	458218.2	74705.6	15162.2	1448.9	3836.9	17907.6
国家资本	502890.7	60003.4	2947.9	5672.0	410234.4	22612.1	583.9	447.9	175.8	213.3
集体资本	16819.1	11504.9	1752.7		648.1	1998.4	327.0		588.0	
法人资本	146329.2	49805.1	16035.3	9317.8	30838.3	14715.3	9561.3	800.0	1757.3	13498.8
个人资本	103986.9	40531.9	6153.5	3120.0	16497.4	27281.8	4690.0	201.0	1315.8	4195.5
港澳台资本	1375.5	1075.5	300.0							
外商资本	59995.7	9743.7	42154.0			8098.0				
营业收入合计	9456020.5	2148485.8	682565.0	405574.5	3867610.2	1684332.8	556044.3	9084.4	34877.7	67445.8
#主营业务收入	9392718.4	2139660.3	675123.6	401398.1	3848510.5	1662672.7	554391.4	9084.4	34449.3	67428.1
主营业务成本	8530086.2	1972394.6	597816.2	378784.7	3509844.7	1451187.3	524623.0	8435.8	29763.1	57236.8

17－16 续表

单位:万元

	全　市	芙蓉区	天心区	岳麓区	开福区	雨花区	长沙县	望城县	宁乡县	浏阳市
运杂费	42002.8	14627.5	954.2	179.4	16005.7	3831.1	3572.4	23.7	270.8	2538.0
主营业务税金及附加	21145.6	4627.1	1872.6	375.7	8630.8	4582.8	324.9	4.1	345.1	382.5
主营业务利润	841486.6	162638.6	75434.8	22237.7	330035.0	206902.6	29443.5	644.5	4341.1	9808.8
其他业务利润	62603.6	14787.8	7923.9	1078.7	19884.8	16423.6	1227.7	11.6	551.6	713.9
营业费用	408402.7	81600.0	37384.3	15076.3	167012.4	82946.7	15815.4	257.4	2291.1	6019.1
管理费用	268345.0	65405.9	30177.9	4145.9	93903.8	62056.5	8005.4	350.2	1260.9	3038.5
#税金	8397.2	1971.6	1320.9	60.5	2227.9	1999.4	468.8	6.8	173.1	168.2
差旅费	8080.4	2877.6	1102.9	142.9	2601.2	962.0	185.6	33.7	65.8	108.7
工会经费	1535.2	412.1	116.1	19.1	660.1	264.0	37.6	3.2	9.3	13.7
财务费用	43884.0	14697.1	3903.4	971.5	14630.6	7454.1	1296.9	73.9	286.6	569.9
#利息支出	25680.2	7859.7	1508.7	117.6	9542.1	5284.7	721.7	15.2	200.9	429.6
营业利润	183458.5	15723.4	11893.1	3122.7	74373.0	70868.9	5553.5	－25.4	1054.1	895.2
利润总额	188315.5	20561.1	12726.4	3069.0	79741.7	65005.7	5585.5	12.5	709.6	904.0
应交所得税	77024.0	8378.3	5128.8	448.9	39372.2	22146.7	1179.2		65.9	304.0
劳动、失业保险费	9770.0	4023.5	886.9	232.8	2727.7	1529.4	200.1	43.2	48.8	77.6
住房公积金和住房补贴	3474.3	801.4	165.2	4.1	1612.1	701.9	142.0	8.7	15.2	23.7
本年应付工资总额	118195.3	34526.7	10582.5	2548.0	34002.7	28268.9	5011.7	522.5	1372.2	1360.1
本年应付福利费总额	13748.2	3689.1	1139.3	647.8	4047.7	3499.8	503.2	26.3	108.4	86.6
本年应交增值税	127313.6	22296.6	14091.3	2762.5	55521.5	28762.1	3269.2		217.6	392.8
从业人员年平均人数(人)	69142	16776	4695	1813	25549	15090	2416	413	1488	902

17－17 区县(市)星级住宿业和限额以上餐饮业企业财务状况(2007年)

单位:万元

	全市	芙蓉区	天心区	岳麓区	开福区	雨花区	长沙县	望城县	宁乡县	浏阳市
企业数(个)	285	73	37	20	57	49	12	8	12	17
#亏损企业数(个)	139	37	21	6	29	22	8	4	2	10
流动资产合计	279042.5	135141.7	29461.6	12534.2	44861.1	32384.3	14324.6	6903.5	861.6	2569.9
#存货	21295.9	4768.8	4679.5	1103.7	4426.8	3608.6	1206.8	1063.4	91.4	346.9
固定资产原价	878263.3	318819.5	92703.9	30023.4	168168.2	174345.4	21245.1	57463.4	1684.2	13810.2
累计折旧	271531.4	111673.2	28015.6	9874.2	43823.4	53530.5	4148.6	16955.1	248.5	3262.3
#本年折旧	50331.8	13222.4	6190.5	796.9	7160.1	11622.2	1110.0	9382.9	123.5	723.3
资产总计	1045613.5	414982.3	109301.6	36484.9	185429.9	176362.1	42918.2	57333.7	3219.4	19581.4
负债合计	689694.5	245555.7	79673.3	43329.9	132125.9	129724.3	24494.1	25978.1	908.8	7904.4
所有者权益合计	355919.0	169426.6	29628.3	-6845.0	53304.0	46637.8	18424.1	31355.6	2310.6	11677.0
#实收资本	418884.5	164968.2	25853.3	10151.1	86935.4	69912.6	6612.5	38220.2	1861.4	14369.8
国家资本	159671.8	64665.1	141.9	6359.3	463.2	58980.4		28871.2		190.7
集体资本	6165.0	3886.0	1189.0	290.0		800.0				
法人资本	163669.7	53181.5	7237.4	2741.8	82662.2	1968.0	4642.5	383.0	333.0	10520.3
个人资本	57138.7	26044.6	2741.5	760.0	3355.2	8114.2	1970.0	8966.0	1528.4	3658.8
港澳台资本	26504.2	16011.7	10142.6		349.9					
外商资本	5735.1	1179.3	4400.9		104.9	50.0				
营业收入合计	559648.6	153322.6	143602.8	27185.6	96128.3	89808.2	20651.3	9536.4	5134.0	14279.4
#主营业务收入	540041.2	141834.6	138776.2	26720.9	94328.3	89556.8	20543.8	9395.9	4801.8	14082.9

单位:万元

	全　市	芙蓉区	天心区	岳麓区	开福区	雨花区	长沙县	望城县	宁乡县	浏阳市
主营业务成本	219913.5	53012.0	61270.4	13681.4	44730.0	30307.9	7110.8	2384.8	2349.9	5066.3
主营业务税金及附加	26866.9	7490.8	6102.4	1215.9	4811.4	4657.1	938.7	511.0	234.4	905.2
主营业务利润	293260.8	81331.8	71403.4	11823.6	44786.9	54591.8	12494.3	6500.1	2217.5	8111.4
其他业务利润	3051.0	1101.9	387.1	113.8	761.5	449.2	80.1	19.2	51.6	86.6
营业费用	160180.4	31025.1	51653.5	6022.3	27411.3	30335.2	7928.9	2488.4	710.4	2605.3
管理费用	145026.2	62005.5	15877.0	6107.4	22774.3	25249.5	4697.3	5140.3	341.1	2833.8
#税金	7251.9	1763.5	2187.2	342.4	1481.1	968.9	255.8	100.2	79.6	73.2
差旅费	815.9	240.2	58.5	56.7	188.2	174.8	26.8	24.8	35.4	10.5
工会经费	889.6	169.8	278.7	39.6	230.2	118.8	28.8	12.4	5.4	5.9
财务费用	20056.0	7843.1	2650.1	781.1	4468.3	2138.0	624.0	30.0	79.0	1442.4
#利息支出	11828.4	6260.0	1178.0	92.1	2400.2	1518.8	140.6	-0.4	61.7	177.4
营业利润	-28950.8	-18440.0	1609.9	-973.4	-9105.5	-2681.7	-675.8	-1139.4	1138.6	1316.5
利润总额	-47578.1	-35904.1	2994.9	-1433.4	-9591.6	-3085.4	-777.9	-1380.0	299.3	1300.1
应交所得税	5263.9	2756.8	2020.5	90.8	75.0	44.4	232.5	10.8	9.3	23.8
劳动、失业保险费	3032.7	1587.7	499.0	46.7	389.3	433.9	26.9	1.0		48.2
住房公积金和住房补贴	693.3	284.7	128.8	35.4	119.6	44.9	60.4	3.2		16.3
本年应付工资总额	75328.0	20717.0	15240.3	3555.9	10669.6	15588.3	3945.9	1955.6	979.4	2676.0
本年应付福利费总额	6965.8	2140.4	682.4	294.5	1608.6	1545.6	304.5	79.2	49.4	261.2
从业人员年平均人数(人)	47426	12693	8441	2336	7596	9522	2946	1258	722	1912

18 全国三十五个直辖市、省会和副省级城市主要经济社会指标

长沙统计年鉴

全国三十五个城市主要经济社会指标(2007年)

单位:亿元

城市	地区生产总值				第一产业增加值			
	2007年	位次	比上年±%	位次	2007年	位次	比上年±%	位次
长沙	**2190.25**	**19**	**16.0**	**9**	**138.80**	**15**	**6.5**	**11**
郑州	2421.20	17	15.6	13	88.40	21	4.6	20
太原	1254.95	27	16.4	7	19.64	31	0.5	31
合肥	1334.20	26	18.1	2	80.02	25	7.3	9
武汉	3141.50	12	15.6	13	129.15	16	3.1	24
南昌	1390.10	24	15.5	17	83.40	23	5.7	13
石家庄	2393.40	18	13.2	31	326.80	3	2.3	27
南宁	1062.99	29	17.1	6	158.63	12	7.5	8
成都	3324.40	10	15.3	18	235.50	5	5.5	15
西安	1737.10	22	14.6	25	83.17	24	6.7	10
贵阳	696.40	32	15.8	11	45.07	27	8.2	4
昆明	1393.69	23	12.5	33	93.95	20	5.6	14
兰州	732.80	31	12.5	33	26.10	29	3.7	22
乌鲁木齐	782.00	30	15.2	20	10.00	34	8.1	5
西宁	343.09	35	15.3	18	15.57	33	5.0	16
呼和浩特	1118.85	28	20.1	1	61.86	26	3.5	23
银川	400.30	33	13.8	28	24.96	30	4.9	18
沈阳	3073.93	14	17.7	3	166.56	10	8.1	5
长春	2089.00	20	17.7	3	200.00	8	8.6	3
哈尔滨	2436.80	16	13.5	29	347.70	2	6.0	12
福州	1974.59	21	15.1	21	215.25	6	4.8	19
海口	396.35	34	12.6	32	29.48	28	8.0	7
南京	3275.00	11	15.6	13	86.00	22	2.6	25
杭州	4103.89	7	14.6	25	167.57	9	2.6	25
广州	7050.78	3	14.5	27	161.09	11	5.0	16
济南	2554.30	15	15.7	12	150.30	14	0.0	32
北京	9006.20	2	12.3	35	101.30	19	2.1	28
上海	12001.16	1	13.3	30	101.84	18	2.0	29
天津	5018.28	5	15.1	21	102.86	17	1.4	30
重庆	4111.82	6	15.6	13	531.65	1	9.5	2
大连	3131.00	13	17.5	5	249.00	4	11.0	1
青岛	3786.52	8	16.0	9	203.59	7	-2.6	33
宁波	3433.08	9	14.8	23	153.64	13	3.9	21
深圳	6765.41	4	14.7	24	6.23	35	-17.3	34
厦门	1375.26	25	16.1	8	17.47	32	-18.0	35

部分城市GDP数据为初步测算数

续表 1

单位:亿元

城市	第二产业增加值				第三产业增加值			
	2007 年	位次	比上年±%	位次	2007 年	位次	比上年±%	位次
长沙	**984.83**	**19**	**17.0**	**15**	**1066.62**	**17**	**16.5**	**5**
郑州	1308.70	15	18.9	10	1024.10	18	12.3	30
太原	639.39	27	20.6	7	595.92	27	13.1	27
合肥	651.20	25	23.5	2	602.98	26	13.8	23
武汉	1440.00	14	18.3	13	1572.35	11	14.2	18
南昌	749.80	23	16.6	17	556.89	28	15.5	10
石家庄	1146.10	17	16.1	20	920.50	19	13.0	28
南宁	367.33	29	21.1	5	537.04	29	17.3	4
成都	1504.00	12	18.9	10	1584.90	9	13.6	24
西安	762.51	22	16.0	22	891.42	20	14.2	18
贵阳	325.15	31	16.3	19	326.18	32	16.2	7
昆明	641.20	26	14.9	29	658.54	23	11.1	33
兰州	336.10	30	15.8	24	370.60	31	10.2	34
乌鲁木齐	295.00	32	15.3	28	477.00	30	15.2	12
西宁	177.29	34	21.1	5	150.23	35	10.2	35
呼和浩特	433.50	28	24.6	1	623.49	24	18.7	2
银川	194.43	33	17.0	15	180.91	34	11.8	32
沈阳	1451.90	13	22.8	3	1455.48	12	14.0	21
长春	1049.30	18	22.1	4	839.70	21	14.5	16
哈尔滨	902.50	21	15.5	27	1186.60	16	14.4	17
福州	921.45	20	18.8	12	837.90	22	13.6	24
海口	111.12	35	11.7	34	255.75	33	13.6	24
南京	1605.00	10	16.0	22	1584.00	10	16.0	9
杭州	2059.15	6	14.4	32	1877.17	6	16.1	8
广州	2816.89	4	15.6	26	4072.80	3	14.1	20
济南	1163.00	16	16.1	20	1241.00	15	17.5	3
北京	2479.30	5	12.6	33	6425.60	1	12.3	30
上海	5675.49	1	11.5	35	6223.83	2	15.2	12
天津	2891.33	3	16.5	18	2024.09	5	14.0	21
重庆	1832.22	9	20.3	9	1747.95	7	12.8	29
大连	1535.50	11	20.5	8	1346.50	14	15.4	11
青岛	1953.55	7	15.7	25	1629.38	8	18.8	1
宁波	1888.68	8	14.5	30	1390.76	13	16.4	6
深圳	3444.74	2	14.5	30	3314.44	4	15.0	15
厦门	735.32	24	17.6	14	622.46	25	15.2	12

续表 2

单位:亿元

城市	规模以上工业增加值				全社会固定资产投资总额			
	2007 年	位次	比上年 ± %	位次	2007 年	位次	比上年 ± %	位次
长沙	**553.25**	**21**	**26.4**	**5**	**1445.18**	**14**	**32.8**	**6**
郑州	923.79	17	24.3	12	1367.31	17	32.5	7
太原	497.84	22	28.2	2	576.74	28	15.1	30
合肥	466.21	24	26.3	6	1310.43	20	58.9	1
武汉	1055.18	14	22.1	13	1732.79	10	30.7	10
南昌	387.68	27	20.5	16	773.69	26	30.0	11
石家庄	851.71	18	20.4	17	1391.00	16	26.9	15
南宁	193.50	32	25.5	9	560.22	29	25.3	19
成都	980.50	15	26.3	6	2394.70	4	26.1	17
西安	461.73	25	19.3	20	1435.33	15	37.1	4
贵阳	244.66	30	15.1	31	500.38	30	21.1	23
昆明	435.43	26	17.4	25	818.00	25	25.0	20
兰州	247.92	29	18.0	23	358.61	31	20.1	24
乌鲁木齐	239.00	31	16.1	29	286.00	33	15.2	29
西宁	138.12	34	25.4	10	178.91	35	26.9	16
呼和浩特	300.00	28	26.0	8	582.24	27	14.5	31
银川	153.19	33	19.5	19	292.69	32	25.7	18
沈阳	1233.45	10	31.9	1	2361.87	6	31.9	8
长春	1157.00	12	27.1	3	1350.10	18	42.1	2
哈尔滨	472.80	23	16.7	27	1030.60	22	27.3	14
福州	690.71	19	21.6	14	1001.45	23	36.7	5
海口	80.48	35	13.1	34	182.77	34	15.5	27
南京	1200.91	11	19.8	18	1867.96	8	15.8	26
杭州	1496.56	7	15.9	30	1684.13	11	15.3	28
广州	2330.59	4	18.7	21	1863.34	9	9.8	33
济南	930.32	16	17.5	24	1151.70	21	23.2	22
北京	1992.14	5	13.4	33	3966.60	2	17.6	25
上海	5251.05	1	12.6	35	4458.61	1	13.6	32
天津	2644.79	3	18.2	22	2388.63	5	29.1	12
重庆	1234.06	9	25.1	11	3161.52	3	28.9	13
大连	1157.00	12	27.1	3	1930.80	7	31.4	9
青岛	1696.81	6	21.3	15	1635.40	12	23.3	21
宁波	1318.00	8	16.4	28	1597.91	13	6.3	34
深圳	3094.79	2	15.0	32	1345.00	19	5.6	35
厦门	625.00	20	16.9	26	927.70	24	40.1	3

呼和浩特、南昌、青岛为城镇以上固定资产投资

续表 3 单位:亿元

城市	社会消费品零售总额				财政一般预算收入			
	2007 年	位次	比上年 ± %	位次	2007 年	位次	比上年 ± %	位次
长沙	**1037.03**	**14**	**19.8**	**3**	**174.58**	**17**	**31.4**	**9**
郑州	978.72	18	19.0	7	219.52	15	24.7	24
太原	515.91	24	18.2	15	88.42	26	12.2	35
合肥	469.00	26	22.0	1	101.98	23	28.4	18
武汉	1518.30	7	17.4	22	221.68	14	24.1	26
南昌	426.69	28	19.1	5	87.20	27	28.0	20
石家庄	821.10	21	17.5	19	95.87	24	23.9	27
南宁	515.62	25	18.4	11	70.15	29	23.9	28
成都	1357.20	9	17.5	19	286.58	11	38.4	3
西安	921.58	20	18.7	10	112.92	22	31.5	8
贵阳	279.39	32	18.9	8	75.92	28	23.3	29
昆明	569.42	23	17.6	18	133.10	20	28.3	19
兰州	337.57	30	16.5	28	46.55	32	40.5	1
乌鲁木齐	322.39	31	18.2	14	67.35	30	24.7	25
西宁	138.99	34	16.3	30	18.41	35	30.0	14
呼和浩特	430.80	27	19.3	4	57.96	31	27.3	22
银川	128.10	35	17.8	17	27.64	33	17.1	33
沈阳	1231.85	11	17.5	19	230.60	13	31.2	12
长春	778.30	22	16.8	27	93.30	25	30.3	13
哈尔滨	1036.00	15	15.8	32	132.00	21	19.1	32
福州	940.99	19	21.3	2	146.56	19	26.8	23
海口	189.38	33	17.4	22	24.35	34	15.2	34
南京	1380.46	8	18.3	13	330.19	8	34.0	6
杭州	1296.31	10	16.5	29	391.62	7	29.9	15
广州	2595.00	3	18.9	8	523.79	5	22.6	30
济南	1103.10	13	17.4	22	157.02	18	22.3	31
北京	3800.21	2	16.0	31	1492.64	2	33.6	7
上海	3847.79	1	14.5	35	2102.63	1	31.4	9
天津	1603.74	6	18.2	15	540.13	4	29.6	16
重庆	1661.23	5	18.4	11	442.70	6	39.3	2
大连	983.30	17	17.2	26	267.80	12	36.5	5
青岛	1199.18	12	19.1	5	292.58	10	29.5	17
宁波	1035.46	16	17.3	25	329.12	9	27.9	21
深圳	1915.03	4	14.6	34	658.06	3	31.4	9
厦门	362.05	29	15.0	33	186.53	16	37.0	4

续表 4

单位:亿美元

城市	进出口总额(海关口径)				出口总额			
	2007 年	位次	比上年±%	位次	2007 年	位次	比上年±%	位次
长　　沙	**40.72**	**24**	**38.9**	**7**	**26.06**	**24**	**35.0**	**12**
郑　　州	31.56	28	24.7	17	21.68	26	20.5	29
太　　原	81.07	15	97.1	1	43.93	16	81.1	1
合　　肥	62.48	19	28.2	16	43.01	17	26.3	18
武　　汉	99.62	13	24.3	19	47.53	14	25.8	19
南　　昌	31.95	27	28.3	15	23.36	25	35.5	11
石 家 庄	51.30	23	22.6	20	41.49	18	22.0	26
南　　宁	12.86	31	38.6	8	10.13	30	41.4	5
成　　都	95.16	14	36.9	9	57.13	13	37.9	10
西　　安	53.61	22	29.1	14	34.71	19	27.2	16
贵　　阳	16.92	30	51.3	3	12.32	29	53.8	3
昆　　明	66.83	18	42.1	5	32.39	23	39.0	8
兰　　州	7.15	34	19.0	26	5.66	34	21.2	27
乌鲁木齐	37.75	25	58.0	2	34.51	20	70.4	2
西　　宁	5.67	35	-3.0	35	3.56	35	-27.9	35
呼和浩特	9.40	33	34.6	11	6.36	33	49.4	4
银　　川	10.89	32	22.0	22	7.50	31	23.3	25
沈　　阳	60.69	21	14.7	31	33.19	22	24.9	21
长　　春	69.40	17	32.9	13	15.10	28	38.8	9
哈 尔 滨	32.89	26	18.4	27	18.66	27	40.0	7
福　　州	186.52	12	12.2	32	123.18	12	13.1	34
海　　口	19.34	29	44.1	4	6.77	32	25.3	20
南　　京	362.00	11	14.8	30	206.46	11	18.9	30
杭　　州	434.26	8	11.7	33	299.70	7	14.3	32
广　　州	734.94	4	15.2	29	379.02	6	17.0	31
济　　南	62.18	20	41.7	6	34.35	21	40.8	6
北　　京	1929.46	3	22.1	21	489.23	3	28.9	15
上　　海	2829.73	2	24.4	18	1439.28	2	26.7	17
天　　津	715.50	5	10.8	34	381.61	5	13.8	33
重　　庆	74.45	16	36.0	10	45.08	15	34.4	13
大　　连	387.45	10	21.9	23	214.53	10	24.3	23
青　　岛	457.25	7	16.9	28	283.10	8	20.6	28
宁　　波	564.99	6	33.9	12	382.55	4	33.0	14
深　　圳	2875.33	1	21.1	25	1684.93	1	23.8	24
厦　　门	397.83	9	21.3	24	255.55	9	24.6	22

续表 5

城市	实际使用外商直接投资(亿美元)				城市居民人均可支配收入(元)			
	2007 年	位次	比上年 ± %	位次	2007 年	位次	比上年 ± %	位次
长　沙	**15.04**	**13**	**25.1**	**14**	**16153**	**14**	**16.0**	**15**
郑　州	10.01	19	63.1	4	14084	19	15.6	17
太　原	2.38	28	72.6	2	13745	20	17.1	8
合　肥	8.75	20	132.8	1	13427	22	21.9	2
武　汉	22.50	11	12.4	22	14358	18	16.2	11
南　昌	12.31	15	17.1	19	13253	23	17.9	6
石家庄	3.27	26	-6.6	31	13205	24	14.9	20
南　宁	1.85	29	23.8	16	12597	29	15.2	19
成　都	11.38	16	50.0	6	14849	16	16.1	13
西　安	11.16	17	35.3	11	12662	28	16.1	13
贵　阳	0.81	31	15.5	20	12781	26	13.9	26
昆　明	3.00	27	43.5	7	12021	32	11.3	32
兰　州					10271	35	9.1	34
乌鲁木齐					11373	33	9.0	35
西　宁					10636	34	13.9	25
呼和浩特	1.60	30			16920	11	20.4	4
银　川	0.45	32	40.4	9	12185	31	21.0	3
沈　阳	50.45	4	66.2	3	14607	17	25.4	1
长　春	5.30	23	6.3	27	12811	25	12.8	31
哈尔滨	4.44	25	19.6	18	12772	27	13.7	27
福　州	7.00	21	6.0	28	16642	12	17.1	8
海　口	5.04	24	12.8	21	12289	30	14.7	21
南　京	20.61	12	21.1	17	20317	8	15.8	16
杭　州	28.02	9	24.2	15	21689	6	14.0	24
广　州	32.86	7	12.4	22	22469	4	13.2	29
济　南	5.61	22	39.0	10	18005	9	17.4	7
北　京	50.66	3	11.3	26	23029	3	15.3	18
上　海	79.20	1	11.4	25	23623	2	14.3	23
天　津	52.78	2	27.8	13	16357	13	14.5	22
重　庆	10.85	18	56.0	5	13715	21	18.5	5
大　连	31.60	8	40.9	8	15109	15	13.2	29
青　岛	38.07	5	4.1	29	17856	10	16.5	10
宁　波	25.05	10	3.1	30	22307	5	13.4	28
深　圳	36.62	6	12.0	24	24870	1	10.2	33
厦　门	12.72	14	33.2	12	21503	7	16.2	11

续表 6

城市	城市居民人均消费性支出(元)				全市居民消费价格指数(%)	
	2007 年	位次	比上年 ±%	位次	2007 年	位次
长　沙	**12288**	**11**	**15.1**	**16**	**105.9**	**2**
郑　州	8757	30	13.3	21	105.6	4
太　原	10941	18	19.5	6	104.1	22
合　肥	9936	26	21.7	5	105.6	4
武　汉	10600	20	15.4	14	104.1	22
南　昌	10064	25	33.3	1	104.3	19
石家庄	9189	28	10.9	25	104.3	19
南　宁	8608	32	7.1	34	104.4	16
成　都	11702	15	13.6	19	105.2	8
西　安	10098	24	12.4	23	104.7	10
贵　阳	10183	23	15.6	12	105.1	9
昆　明	8726	31	10.4	27	105.8	3
兰　州	8050	34	7.8	33	105.3	6
乌鲁木齐	8123	33	10.1	29	104.6	12
西　宁	7636	35	13.6	20	106.4	1
呼和浩特	11432	16	16.3	9	103.7	29
银　川	9176	29	10.7	26	105.3	6
沈　阳	11256	17	29.8	2	104.5	14
长　春	10217	21	15.0	17	103.7	29
哈尔滨	9294	27	9.1	31	104.1	22
福　州	11790	14	23.0	4	104.4	16
海　口	10203	22	25.8	3	104.4	16
南　京	13278	9	8.5	32	103.7	29
杭　州	14896	6	2.9	35	103.5	32
广　州	18951	1	16.6	8	103.4	33
济　南	12390	10	15.6	12	103.9	27
北　京	16317	5	10.1	28	102.4	35
上　海	17255	3	16.9	7	103.2	34
天　津	12029	13	14.0	18	104.2	21
重　庆	10876	19	15.7	10	104.7	10
大　连	12135	12	15.2	15	104.0	26
青　岛	13376	8	12.0	24	104.5	14
宁　波	13921	7	9.9	30	103.9	27
深　圳	18753	2	12.8	22	104.1	22
厦　门	16380	4	15.7	10	104.6	13

续表 7

城市	农民人均纯收入(元)				城乡居民储蓄存款余额(亿元)(人民币)			
	2007 年	位次	比上年 ± %	位次	2007 年	位次	比年初 ± %	位次
长沙	**6613**	**12**	**17.0**	**7**	**1177.17**	**24**	**7.7**	**10**
郑州	6594	13	18.6	6	1687.40	17	1.6	26
太原	5561	18	13.1	20	1336.90	20	9.6	3
合肥	4486	26	21.6	3	686.57	30	10.0	2
武汉	5371	20	13.1	20	1948.34	12	3.4	22
南昌	5034	23	14.6	14	759.36	25	1.0	30
石家庄	4954	24	11.2	27	1710.33	16	8.7	7
南宁	3453	32	13.8	16	714.79	27	4.9	19
成都	5642	17	15.0	12	2466.00	8	7.2	11
西安	4399	27	15.5	8	1997.56	11	2.7	25
贵阳	4088	29	18.8	5	620.33	31	5.1	18
昆明	4003	30	7.1	32	1235.87	22	3.9	21
兰州	3013	34	7.1	32	710.52	28	3.3	23
乌鲁木齐	5251	21	12.9	22	688.77	29	-0.4	33
西宁	3398	33	15.1	10	297.09	35	8.9	5
呼和浩特	6121	16	15.3	9	511.38	32	12.9	1
银川	4302	28	13.2	19	329.55	34	6.2	13
沈阳	7080	11	23.9	1	2031.30	9	0.8	31
长春	4780	25	6.7	34	1232.40	23	1.3	29
哈尔滨	5069	22	15.1	11	1434.60	19	-2.2	35
福州	6286	15	12.4	23	1468.85	18	1.4	27
海口	5506	19	11.9	25	430.95	33	6.1	14
南京	8020	8	13.8	16	2010.31	10	5.3	16
杭州	9549	4	12.1	24	2634.83	7	3.1	24
广州	8613	6	10.6	30	5589.51	3	0.5	32
济南	6300	14	15.0	12	1266.70	21	7.1	12
北京	9559	3	10.9	29	9155.33	2	5.2	17
上海	10222	1	11.0	28	9326.45	1	-1.4	34
天津	8752	5	10.2	31	3165.17	6	8.4	9
重庆	3506	31	22.0	2	3228.15	5	9.5	4
大连	8369	7	19.8	4	1833.09	13	5.6	15
青岛	7477	10	14.2	15	1752.54	15	8.6	8
宁波	10051	2	13.6	18	1827.49	14	4.3	20
深圳					3792.59	4	1.4	28
厦门	7637	9	11.2	26	740.00	26	8.8	6

注:1. 上海指标为农村居民人均可支配收入。

2. 深圳城乡一体化以后农村居民人均纯收入指标取消。

19 国民经济主要指标解释及计算方法

长沙统计年鉴

国民经济主要指标解释及计算方法

1. **总产出** 是指常住单位在核算期内生产的货物和服务的价值总和。它是货物和服务的全部价值，包括转移价值和新增价值两部分。

2. **地区生产总值** 是指按市场价格计算的一个地区所有常住单位在一定时期内生产活动的最终成果。

3. **三次产业** 我国国民经济三次产业的划分如下：

第一产业 是指农、林、牧、渔业。

第二产业 是指工业和建筑业。

第三产业 除上述第一、二产业外的其他行业。

4. **增加值** 增加值是指常住单位在生产过程中创造的新增价值和固定资产的转移价值。它反映本单位对社会所作的贡献，社会经济各部门(即第一、第二、第三产业)的增加值之和为地区生产总值。

5. **农林牧渔业总产值** 是以货币表现的农林牧渔业的全部产品总量和对农林牧渔业生产活动进行的各种支持性服务活动的价值，它反映一定时期内农林牧渔业生产的总规模和总成果。

6. **农业机械总动力** 是指主要用于农林牧渔业的各种动力机械的动力总和。包括耕作机械、排灌机械、收获机械、农产品加工机械、运输机械、植保机械、牧业机械、林业机械、渔业机械和其他农业机械。

7. **农用化肥施用量** 指报告期内实际用于农业生产的化肥数量，包括氮肥、磷肥、钾肥及复合肥。施用量要求按实物量和折纯量两种方法计算。

8. **有效灌溉面积** 指灌溉工程或设备已经配套，有一定水源，地块比较平整，在一般年景下能够进行正常灌溉的耕地面积。

9. **工业总产值** 是以货币表现的工业企业生产的产品总量，反映一定时期工业生产的总成果和总规模，1995年第三次全国工业普查，对其计算方法和包括范围均进行了修订。

10. **轻工业** 指提供生活消费品和制作手工工具的工业，是为满足人们的吃、穿、用需要的工业，按其所使用的原料不同，可分为两大类：①以农产品为原料的轻工业，是指直接或间接以农产品为基本原料的轻工业；②以非农产品为原料的轻工业，是指以工业品为原料的轻工业。

11. **重工业** 是指生产生产资料的工业，为国民经济各部门提供物质技术基础的工业。按其生产和产品用途，可以分为下列三类：①采掘工业，是指对自然资源的开采；②原材料工业，是指提供国民经济各部门使用的原料、动力和燃料的工业；③制造工业，是指对原材料进行加工制造的工业。

12. **能源消费总量** 指一定时期内用于生产和生活的各种能源消费量的总和。包括原煤和原油及其制品、天然气、电力的消费量，可分为三部分，即终端能源消费量、能源加工转换量和损失量。它是观察能源消费水平、构成和增长速度的总量指标。

13. **货(客)运量** 指运输业实际运送的货物(旅客)数量。货运按吨计算，客运按人计算。货物不论运输距离长短，货物类别，均按实际重量统计；旅客不论行程远近或票价多少，均按一人一次作为客运量统计。

14. **货物(旅客)周转量** 指运输业运送的货物(旅客)数量与其相应运输距离的乘积之总和，通常以吨公里和人公里为计算单位。它是反映运输业生产总成果的重要指标。

15. **邮电业务总量** 指以货币表现的邮电部门为用户传递信息和提供其他邮电服务的总量。它综合反映了一定时期邮电工作的总成果，是研究邮电业务量构成和发展趋势的重要指标。

16. **建筑业总产值** 是以货币表现的建筑安装企业在一定时期内生产的建筑业产品的总和。它是反映建筑业生产规模、发展速度、经营成果的重要标志。它包括：建筑工程产值、设备安装工程产值及其他产值。

17. **固定资产投资额** 是以货币表现的在一定期内建造和购置固定资产的工作量以及与此有关的费用的总和。它是反映固定资产投资规模、速度、比例关系的综合性指标。

18. **新增固定资产** 是指已经完成建造和购置过程，并以交付生产或使用单位的固定资产价值。它是反映固定资产投资成果的价值量指标。

19. **房屋施工面积** 是指报告期内施工的全部房屋建筑面积。包括本期新开工的面积和上期开工跨入本期继续施工的房屋面积，以及上期已停建在本期恢复施工的房屋面积。

20. **房屋竣工面积** 是指在报告期内房屋建筑按照设计要求已经全部完工，达到住人和使用条件，经验收鉴定合格(或达到竣工验收标准)，正式移交使用单位的各栋房屋建筑面积的总和。

21. **固定资产交付使用率** 又称固定资产动用系数，是指一定时期新增固定资产与同期完成投资额的比率。它是反映固定资产动用速度，衡量建设过程中宏观投资效果的综合指标。

22. **建设周期** 是指报告期(年)所有正式施工项目全部建成平均需要的时间。它是从宏观角度反映建设速度的指标。

23. **房屋建筑面积竣工率** 是指一定时期内房屋竣工面积与施工面积的比率。它是从房屋建筑施工速度的角度反映投资效果的指标。

24. **未完工程占用率** 是指年末未完工程累计完成投资额占全年实际完成投资额的比率，是从资金占用的角度反映固定资产投资效果的指标。

25. **社会消费品零售额** 指各种经济类型的批发零售贸易业、餐饮业和其他行业对城乡居民和社会集团的消费品零售额总和。这个指标反映通过各种商品流通渠道向居民和社会集团供应的生活消费品来满足他们生活需要，是研究人民生活、社会消费品购买力、货币流通等问题的重要指标。居民的消费品零售额：指销售给城乡居民用于生活消费的商品。社会集团的消费品零售额：指销售给机关、团体、部队、学校企业、事业单位和城市街道居民委员会、农村村民委员会用公款购买的用作非生产、非经营使用的消费品。

26. **商品交易市场成交总额** 指市场所有摊位商品交易总额之和。

27. **旅游收入** 游客(入境游客和国内游客)在旅游过程中(由游客或游客的代表为游客)支付的一切旅游支出就是国家(省、区、市)的旅游收入。旅游支出应包括(过夜)旅游者和一日游游客在整个游程中行、游、住、食、购、娱,以及为亲友、家人购买纪念品、礼品等方面的旅游支出,不包括为商业目的的购物、购买房、地、车、船等资本性或交易性的投资、馈赠亲友的现金及给公共机构的捐赠。旅游收入包括国际旅游(外汇)收入和国内旅游收入。

28. **国际旅游(外汇)收入** 入境游客在中国(大陆)境内旅行、游览过程中用于交通、参观游览、住宿、餐饮、购物、娱乐等全部花费。

29. **国内旅游收入** 指国内游客在国内旅行、游览过程中用于交通、参观游览、住宿、餐饮、购物、娱乐等全部花费。

30. **利用外资** 指我国各级政府、部门、企业和其他经济组织通过对外借款、吸收外商直接投资以及用其他方式筹措的境外现汇、设备、技术等。

31. **外商直接投资** 指外国企业和经济组织或个人(包括华侨、港澳台胞以及我国在境外注册的企业)按我国有关政策、法规,用现汇、实物、技术等在我国境内开办外商独资企业、与我国境内的企业或经济组织共同举办中外合资经营企业、合作经营企业或合作开发资源的投资(包括外商投资收益的再投资),以及经政府有关部门批准的项目投资总额内企业从境外借入的资金。

32. **外商直接投资实际到位资金** 外商直接投资指外国投资者在我国境内通过设立外商投资企业、与中方投资者共同进行合作开发以及设立外国公司分支机构等方式进行投资,包括外国投资者以现金、实物、技术等作为投资,外商投资收益的再投资,以及在批准的项目投资总额内,企业从境外借入的资金。

33. **进出口总额、海关进出口总额** 指实际进出我国国境的货物总金额。包括对外贸易实际进出口货物,来料加工装配进出口货物,国家间、联合国及国际组织无偿援助物资和赠送品,华侨、港澳台同胞和外籍华人捐赠品,租赁期满归承租人所有的租赁货物,进料加工进出口货物,边境地方贸易及边境地区小额贸易进出口货物(边民互市贸易除外),中外合资企业、中外合作经营企业、外商独资经营企业进出口货物和公用物品,到、离岸价格在规定限额以上的进出口货样和广告品(无商业价值、无使用价值和免费提供出口的除外),从保税仓库提取在中国境内销售的进口货物,以及其他进出口货物。进出口总额用以观察一个国家在对外贸易方面的总规模。我国规定出口货物按离岸价格统计,进口货物按到岸价格统计。

34. **居民消费价格指数** 是综合反映居民所购买各种消费品和生活服务项目价格变动程度的重要经济指标。通常简记为 CPI。在居民消费价格指数中分为八大类,即食品、烟酒及用品、衣着、家庭设备及服务、医疗保健和个人用品、交通和通信、娱乐教育文化、居住。

35. **商品零售价格指数** 反映市场各种零售商品(不含服务项目)价格变动的指数。它包括销售给居民和社会集团的生活消费品和办公用品价格,还包括餐饮业商品价格。

36. **年末自来水生产能力** 指年末城建部门管理的自来水厂和社会单位自备水源的取水、净水、送水、出厂输水干管等环节的实际生产能力。

37. **年末实有铺装道路长度** 指除土路外,路面经过铺装宽度在3.5米以上的道路,包括高级、次高级道路和普通道路。

38. **年末实有公共汽车(电车)辆** 指年底可参加营运的全部车辆数,包括年底营运的车辆数和库存查封未参加营运的车辆,不包括非营运车辆,如架线车、油灌车、工程车、货车及其他专用车辆和借入的客运车辆。

39. **城市园林绿地面积** 指城市专用绿地、生产绿地、防护绿地、郊区风景名胜区等的全部面积。

40. **城市人口用自来水普及率、用气普及率** 指城市人口中的非农业人口用自来水,用煤气(包括人工煤气、液化石油气、天然气用气人口)的普及情况。

41. **工业废水排放总量** 指经过企业厂区所有排放口排到企业外部的工业废水量。包括生产废水、外排的直接冷却水、超标排放的矿井地下水、与工业废水混排的厂区生活污水。

42. **工业废水排放达标量** 指各项指标全部达到国家或地方排放标准的外排工业废水量,包括经过处理后外排达标的和未经处理外排达标的两部分。

43. **工业废气排放总量** 指企业燃料燃烧和生产工艺过程中产生的各种排入空气的含有污染物的气体的总量,以标准状态下亿标立方米表示。

44. **工业粉尘排放量** 指企业在生产工艺过程中排放的能在空气中悬浮一定时间的固体颗粒物重量。如钢铁企业的耐火材料粉尘、焦化企业的筛焦系统粉尘、烧结机的粉尘、石灰窑的粉尘、建材企业的水泥粉尘等。不包括电厂排入大气的烟尘。

45. **工业粉尘去除量** 指企业在生产工艺过程中产生的废气,经过各种废气治理设施处理后,去除的粉尘重量。

46. **工业固体废物产生量** 指企业在生产过程中产生的固体状、半固体状和高浓度液体状废弃物的总量,包括危险废物、冶炼废渣、粉煤灰、炉渣、煤矸石、尾矿、放射性废物和其他废物等;不包括矿山开采的剥离废石和掘进废石(煤矸石和呈酸性或碱性的废石除外)。

47. **工业固体废物综合利用量** 指通过回收、加工、循环、交换等方式,从固体废物中提取或者使其转化为可以利用的资源、能源和其他原材料的固体废物量(包括当年利用往年的工业固体废物累计贮存量)。如用作农业肥料、生产建筑材料、筑路等。综合利用量由原产生固体废物的单位统计。

48. **文化事业机构** 指从事专业文化工作和为专业文化工作服务的单独核算、独立建制的单位。不包括文化主管部门直属单位举办的其他行业和各部门的业务文化组织。

49. **艺术表演团体** 指从事戏曲、音乐、舞蹈、杂技等专业艺术表演的,有独立帐户,实行单独核算的团体。不包括半工半艺、半农半艺的业余剧团。

50. **等级运动员人数** 指经考核正式批准授予等级运动员称号的人数。运动员等级分为国际级运动健将、国家级运动健将、一级运动员、二级运动员、三级运动员、少年级运动员。

51. **等级裁判员人数** 指经考核正式批准授予等级裁判员称号的人数。裁判员等级分为国际裁判、国家级裁判、一级裁判、二级裁判、三级裁判。

52. **医院** 指名称为医院,设有固定床位能收容病人住院并能为病人提供医疗、护理服务的医疗机构。包括综合医院、中医医院、中西医结合医院、民族医院、各类专科医院和护理院,不包括专科疾病防治院、妇幼保健院和疗养院。

53. **卫生技术人员** 指卫生事业机构支付工资的全部固定职工和合同制职工中现任职务为卫生技术工作人员。包括执业医师、执业助理医师、注册护士、药师(士)、检验技师、影像技师(士)、卫生监督员和见习医(药、护、技)师(士)等卫生专业人员。不包括从事管理工作的卫生技术人员(如院长、副院长、党委书记等)。

54. **执业医师和执业助理医师** 指具有医师执业证书及其"级别"为"执业医师和执业助理医师"且实际从事医疗、预防保健工作的人员,不包括实际从事管理工作的执业医师和执业助理医师。执业医师类别分为临床、中医、口腔和公共卫生。

55. **劳动力资源总数** 指在劳动年龄内,具有劳动能力,在正常情况下,可能或实际参加社会劳动的人口数。劳动力资源的范围为:劳动年龄内(16周岁以上),有劳动能力,实际参加社会劳动和未参加社会劳动的人员。劳动力资源也可划分为:经济活动人口和非经济活动人口。

56. **经济活动人口** 指在劳动年龄内,有劳动能力,参加或要求参加社会经济活动的人口,包括从业人员和失业人员。

57. **从业人员** 指从事一定社会劳动并取得劳动报酬或经营收入的人员。

58. **失业人员** 指在劳动年龄内,有劳动能力,在调查期间无工作并以某种方式正在寻找工作的人员。

59. **职工** 指在国有经济、城镇集体经济、联营经济、股份制经济、外商和港、澳、台投资经济、其他经济单位及其附属机构工作,并由其支付工资的各类人员,不包括返聘的离退休人员、民办教师、在国有经济单位工作的外方人员和港、澳、台人员(1998年以后的数据均为在岗职工数据,其他相关指标如职工工资总额,职工平均工资等指标也从1998年按此口径进行了相应调整)。

60. **在岗职工** 指在本单位工作并由单位支付工资的人员。以及有工作岗位,但由于学习、病伤、产假等原因暂未工作,仍由单位支付工资的人员。

61. **职工工资总额** 指各单位在一定时期内直接支付给本单位全部职工的劳动报酬总额。工资总额的计算原则应以直接支付给职工的全部劳动报酬为根据。各单位支付给职工的劳动报酬以及其他根据有关规定支付的工资,不论是计入成本的还是不计入成本的,不论是按国家规定列入计征奖金税目的,还是未列入计征奖金税项目的,不论是以货币形式支付的还是以实物形式支付的,均包括在工资总额内。

62. **城市居民人均可支配收入** 是指居民家庭可用于最终消费支出和其他非义务性支出以及储蓄的总和,即居民家庭可以用来自由支配的收入。它是家庭总收入扣除交纳的所得税、个人交纳的社会保障支出以及调查户的记帐补贴后的收入。

计算公式为:可支配收入=家庭总收入-交纳的所得税-个人交纳的社会保障支出-记帐补贴

63. **城市居民人均消费性支出** 指家庭用于日常生活的全部支出,包括食品、衣着、家庭设备用品及服务、医疗保健、交通和通讯、娱乐教育文化服务、居住、杂项商品和服务八大类。

64. **农村居民人均纯收入** 指农村住户当年从各个来源得到的总收入相应地扣除所发生的费用后的收入总和。纯收入主要用于再生产投入和当年生活消费支出,也可用于储蓄和各种非义务性支出。

计算方法:纯收入=总收入-家庭经营费用支出-税费支出-生产性固定资产折旧-赠送农村外部亲友支出

64. **农村居民人均可支配收入** 指农村住户获得的经过初次分配与再分配后的收入。可支配收入可用于住户的最终消费、非义务性支出以及储蓄。

计算方法:

农村住户可支配收入=农村住户总收入-家庭经营费用支出-税费支出-生产性固定资产折旧-财产性支出-转移性支出

66. **城乡居民储蓄存款年末余额** 包括城镇居民储蓄和农民个人储蓄两部分的年末余额。不包括工矿企业、部队、机关团体等集团存款。

67. **企业景气调查** 也称为经济周期调查或短期经济观测调查,它是以企业家或企业有关负责人(简称企业家,下同)为调查对象,采用问卷调查方式,定期收集企业家对宏观经济运行和企业生产经营景气现状的定性判断,对未来经济景气状况变动预期的一种统计调查。简言之,企业景气调查就是调查企业家对宏观经济运行态势和企业生产经营状况所作出的定性判断和预期。因此,我们也可以说:企业景气调查就是收集企业家对经济运行现状的定性判断及未来发展变化趋势定性预期数据的一种统计调查。

68. **服务业** 即为社会生产和人们生活提供服务的行业。按新国民经济行业分类的服务业包括农林牧渔服务业,交通运输、仓储和邮政业,信息传输、计算机服务和软件业,批发和零售业,住宿和餐饮业,金融业,房地产业,租赁和商务服务业,科学研究、技术服务和地质勘查业,水利、环境和公共设施管理业,居民服务和其他服务业,教育,卫生、社会保障和社会福利业,文化、体育和娱乐业,公共管理和社会组织,国际组织,即第三产业加上第一产业中的农林牧渔服务业。

69. **单位GDP能耗** 指在一定时期内,某地区每创造一万元生产总值(GDP)所耗用的各种能源的总和。目前国家考核的指标是以包含生产和生活的各种能源消费量的总和和形成的GDP之间的总量对比。

70. **单位规模工业增加值能耗** 指在一定时期内,某地区规模以上工业企业每创造一万元工业增加值所耗用的各种能源的总和。

71. **当年价格** 指报告期的实际价格,如工厂的出厂价格,农产品的收购价格、商业的零售价格等。按当年价格计算,是指一些以货币表现的物量指标,如工农业总产值、国民生产总值等,按照当年的实际价格来计算总量。

72. **不变价格** 用某一时期的同类产品的平均价格作为固定价格,来计算各个时期的产品价值。目的是为了消除各时期价格变动的影响,使产品价值在前后时期之间、地区之间、计划与实际之间具有可比性,建国以来我国分别使用了1952年、1957年、1970年、1980年、1990年、2000年不变价格。

73. **可比价格** 指在不同时期的价值指标对比时,扣除了价格变动的因素,以确切表示物量的变化。

74. **平均每年增长速度** 在我国计算平均增长速度有两种方法,一种是习惯上经常使用的"水平法",又称几何平均法,是以间隔期最后一年的水平同基期水平对比来计算平均每年增长(或下降)速度。另一种是"累计法",又称代数平均法或方程法,是以间隔期内各年水平的总和同基期水平对比来计算平均每年增长(或下降)速度。

公式为:

$$平均增长速度=\sqrt[期次]{\frac{最后一期水平}{基期水平}}\times100\%-100\%$$

附录

排 名 榜 (2007)

长沙统计年鉴

一、工业20强

（按销售收入排序）

排 位	企 业 名 称
1	湖南中烟工业有限责任公司长沙卷烟厂
2	长沙建设机械研究院有限责任公司
3	三一集团有限公司
4	北汽福田汽车股份有限公司长沙汽车厂
5	长沙远大空调有限公司
6	湖南长丰汽车制造股份有限公司
7	湖南经阁投资控股集团有限公司
8	长沙新振升铝材有限公司
9	湖南旺旺食品(集团)有限公司
10	金瑞新材料科技股份有限公司
11	加加集团(长沙)有限公司
12	湖南丽臣实业有限责任公司
13	湖南湘江涂料集团有限公司
14	湖南山河智能机械股份有限公司
15	湖南海利高新技术产业集团有限公司
16	九芝堂股份有限公司
17	湖南同心实业股份有限公司
18	娃哈哈集团长沙公司
19	长沙力元新材料股份有限公司
20	湖南金龙国际铜业有限公司

二、工业利税大户

(一)利税过100亿元企业

湖南中烟工业有限责任公司长沙卷烟厂

(二)利税过亿元企业

长沙建设机械研究院有限责任公司

三一集团有限公司

长沙市电业局

湖南长丰汽车制造股份有限公司

湖南金沙利彩印有限公司

湖南山河智能机械股份有限公司

九芝堂股份有限公司

湖南旺旺食品(集团)有限公司

湖南经阁投资控股集团有限公司

娃哈哈集团长沙公司

长沙威胜电子有限公司

湖南中粮可口可乐饮料有限公司

长沙远大空调有限公司

金瑞新材料科技股份有限公司

宏全企业(长沙)有限公司

湖南五强产业集团股份有限公司

湖南东方时装有限公司

湖南湘江涂料集团有限公司

长沙新奥燃气有限公司

湖南省忘不了服饰有限公司

加加集团(长沙)有限公司

北汽福田汽车股份有限公司长沙汽车厂

湖南龙骧交通发展集团有限责任公司

长城信息产业股份有限公司

长沙水业投资管理有限公司

(三)利税过5000万元企业

湖南梦洁家纺有限公司

长沙海大铝业有限公司

湖南长高高压开关集团股份公司

湖南亚华乳业有限公司

长沙新振升集团有限公司

长沙经济技术开发区凯诺包装材料有限公司

湖南同心实业股份有限公司

湖南湘能电工股份有限公司

兆山新星集团湖南水泥有限公司

长沙市南方自动化电器设备总厂

湖南印山实业集团股份有限公司

长沙磐吉奥拉线工业有限公司

湖南安淳高新技术有限公司

湖南国科广电科技有限公司

湖南绿之韵生物工程有限公司

湖南鑫基旺电子有限公司

马克菲尔(长沙)新型支档科技开发有限公司

湖南长城肠衣有限公司

湖南浏阳金生花炮集团

湖南丽臣实业有限责任公司

宁乡县贺家湾煤矿

湖南裳海迪瑞特服装有限公司

长沙楚天科技有限公司

兆山新星集团湖南浏阳水泥有限公司

湖南美地思服饰有限公司

长沙洁美鞋业有限公司

湖南长沙盛湘米业有限公司宁乡分公司

湖南湘江关西涂料有限公司

(四)利税过1000万元企业

湖南泰尔制药有限公司
长沙力元新材料股份有限公司
长沙开元仪器有限公司
湖南新华印刷集团有限责任公司
湖南湘电长沙水泵厂有限公司
长沙新源氨基酸生物肥料有限公司
长沙盼盼安全门制造有限公司
湖南威科电力仪表有限公司
湖南景达生物工程有限公司
长沙日立汽车电器有限公司
湘北威尔曼制药有限公司
澳优乳品(湖南)有限公司
湖南长海控股集团有限公司
湖南南山食品有限公司
湖南省明园蜂业有限公司
湖南泰嘉新材料技术有限公司
湖南诺德生物科技有限公司
湖南省安得门业有限公司
长沙嘉通纺织有限公司
湖南中大创远数控装备有限公司
湖南博云新材料股份有限公司
湖南华纳大药厂有限公司
长沙拜特生物医药有限公司
长沙银腾塑印包装有限公司
长沙星沙新奥燃气有限公司
湖南九汇现代中药有限公司
湖南九典制药有限公司
湖南华天光电惯导技术有限公司
宁乡县康达瓶业有限公司
长沙天鹅工业泵股份有限公司
长沙振邦塑胶制品有限公司
湖南长沙平头汽车车身制造厂
浏阳市枨冲复兴出口烟花制作厂
湖南克林沃特环保有限公司
湖南中立工程机械有限公司
湖南长庆机电科技有限公司
长沙鼓风机厂有限责任公司
宁乡县恒丰实业有限公司
长沙电缆附件有限公司
湖南振邦涂料有限公司
宁乡县星火破碎粉末冶金设备制造有限公司
湖南海利高新技术产业集团有限公司
长沙盛隆机械有限公司
长沙大北农科技饲料有限责任公司
湖南金龙国际铜业有限公司
长沙威重化工机械有限公司
青岛啤酒(长沙)有限公司
宁乡县双华造纸有限公司
长沙巨星轻质建材股份有限公司
宁乡县亮之星米业有限公司
湖南晶鑫科技股份有限公司
湖南省安泰家具实业有限公司
宁乡振邦食品包装有限公司
湖南长大集团长沙市第八水厂有限公司
宁乡广东温氏畜禽有限公司饲料厂
湖南迪诺制药有限公司
湖南湘大兽药有限公司
长沙巴黎诗纺织服装有限公司
湖南千山制药机械股份有限公司
湖南省怡清源茶业有限公司
湖南新世纪东方厨具设备有限公司
湖南杉杉新材料有限公司
磐吉奥(湖南)工业有限公司
湖南湘邮科技股份有限公司
湖南西城航空科技工业有限公司
长沙通发通用机械厂
湖南飞翼电器有限公司
湖南康源制药有限公司
长沙金龙铸造实业有限公司
优美科富虹(湖南)锌业有限公司
长沙丰日电气集团有限公司
湖南卫红米业有限公司
沃茨阀门长沙有限公司
长沙博鑫打火机有限公司

湖南江盛建筑材料有限公司	长沙电机厂有限责任公司
湖南维胜科技有限公司	湖南长沙果覆车业有限公司
湖南锦峰钢结构工程有限公司	长沙市泰宝制药有限公司
长沙湘通海科技有限公司	湖南中大生物科技有限公司
长沙市德泽实业有限公司	长沙中圆重工机械有限公司
湖南加清环保设备有限公司	浏阳市天福打叶复烤有限责任公司
湖南正太金琥药业有限公司	湖南尔康制药有限公司
长沙赛尔机泵有限公司	湖南亿利达实业有限公司
湖南巴士公共交通有限公司	长沙中富瓶胚有限公司
湖南星港实业有限公司	长沙长泰输送包装设备有限公司
湖南银通科技有限责任公司	长沙三德实业有限公司
长沙成飞塑钢有限公司	长沙华英实业集团有限公司
长沙恒翔机电成套设备有限公司	宁乡县鸿祥塑料有限公司
湖南天一饲料有限公司	宁乡县新源肉类加工厂
湖南中科本安新材料有限公司	浏阳信业烟花有限公司
长沙市华一医疗器械厂	长沙福满多食品有限公司
长沙湘天磁性材料科技有限公司	长沙市新中制药机械有限公司
长沙优源粮油食品有限公司	湖南省长沙冶金炉料厂
湖南杨子冶金实业有限公司	长沙新兴电器控制设备厂
长沙百富利服饰有限公司	宁乡县众鑫塑胶有限公司
湖南利洁生物化工有限公司	宁乡县新阳化工有限公司
湖南湘能电力股份有限公司	湖南康普制药有限公司
宁乡县太平煤矿	湖南瑞翔新材料有限公司
湖南猴王茶业有限公司	湖南华良电器实业有限公司
宁乡县鹞子山煤矿	湖南同心干杉汽车车身厂
湖南金沙药业股份有限公司	湖南安邦制药有限公司
长沙银宁量具厂	湖南长沙凯丰新材料有限责任公司
湖南省精密量具工业有限公司	湖南望城海绵制品有限公司
长沙恒升石华科技有限公司	长沙金意饲料油脂有限责任公司
湖南湘丰茶叶(集团)有限公司	长沙申大科技有限公司
长沙百事可乐饮料有限公司	长沙华能自控集团有限公司
长沙亚华食品有限公司	长沙恒佳铝材有限公司
宁乡县人民印刷厂	长沙大枫彩印包装有限公司
长沙佳图动力机械有限公司	宁乡县中南散热器有限公司
湖南正大轻科机械有限公司	湖南特种金属材料厂
长沙宏强混凝土有限公司	长沙市天心区天元美术彩印包装厂
长沙中富容器有限公司	长沙金鹰印务有限公司

湖南宇航科技实业有限公司
浏阳市官渡烟花集团有限公司
长沙华建混凝土有限公司
湖南天龙制药有限公司
湖南盐津铺子食品有限公司
长沙新科超硬材料集团公司
湖南方盛制药有限公司
长沙桑尼重工机械有限公司
农标普瑞纳(长沙)饲料有限公司
长沙汉河创业电缆有限公司
浏阳市东信烟花集团有限公司
浏阳市兴鹏烟花有限责任公司
湖南神力实业有限公司
江西正邦科技股份有限公司长沙分公司
长沙经济技术开发区丽奥科技有限公司
湖南麓南脱硫除尘设备有限公司
湖南光大牧业科技有限公司
宁乡县金泉山煤矿
湖南奥博科技有限公司
长沙瑞泰医药包装有限公司
长沙金福木业
长沙伟晖高科技新材料有限公司
湖南长沙榔梨汽车车身
湖南山河天然食品有限公司
浏阳市建辉纺织有限公司
长沙兴加生物技术有限公司
湖南省宁超金刚石有限公司
湖南中顺实业公司
湖南省长沙县干杉平头汽车车身厂
长沙烨星电子材料有限公司
宁乡县华天印刷包装有限公司
湖南亚大新材料科技股份有限公司
长沙环通机械实业有限公司
宁乡县长利锰业有限公司
湖南大北农农业科技有限公司
长沙市荣宁饲料有限公司
湖南中达骛马制药有限责任公司
湖南人民印务有限公司
宁乡县城郊康乐塑胶制品厂
湖南省浏阳市医用仪具厂
长沙科达建设机械制造有限公司
长沙红太发电设备制造厂
湖南仁和环保科技有限公司
湖南天鹰高压开关电器有限公司
湖南吉秀烟花制造燃放有限公司
湖南金彩荧光材料有限公司
长沙起重机有限公司
宁乡县全民茶厂
湖南航天磁电有限责任公司
长沙县金井茶厂
宁乡县振湘炭素有限责任公司
长沙奔月轻金属材料有限公司
湖南沩山名茶开发公司
湖南艾格森科技有限公司
湖南飞翔纸品有限公司
宁乡县大成桥联合煤矿
长沙洪亨化工有限公司
宁乡县隆盛塑料制品有限公司
湖南亚太实业有限公司
长沙顺达水泥有限公司
长沙义和车桥有限公司
长沙天宇维托烟花有限公司
湖南牧哥生物基因科技有限公司
长沙仙达实业有限公司
宁乡县蔡家湾煤矿
湖南电力路路通塑业有限公司
浏阳名河酒业公司
长沙大红陶瓷发展有限责任公司
湖南省益康生物高科技有限公司
湖南省康普通信设备有限责任公司
长沙星轮传动设备有限公司

三、建筑业总产值前50名企业

位次	单位名称	位次	单位名称
1	中国建筑第五工程局	26	湖南省西湖建筑工程有限公司
2	中国水利水电第八工程局	27	中国建筑第五工程局第一建筑安装公司
3	湖南省建筑工程集团总公司	28	湖南捞刀河建筑集团有限公司
4	湖南省第六工程公司	29	中铁十二局第七工程局
5	中建五局第三建设有限公司	30	湖南对外建设有限公司(建筑)
6	湖南路桥建设集团公司	31	湖南广福建筑股份有限公司
7	湖南望新建设集团股份有限公司	32	湖南西城建设有限公司
8	湖南高岭建设集团股份有限公司	33	湖南长沙麟辉建筑工程有限公司
9	二十三冶建设集团有限公司	34	湖南省第二工程有限责任公司
10	中铁五局集团第一工程有限责任公司	35	湖南长沙坪塘建设(集团)有限公司
11	湖南长大建设集团	36	湖南金沙路桥建设有限公司
12	中南市政建设集团有限股份有限公司	37	长沙市公路桥梁建设有限公司
13	中建五局土木工程有限公司	38	湖南省第一工程公司
14	湖南长沙中格建设(集团)有限公司	39	湖南省长沙湘华建筑工程有限公司
15	湖南省送变电建设公司	40	中铁二十五局集团第三工程有限公司
16	湖南望城建设(集团)有限公司	41	湖南军信公路桥梁建设有限公司
17	湖南黄花建设集团股份有限公司	42	长沙市华侨建筑工程有限公司
18	湖南星大建设集团股份有限公司	43	湖南星沙建筑有限公司
19	长沙黎托建筑工程有限公司	44	长沙洞井建筑股份有限公司
20	湖南顺天建设集团有限公司	45	湖南环达公路桥梁建设总公司
21	长沙市建设工程集团有限公司	46	湖南高岭路桥工程有限公司
22	长沙市岳麓山建筑工程公司	47	长沙靖港建筑工程有限公司
23	湖南省沙坪建筑有限公司	48	长沙园艺建筑工程公司
24	湖南北山建筑股份有限公司	49	长沙桐木建设股份有限公司
25	湖南东方红建设集团有限公司	50	湖南雄新建筑有限公司

四、房地产投资额前50名企业

位次	单位名称	位次	单位名称
1	湖南湘水雅境房地产开发有限公司	26	长沙鑫天置业发展有限公司
2	长沙威尼斯城房地产开发有限公司	27	湖南恒东房地产开发有限公司
3	长沙市城市建设开发公司	28	长沙市环路建设开发有限公司
4	长沙高新技术产业开发区总公司	29	湖南天润五江置业有限公司
5	湖南青竹湖国际商务社区开发有限公司	30	湖南鑫远投资集团公司
6	湖南楚盛园置业发展有限公司	31	湖南中欣房地产开发有限公司
7	长沙市水利投资置业发展有限公司	32	湖南三江房地产开发有限公司
8	阳光壹佰（湖南）置业发展有限责任公司	33	长江置业（湖南）发展有限公司
9	长沙雄屹工贸有限公司	34	湖南青竹湖置业有限公司
10	长沙市领域房地产开发有限公司	35	长沙鼎力置业有限公司
11	长沙创普房地产开发有限公司	36	湖南兴荣投资有限公司
12	湖南恒隆房地产开发有限公司	37	湖南绿城投资置业有限公司
13	湖南振业房地产开发有限公司	38	湖南金业房地产开发有限公司
14	长沙市房地产开发公司	39	长沙天亚房地产开发有限公司
15	湖南天景名园置业有限责任公司	40	湖南省第六工程公司科大佳圆项目管理公司
16	长沙先锋置业有限公司	41	湖南璟泰置业有限公司
17	湖南湘天房地产开发有限公司	42	长沙市吉祥房地产开发有限公司
18	长沙申奥房地产开发有限公司	43	东业地产（长沙）有限公司
19	湖南中建地产有限责任公司	44	长沙景鹏房地产开发有限公司
20	湖南玮隆房地产开发有限公司	45	湖南建设集团有限公司
21	长沙南山房地产开发有限公司	46	长沙兆发房地产有限公司
22	湖南茂华置业有限责任公司	47	长沙金秋房地产开发公司
23	湖南继善投资发展有限公司	48	湖南标志房地产开发有限公司
24	长沙玫瑰圆房地产开发有限公司	49	长沙市红星实业公司
25	长沙市天健房地产开发有限公司	50	湖南珠江实业投资有限公司

五、高新技术产品产值前50名企业

位次	企业名称	位次	企业名称
1	长沙建设机械研究院有限责任公司	26	长城信息产业股份有限公司
2	三一集团有限公司	27	湖南梦洁家纺有限公司
3	乐金飞利浦曙光电子有限公司	28	长沙力元新材料股份有限公司
4	北汽福田汽车股份有限公司长沙汽车厂	29	湖南亚华种业股份有限公司
5	湖南华银电力股份有限公司	30	优美科富虹(湖南)锌业有限公司
6	长沙远大空调有限公司	31	长沙旺旺食品有限公司
7	湖南经阁投资控股集团有限公司	32	湖南杉杉新材料有限公司
8	袁隆平农业高科技股份有限公司	33	中铁五局集团电务工程有限责任公司
9	长沙新振升铝材有限公司	34	湖南新华印刷集团有限责任公司
10	湖南长丰汽车制造股份有限公司	35	湖南 HEG 电子玻璃有限公司
11	湖南山河智能机械股份有限公司	36	湖南瑞翔新材料有限公司
12	金瑞新材料科技股份有限公司	37	湖南高压开关集团股份公司
13	中冶长天国际工程有限责任公司	38	长沙铜铝材有限公司
14	湖南同心实业股份有限公司	39	湖南亚华乳业有限公司
15	湖南湘江涂料集团有限公司	40	湖南杨子冶金实业有限公司
16	博世汽车部件(长沙)有限公司	41	湖南旺旺食品有限公司
17	湖南五强产业集团股份有限公司	42	长沙楚天科技有限公司
18	湖南泰尔制药有限公司	43	沐林现代食品有限公司
19	长沙威胜电子有限公司	44	湖南亚大新材料科技股份有限公司
20	湖南海利高新技术产业集团有限公司	45	湖南大旺食品有限公司
21	九芝堂股份有限公司	46	长沙日立汽车电器有限公司
22	伊莱克斯(中国)电器有限公司	47	湖南新五丰股份有限公司
23	湖南国科广电科技有限公司	48	湖南鑫基旺电子有限公司
24	长沙新奥燃气有限公司	49	湖南迪诺制药有限公司
25	湖南湘能电工股份有限公司	50	湖南金荣企业集团有限公司

六、销售额前20名批发企业

位次	企业名称
1	湖南省烟草公司长沙市公司
2	长沙双鹤医药有限责任公司
3	湖南格力家用电器销售有限公司
4	湖南博长钢铁贸易有限公司
5	南方建材股份有限公司
6	湖南省新华书店
7	中国石油天然气股份有限公司湖南销售分公司
8	联创钢铁物流有限公司
9	华南蓝天航空油料有限公司湖南分公司
10	湖南省粮油食品进出口集团有限公司
11	中国石油化工股份有限公司湖南石油分公司
12	丰沃达医药物流(湖南)有限公司
13	湖南省烟草公司浏阳市公司
14	湖南双舟医药有限公司
15	湖南华升工贸有限公司
16	湖南省湘农农业生产资料有限公司
17	湖南省纺织品进出口股份有限公司
18	湖南省印刷物资总公司
19	湖南隆华金属材料有限公司
20	长沙 TCL 电器销售有限公司

七、零售额前20名零售企业

位次	企　业　名　称
1	中国石油化工股份有限公司湖南长沙石油分公司
2	湖南友谊阿波罗股份有限公司
3	湖南长沙新一佳商业投资有限公司
4	中国石油化工股份有限公司湖南销售分公司
5	长沙通程实业集团有限公司
6	湖南家润多超市有限公司
7	湖南平和堂实业有限公司
8	湖南汽车城有限公司
9	中国石油天然气股份有限公司湖南长沙分公司
10	湖南申湘汽车星沙商务广场有限公司
11	长沙王府井百货有限公司
12	湖南国美电器有限公司
13	快乐购物有限责任公司
14	湖南苏宁电器有限公司
15	长沙瑞宝汽车销售服务有限公司
16	购宝乐商业(湖南)有限公司
17	湖南省瑞格医药有限公司
18	湖南老百姓大药房连锁有限公司
19	湖南博瑞新特药有限公司
20	湖南坤宝汽车销售服务有限公司

八、营业收入前20名餐饮企业

位次	企业名称
1	长沙肯德基有限公司
2	湖南省徐记餐饮有限公司
3	湖南麦当劳(餐厅食品)有限公司
4	长沙饮食集团长沙火宫殿有限公司
5	长沙金牛角中西餐厅有限公司
6	长沙饮食集团长沙玉楼东有限公司
7	长沙新长福餐饮管理有限公司
8	长沙九鑫科技发展有限公司爵士厨房中西餐厅
9	长沙湘鄂情酒楼有限公司
10	长沙市开福区西湖楼酒家
11	长沙市天心区不了锅麻辣涮火锅店
12	长沙市芙蓉区鸿飞好食上餐饮管理有限公司
13	湖南省好食上餐饮管理有限公司
14	长沙市新和福楼
15	长沙市天心区富临私房菜
16	长沙秦皇食府餐饮有限公司
17	百胜餐饮武汉有限公司
18	长沙市芙蓉区富临维一饭店
19	浏阳市银天大酒店有限公司
20	湖南金悦餐饮有限公司

九、营业额前20名住宿企业

位次	企　业　名　称	星　级
1	湖南华天大酒店股份有限公司	5
2	长沙通程国际广场置业发展有限公司通程国际大酒店	5
3	湖南华雅国际大酒店有限公司	5
4	湖南金源大酒店有限公司	4
5	湖南芙蓉华天大酒店	4
6	湖南富丽华大酒店	4
7	湖南国际影视会展中心有限公司	5
8	紫东阁华天大酒店(湖南)有限公司	4
9	湖南健铭大酒店有限责任公司	3
10	长沙神农大酒店有限公司	5
11	湖南运达酒店有限公司	
12	普瑞温泉酒店有限责任公司	5
13	长沙明城国际大酒店有限责任公司	4
14	长沙万代大酒店	
15	湖南南方明珠大酒店有限公司	4
16	湖南投资集团股份有限公司君逸康年大酒店	4
17	湖南五华酒店有限公司	4
18	湖南金叶大酒店	3
19	湖南佳程酒店有限公司	5
20	长沙通程控股股份有限公司通程山庄酒店	4

十、经济社会发展综合实力十强乡镇、街道

序号	单　位　名　称
1	天心区大托镇
2	宁乡县玉潭镇
3	开福区新港镇
4	芙蓉区东岸乡
5	雨花区洞井镇
6	岳麓区天顶乡
7	浏阳市集里街道
8	开福区洪山街道
9	雨花区雨花亭街道
10	天心区金盆岭街道

十一、经济社会发展十快乡镇、街道

序号	单　位　名　称
1	宁乡县白马桥乡
2	长沙县星沙镇
3	望城县黄金乡
4	望城县铜官镇
5	宁乡县朱良桥乡
6	长沙县干杉乡
7	浏阳市古港镇
8	芙蓉区五里牌街道
9	开福区通泰街街道
10	天心区书院路街道